現代家族のリアル

モデルなき時代の選択肢

中込睦子／中野紀和／中野 泰
［編著］

ミネルヴァ書房

はしがき

平成から令和へと元号がかわり、昭和はますます遠い時代になりました。一口に昭和の時代と言っても、戦前と戦後、高度経済成長の前と後、バブル経済の前と後というように、日本社会はいくつもの画期を経て今日に至っています。その後も東日本大震災、昨今の新型コロナウイルスの流行など、人々の暮らしを一変させる出来事は相次いでいます。そうした諸々の経験の上に、現在の私たちの暮らしは成り立っているのです。あらためて日々の暮らしを振り返ってみると、いつの間にこのように変わってしまったのか、これから先どうなっていくのだろうかという思いが、自然と湧きあがってきます。

本書は、そのような変わりゆく現代日本の姿を、家族と人々の暮らしに焦点を当てて考えてみようとする一つの試みです。急速に進む少子・高齢化、高齢単身者の増加と孤独死など、現代家族をとりまく環境は厳しさを増しています。近年、社会学・文化人類学・女性学・歴史人口学などの分野で現代家族に関する書籍の刊行が相次いでいますが、それはこうした状況認識によるものでしょう。私たちは、社会学や文化人類学の家族研究に加え、民俗学の多彩な研究成果を最大限活用することで、日本の家族の現状と今後について、また生涯にわたる人と家族との関わりについて、読み解いてみたいと思っています。

本書は一五の章と五つのコラムから成っていますが、家族・親族・地域社会といった、これまで社会伝承と呼ばれてきた分野に加えて、家族の生活の場である住居と住まい方、出産から葬送・墓制に至る人の一生の儀礼、そして現代の世相まで、幅広い内容を扱っています。いずれも近年急激に変貌を遂げつつある分野といえますし、新聞やテレビなどでもしばしば取り上げられる、いわば今話題のテーマです。そうした私たちの誰もが直面している社会の動きについて、現状から出発しそれと直近の過去とを対照させることで、何がどのように変わってきたのか、また変わりつつあるのか、そのような変化は何を意味しているのかを解説し、現在私たちが立っている地点をあらためて確認しようと試みています。現状をきちんと把握することによってはじめて、私たちの今後進むべき方向を展望することができるというのが、その理由です。

家族とそこで展開される人々の暮らしを読み解くというのが本書全体のテーマですが、それぞれの章では暮らしの様々な場面を取り上げて、読者の疑問や問題関心に応えられるよう解説を加えています。学問的な内容を、身近な事例を使ってわかりやすくリアルに……というのが、各章執筆者に課されたミッションです。この本を手にされた読者は、まずは興味のある話題（章）から読み始めていただきたいと思います。その話題について、執筆者の体験と思考回路を順にたどることで、私たちはいま、どのような問題を抱えているのか、解決への緒はどこにあるのか……という問題意識にまでたどり着くはずです。現代社会の抱える諸問題を、個人と家族、それをとりまく地域社会や日本社会全体、時には国際社会の動きとも関連づけて考えてみること。それが本書に託された課題です。この方面に関心を持つすべての読者、とりわけ若い世代の読者に、そうした学びのきっかけを提供することができればと、編者・執筆者一同心より願っています。

二〇二一年一月

編者一同

現代家族のリアル——モデルなき時代の選択肢

目次

第Ⅱ部 近代家族のライフスタイル

第Ⅲ部 家族のかたちと家事分担

第V部　生と死の個人化と家族

第Ⅰ部　結婚から始まる家族

第1章　様変わりする結婚式

蓼沼康子

1　結婚式を見届けるもの

結婚式の情景

かつて結婚式の披露宴では、主役である新郎新婦の隣に仲人夫婦が並んでいるものであった。もちろん主役は、「若い二人」であるが、披露宴の正面舞台の上に上がっているのが仲人であり、この「若い二人」もいつの日か仲人として再びこの席に座るというのが日本人の一生であった。ところが、近年仲人を依頼することが減少し、今では結婚式の高砂といわれる舞台には、新郎新婦のみ座ることが多くなった。このような結婚式の変化は、何を意味しているのだろうか。

第二次世界大戦後の日本社会は、価値観を大きく変容させた。婚姻が家と家の問題であった時代から、個人が尊重される時代となり、恋愛も尊重されるという考え方が一般化する中で結婚式のあり様も変化した。さらに、結婚の意味そのものも変化し、その中で結婚式の様相も変化している。たとえば、結婚式の主役は誰か。仲人が姿を消した現在、新郎新婦の紹介も新郎自らが行い、自分たちの結婚までのストーリーをスライドショーにして上映するというのもよく見かける光景である。つまり、結婚式は自分たちでプロデュースするものとなっている。

とはいえ、今も昔も結婚式は、その結婚の社会的承認を得ることを目的とする儀礼である。結婚は、当事者二人だけの問題ではなく、その周囲にいる多くの人々との関わりの中で成立する。それは、その後に誕生する子どもの出自に関わる問題でもある。結婚が社会的な制度であるという意味がそこにある。その社会が結婚をどのように承認するかの形は多様である。近現代の日本社会に限ってみても結婚式の様子は大きく変化してきた。この章では、儀礼としての結婚式がどのように変化してきたか、その変化は何を意味するものなのかという問題を考えてみたい。まず、近年まで行われていた結婚式のプロセスを振り返り、その中に刻み込まれた伝統的な民俗社会での結婚式の姿とその背後にある社会の価値観を探ってみたい。さらに、変貌を遂げた戦後の日本社会の結婚式、および未婚率の上昇や少子化が進む中での現代の結婚式についてみていく。

現代の結婚事情を考える資料として、ここでは結婚情報誌『ゼクシィ』を用いた[1]。今まさに結婚しようとしている人々が実際に参考にしていると思われる雑誌を取り上げることで、結婚式にはどのようなことが大切であると当事者たちが考えているかが見えてくるのではないかという視点である。近年結婚情報誌はかなりの数が出版されている。これらの情報誌は、それぞれ特定の読者層を想定した内容になっており、テーマやデータに違いがある。そのため複数の情報誌を比較することより、ここでは『ゼクシィ』を中心に取り上げ、一定の読者層のイメージする結婚式を対象としていきたい。『ゼクシィ』という結婚情報誌を手にする人々はどのような人々かといえば、自分たちらしい結婚式を挙げたいと思っているが、今どきの結婚式の様子や、他の人たちはどのような結婚式を挙げているのかに関心を持ち、それを参考にしようとするタイプということが言えよう。

消えた仲人

第二次世界大戦後、日本では多くの習慣が変化し、特に一九九五年以降の変化は日本社会の価値観の激変を意味していた。それでも、高度経済成長期の日本の結婚式において仲人は重要な存在であった。この時期に日本では、いわゆる近代家族が家族のあるべき姿として普及したとされる。男女の性別役割分業の下、サラリーマンの夫、専業主婦の妻という画一化した生き方がモデルとされる中で、男女とも結婚しないという選択肢は存在しなかった。恋愛結婚が理想とされる一方で、現実には仲人による見合い結婚も数多く存在した。恋愛結婚が見合い結婚の割合を逆転したのは一九六五年頃であるが、社内恋愛や学生時代に恋愛をした結果、結婚に至った場合でも、仲人は存在していた（図1-1）。

当時の結婚のプロセスは次のようなものであった。お互いに結婚を決めた男女は、双方の親たちの承認を得ると、その次には仲人の選考に入る。誰に仲人を頼むか、である。多くの場合は、男性の会社等の上司が選ばれた。社内恋愛の結果であっても、男性側の上司が選ばれたのである。上司のところへ、男性は親とともに正式に仲人の依頼に行く。このような仲人は「頼まれ仲人」などと呼ばれ、形式的な存在とされていた。二人の結婚に直接関わったわけではないので、結婚式のためだけの「頼まれ仲人」であった。

とはいうものの、終身雇用制度のもと、入社した会社で定年を迎えるという会社人生を送る男性にとって、仲人を頼んだ上司とはその後も後見人としての関係を続けたのである。仲人は、夫婦で行うものであり、結婚式での挨拶などは仲人の男性が行うが、その妻も黒留袖を着て、舞台に上がる。結婚式が終わると仲人には十分なお礼をし、また仲人からは沢山の結婚祝いが贈られた。仲人には、結婚後も季節の贈答品を欠かすことはない。

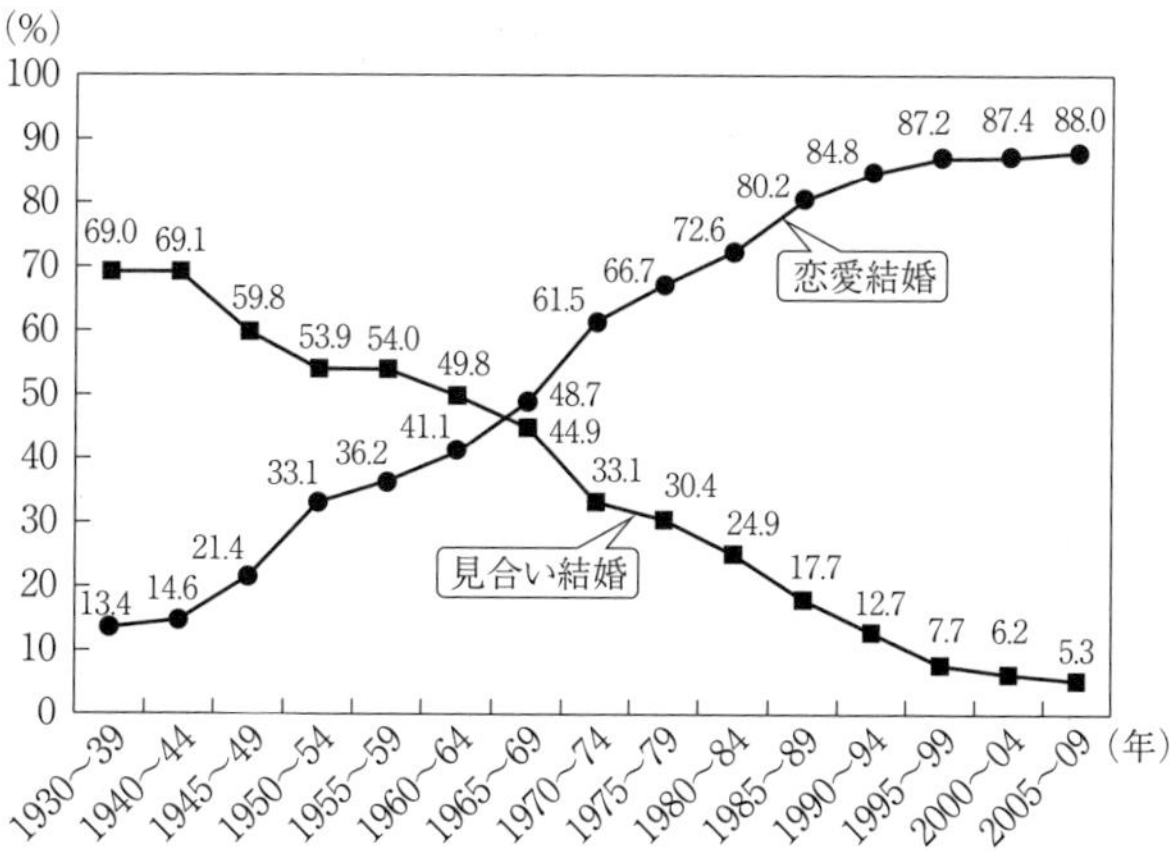

図1－1　結婚年別にみた恋愛結婚・見合い結婚構成の推移
注：対象は初婚どうしの夫婦。
出所：『平成25年度厚生労働白書』73頁。

ところが一九九〇年代に入り仲人を依頼することが減少していった。『ゼクシィ結婚トレンド調査二〇一〇　首都圏版』によると、一九九四年には仲人を依頼した人は六三・九%であり、その後減り続け一九九七年には五二・〇%、一九九八年に三五・三%、二〇〇一年には七・三%になっている。二〇〇四年からは一%前後で推移し、二〇一〇年には〇・八%のみが仲人を立てているという報告がある。

首都圏以外の全国平均でも、仲人を立てた人は一・二%である。地域差はあるものの、最も高い青森・秋田・岩手県でも二・七%であり、長野県では〇・五%と最も低い値であるが、ほぼ全国的に一%前後という結果である。つまり、近年ではほとんどの結婚式に仲人はいなくなったといえよう。

仲人を立てない理由は同じ『ゼクシィ』の調査によると、「特に必要を感じなかった」という回答が二〇一〇年には、八七・七％である。複数回答で得た結果は「形式にこだわりたくなかった」からという回答が、一九九七年には五八・七％あったものが、二〇一〇年には一七・四％に減少している。また、「いろいろ面倒なので」という回答も、一九九七年には四五・三％であったが、二〇一〇年には一五・七％になっている。「形式にこだわりたくない」「いろいろ面倒なので」という回答は、仲人の存在に対して否定的ではあるが意味を感じているということになる。それに比べて「特に必要を感じなかった」という理由は、仲人の存在そのものに気づいていないということである。現代の結婚、そして結婚式に、仲人のいる場所はなくなったのである。

終身雇用制度も崩れ始め、生涯一つの会社に勤めるとは限らない時代を迎え、勤務先の上司を後見人として頼る必要はなくなった。自分たちとは年齢の離れた夫婦に「仲人」として、結婚式に参加してもらう意味が見出せない。従って「特に必要を感じなかった」ということになる。

しかし、同じくゼクシィの調査によると、結婚式の立会人を必要としなくなったわけではないという。自分たちが選んで、招いたゲストたちに二人の結婚を承認してもらう場としての結婚式に意味があり、そのゲストたちにその役割を果たしてほしいと考えているという。

結婚式の招待客は、当事者自らが選択する人数が多くなっている。もちろん、親や親戚なども招待され、儀礼的な要素がまったくなくなったわけではなく、結婚式を通して「両家」が関係を築くという側面はある。しかし、社会の個人化とともに結婚式は、当事者たちのものとなり、あえて後見人としての仲人を立てる必要性は感じられなくなっているということである。

様々な仲人の存在

今ではいなくなってしまった仲人だが、伝統的な日本社会においては仲人は多くの役割を果たしてきた。地域社会の特徴を踏まえた多様な仲人が存在していたのである。かつて日本の婚姻は、嫁となる女性が生家から婚家へと移動し、帰属を変更するものであった。仲人は嫁と婿とを結びつける仲介役として、両家を行ったり来たりして婚姻の成立に貢献してきた。

婚姻の成立には、仲人が実質的な役割を果たす場合と、すでに確定した関係に形式的・儀礼的な役割を果たす場合とが存在した。実質的な仲人は、ハシカケ、クチキキ、シタヅクロイ、クサムスビなどと呼ばれ、婿嫁どちらかの家から依頼され、結婚の話を相手方にもちかける。若者は一人前になる成年式ののちには、結婚の資格があるものと村の人々から認められ、ふさわしい相手を見つける。その際に、話を始めるのが仲人であった。村内婚が一般的であった時代の日本社会にあっては、結婚の当事者が、お互いを知らないことはあまりなく、家の釣り合い、二人の年齢などが考慮され、「うちの息子・娘に誰かよい相手はいないか」という話になる。これが実質的仲人である。「ハシカケ」とは、橋をかけることであり、結婚の話を始めることである。仲人は、嫁方婿方双方から一組ずつ立てるという慣行も多く行われていた。双方の仲人同士が話し合いをして、結婚を成立させるのである。仲人は、仲人親とも呼ばれ、婚姻成立後も新婚夫婦の社会的な後見人としての役割をもち、仮親として関係を保ち続けていく。

仲人を誰に依頼するかは、村の社会構造と関連性をもっており、長男相続の場合、跡取りである長男には婿方の親戚や本家に仲人を頼むことが多かった。ただし、実質的な仲人の場合には、嫁方の仲人として、嫁となる女性の意思が汲み取れるように女性により近い、母方のオバ夫婦などが選ばれることもあった。

結婚が決まると、ハシカケをした仲人とは別に仲人を立てることもあった。これも形式的な仲人であるが、婿方の親族や村の有力者などがあたり、婚姻の立会人や婚姻後の夫婦の相談役としての意味が強い。形式的な仲人は、当事者同士ですでに結婚が決まっていた場合に、結納などを執り行い、結婚式で儀礼的な役割を果たしていた。村内婚が一般的であった地域では、配偶者の選択は本人同士に任されている場合が多く、親もその関係を承認するのみであり、仲人は形式的なものが多かった。

村内にふさわしい相手がいない遠方婚の場合には、配偶者選択は双方の親の意思で決定された。その場合には、仲人による仲介が必要となり、見合いの席の設定から結納、婚礼当日の行事にも仲人が重要な役割を果たす。一部の家でのみ行われていた遠方婚が、交通事情の変化等により、人の移動が容易になるにつれ一般化していった。そのため、見合い結婚という形式が一般の人々にも普及していった。都市のサラリーマン家族の間で増加した見合い結婚は、かつての家同士の婚姻という意味とは異なっていたが、親の意向が配偶者選択に強く反映されており、仲人の役割はむしろ増大していた。

結婚の話がまとまり、結婚が確実なものとなると結納ということになる。現代では結納を行うことも少なくなっている。仲人を立てない場合には結納を行うことが少ないようであるが、仲人を立てない結納も存在する。結納とは、婿方から嫁方に金銭や物品が贈られる。結納金とともに、鰹節、スルメ、コンブ、アワビなどが仲人により嫁方に届けられる。

結納はユイノモノであると柳田国男は主張した（柳田　一九四八）。ユイノモノとは、家と家との新しい姻戚関係の成立のためにともに飲食することだという。そのための酒と肴を婿が用意し、嫁方を訪問し、両家で酒を酌み交わしこれをタルイレなどと言った。婿が嫁の家で承認されることと結納との関連を柳田は考えた。その後嫁方に結納の品を届けることが一般的になり、嫁方は結納返しとして結納金の半分を袴代として返した。これが現在の結納である。結納は、仲人が主役となり、仲人の重要性が強調されるものである。

村内婚が行われ、配偶者の選択が当事者により行われていた時には、仲人は形式的なものであった。それでも、結婚後には仲人親と言われるように夫婦にとっては、親族以外の相談役として大切な存在であった。仲人が実質的に婚姻の成立に関わった場合でも、村内婚では幼い頃から知り合いのため、結婚式に初めて顔を見るということはなかった。一方で、村内にふさわしい結婚相手が存在しないような家格の婚姻には、仲人が親と相談の上、結婚を成立させた。いずれの場合にも、結婚は当事者のみの問題ではなく、村という共同体の問題としてとらえられ、家を通した関係性の成立のために、仲人という仲介人を巻き込み、新しい夫婦を数多くの人々に見守ってもらおうとしたのである。

2　伝統的な婚姻儀礼

花婿のいない結婚式

現代の結婚式では、主役は新郎新婦である。結婚式当日はもちろんのこと、どのような結婚式をするか、式場はどこにするか、プログラムはどうするか、誰を招待するかなどほとんどすべてのことを結婚する当事者が決定している。親も親族も、彼らから相談された場合には意見を述べるが、結婚式の主たる部分について主導権をもつのは当事者である。

二〇一九年の『ゼクシィ首都圏版一〇月号』には、「彼専用ゼクシィ」が付録としてつけられた。「結婚を決めたカップルたちが、結婚準備中に出会う気持ちのギャップを乗り越えるため、花婿が花嫁の〝ホンネ〟に気付き、彼女の真のヒーローに成長していくまでのストーリーである」と説明されている。プロポーズの仕方、花嫁の両親への挨拶、結婚式の費用についてなど、花嫁と花婿との意識の違いと花嫁の気持ちを大切にする方法が書かれている。結婚式への思いは、やはり女性の方が強いようである。それを感じてか男性は、結婚式は女性のためにあるのだからと、彼女の希望さえ聞いていれば大丈夫、と考えがちであるが、それが喧嘩につながることも多いようである。結婚式の衣装について、女性が迷っている場合の回答の仕方など、丁寧にアドバイスされている。花嫁と花婿の結婚式への思いの温度差は否めないようであるが、花婿なりに一生の大切なできごととして結婚式を考え、できるだけ二人の希望がかなうものにしたいと考えていることは事実であろう。まして、結婚式に新郎が参加しない、などということはありえない。

しかし、一九五〇年代までは花婿が、花嫁の隣に座っていないという結婚式が存在した。日本の婚姻とは、嫁となる女性の婚家への帰属変更と考えられてきた。女性がその帰属を生家から婚家へと変化させ、婚家で出産し、跡取りの母親となることで、婚家の先祖となっていった。したがって、婿の家の新しいメンバーとしての嫁の披露が結婚式の意義であった。結婚式は、婿方の家で行われた。嫁は、結婚式当日生家を出て、仲人や連れの人々とともに婚家に向かう。婚家では、婿方の親族や村の重要人物などが招待されている。そこで祝宴となるのであるが、ここで招待客に披露されるべきは花嫁である。花嫁は、ここから婚家のメンバーとしての暮らしが始まり、婚家での成員権を獲得していくのである。一方、花婿はすでにこの家のメンバーであり、招待客たちは彼のことを知っている。今さら披露する必要はない。そのため花婿は花嫁の隣に座らず、客のもてなしのために台所で酒や料理の準備をしていた（瀬川　一九五七）。

婿にとっては、嫁方の親や親戚への顔見世の方が必要であった。婿となる男性が初めて嫁の家を訪ねる初婿入りと呼ばれる儀礼がある。婿となる男性が嫁となる女性の親に挨拶をし、親子盃をかわす。この儀礼は新客、見参（けんぞう）、打揚げなどと呼ばれた。初婿入りは、婿入婚、足入れ婚、嫁入婚のそれぞれにおいて婚姻の成立との関連の中で分析されてきた。初婿入りは、婚姻成立前に婿が嫁方を訪ね、嫁方が婿を承認することに意味があると柳田国男は主張している。しかしこれは、必ずしも婚姻成立前に行われる事例ばかりではなく、地域差があり、初婿入りの意味は多様である。

いわゆる嫁入婚は、結婚式当日に嫁が婚家に引き移り、その日から婚家での生活を始める。しかし、日本社会における婚姻の成立は、いくつもの段階を経てなされるものであった。大間知篤三は、長崎県対馬で行われていた「テボカライ嫁」では結婚式の披露が行われないことを取り上げ、婚姻の成立は時間をかけて行われるとした[2]。対馬では、華々しい成年式・成女式が行われ、そこから婚姻の過程は始まる。その後、結婚が確定されるのは初子の妊娠五カ月目であり、その時に初めて二人の結婚が披露され、女性もその家の嫁として社会からの承認を得た。この時が婚姻の成立となったのである（大間知一九六七）。

結婚式が、社会からの承認を得る場として重要な意味を持つことは今も変わりはない。花嫁花婿にとって双方の親との挨拶や、結婚の報告をいつ誰にするかなど、結婚式の当日までつづく数多くの準備は、結婚を決めた二人が新たに経験しなければならないプロセスである。その過程を通じて、花嫁花婿は自分たちと社会との関係を改めて認識し、それぞれの役割を果たすことで、二人の結婚は社会から承認されるのである。

三々九度は誰と

「盃を交わす」とは、盃を互いに取り交わして酒を飲み、新たな関係を確認することをいう。現代の結婚式では、夫婦という新しい関係の成立のために新郎新婦により三々九度の盃が交わされる。結婚式の次第には「三献（さんこん）の儀」と記載される儀式である。雄蝶雌蝶（おちょうめちょう）とよばれる子どもや仲人が盃の仲立ちをする。三々九度のやり方としては、重ねられた盃の一番上の小さいものから使用し、新郎から新婦へそして再び新郎へと交互に酒を飲み、次の二の盃は新婦から新郎そして新婦へ、三の盃は再び新郎から新婦そして新郎へと酌み交わす。これは、陰陽説で縁起のよい奇数に由来すると言われている。酒を注ぐときも三回にわけて注ぎ、飲むときには一回目二回目は口をつけるだけで、三度目に飲むのが一般的な作法と言われている。現在では、注ぎ方と飲み方は三回にわけるが、盃の回し方は、一の盃は新郎から新婦へ、二の盃は新婦から新郎へ、三の盃は新郎から新婦へというように行われることが多い。現在、「和婚」と呼ばれる結婚式では、この儀式が行われるが、人前式の結婚式の場合にも三々九度の盃が行われることもある。

しかし、結婚式で行われる盃が、夫婦の間で交わされるものとなったのは実は後の時代になってからと言われている。婿入り式の婚姻においては、初婿入りにおいて婿が嫁方に承認されることが婚姻の始まりであるから、そこで盃が交わされた。それ以降、婿として承認されたことになり、嫁のもとに正式に通うことになった。初婿入りにおいて夫婦で盃が交わされたという報告が阿蘇にあるが、それよりも婿と嫁の親との親子盃の報告が多い。

一方、嫁入り式の結婚式では、嫁と婿の親との盃が行われていた。能登地方においては、嫁と婿の母親（姑）との盃が行われていたが、嫁と婿との夫婦契りの盃は行われていなかった。また、嫁と婿の母親との親子盃を、家・屋敷の入り口であるカドで行うこともあった。つまり嫁と婿の両親（舅姑）との親子盃が結婚式においては、婚姻の成立としての意味をもっていたことになる。村内婚が一般的であり、配偶者の選択を当事者が行っていたことも多かったのであるから、あえて夫婦になったことを示す必要がなく、夫婦盃をする場合でも二人だけで屏風の陰で行うことや、納戸で行ったという報告も多い。夫婦盃を表すことばが、結納時のキメザケや婚姻成立時の祝宴の表現ほど多く見られないことも、この行事の少なさを示している。

嫁としての女性を婿方の家のメンバーとして迎え入れることを社会に披露し、両家の間に新しい関係が成立したことを承認してもらうことがかつての結婚式であった。したがって、盃は親子盃、または親類の間で盃を回し、酒を飲むことであった。新しく成立した関係として重要なのは、夫婦の関係ではなく家と家の関係や、嫁と婿の親との関係であった。そのことを象徴的に表す三々九度の盃ごとであった。

3　夫婦になる手続き

神様に誓う

現代の結婚式は多様化しており、特に新郎新婦の意向に添う形で行われることが多くなっている。教会式のチャペルで「死が二人を別つまで……」と誓う形や、神道式の神前で誓うもの、仏式で寺で挙げるものに加えて、神様ではなく招待客の前という意味で人前結婚式を行うことも増えているようである。しかし、戦後から高度経済成長期そしてバブル期の頃には、自らの宗教とは関わりなく、神道やキリスト教など宗教的装いの結婚式が主流となっていた。

キリスト教の教会で結婚式を挙げる場合に、新郎新婦がその教会の信者でないときは、何度か説教を聞きに教会に通うこともあった。しかし、ホテルや結婚式場ではキリスト教式の教会を施設として所有しており、そこでキリスト教式にバージンロードを新婦と新婦の父親が歩くことがメインセレモニーとして行われた。神道式の場合でも同じである。どのような式を選ぶかは、ふだんの信仰とは無関係という場合が、日本の結婚式には多かった。

このような宗教的なスタイルの結婚式が見られるようになったのは戦後のことであり、それ以前の伝統的な日本の結婚式には宗教的な要素は存在しなかった。嫁入婚においては、嫁入りすることで婚姻が成立するのであるから、結婚式とは嫁が生家から婚家へと引き移り、そのことを社会が承認する儀式だった。結婚式は婿となる男性の家で行われ、親戚縁者、地域の人々などが集まり、宴会をすることであった。嫁と婿の両親との盃や、ときには夫婦盃も行われたが、重要なことは嫁の披露と承認であり、婿の不在や嫁の両親の不在もよく見られたのである。

神前結婚式は、一九〇〇年の大正天皇の婚儀から始まったと言われている。日比谷大神宮で挙式をして、帝国ホテルで披露宴をするという形式が上流階級の間では行われ、大正時代に帝国ホテル内に神殿が設置され、挙式と披露宴を同じ場所で行うという新しい形式が誕生した（穂積　一九八九）。しかし、戦前はこのような結婚式は普及せず、一部の人々の間での結婚式であった。

一九四七年には、明治神宮が憲法記念館を結婚式場に転用して、宴会場、衣装室、美容室、写真室などをもつ総合結婚式場として営業を始めた。一九五〇年代になると、ホテルも結婚式場を併設するようになり、一九五五年には、冠婚葬祭互助会直営の総合結婚式場が登場する。一九五〇年代には宗教色の排除や戦前の慣習への抵抗などから、一九五一年には都立新宿生活会館で人前結婚式が行われ、全国各地で公民館での結婚式の開催が広まっていく。公民館などでの結婚式は、各家々の結婚式での伝統的行事が廃止され、料理や式場の準備などの手間を省くことができることなどから普及していく（穂積　一九八九）。

戦後日本の民主化や、一九六三年の皇太子ご成婚などの時代の変化の中で結婚式の意味合いも変わっていく。「婚姻は、両性の合意のみに基づいて成立」するという新憲法の規定をうけ、結婚式も当事者たちが主体的に行うものになっていく。

婿の家で行われてきた人前結婚式は、一九六〇年以降は減少していく。披露宴は、公民館や料亭、総合結婚式場やホテル、または婿の家で行うことを選択するようになり、やがて家で行う結婚式はまったく見られなくなっていく。

会場の変化とともに、結婚式の主役が変化をみせ、どこで結婚式を挙げるか、神前式かキリスト教式かを選ぶのは、新郎新婦が主導権をもつようになっていく。それは宗教の問題ではなく、花嫁の衣装が決め手である。それに伴い披露する相手である招待客についても、新郎新婦の勤務先の関係者や友人が中心になっていく。仲人に新婦の会社の上司が選ばれるのも一九七〇年代からである。それでも、高度経済成長期には結婚式を行わないという選択はあまりみられない。一九八〇年代までは、ホテルや結婚式場で結婚式を行い、その会場選びや招待客の選出は新郎新婦が行うが、双方の親との相談の上、親類や親たちの関係者も招待された。結婚式の引き出物選びに、両家の合意を得るのに苦労したという話はよく聞かれたものである。

結婚式の前と後

結婚式の日を迎えた花嫁が、両親に挨拶をするシーンはドラマチックなもので、人生の大切な一場面とされている。そこで女性は少し複雑な気持ちになる。「もう二度とこの家の敷居はまたぐな」と、父親に言われ決意の表情を見せる。しかし、好きな人と結婚する自由、嫌いな人と離婚する自由という現在の結婚観では、必ずしもこのようなシーンは必要なくなっているのかもしれない。それでも、未婚者と既婚者には異なった社会的地位が与えられることが多い。かつて女性たちは、自らの所属する家の変更、つまり明日からは婚家の人間になるということに加えて、既婚者という新たな立場を迎えることになり、その心理は複雑なものであったろう。この当時既婚女性には未婚者とは違う髪型があり、お歯黒をするなど一目で既婚であることがわかるしくみがあり、女性に結婚式を迎えることによる自覚を促した。

婿方の家で婚礼が行われていた頃の嫁入婚においては、嫁の引き移りが婚礼の中心となるため、結婚式当日には多くの儀礼が行われた。婿方から仲人や連れの迎えが来ると、嫁は生家を出立する儀礼をする。結婚により女性は生まれ変わると言われ、生家の娘から婚家の嫁へとその所属と立場を変化させる。生まれ変わりの儀式は、生家の娘としての死を意味するとも言われ、葬送儀礼と結婚式には似たものが多いと指摘されている（浅野　一九九九）。生家の玄関で茶碗を割ることや、娘

図1－2　嫁入り行列（宮崎・南郷村御門，秋山栄雄氏撮影）
出所：文化庁編『日本民俗地図』Ⅵ（婚姻），３頁。

が家を出た後に箒で座敷を掃く、竃の燃え残りの薪を投げる、玄関ではなく縁側から外に出る、草履を家の中から履いて出ることなどが行われた。

出立の儀礼を生家ですませた花嫁は、婿方の迎えとともに嫁入り行列をくみ、婿の家へと向かう（図１－２）。仲人が提灯をもち先頭にたち、衣装をつけた花嫁が連れ嫁・添い嫁などと呼ばれる女性や、嫁の親や親族と行列をつくり村の中を練り歩く。嫁入り道具をともに運ぶときは、その道具を担ぐ人たちも一緒である。行列を途中で若者や子どもが邪魔をすることも行われた。そこでは、菓子や酒をふるまって道をあけさせ、行列を通させてもらった。このように嫁入り行列は、村中の人に結婚を披露することにもなった。

婿の家に到着した花嫁には、婚家に入る際にもまたいくつかの儀礼が待っている。火と水は日本文化では特別な意味をもっていた。火は竃や炉に見られるように家の中心としての意味をもち、家の永続と火を保つことが関連づけられ、火は穢れを祓うことができるとも考えられていた。水にも浄化と信仰、神の存在が関連づけられ、水をかけることが祝いにつながるとされた。花嫁は婚家の門口でたかれた火をまたぎ、松明をかざした間を通りぬけた。また、まず竃を三度回ってから台所へあがるなど火をめぐる儀礼も多い。婚家に入るときに、花嫁に水を飲ませる、水をかけるまねをする、門口で嫁と姑が盃を交わす、生家の水と婚家の水を合わせて花嫁に飲ませ、飲んだ後の茶碗や盃を割るなどが行われた。婚家に入る嫁に笠を被らせる、鍋蓋を被らせることや、花嫁の履いてきた草履を屋根に投げる、その草履の鼻緒を切ることなども行われた。

嫁となる女性は、生まれた家を出て、花嫁として両家の人々とともに花嫁行列をすることにより村中にその立場の変化を披露し、これから暮らす家、そしていずれ先祖となる家に入る。そこでは、迎え入れる婚家の両親や親族が祝宴をひらいてくれており、多くの人々に祝福されながら結婚式の日をおくる。そこで行われる儀礼は、新郎となる男性にとっても婚家にとっても新しいメンバーを迎えることを確認する意味を持っていた。しかし、結婚式後、婚家の嫁という新たな立場をえた花嫁の暮らしには大きな変化が生じる。それは、生まれ変わることあるいは生家の娘としての死とさえ考えられる。

一方で、女性は婚姻後も生家との関係を保ち続けることが多かった。現在では、結婚した女性たちの中には、何かにつけて親との関係を続けるものが多い。特に共働きや、子どもが生まれたあとには、女性たちは自分の親の援助や協力を必要とする場合がある。男性の育児休業取得率が期待するほど上昇しない状況では、いわゆる実家の援助は大きな意味をもっている。伝統的な日本社会にあっても、嫁の里帰りは多様な形で存在した。結婚式の次の日から、今までとは異なる生活環境、嫁という立場を受け入れなければいけない女性にとって心理的にも生家は支えであった。それだけではなく、婚姻後も頻繁に生家を訪問することが制度として行われている地域が、日本海沿岸地域に存在した。季節ごとに比較的長期にわたって里帰りをし、生家で生活するセンタクヤスミ、センタクガエリ(3)などと呼ばれる慣行がそれである。また、定期的に里帰りし、婚姻成立直後はむしろ生家滞在の方が長いヒヲトル嫁(4)もその一つである。花嫁の嫁入り道具の運び込みの時期が、結婚式よりはるかに遅れる嫁もいた（植野・蓼沼　二〇〇〇）。

結婚式は、新郎新婦を既婚者という立場に変える。結婚の意味は、それぞれの社会により異なり、既婚者となることの意味も多様である。婚入者を迎えることで家の跡取りの存在を可能にし、家の世代を超えた継続が実現した時代には、結婚は家の問題としてとらえられていた。また性別役割分業を前提とした近代家族の時代は日本では高度経済成長期にピークを迎え、当時は皆婚社会といわれ、男女双方にとって結婚は必要なものであった。既婚者になったことを披露する結婚式も、結婚を周囲に承認してもらう機会としての意味をもっていた。

4　多様化する結婚式と結婚の意義

現在は結婚式も多様化し、高度経済成長期を中心に行われた神前や教会での宗教的スタイルの結婚式ばかりでなく、人前式も行われている。結婚情報誌は多種多様になっており、「自分らしい」結婚式の演出の名のもとに結婚にまつわる行事の情報が詳細に載せられている。もちろん、結婚式を行うかどうかも当事者たちの意見が尊重される。形式的で費用負担も大変であるから、と結婚式を行わず、簡単に双方の両親とごく近しい人のみで集まり、食事会程度を行うことが流行ったこともあった。

今、結婚式を挙げるなら

結婚情報誌『ゼクシィ』を発行するリクルートマーケティングパートナーズによる『結婚総合意識調査二〇一八』によると、挙式、披露宴、食事会、写真撮影を実施した割合は八五・六％と報告されている。全くの非実施は、一七・〇％であった。挙式、披露宴・披露パーティーは六四・九％である。二〇一四年には挙式、披露宴・披露パーティーの実施は七〇・九％だったので、披露宴やパーティーの実施は徐々に減少傾向にあることがわかる。結婚時の年齢別にみると二〇代では七二・七％、三〇代では五四・八％、四〇代では三〇・二％と結婚時の年代が低いほど披露パーティーなどを実施する割合が高くなっている。新郎新婦がともに初婚の場合には七〇・七％が結婚式を実施しているが、いずれかまたは双方が再婚の場合は四二・九％が実施している。回答数は、いずれも初婚の場合が一一八八例で、いずれかまたは両方が再婚の場合が三一二例である。

結婚式も披露宴も実施しない結婚を、「ナシ婚」と呼ぶこともある。婚活関連事業を営むパートナーエージェントが二〇一八年九月に一八七五人に実施した調査によると、式や披露宴は「しなくてもいいと思う」が三三・〇％であったが、自分自身は「したい」は四六・六％であった。

一方、リクルートマーケティングパートナーズによる『ゼクシィ結婚トレンド調査二〇一九　首都圏版』[5]では、「結婚式は人生を振り返り、自分の生き方を再認識する場である」という問いに対して、「そう思う」は六七・六％であった。また、

「結婚式は列席者に感謝の気持ちを伝える場である」は、「そう思う」が九三・三％と肯定的であった。つまり、結婚式を実施するケースは、必ずしも減少しているわけではなく、実施するかどうか、費用の額、招待客数、演出については多様化しており、新郎新婦が主導権をもって決定している。

多様化している結婚式や披露宴の情報は、結婚情報誌、ブライダルプランナーなどのプロフェッショナルがアドバイスし、新郎新婦の希望の結婚式が行われるよう進められていく。『ゼクシィ首都圏版』二〇一九には、「結婚準備ダンドリシート」が特集されている。他にも「相場一覧シート」「ゲスト選び・招待の基本シート」「常識マナー」「結婚の手続き届出シート」など、至れり尽くせりである。

そこから、現在の結婚のプロセスを見てみよう。二人の結婚が決まり、正式に婚約となると親への挨拶となる。その後両家の顔合わせがあり、結納、婚約食事会となる。婚約指輪などの婚約記念品検討も同時に行う。結婚式を実施することになった場合は、結婚式のイメージづくりと称して、どのような結婚式を行うか検討する。会場見学をして会場との契約になる。招待客の選出と、主賓・スピーチ・受付の依頼をし、招待状の発送となる。ゲストのリストを作成し、席次を決定する。衣装のイメージを考え、選択した会場に希望の衣装があるかを確認する。衣装と会場の検討は同時に行い、特に新婦の衣装は結婚式場決定の重要な事項である。美容に関しても、エステサロンを利用することが増加しており、ときには新郎新婦がともに行うこともある。ドレスの試着、美容の確認と結婚式直前まで続く。

結婚式・披露宴当日の式次第や演出も、新郎新婦自らが計画し、ブライダルプランナーや式場と打ち合わせをして決定していく。どのような結婚式場があり、新郎新婦の衣装があり、どんな演出ができるかの情報は、結婚情報誌に満載である。たとえば、『ゼクシィ』の毎号の厚みは数センチにもおよびその大半は式場の案内である。数々用意された演出の中からどれを選択するかは、新郎新婦を悩ませる。その際に、中心となるのは当事者の意思ではあるが、親や招待客のことも配慮するよう結婚情報誌は提案している。

結婚式費用は、もちろん式場や招待客数、演出の内容により異なるものであるが、『ゼクシィ首都圏版』二〇一九によると、費用の総額は平均で三七二万四〇〇〇円となっている。ただしこれは、「ゼクシィ花嫁一〇〇〇人委員会」の平均金額である。同じ調査によると、ご祝儀の平均は二二四万八〇〇〇円となっている。

結婚式は、行うかどうかに始まり、数多くのことを決定していく過程を経て、結婚式当日を迎えることは、今も昔も変わらない。その過程で、関係する人々が新たな関係性を確認していくことも同じである。時代の変化とともに価値観が変化してくる中で、最も大きな変化としては、結婚式に関する意思決定者が新郎新婦であるという点にある。その変化は、個人を取り巻く人間関係がもつ意味の変化であり、結婚式における親族・親類の役割の大きな変化としてとらえることができよう。

結婚式は何のため

結婚する二人の新しい関係を社会が承認することが、結婚式の重要な社会的意義である。そこには、花嫁花婿の関係者が集い、お互いの新たな関係を酒や食べ物をともにすることで確認しあう。結婚式のあり方は、社会のあり方とともにある。伝統的には、婿入婚・足入れ婚・嫁入婚という婚姻形態の違いによって式のあり様も異なっていた。

特に嫁入婚においては、一人の女性がその帰属を変更し、新たに婚家のメンバーとなってその後の生涯を送り、やがては婚家の先祖となる。そのことを、社会が承認するのが結婚式であった。そこでは、嫁としての承認が主たる目的であり、それは結婚式での婿の不在に象徴される。さらに、第二次世界大戦後の社会における価値観の変化と家制度の廃止も式のあり方に影響を与えた。しかし、高度経済成長期にあっても、結婚式の招待状が両家の父親の名前で出され、披露宴会場では「〇〇家△△家披露宴会場」とされていたのは、以前の嫁入婚の名残と言える。

現在では結婚式を挙げるかどうかは、新郎新婦の意思次第となった。どのような結婚式にするかも当事者が決めていく。キリスト教式や神前式も行われ続けていると同時に、ホームウエディングと称して、自分の家に招待する形式も人気である。結婚の決定から結婚式に至る過程では、仲人の存在が消え、結納を行わないことも増えているが、親への挨拶は新郎新婦にとって重要な意味をもち、緊張するもののようである。これは、かつての初婿入りに似ている。そして、結婚式では「親へのサプライズ」として花束贈呈だけでない演出が好まれている。ここには、新郎新婦とそれぞれの親との関係の密接さがみられる。子どもたちの結婚の際に、親がどのように振る舞うべきかというアドバイス本も出版されている。結婚式には新郎新婦が社会的承認を得たい相手が招待されており、それは二人を中心とした関係性を示すものになっている。このように、結婚式は多様な形態を見せてはいるが、『子どもの結婚　親の役割とあいさつ』（岩下　二〇一九）など結婚に関する案内書は数多く出版されており、結婚情報誌などによる丁寧なアドバイスも活用されている。この点をみると、実質的な意味での多様性が実現しているかは疑わしい。

結婚が、家と家をつなぐものであった近代以前の時代にあっては、たとえ配偶者選択が当事者の意思によるものであったとしても、そのことを披露する結婚式を行い社会から承認されることが、その後の家および二人にとって絶対的に必要であった。結婚は村という共同体に承認されるべきものであり、華やかで多くの人から祝福される結婚式は、羨望の的であった。

社会の単位が個人となったとき、結婚も個人の問題であり、結婚式を行うか否か、あるいは結婚そのものの必要性さえも問われている。二人の結婚をどのような人々に承認してほしいか、あるいは承認してもらう必要があるのかを検討することは、社会と当事者との関係を改めて考える機会といえよう。人が共同性を求める意識は、どこまで存在していくのだろうか。社会の変化とともに、結婚式の意味そして結婚の意味は変化している。儀礼には社会の価値観が反映されているとして、民俗学では多くの研究が積み重ねられてきた。個人と社会の関係性の変化の中、結婚の社会的承認としての結婚式のあり様の変化は、社会の変化の象徴といえよう。現在では個人の問題と考えられがちな婚姻や家族を社会制度としてとらえることの必要性が、セレモニーとしての結婚式のあり様には示されている。今後の結婚式のあり様が日本における結婚の意味、家族をつくることの意味を象徴的に表すことになると言えよう。

注

（1）『ゼクシィ』は、一九九三年にリクルート社から「首都圏版」が発行された結婚情報誌である。二〇一三年には地方版が発行された。発売当初は価格五〇〇円であったが、近年は三〇〇円という安価で付録もつき、非常に厚い雑誌である。細かく地域ごとに版が出されており、地域の特徴を反映させてもいる。結婚情報誌は他にもかなりの種類が存在している。結婚式を伝統にしたがって行うのではなく、時代にあった自分たちの感覚で行いたいとの当事者たちの希望が強まる中で、「相手の両親へのご挨拶の方法」などのアドバイスがこれらの結婚情報誌には掲載されている。さらに、「結婚のだんどり」は、常に特集される項目である。誌面は式場案内が大半を占め、低価格が可能となる理由であろう。

（2）長崎県対馬では、花嫁は「テボ」と呼ばれるかごを背負って普段着で簡単に婿方に引き移り、その後男性の家で生活をし、ときには「いったりきたり」を繰り返した。初子の妊娠五カ月目の披露により婚姻が成立したと考えられ、この場合には婚姻が時間をかけて成立すると大間知は考えた。一九六〇年代まで続けられた（大間知　一九六七）。

（3）特に日本海沿岸地域を中心に、頻繁な里帰り慣行が行われていた。春や秋の農閑期に行われた季節的・長期的な里帰り慣行をセンタクヤスミ、センタクガエリと称した。福井県小浜市では、春と秋に嫁は子どもと自分のための衣類や布団の調整のために二〇日間ほど里帰りをした。その間、夫は妻を訪ねてはいけないとされていた（植野・蓼沼　二〇〇〇）。

（4）同じく日本海沿岸地域を中心に定期的里帰りが存在した。福井県小浜市ではバン、ヒヲトル嫁とよばれ、結婚式の直後には「日曜バン」「市バン」と呼ばれ、日曜日のみあるいは市の立つ日のみ婚家に滞在した。婚家での滞在日数が婚姻の経過とともに長くなり、三三歳までこれらの里帰りは続けられた（植野・蓼沼　二〇〇〇）。

（5）リクルートマーケティングパートナーズによって二〇一九年四月に実施された、結婚式に対する考え方調査。集計サンプルは五一四七、回収率三〇・六%である。

参考文献

浅野久枝「女の死」中村ひろ子他『女の眼でみる民俗学』高文研、一九九九年。

岩下宣子『子どもの結婚　親の役割とあいさつ』主婦の友社、二〇一九年。

植野弘子・蓼沼康子編『日本の家族における親と娘』風響社、二〇〇〇年。

大間知篤三『婚姻の民俗学』岩崎美術社、一九六七年（『大間知篤三著作集』第二巻〔婚姻の民俗〕未来社、一九七五年）。

近藤直也『ケガレとしての花嫁』創元社、一九九七年。

厚生労働省『平成二五年度厚生労働白書――若者の意識を探る』二〇一三年。https://www.mhlw.go.jp/wp/hakusyo/kousei/13/

瀬川清子『婚姻覚書』講談社、一九五七年。

中矢英俊・近藤剛『現代の結婚と婚礼を考える』ミネルヴァ書房、二〇一七年。

パートナーエージェントQOM総研『「ナシ婚」に関するアンケート調査』一一七、二〇一八年。https://prtimes.jp/main/html/rd/p/

00000348.000006313.html
文化庁編『日本民俗地図』Ⅳ（婚姻）国土地理協会、一九七八年。
穂積恵子「総合結婚式場の誕生　現代日本の結婚式場」『都市民俗学へのいざない』雄山閣、一九八九年。
宮田登『冠婚葬祭』岩波新書、一九九九年。
八木透『日本の通過儀礼』思文閣出版、二〇〇一年。
柳田国男『婚姻の話』岩波書店、一九四八年（『柳田國男全集』第一七巻、筑摩書房、一九九九年）。
リクルート『ゼクシィ首都圏版』一〇月号、二〇一九年。
リクルートブライダル総研編『ゼクシィ結婚トレンド調査二〇一〇　首都圏版』リクルートブライダルカンパニーブライダル総研、二〇一〇年。https://souken.zexy.net/data/trend2010/XY_MT10_report_syutoken.pdf
リクルートブライダル総研編『結婚総合意識調査二〇一八』リクルートマーケティングパートナーズ、二〇一九年。http://www.recruit-mp.co.jp/news/library/20190121_01.pdf
リクルートマーケティングパートナーズ編『ゼクシィ結婚トレンド調査二〇一九　首都圏版』二〇一九年。https://souken.zexy.net/data/trend2019/XY_MT19_report_06shutoken.pdf

読書案内

① 石井研士『結婚式　幸せを創る儀式』ＮＨＫブックス、二〇〇五年。

＊宗教学の立場から結婚式という儀礼に注目した婚姻研究である。結婚式の変遷を詳細にたどり、日本社会の結婚のあり様を明らかにしている。結婚式に期待されたものの変遷とともに、結婚と幸せの問題に言及したものである。

② 山田昌弘『結婚不要社会』朝日新書、二〇一九年。

＊家族、結婚について常に提案を続けてきた著者による現代日本社会における結婚に関する分析である。欧米では結婚が不要となったが、日本では結婚は困難なものとなったという。近代社会と結婚の関連性と近代社会の変化の中で結婚がどうなっていくのかが検討されている。

第2章 結婚しない・できない若者たち

八木 透

1 婚姻研究の視点

「個へのまなざし」の必要性

二〇一五年の国勢調査によれば、二五歳から二九歳の未婚率は、男性七二・七％、女性六一・三％、三〇歳から三四歳の未婚率は、男性四七・一％、女性三四・六％と、想像以上に高い数値を示している（図2-1）。また同年の生涯未婚率は、男性二三・四％、女性一四・一％で、過去最高の数値を示している（図2-2）。さらに、女性一人が生涯に出産するであろう子どもの数である「合計特殊出生率」は、二〇一六年は一・四四で、過去二〇年間で見るとやや上昇しているものの、それでも低い数字で推移している。このような現代の現象は、一般に「未婚化・少子化」と表現されている。しかし、結婚した夫婦の多くは、過去二〇年間で見ても二人以上の子どもを産んでいるので、合計特殊出生率を下げているのは、明らかに結婚しない者が増えたからであることがわかる。最近の若者たちはなぜ結婚しようとしないのだろうか。結婚したくないからか、あるいは何らかの要因によって結婚したくてもできないのか。この点を解明することが本章に与えられた課題である。しかし考えてみれば、この命題を民俗学的方法によって解明することはきわめて困難であるといわざるを得ない。それはなぜか。まずその点から論を進めていくことにしよう。

そもそも民俗とは、一定の集団を単位として世代を超えて伝えられてきたもので、現在、人々が行為として行い、知識と

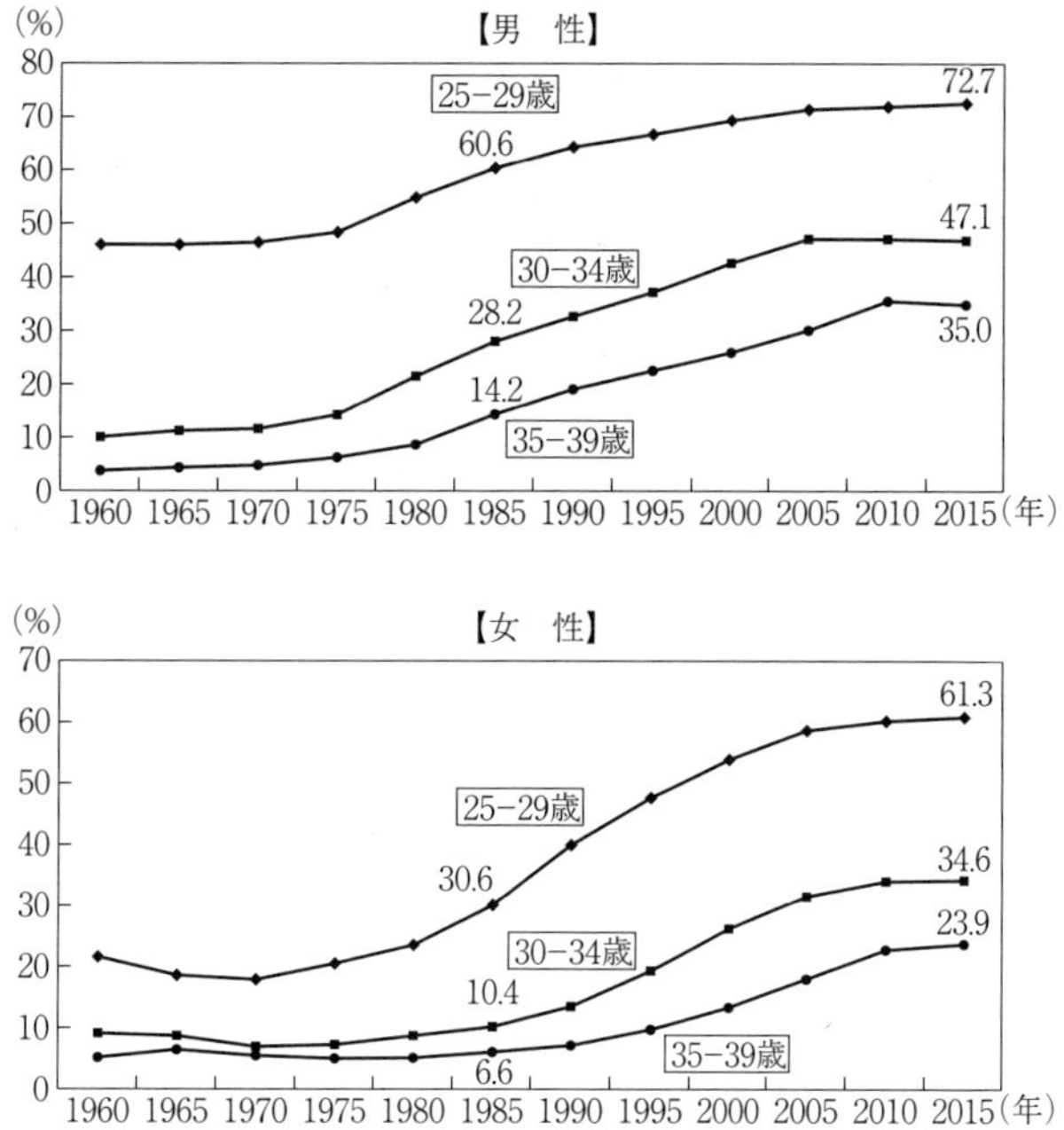

図2-1　年齢別未婚率の推移

出所：内閣府『平成30年版少子化社会対策白書』2018年。

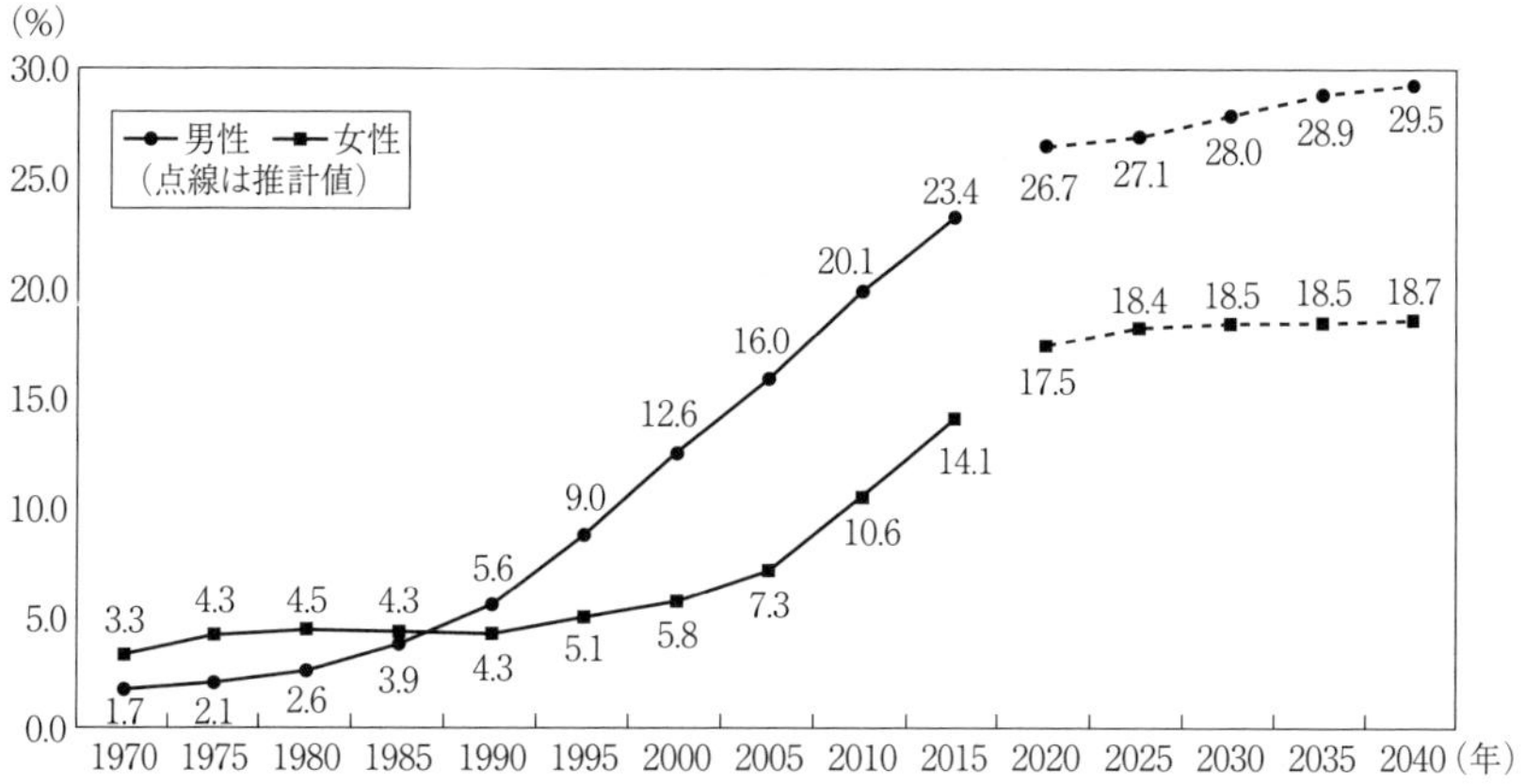

図2-2　50歳時の未婚割合の推移と将来推計

注：45～49歳の未婚率と50～54歳の未婚率の平均である。1970年から2015年までは各年の国勢調査に基づく実績値（国立社会保障・人口問題研究所「人口統計資料集」），2020（平成32）年以降は推計値（「日本の世帯数の将来推計（全国推計2018年推計）」を基に内閣府作成）であり，2015年の国勢調査を基に推計を行ったもの。

出所：内閣府『平成30年版少子化社会対策白書』2018年。

して保有し、観念として保持している事象であるといわれてきた。つまり民俗は、あくまでも一定の集団内において伝えられてきたものであり、また現在において生きている行為、知識、観念であるということになる。このような従来のとらえ方に対して、近年筆者は異論を唱えている。筆者は、現代のように人々の生きざまや生活スタイルが多様化し、ほとんどの場面において個人の自由が許容される時代になると、過去のように人々が特定の集団内で同じように生活してきた時代とは大きく異なるがゆえに、これからは「個」に目を向ける必要性があると考えている。まさに「個の民俗学」の必要性である。たとえば結婚や出産という営みが個人の意思にゆだねられている現代社会では、人生の選択肢は無数にあるといえよう。そのような中で、集団で伝えられてきたとする理解にこだわっていると、個々の人間の生きざまが見えなくなってしまう。ゆえにこれからの民俗学のあり方の一つとして、「個へのまなざし」が重要だと考える。そもそも、冒頭で示した命題にアプローチするためには、個人個人の生き方を探りながら、その背景に何が見え隠れするのかを分析する以外に方法はないだろう。まさに「個へのまなざし」の実践が不可欠である。

ところで、近年の民俗学研究の動向を見ると、婚姻をめぐる研究は著しく低迷しているといわざるを得ない。いったいその要因は何なのだろうか。

低迷する婚姻研究

そもそも、柳田国男を中心とした「婚姻変遷説[1]」への反省とそのアンチテーゼに端を発し、婚姻を家族、親族、その他種々の家族慣行等のより広い人間関係との関連性によって理解するという視座こそが、構造論的・類型論的解釈であった。しかしその隆盛はすでに終焉を迎え、「類型論」は一昔前の研究動向として批判の対象とされて久しい。「類型論」の最も問題だった点は、対象事例を類型化するために抽象化することが必要であったことから、生活実態としての民俗事象、換言すれば人々の息遣いや嘆き、苦しみや喜びなど、人間の生きざまとしての民俗を描くことがまったくといってよいほど不可能となってしまったことである。しかし今日、未だ類型論に替わる次の新たな研究への指標は定まってはいない。さらに加えて、近年民俗学において婚姻研究が著しく低迷した要因は、さしずめ次のような原因が考えられるように思う。

①　社会構造や地域社会そのものの変容、および社会の画一化によって、婚姻形態、あるいは儀礼の地域性・地域的偏差

が見られなくなったこと。

② 人々の価値観の多様化により、結婚における固定化した形式が見られなくなったこと。

③ 少子化、未婚化、晩婚化により、人々にとって婚姻が自明のものではなくなったこと。

④ 離婚の増加により、婚姻そのものへの価値観が質的に変化したこと。

つまりこれまでの婚姻研究が、どちらかといえば歴史的変遷説、および地域類型論に依拠した理論を基軸として展開してきたことから、上記のような社会変動、またそれにともなう婚姻そのものの質的な変化に対して、婚姻研究はその理論的枠組みを失い、民俗学独自の婚姻研究の基盤を失ったためと考えられる（八木　二〇一七）。このような民俗学における婚姻研究の現状を十分に踏まえた上で、これからの婚姻研究のあるべき姿について考えてゆかなければならない。

民俗学における婚姻研究の課題について、少し視点を変えて考えてみよう。筆者は『婚姻と家族の民俗的構造』の「結語」において、次のような課題を提示している。それは、かつて筆者が論じた婚姻の対象者は、基本的に生まれた村で生涯を全うする、いうならば、家の継承者としての長男とその嫁である。つまり、自村に暮らすことができずに、都市をはじめとする他地域で結婚して家族を持ち、あるいは結婚もせずに生涯を送った者たちへの眼差しがあまりにも弱かったことである。特に、生き方そのものの多様性が許容される現代社会において、生活の仕方をパターン化してとらえ、その基本形と見られるものだけを取り上げて議論するような研究方法は、決して生産的な結果を生むとは思えない（八木　二〇〇一）。

以上のような反省の上に立ち、次節以降では現代社会の未婚化の実態とその背景について、他分野の研究成果も紹介しながら考えてみることにしたい。

2　結婚しない若者たち

若者たちの結婚事情今昔

一九八五年に刊行された『講座　現代・女の一生』第三巻（恋愛・結婚）に収録された湯沢雍彦の「結婚観のうつり変わり」には、一九六八年にＮＨＫが行った興味深いアンケート調査のデータが紹介されている。それは東京丸の内の一流企業に勤める平均年齢二二歳の未婚女性一〇〇名に対して行ったアンケートで、結婚相手としての男性に望む条件を聞いたものである。それによれば、年齢は四歳上、学歴は大学卒、月収は三万五千円以上、職業は会社員、できれば技術者、続柄は長男でもよいが一人っ子は困る、身長は一七〇センチ以上、体型は中肉または痩せ型、メガネはできればかけていない、性格は誠実であること、酒・賭け事はたしなむ程度、というものであったという。この条件に対する湯沢の分析によれば、当時の二五歳から二九歳の独身男性は二〇一万人いたが、このうち先の条件を満たす者は、「統計上分かる範囲だけでも二万七千人に絞られる。さらに統計がはっきりしない項目を換算すると、この三分の一、すなわち一万人もいないと推計された」という。一方で適齢期の独身女性は二四七万人いるのだそうで、結果として、希望条件を全部満たす相手とゴールインできる女性は、実際には二五〇人に一人でしかなかったと結論づけている。加えて、対象の一〇〇名の独身女性の内八九名は、結婚相手を努力して探すのではなく、何となく待っていると答え、それでいて七〇名近くが「近い将来幸せな結婚ができる」と楽観していたという。一九六〇年代といえばちょうど高度経済成長期であり、当時は日本人女性の多くが二五歳未満で結婚してあたりまえの時代であったから、そんな時代でさえ、若い未婚女性は相当に高望みをしていたことがわかる（湯沢　一九八五）。

湯沢の分析を踏まえて想像するに、多くの女性たちは、当時結婚適齢期とされていた二五歳を過ぎる年頃になって、はじめて自分たちが希望の条件を満たす相手と結婚できる確率がきわめてわずかだと悟ったことだろう。ということは、彼女たちは希望の条件を大幅に変更し、つまり条件のレベルを相当に下げ、妥協することで相応の相手と結婚したにちがいない。しかしそこが現代と最も異なる点ではないか。現代は希望の条件を下げ、妥協してまで結婚しない者が圧倒的に多いのである。そうなれば、もはや既婚率が大幅に下がるのは自明のことだといえるだろう。

「パラサイト・シングル」と未婚化

次に、社会学者の山田昌弘の研究について紹介しよう。山田は一九九〇年代後半の時期に、学校を卒業後も、なお親と同居して基本的生活条件を親に依存している未婚者を「パラサイト・シングル」と名づけた。その後、一九九九年の『パラサイト・シングルの時代』において、現代社会において未婚化が進む背景を、「パラサイト・シングル」の増加によるものとする独自の学説を展開した（図2-3）。

山田はパラサイト・シングルと結婚問題に関して、「パラサイト・シングルの増加が、未婚化・晩婚化傾向を促進しているというロジックが成り立つ。それは、親同居未婚者は、結婚しにくいという事実が様々な調査結果から示唆されているからである」（山田　一九九九：五六）という。すなわち、パラサイト・シングルは、未婚化の結果であると同時に原因でもあると説明する。ではなぜパラサイト・シングルは結婚しにくいのか。それは、パラサイト・シングルは結婚前の生活の満足度がたいへん高い。それゆえに結婚しにくいのであるという。山田は、東京や横浜などの大都市郊外に定住した地方出身の親をもつ未婚の若者が、パラサイト・シングルの正嫡だととらえている。ということは、その親たちは高度経済成長期に地方から大都市圏に出てきて就職した、いわゆる団塊の世代の者たちなので、一様に裕福である。だからこそ、その子どもたちは自分の給料の一部を食費として家に入れる必要もなく、ほぼすべてを自分の趣味などの好きなことに使うことができたのである。だから生活の満足度が高いということになる。結婚すれば独身時代のように好き放題な生活はまず望めない。そのために、結婚することを躊躇してしまうのだろう。このような連鎖によって未婚者が増加したという山田の分析は説得力がある。

さらに山田は、高度経済成長期の若者たちは結婚に対して夢を持っていたという。確かに、あの時代は一生懸命働きさえすれば、確実に毎年収入は伸び、豊かな暮らしを享受することが可能だった。しかし、一九七〇年代後半より高度経済成長は終わりをつげ、低成長期に入る。山田はいう。「豊かな親の元に育った若者にとって、結婚はもう、生活水準を下げるイベントになってしまった。いわば〝結婚は貧乏の始まり〟になってしまったのだ。もとから貧乏ならば、貧乏な生活でも耐えられるし、希望も見ることができる。しかし、一度豊かな生活を味わった若者にとって、豊かでない生活をすることは、なるべく避けたいことにほかならない」（山田　一九九九：七四）。さらに山田は、高度経済成長期の若者たちの志向として、男女ともに専業主婦願望が強いことをあげている。確かに一九七〇年代の理想的な家族像は、夫は外で働き、給料を家族にもたらす。妻は家庭にいて家事と育児に専念する。そうしていれば確実に裕福になれるという期待があった。このような、親元を離れず親と同居し続ける若者たちのパラサイト化と、根強い専業主婦願望こそが、未婚化、晩婚化の主要因であったと山田は分析している。山田はこの二者の現象を「依存主義」とよび、高度経済成長期は、この依存システムがうまく働き、多くの若い女性は、親への短期間の依存の後、専業主婦としての依存先である夫を見つけることができた。しかし、二〇世紀末には、親という依存先が太り、夫という依存先が細っている。これが、日本に未婚化をもたらしていると分析する（山田　一九九九）。

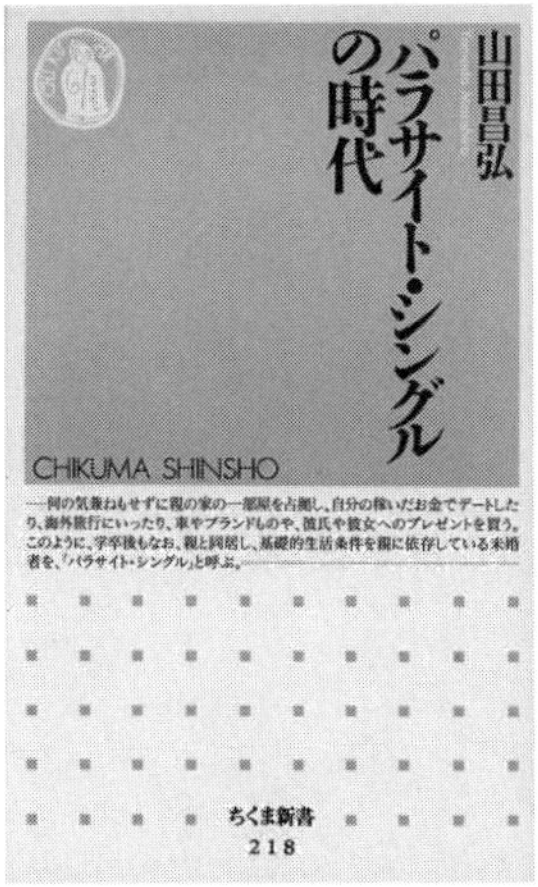

図2－3　山田昌弘『パラサイト・シングルの時代』（1999年）

「パラサイト・シングル」のその後

『パラサイト・シングルの時代』から五年後の二〇〇四年に刊行された『パラサイト・シングルのゆくえ』において、山田はパラサイト・シングルが大きく変質してきている状況を説いている。山田は同書において、親と同居していても、とてもリッチな生活を楽しんでいるとは思えない未婚者が増えているという。その要因の一つは、フリーターの増大に象徴される、若者の労働状況の質的な変化であり、もう一つはパラサイト・シングルが結婚せずに年を取り、中年化してきたことだと説明する。このような現象を山田は「パラサイト・シングルの不良債権化」とよぶ（山田　二〇〇四）。確かに、いずれいい相手が現れたら結婚すると高をくくっていた未婚女性が、いつの間にか中年化し、そうなれば、今度は親がパラサイト・シングルに経済的に頼るようになるという、マイナスのスパイラルが、まさに「パラサイト・シングルの不良債権化」とよぶべき現象なのだろう。

二〇〇四年においてそのような状況なら、二一世紀に入っておよそ二〇年が経過した今日における状況は推して知るべしである。正確な情報がないので想像するしかないのだが、今日では二〇世紀末に山田が指摘した「パラサイト・シングル」とよばれる若者はきわめて少数とみなしていいだろう。つまり、少なくとも今日の未婚化の主要因は「パラサイト・シングル」によるものではないことは確かだ。ならば、二一世紀に入って以降の若者たちをめぐる結婚事情はどのような変化を示してきたのだろうか。そのことを考えるにあたり、有益な示唆を与えてくれるのは、いわゆる「近代家族」をめぐる議論ではないだろうか。すなわち、高度経済成長期の若者たちの志向性の特徴として、山田は専業主婦願望の増加をあげているが、専業主婦が普遍化するのはまさに「近代家族」においてである。ゆえに、二〇世紀後半から二一世紀にかけての「近代家族」の変質を考えることで、未婚化の背景を探ることにつながるのではないか。

3　未婚化の背景と近代家族

近代家族の大衆化とその変質

一九八〇年代以降に家族の社会史的研究、主として歴史人類学や歴史社会学の領域から生みだされた新しい家族概念が「近代家族」である。夫は外で賃金労働者として働き、月に一度の給金を家庭にもたらす。妻は家庭にいて家事と育児に専念する。夫婦は強い愛情によって結ばれ、子どもは両親の愛を全身に受けながら成長してゆく。このような家族の姿は、多くの日本人がイメージする理想的な家族像ではないだろうか。しかし実は、このような日本の家族像は近代になって創出された家族の姿であり、特に戦後になって大衆化した日本家族のイメージである。[2]これこそが、まさに「近代家族」とよばれる家族の姿である。

欧米の「近代家族」論をいち早く日本に紹介した落合恵美子は、『近代家族とフェミニズム』の中で、「近代家族」の特質を次の八点に整理している（落合　一九九四）。

①　家内領域と公共領域との分離
②　家族構成員相互の強い情緒的関係
③　子ども中心主義

④　男は公共領域、女は家内領域という性別分業
⑤　家族の集団性の強化
⑥　社交の衰退とプライバシーの成立
⑦　非親族の排除
⑧　核家族

「近代家族」をめぐる議論は、これまでの家族研究の盲点をみごとに指摘したのみならず、現代社会において問題視されている様々な家族病理に関して、その解決策を模索する上でも有益であると考えられている。

落合は、「近代家族」が当たり前に存在していた時代は、まさに日本の家族が幸せな時代だったという。しかし時代は変化した。特に都市部においては、「近代家族」は一九八〇年代以降、音をたてて崩れ始めた。その原動力となったのはやはり女性たちであった。落合によれば、日本の女性たちは戦後に社会進出したのではなく、逆に戦後に主婦化したという。世代別年齢別女子労働力率は戦後徐々に低くなり、一九四六年から一九五〇年生まれの世代、すなわち団塊の世代が最も低い数値を示している。そしてその後急激な上昇傾向を示す。また落合は、戦後の出生率の低下は二度起きているという。すなわち終戦後にベビーブームが起こり、一旦は子どもの数が急激に増加するが、その後一気に下降する。そして一九五〇年代後半から一九七〇年代前半は横ばい状態で、七〇年代後半になって低下が始まる。この横ばい状態の時期こそが、多くの女性たちが結婚して専業主婦となり、子どもの数は二人か三人という画一化した家族を築いた時代だった。これが落合のいう「家族が幸せであった時代」であり、同時に「近代家族」が当たり前に存在した時代だったといえる（落合　一九九四）。

しかし一九七〇年代後半から一九八〇年代にかけて、出生率の低下とともに、離婚率も徐々に増加してゆく。この時期から「近代家族」の崩壊が始まったと考えるべきであろう。ではなぜ「近代家族」は崩壊への道をたどったのか。その背景には、就労構造の変革や経済情勢の変容などを含めて、種々の社会的要因が絡み合っているために、簡単に論じられる問題ではない。しかし一つだけいえるのは、「近代家族」が「男は公共領域、女は家内領域」という性別役割分業に立脚した家族

の形態であったことである。だからこそ、それに疑問を感じ、そこからの脱却を模索した女性たちの新たな動きによって、「近代家族」は徐々に崩壊への道をたどったと考えられよう。またこの時期は、山田がいう「パラサイト・シングル」がそろそろ増え始め、未婚化が進んだ時代でもある。その背景には、先述したように経済が低成長期を迎え、若者たちが結婚に夢を持てない時代に突入したこと、さらにそのことによって専業主婦でいることが困難な時代が到来したことが考えられる。

落合は、専業主婦が安心して生活していくためには三つの条件が必要だという。それは「夫は死なない」「夫が失業しない」「夫と離婚しない」という条件である。第一の条件は普通には叶えられるだろうが、第二、第三の条件は、これから先の時代ではきわめて難しい条件となることは自明である（落合　一九九四）。つまり、まとめると、経済の成長が見込めなくなり、離婚率が増加し、「パラサイト・シングル」が増殖し、加えて専業主婦願望が叶えられないということになれば、必然的に未婚化が進むということになるのである。

二〇世紀末は男性受難の時代

筆者は、今日の若い男性たちが結婚しない、できない、踏み切れない背景には、二〇世紀末から二一世紀初頭のサラリーマン男性たちの悲哀を子ども時代に垣間見たことが、何らかの影響を与えているのではないかと考えている。

伊藤公雄は一九八〇年代の終わりに、一九九〇年代は女性問題に代わって男性問題の時代が来ると予告したが、その予言は的中し、それがさらに二一世紀にまでずれ込んで、今日までその影響が残っているように思う（伊藤　一九九六）。「男性受難の時代」が到来する兆候は一九八〇年代からあった。その一例が「帰宅恐怖症候群」である。精神科医である関谷透は、一九八九年に『帰宅恐怖症候群・お父さんはもう帰れない』を著し、当時、「サラリーマンの現代病」といわれ、深刻な社会問題となりつつあった「帰宅恐怖症候群」という症状を取り上げて、その原因とそこからの脱却法について具体的に説いている（図2－4）。関谷によれば、「帰宅恐怖症候群」という症状は、軽症のうつ病に分類される病気で、帰るべき家があり、妻子がいて、心身ともに仕事の疲れをいやすべき憩いの場があるはずなのに、帰りたくないと思う。心の奥底のどこかでは帰りたい、帰らなければと感じていながら、まったく別の行動をとってしまうような症状を指すという（関谷　一九八九）。退社時間が来ても会社の机をなかなか離れようとせず、帰路には喫茶店で時間をつぶす。中には家の前まで戻ってきても、家族が寝静まるまで家の周りを歩き回る例もあるという。そして、症状が進行すると、家には戻らずにカプセルホテルを定宿にするようになる。関谷は、会社や家庭に対する責任感が強く、また生真面目で気が弱く、家族思いでかつ仕事人間で、無趣味で要領の悪い人が「帰宅恐怖症候群」になりやすいという（関谷　一九八九）。

このような問題を民俗学の立場から考えてみると、農山漁村の夫たちは、少なくとも「帰宅恐怖症候群」には陥らないだろうと思われる。それは、農山漁村では家庭と仕事場が完全には分離しておらず、さらに家計を支える立場が夫婦の間ではほぼ平等である場合が多いからである。いうならば、「帰宅恐怖症候群」という社会現象は、サラリーマン家庭で、かつ妻が専業主婦という、いわゆる「近代家族」という特殊な家族形態における特殊な現象だということができよう。

二〇世紀末から二一世紀初頭の時期に、少年時代を過ごした男たちは、今日ではほぼ二〇歳代後半から三〇歳代前半の世代であろう。この世代の男性たちは、ただでさえ結婚に希望が持てないところへ、日々妻の顔色を見ながら、苦悩し続ける父親を見て育ったのだとしたら、結婚願望がさらに萎えてしまった可能性は否定できない。

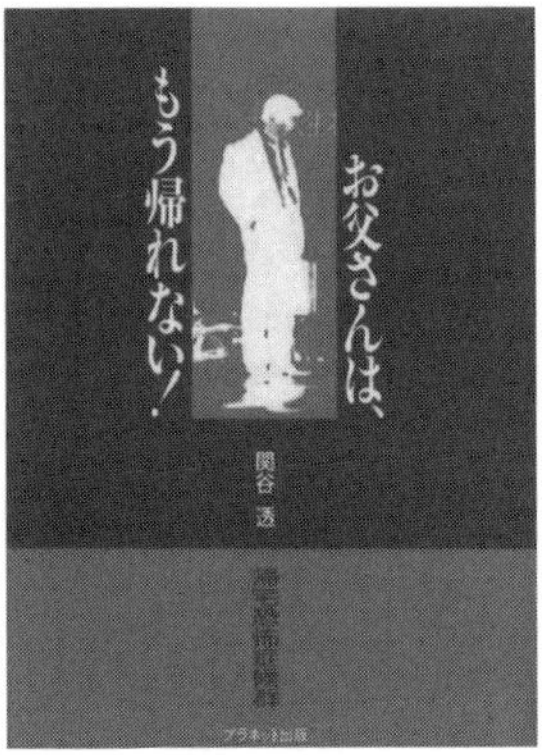

図2-4　関谷透『お父さんは，もう帰れない！——帰宅恐怖症候群』（1989年）

男女の出会いの場と恋愛

次に、未婚の男女の出会いの場と恋愛について考えてみたい。今日では高校や大学の多くが共学であり、またほとんどの職場において両性の従業員がいる。ということは、若い男女が出会う機会も、恋愛するチャンスも無数にあるということである。ところが、実態は今日の若い男女はあまり恋愛していないようだ。つまり、今の若者たちには恋愛音痴が増えているのである。それは、筆者が勤務する大学の学生たちの動向を見てもわかる。一昔前は、同じゼミやサークルなどで多くのカップルが存在したし、卒業後に結婚にまで辿りついた者も少なくなかった。筆者はこれまでの三十数年間で、ゼミや顧問を務めるサークルで、七〇〇人ほどの学生たちと親しく接してきたが、二〇年ほど前までは、ゼミ内・サークル内結婚もそこそこ見られたし、結婚にまで辿りつかなくとも、恋愛関係にある学生たちは多かったように記憶している。しかし近年になるとそのような数は激減し、ここ一〇年に限ると、ゼミ内・サークル内結婚は二例だけである。明らかに、恋愛する学生が減っていることが実感できる。

山田昌弘も最近の著書である『結婚不要社会』において、二〇〇〇年以降、恋愛している若者が減っており、恋愛が不活発化しているがゆえに結婚が減っていると明言している（山田　二〇一九）。恋愛する若者が減っている背景には、何があるのだろうか。様々な要因が絡み合っているので単純には考えられないとは思うが、想像するに、その要因の一つは、「面倒なことを敬遠する」という傾向が若者たちに蔓延していることのように感じる。「草食系男子」という言葉をよく聞くが、「草食系男子」とは、異性をガツガツと求めることはせず、異性と仲よく肩を並べ、男性らしさに縛られず、恋愛に対して消極的であり、自分が傷ついたり、相手を傷つけたりすることが苦手な男子を指すといわれている。要は、どんな人間関係にも深入りせず、無難な関係を志向する男性を指しているようだ。このような男性が増えたとなると、恋愛する若者が減るのは当然だといえよう。

一方で、若い男女が出会う場は本当に増えているのだろうか。山田昌弘は、ほとんどの男女が結婚していた時代、すなわち高度経済成長期には、学校から、地元地域の青年団、職場の組合やサークルなどの様々な組織があり、若い男女たちはこれらの組織の中で知り合い、また直接知り合えなかったとしても、様々なネットワークを通して、紹介されて知り合う機会に恵まれていたという（山田　二〇一九）。ところが、今日ではフリーターのようなどこの組織にも属さない若者が多く、相手と知り合う機会がほとんどないと指摘する。これは、現代社会は若い男女が出会う場が無数にあると一般に思われていたとすれば、ある意味で予期しなかった現実である。よく考えてみれば、大学でも何かのクラブやサークルに所属する学生は、以前と比べると明らかに減少している。現代の若者は群れることを避ける傾向にあるのだろうか。本当にそうだとすると、未婚化がますます進むことは避けられないといえるだろう。

4　結婚の意味と条件

何のために結婚するのか

人はいったい何のために結婚するのだろうか。結婚する目的は何なのだろうか。それは時代や地域によって様々な意味を有していたと思われるが、少なくとも一昔前の社会では、結婚することは社会生活を営む上で、絶対必要な要件であった。高度成長期までの日本では、結婚して子どもをもうけることが社会的一人前の条件であると考えられていた。換言すれば、結婚して家族を持つことが社会生活上必要だとされていたのである。特に戦前には、結婚相手は必ずしも好きな異性でなくとも、さらに特別な愛情を抱く相手ではなくともかまわなかった。見合い結婚とはそういうものである。ただし、戦前の日本社会がすべてそうであったとはいえない。筆者の大阪府下の泉州地域での調査から得られた一つの説を紹介しよう。

泉南地域の村々における聞き書き調査において、筆者はおおむね大正一〇年頃を境として、それ以前に生まれた人たちと、それ以後に生まれた人たちとの間で、青春時代の経験に大きな相違が見られると感じた。前者の人たちのほとんどは、若い時期に恋愛をして結婚したという経験を持っているが、後者の人たちは恋愛をまったく経験せず、親が決めた相手と結婚したという例がほとんどである。このことを結婚年齢に置き換えて考えてみると、平均結婚年齢を二五歳前後と想定した場合、だいたい戦前に結婚した人たちの多くは、若い時期に恋愛を経験しているが、戦後に結婚した人たちは、ほとんど恋愛の経験がないということになる。これは一つには、昭和一〇年代後半から激化してゆく戦時体制の影響と、徴兵による若者人口の減少に起因するものであると考えられるが、一方で、戦中から終戦の時期を境として、この地域における未婚の男女交際のあり方、また人々の恋愛観や結婚観に大きな変化があったことを示していると思われる。すなわち戦前は、ほとんどが村内婚であり、他村から嫁に来たり、他村へ嫁ぐ者はきわめて稀であった。つまり、村外婚の普及が、恋愛を不可能ならしめた一つの要因だったと考えられる（図2－5）。

かつて、男女が出会う機会は盆踊りであった。盆踊りでの出会いをきっかけとして、恋愛に発展していった例が多かった

図2－5　男女合同の青年会（昭和24年長野県會地村（現阿智村）五平餅の会，熊谷元一撮影）
出所：須藤功『写真ものがたり昭和の暮らし』10巻，114頁。

ようだ。戦前まではこのような恋愛習俗が見られ、婚礼以前に当人たちは実質上の夫婦になっていて、双方の家族や親戚などもこれを事実上公認していたのである。それが、戦後になると近隣の村々にいる未婚の若者や娘を紹介してくれる、いわゆる〝プロの仲人屋〟ともいうべき者が現れるようになる。多くの若者や娘たちは、親の指示によってこのような仲人屋の仲介で見合いをした。そうなれば、結婚以前に、二人の間に性関係があることはまずありえない。なお戦後には、親のいいつけで嫁がされ、婚礼当日まで相手の顔を見ることもなかったという例も見られるようになる（八木　二〇〇三）。

これまで紹介した泉州地域の農村のような例は、西南日本を中心とした比較的広い地域で見られたであろうことは想像に難くない。しかし都市部においては、早い時期から見合いが一般化し、戦前でも恋愛結婚はきわめて稀であったと考えられる。ということは、つまり戦前には、大多数の人たちは必ずしも好きになった異性と結婚してはいなかったのである。そこでは、結婚の目的は心的、性的な満足を得ることではなく、社会的に一人前とみなされることが最も重要だったといえるだろう。

このように、一昔前の結婚とは、好き合った異性と共同生活をしながら家族を形成してゆく例も一部には見られたが、必ずしも特別な愛情があることが条件ではなく、あくまでも経済的、社会的に家族を形成するために行うという例もあり、いわば二通りのパターンがあったといえよう。ただし、愛情の有無にかかわらず、結婚することは、少なくとも経済的に自立することを意味したことは確かである。その点では今日においても変わりはない。結婚相手の条件に、一定以上の収入があることをあげる女性が圧倒的に多いようだが、それは愛情とともに、結婚生活が経済的に安定していることを強く望む若者が多いことを示しているといえる。一方で男性が求める結婚相手の女性に対しては、経済的な要求は少ない。つまり男性側に専業主婦願望がまだ見え隠れしているのである。また双方に共通しているのは、心理的な満足である。山田昌弘の表現を借りるならば、「将来にわたってお互いに存在論的に承認しあう相手であり、親密性や恋愛感情、性的満足という情緒的満足をも獲得しあう相手」を求めているということである（山田　二〇一九：七八）。

しかし結婚するための条件として、昔から変わりなく、今日でも経済的安定が最重要視されている現実は否定できないだろう。そうだとすると、経済が低成長期にあり、フリーターや派遣のような不安定な雇用者が日々増大し、先行きが見えない現代社会において、未婚化が進むことは避けられないといわざるを得ない。

若者たちの生の声から

筆者は本章執筆のために、勤務大学の卒業生やその友人たちを中心に、一一名ほどの男女に結婚についてインタビューを行った。若者たちの生の声を取り上げることで、冒頭に示した、個々の人間の生き方に目を向け、その背景を探るという新たな民俗学の方法を実践したい。

①　二〇歳代後半、女性。大手航空会社勤務後見合い結婚。三人の子の母。専業主婦。

会社勤務時、三〇歳代の先輩女性の多くはみな美しく、彼氏がいてもほとんどは結婚していない。しかし彼女たちは四〇歳代に入る頃から身体の衰えを感じだし、その頃から結婚を前向きに考えるようになるが、四〇代後半にもなると、さすがに相手が見つからず、そのまま結婚しない、できないまま歳を取ってしまう人も多い。自分はそれを見ていて、早めに退社して見合いをして結婚した。子ども三人に恵まれ、結婚してよかったと思う。

②　四〇歳代後半、女性。地方公務員。未婚。

今までに結婚したいと思う人は、一人はいたが、その時はタイミングと勢いがなく、結婚しなかった。考えてみれば仕事が一番だった。今もその気持ちは変わっていない。今は彼氏はいない。両親と同居。生活費は入れている。一人が気楽でいい。疲れて帰宅して、誰か別の人がいることは想像できない。一人に慣れてしまうと、それほど気楽な生活はない。将来結婚したいとは思うが、相手は少なくとも自分より収入が多い人でなければ、何かと問題が起こるような気がする。

③　四〇歳代後半、女性。看護師。未婚。

今までに結婚したいと思う人はいたが、その時は様々な条件が整わずに結婚しなかった。今は彼氏はいない。一人暮らし。仕事が忙しく、出会いの機会も少ない。生活は仕事一筋という感じ。将来、これぞと思う人が現れたら結婚したいとは思うが、相手は少なくとも自分より収入が多い人であるべきだと思う。

④　四〇歳代後半、女性。二五歳で恋愛結婚。二人の子の母。専業主婦。

夫の両親と同居。子どもが二人いる。長男はもうすぐ二〇歳になる。結婚してよかったことはただ一つだけ。それは子どもができたこと。子どもたちと一緒に暮らせること。それ以外によかったと思うことはない。しかし、結婚したことを後悔してはいない。

⑤　四〇歳代前半、女性。会社員。未婚。

今までに結婚したいと思う人はいたが、結局結婚しなかった。今は彼氏はいない。家族と同居。生活費は入れている。将来いい男性とめぐり合えたら結婚したいと思う。相手は容姿や学歴は問わない。性格が大切。収入は自分より多い方がいい。

⑥　三〇歳代後半、女性。会社員。未婚。

今まで結婚したいと思う人には出会っていない。今も彼氏はいない。両親と同居。生活費は入れている。仕事が楽しく、あまり彼氏がほしいとは思わない。しかし将来いい人が現れたら結婚すると思う。相手は性格が大切。収入は多い方がいいと思う。

⑦　二〇歳代後半、女性。アルバイト。未婚。

今まで男性とお付き合いはあったが、結婚したいとは思わなかった。三〇歳に近づいてきて、できれば早く結婚したいと思っている。婚活やお見合いも経験したが、まだ理想の相手とは出会えていない。これからも婚活は続けるつもりである。結婚相手の男性は、収入は多い方がいいと思うが、容姿も大切だと思う。

⑧　三〇歳代後半、女性。医療関係。一年ほど前に見合い結婚。

今まで何人かの男性と交際したが、結局結婚にまで至らなかった。婚活やお見合いも何度か経験した。昨年にやっといい人とめぐり合った。お見合いの成功例だと自負している。若い時から結婚はしたいと思っていた。結婚しても、今でも仕事は続けている。

⑨　四〇歳代後半、男性。会社員。一人暮らし。未婚。

今まで何人かの女性と交際したが、結婚にまで至らなかった。今は仕事が一番だと思っている。将来結婚してもいいと思う女性が現れたら結婚すると思う。しかし、生涯未婚であっても構わないと思う。

⑩　四〇歳代前半、男性。教員。一人暮らし。未婚。

今まで何人かの女性と交際したが、結婚にまで至らなかった。今はお付き合いしている彼女がいて、たぶん何年か後には結婚すると思う。これまであまり結婚したいとは思わなかったが、好きな彼女が現れたことで結婚したいと思うようになった。

⑪　三〇歳代前半、男性。自営業。一人暮らし。未婚。

今まで結婚したいと思った女性はいない。今は仲間と飲食店を経営している。仕事が忙しく、女性と出会う機会がない。仕事が楽しいのであまり結婚したいとは思わないが、将来いい人と出会ったら、結婚したいと思う。相手は自分のことを理解してくれる人がいい。

以上の一一名のインタビュー結果からわかることは、女性は少なくとも結婚願望を持っていて、いい相手が現れたら結婚したいと思っていること。また相手の男性の条件で大切なのは相応の収入があることである。これはおそらく二〇世紀からさほど変化していないと思われる。またお見合いや種々の婚活を経験している者が多いことがわかった。筆者のインタビュー対象者の中には、「パラサイト・シングル」はいなかったことから、やはり現代では「パラサイト・シングル」は少数であろうことが想像できる。また男性も、結婚願望がないわけではないが、女性と比べると希薄なイメージが感じられた。仕事に打ち込んでいると、なかなか出会いの機会もなく、結婚が遠くなっていくような印象を受けた。

5　未婚化への向き合い方

「婚活」という用語は、二一世紀に入ってから使われるようになった山田昌弘の造語であるが、結婚をサポートする取り組みはそれ以前からあった。近年は従来のお見合いや紹介に加えて、結婚相談所や情報サービスの提供から、合コン・お見合いパーティーへの斡旋など、様々な形で展開されている。中には行政が主催する婚活パーティーもあり、その様式はますます多様化してきている。日本結婚相談所連盟（ＩＢＪ）のホームページによれば、現在登録会員数はおよそ六万六〇〇〇人で、連盟に加盟している結婚相談所は全国で二二〇〇社を超えるという。また二〇一八年の成婚者数は九七〇一人であり、このような数字を見る限り、未婚者の多くが結婚願望を持ち、何らかの婚活を行っていることがわかる。しかし、登録者数と成婚者数を比べてみると、成婚率は決して高いとはいえず、ずっと低い割合で推移しているようだ。ここから、多くの若者層が結婚願望を持ちながらも、実際にはなかなか結婚できない状況が浮かび上がってくる。また婚活を実践しているにもかかわらず、なかなか結婚にまで至らないということは、相手に対して相当に高望みしているか、あるいは自分が多くの異性が求める条件に合致していないか、いずれかであろう。つまり、現代社会の多くの若者たちは結婚したいと思ってはいるのだが、実際はなかなか結婚できないというのが現実のようだ。その背景には、経済の低成長や非正規雇用者の増大など、様々な要素が絡み合っていると思われる。

冒頭で示したように、二〇一五年の生涯未婚率は、男性二三・四%、女性一四・一%であり、このままいくと、将来的に日本人の未婚率はますます上昇するように思われる。未婚率が高くなるということは、結果として合計特殊出生率が下がることを意味しており、このような深刻な状況は、現状を見る限り、そう簡単には打開することは難しいように感じる。抜本的な対策が必要だといえるだろう。

日本政府は、近年少子化対策を重要課題として、多方面にわたって様々な政策を実行しているようだが、少子化を食い止めるためには、何よりも未婚化を改善することが求められる。今後は政策的にも、未婚化対策に力点を移していくことが早急に求められるのである。

注

（1）民俗学における婚姻研究は柳田国男以降しばらくの間は、日本の庶民の婚姻が「婿入婚」から「嫁入婚」へと変化してきたとする、いわゆる「婚姻変遷説」に終始していた。そこへ大間知篤三や有賀喜左衛門により、婚姻を家族や親族等の家族慣行、あるいは若者仲間や労働という事象との関連において理解するという視座が導入され、研究の広がりが見られるようになった。

（2）戦前まで主に富裕層にみられた俸給生活者の夫と専業主婦の妻という家族形態が、戦後になるとサラリーマン家庭の一般的なスタイルとなる。これを近代家族の大衆化という。

参考文献

伊藤公雄『男性学入門』作品社、一九九六年。

落合恵美子『近代家族とフェミニズム』勁草書房、一九八九年。

落合恵美子『二一世紀家族へ』有斐閣選書、一九九四年。

須藤功『写真ものがたり　昭和の暮らし』一〇巻（くつろぎ）農山漁村文化協会、二〇〇七年。

関谷透『帰宅恐怖症候群・お父さんはもう帰れない』プラネット出版、一九八九年。

内閣府『平成三〇年版少子化社会対策白書』（電子版）二〇一八年。

https://www8.cao.go.jp/shoushi/shoushika/whitepaper/measures/w-2018/30pdfhonpen/30honpen.html
八木透『婚姻と家族の民俗的構造』吉川弘文館、二〇〇一年。

八木透「性・恋愛・結婚」『暮らしの中の民俗学三　一生』吉川弘文館、二〇〇三年。

八木透「民俗学における家族研究の課題――民俗学と近代家族論の接点を模索する」『近代国家と民衆統合の研究――祭祀・儀礼・文化』佛教大学総合研究所、二〇〇四年。

八木透「民俗学における婚姻研究の回顧と展望――柳田国男から石井研士まで」『国立歴史民俗博物館研究報告』第二〇五号、二〇一七年。

山田昌弘『パラサイト・シングルの時代』ちくま新書、一九九九年。

山田昌弘『パラサイト・シングルのゆくえ』ちくま新書、二〇〇四年。

山田昌弘『結婚不要社会』朝日新書、二〇一九年。

湯沢雍彦「結婚観のうつり変わり」『講座　現代・女の一生』三（恋愛・結婚）岩波書店、一九八五年。

読書案内

① 山田昌弘『パラサイト・シングルの時代』ちくま新書、一九九九年。
＊本書において、山田は学校を卒業後もなお親と同居して基本的生活条件を親に依存している未婚者を「パラサイト・シングル」と名づけた。山田は現代社会において未婚化が進む背景を、「パラサイト・シングル」の増加によるものとする独自の学説を展開している。

② 落合恵美子『近代家族とフェミニズム』勁草書房、一九八九年。
＊本書は欧米の「近代家族」論をいち早く日本に紹介した落合恵美子の代表的な著作である。夫は賃金労働者として働き、妻は家庭で家事と育児に専念する。夫婦は強い愛情によって結ばれている。このような家族こそがまさに「近代家族」であり、戦後になって大衆化した日本家族のイメージであることを説得力ある論調で説いている。

コラム1　時代とともに変わる成年儀礼

人は、どのように一人前として認められるのであろうか。まず現代の成人式から見てみよう。岩手県大船渡市の平成三一（二〇一九）年の成人式は、同年一月一三日に、講演、市長や来賓の祝辞、成人者による抱負、記念撮影という式次第で、三三三人が出席して実施された（『岩手日報』二〇一九年一月一四日）。この成人式は大船渡市主催であるが、教育委員会と、成人を迎える者で組織した実行委員会とが共催している。教育委員会が窓口になって二〇歳になる者が招待され、出身中学校ごとに着席する形式をとっている。その目的は、すべての成人者を祝福することに置かれている。

翌一四日に大船渡市赤崎町の佐野契約会で行われた「元服式」は、民俗としての成年儀礼といえるものだ。元服式には、契約会の役員と来賓二五人が臨席する中、一五歳になる男女八人が出席し、契約会長の朗読する定めを静聴し、契約書に拇印を押した。そして契りの杯（葡萄ジュース）を飲み、祝辞をもらい、祝いの膳で会食した。地域内の同年齢の男女を集めて実施するやり方は成人式と似ているが、一五歳という年齢や、組織への加入を主眼とする点は異なっている。

元服式は中国の冠礼に由来し、貴族が一人前になる際、その象徴として冠や烏帽子をかぶる儀式であった。江戸時代には民間でも行われ、少年の印である前髪を落とす風習がみられた。一人前の基準としては、力石を担ぎ上げること、田起こしを一人で一日に一反できること、江戸行き（出稼ぎ）から戻って来ること、霊山を登拝することなど、労働の量や旅・苦行等の非日常的経験が重視されている。他方で、大船渡市の元服式は、自治組織である契約会への加入式である点に特色がある。

佐野契約会は、赤崎町の上三区（佐野、沢田、中井）の住民で組織される。伝承によれば、嘉永四（一八五一）年、当時の世相を憂慮した者が若者たちの風紀を正すために定めを作成し、契約会を組織したという。定めは「家内喧嘩は貧乏の種まき」等の道徳律を主とした三〇の条目だ。一五歳になった若者は元服式で定めの朗読を聞き、誓約することで加入しているわけである。契約会は地区内の家を継承する男子によって構成され、一五歳で加入し四二歳で退会する仕組みである。会員は、明治の初めに若い衆が開墾した水田を共同耕作する。また、祭りや盆踊り、若者の夜学、困窮者に対する扶助等の活動を行ってきた。水田の収穫は会の運営、貯蓄、会員への貸付や配当に充てられるほか、赤崎小学校の教育環境改善にも活用された。契約会においては、若い衆の仲間に加わり、共同耕作の機会に一人前の労働力を提供すること、すなわち、義務と権利を分かち合うことが重要であった。

地区内で分家した家の子弟や転居してきた者が入会を希望する場合、数年の猶予期間と、入会費を納めることが入会条件だった。昭和一三（一九三八）年以降は、家督相続者でない次三男、女性も一定の手続きを経て入会が認められた。その手続きは、家督相続者の会員を甲種、それ以外の者を乙種と分け、家督相続者が家を継げない際に、代わりに家を継ぐ者（乙種会員）が区分変更の承認を受けて甲種会員となるというものだった。出稼ぎが多い地域性や戦争を背景として設けられた会員制度と言えるが、乙種会員には水田に関わる義務も権利もなかった。つまり、元服式は、年齢だけでなく、家を相続する立場であるか否かの違いによって、その意味も異なっていたのである。甲種会員は、自分の家の後継者が入会するまでは、四二歳を超えても会員として会務に携わり続ける。実際のところ、契約会は、家督相続者と戸主を中心に運営されていたのだ。

昭和四〇年代以降は、「会員外子弟」の中学三年生（一五歳）にも声を掛け、非会員の子弟であっても元服式を経験できるようにした。地域内の住宅の増加や、元服式を年取り上げるメディアの影響で、参加を希望する者が増えたためである。このように、契約会は会員規定を拡大し、さらに、元服式の参加者に関わる制限をなくし、時代の流れに対応してきた。その結果、今日の元服式は、年齢を基準として一律に行われる成人式と似たかたちで実施されているのである。現在水田は公的機関の敷地として貸し出され、共同耕作はなくなった。活動内容も、共有地の草刈り、上赤崎老人クラブ新春交流会、町民体育大会等、公民館事業との連携が増え、以前とは異なっている。それでも契約会は、尾崎神社の五年式年大祭において山車を出す際の上三区のまとめ役を担っている。元服式は、この自治組織に加入する儀礼としての重要性をいまも持ち続けているのである。

（中野　泰）

＊　本コラムの一部はJSPS科研費 17H02434によっている。

第Ⅱ部　近代家族のライフスタイル

第3章

ｎＤＫと家族空間のいま

宮内貴久

1　ｎＤＫ型住宅の普及

私たちはアパートやマンションの間取りをイメージする際に、３ＤＫとか４ＤＫなどｎＤＫという言葉を使う。ＤＫとはダイニング・キッチンの略である。なんとなく、このｎＤＫという言葉は世界共通の考え方と思われがちであるが、これは日本独特の考え方である。

ｎＤＫという考え方の背景には建築学者の西山夘三が提唱した食寝分離論という考え方がある。[1] 西山は狭小住宅の住まい方を調査した結果、狭小住宅の場合、寝る部屋が過密になっても、食べる部屋とは別にするという実態を解明した。そこから、食事をする部屋と寝る部屋を別にすることは、秩序ある生活にとって最低限の要求であると主張した（西山　一九八九）。この考え方は、住宅不足問題を解決するために、耐火性がある鉄筋コンクリートの集合住宅建設を計画し、全国で統一したモデルを検討した吉武泰水と、鈴木成文に引き継がれた。一九五一年に51Ｃ型と呼ばれる２ＤＫのプランが提案された。[2] これは狭小空間で食寝分離と、夫婦と子どもが別の部屋に就寝するという就寝分離を可能とする考え方である（鈴木ほか　二〇〇四）。このプランは一九五五年に設立された日本住宅公団の標準設計の基礎となった。「住宅建設一〇カ年計画」が策定され一〇年で二七〇万戸の建設が目標とされた。

もともと日本の民家には、子ども部屋というものは存在しなかった。大正期後半から昭和期に、家族のプライバシーの尊重と暮らしの向上を目的とする「文化住宅」が流行した[3]。この「文化住宅」の中で子ども部屋が提案されるが、こうした洋風生活を送ることができたのはごく一部の富裕層に限られた。

吉武らにより提唱されたnDK型住宅は、深刻な住宅不足問題を解決するために、全国各地で大量に供給された。このnDK型住宅が就寝分離を実現し、子ども部屋が誕生したとされる。日曜日の人気アニメ「ちびまる子ちゃん[4]」では、まる子の家には姉のさきこと学習机を並べた子ども部屋があり、机の背面に本棚もある。同じく「サザエさん[5]」でも、カツオと妹のワカメには学習机を並べた子ども部屋があり、机の横に本棚がある。両者とも三世代同居の一軒家である。こうした子ども部屋が毎週放送されているわけだが、大量に建設された2DK住宅での実態はどうなのだろうか。本章では福岡市南区に一九六七〜七〇年に建設された市営弥永団地をフィールドにして、主として「ちびまる子ちゃん」の著者さくらももこと、同学年に当たる一九六五年生まれの人たちの子ども部屋と、弥永団地での暮らしの変遷を検証していきたい。

2　福岡市営弥永団地の建設と団地住民

公営住宅の建設

福岡市南区警弥郷は福岡市の最南部に位置し、春日市に隣接している。水田耕作を中心とする農村で、一八八九年の町村制施行以前は、上警固村、弥永村、東郷村の三つの村から構成されていた。祭祀組織は、上警固村は警固神社、弥永村は背振神社、東郷村は春日神社が村社で祭日も異なっていた。町村制施行時に、上警固村の「警」、弥永村の「弥」、東郷村の「郷」の三文字をとって、新たな「警弥郷」という地名の大字に合併し、戸数約一二〇戸の那珂郡曰佐村大字警弥郷となった（広田　一九八四）。

一九五一年に公営住宅法が施行された。この法令は、深刻な住宅不足問題を解消するため、低所得者層を対象とした公営住宅の供給を恒久的に確立し、計画的に推進することを目的とした。地方公共団体は国の補助を受けて、住宅に困窮している低所得者層に賃貸する目的で公営住宅を建設した。国庫補助で低家賃住宅の建設を推進するもので、入居資格に収入制限

図3－1　弥永団地（1970年）

図3－2　弥永団地第一種住宅間取り

を設け、第一種住宅は国庫補助金二分の一、第二種住宅は国庫補助金三分の二と定められた。

曰佐村警弥郷は兼業化が進む中で、旧上警固地区は一九五八年に市営住宅の誘致を決議した。それに基づいて、一九六〇年に九三戸の木造住宅からなる市営住宅警弥郷団地が建設された。一九六二年には、一〇五戸の市営住宅上警固団地が建設され、さらに、一九六三年には、一〇一戸の分譲住宅から構成された分譲警弥郷団地が建設された。こうして、警弥郷は郊外の住宅団地として開発された（広田　一九八四）。

一九六七年には、福岡市が公営住宅法に基づいて策定した「市営住宅建設五箇年計画」の第一期計画によって、弥永団地が計画された。その背景には深刻な住宅不足問題があった。同年八月一七日付の『西日本新聞』には、「七千戸の住宅不足　あき家募集　三〇倍以上の競争率」という見出しで、次のような記事がある。

「世はマイホーム時代に入ったといわれるが、福岡市内にはまだ住む家がなくて困っている人が七千世帯あると推定されている。一五日から始まった市営住宅の本年度前期のあき家募集では一六日までに一五〇〇人が申込み用紙を取りに市役所を訪れた。競争率は三〇倍以上にのぼる見込みで、住宅不足はいぜんとして深刻だ。福岡市建築計画課　昭和四〇年一〇月現在　倉庫・工場・納屋などの非住宅居住九〇〇世帯、三人世帯で九畳未満の狭小過密住宅居住者二万五〇〇〇世帯」。

弥永団地の建設計画は、福岡市域に五階建鉄筋コンクリートの集合住宅を四七棟、一五〇一四戸の市営住宅の建設と、隣接する春日市に分譲住宅と分譲宅地を五〇〇戸建設するというものだった。一九六六年から工事が開始され、一九七〇年の四区の完成により完了した（図3-1）。

弥永団地の間取りは三区の二棟、四区の一棟の3DKをのぞいて、すべて2DKだった（図3-2）。第一種住宅の六畳と四畳半の二間（四二・五八平方メートル）が五九五戸、第二種住宅の四畳半二間（三八・〇三平方メートル）が七九六戸建設された。この他に母子、老人、身体障害者向けの住宅が一〇〇戸建設された。公営住宅は収入制限があることを先述した。一九六七年の募集では、第一種住宅は二万円を超え三万六〇〇〇円以下、第二種住宅は二万円以下の月収額があるという条件だった。

弥永小学校区の人口構成

弥永団地の完成とともに、一九七〇年に弥永小学校が曰佐小学校から分離開校した。一九七〇年度の『教育統計年報』によれば、生徒数は七〇二名、一八学級だった。

同年の国勢調査によれば、福岡市の人口は八五万三二七〇人、弥永小校区の人口は一万二九四人である。福岡市では年齢別人口で最も多いのは、二〇～二四歳の一〇万八一三五人（一三％）、次いで二五～二九歳の八万七八七六人（一〇％）、一五～一九歳の七万八八九〇人（九％）である。福岡市では第一次ベビーブームの世代が最も多い。それに対して、弥永小校区の年齢別人口で最も多いのは、〇～四歳の一五〇四人（一五％）、次いで二五～二九歳の一二九三人（一三％）、三〇～三四歳の一二六五人（一二％）である。福岡市は二〇代が最も多いのに対して、弥永小校区は〇～四歳が最も多い。また一九六五年生まれが属する五～九歳、一〇～一四歳の割合が福岡市よりも低いなど、福岡市とは異なる年齢構成となっている。福岡市の高齢化率が五・四％に対して、弥永小校区は三・四％であり、若い人たちが住む街だった。

同年の弥永団地は一五〇八世帯、人口は男性が二四五三人、女性が二五七三人、総計五〇二六人である。弥永小校区の人口の半分が弥永団地の住民だった。一世帯当たりの人数は平均すると三・三人である。「弥永団地の物干しには布おむつがたくさん干されていた」「弥永団地は二〇代後半から三〇代前半の夫婦とその子どもが多かった」という聞書調査の結果と一致する。すなわち、弥永小校区は二〇代後半から三〇代前半の夫婦とその子どもたちが住む郊外住宅地なのである。

弥永小校区の子どもたち　一九七三年度の『教育統計年報』によれば、同年の弥永小学校の児童数は男児六五七人、女児五九八人、総計一二五五人、三〇学級だった。学年構成は一年六学級（二六〇人）、二年六学級（二六一人）、三年五学級（二一三人）、四年五学級（一九四人）、五年四学級（一七二人）、六年四学級（一五五人）である。高学年ほど児童数が少ないのは、一九七〇年の国勢調査の年齢別人口と一致している。わずか三年間で、児童数が五五三人、学級数が一二も急増している。このため、同年にプレハブ教室が三教室設置された。

さらに一九七五年には八教室の新校舎を建設したが、それでも収容できないために、一九七七年までに計一二のプレハブ教室が設置された。同年の児童数は男児九六九人、女児八四九人の計一八一八人という福岡市で最も児童数が多いマンモス校となった。児童を収容できなくなったため、一九七八年に弥永西小学校が分離開校した。

一九七八年三月に、一九六五年生まれの子どもたちは小学校を卒業した。卒業アルバムに記された住所によれば、卒業生二三三名の内訳は、弥永団地九五人（四一%）、警弥郷五五人（二四%）、弥永三三人（一四%）、上曰佐二六人（一一%）、柳瀬二〇人（八%）、その他四人（二%）である。警弥郷五五名の内、警弥郷団地・上警固団地の市営住宅に住んでいた者が一五名であるから、市営住宅に住んでいたのは一一〇名と卒業生のほぼ半分になる。

彼らの大半は曰佐中学に進学し、一九八一年に卒業した。曰佐中学の卒業アルバムに記された住所によれば、弥永団地から通った生徒は八一名で、小学校卒業時から一四名減少している。警弥郷の市営住宅から通っていた生徒は一〇名で、五名減少している。

3　弥永団地の間取りと子ども部屋

弥永団地の子ども部屋　前に述べたように団地の間取りは、第一種住宅が六畳と四畳半の2DKで四二・五八平方メートル、第二種住宅は四畳半二間の2DKで三八・〇三平方メートルである。そこに四人家族で住むケースが多かった。2DKは食寝分離、就寝分離を実現するプランとされた。しかし、弥永団地ではDKではなく居室にちゃぶ台を置いて食事をした、狭いのでDKで寝ていたなど食寝分離、就寝分離が徹底されていなかったことを筆者は指摘したことがある（宮内　二〇一八）。

一九六五年生まれの世代が、小学校二年に上がった一九七三年の居住形態を統計から検証したい。『昭和四八年住宅統計調査報告　大都市圏編』によると、北九州市・福岡市の公営・公団・公社の借家六万九六〇〇世帯のうち、食事をする部屋で寝ない世帯は四万六九〇〇世帯（約六七％）、食事をする部屋で寝る世帯は二万二七〇〇世帯（約三三％）だった。約三分の一が食寝分離ができなかったのである。

また食事をする部屋で寝ない世帯四万六九〇〇世帯のうち、家族の就寝分離ができたのは三万三三〇〇世帯（七一％）、家族の就寝分離ができなかったのが一万三六〇〇世帯（二九％）だった。すなわち、食寝分離が行われた世帯の三割でも就寝分離ができなかったのである。

団地の空間利用の実例

狭い空間をいかに有効に使って生活したのか、N家を例に挙げたい。N家は一九三八年生の夫、一九三七年生の妻、一九六二年生の長男、一九六六年二月生の次男の四人家族だった。一九六九年に団地二区に入居した。入居時に狭いので鴨居の周囲に棚を設けて収納スペースを確保した。二〇一九年五月に退去するまでN家は五〇年間使用した。DKにちゃぶ台を置いて食事をした(6)。DKにはワンドアの冷蔵庫、白黒テレビ、洗濯機、足踏みミシンが置かれて狭かった。北側の六畳には北に整理タンス、南側に洋服タンスを置いた。入居した年に長男が小学校に入学したので、四畳半の部屋に南向きに学習机を、西側に二段ベッドを設置した。ベッドの脇に漫画やおもちゃが置かれた。一九七二年に次男が小学校に上がると四畳半の部屋に南向きにもう一つ学習机を置いた。いちおう、四畳半の部屋は子ども部屋として使われたが、学習机が二つと二段ベッドがあるので手狭だった。友だちを呼んで部屋で遊ぶのには十分な広さではなかった。長男は結婚した一九八九年まで、次男は高校を卒業した一九八四年までこの家で暮らした。N家は同性の兄弟で、食寝分離と就寝分離ができた家庭である。しかし、脱衣場がないため、入浴する際にはDKで着替えなくてはならない。このため子どもたちが思春期を迎える頃から、入浴の際には母親は別室に移動した。

T家は一九三〇年生の夫、一九三六年生の妻、一九六五年生の長男と一九六七年生の次男の四人家族だった。一九七〇年に団地三区に入居した。北側の四畳半の部屋の西側に学習机を二つ置いていた。この部屋で兄弟は寝ていたが狭くて、「団地は狭いけん、子ども部屋やらなかったばい。Eん家は3DKやろ。三畳の洋間やけど、ちかっぱいうらやましかった」と述懐しており、自身が寝起きしていた部屋を子ども部屋とは思っていなかった(7)。Tは一九八二年に南区のアパートに転居した。

M家は一九三六年生の夫、一九三八年生の妻、一九六三年生の長男、一九六五年生の長女、一九六八年生の次女の五人家族だった。一九七一年に団地二区に入居した。兄が小学校に入学した一九七〇年に学習机を購入した。団地に入居してからは、北側の六畳の部屋を子ども部屋として使用し、三人で寝ていた。両親は南側の四畳半の部屋で寝ていた。学習机は六畳の部屋に置いた。長女は小学校一年までは、学習机を兄と共有していた。小学校二年になった一九七三年にライティングデスクを買ってもらった(8)。次女が小学校に入学した一九七五年に学習机とライティングデスクを三個購入して、六畳の部屋で使用した。兄が高校受験を控えた一九七八年には、四畳半の部屋を兄の勉強部屋として使用し、両親はDKで寝ていた。一九七九年に博多区に転居した。M家は一九七七年までは、食寝分離と就寝分離が可能だったが、兄の受験のために食寝分離ができなくなった。時期的に異性の兄妹が思春期を迎えた時期とも重なる。また、手狭なので学習机を共有していた時期があること、学習机からよりコンパクトなライティングデスクに切り替えた点が特筆される。

U家は一九三五年生の夫、一九三七年生の妻、一九六五年生の長女、一九六九年生の次女、一九七二年生の三女、そして父方の祖父の六人家族だった。一九七一年に団地四区に入居した。北側の六畳の部屋に母と三姉妹が寝て、南側の四畳半の部屋に父と祖父が寝ていた。食事はDKではなく四畳半の部屋にちゃぶ台を置いて食べていた。当然ながら子ども部屋はなく学習机もなかった。一九八一年に南区に転居した。U家は三世代同居であり、入居当初から食寝分離も就寝分離も不可能だった。

異性の兄妹では子どもが小さい時には同じ部屋に寝かせて子ども部屋としていたが、小学校高学年から中学生になると部屋を別々にしたという話も多く聞けた。同性の親と寝るのである。したがって、就寝分離はできないし、子ども部屋もなくなる。

一九六五年生のＷは、一九七七年、小学校五年生の時に文集に「団地」と題して、次のような作文を書いている。

「ぼくは団地に一〇年もすんでいる。いろいろな思いでがある。妹とよくけんかしたこと、そこでべんきょうしたこと、思いでもいろいろあると思う。しかし、なにかがたりない。ほんとうの自分のへやがないからだ。自分のへやがほしい。だから団地はいやだ」。

子ども部屋は確保できなくても学習机が子どもの空間であるという考え方もある。藤波伊三雄が一九七六年に宮城県内の公団住宅で実施した調査によれば、公団住宅全体の学習机保有率は四七％で、就学児がいる家庭は一〇〇％だった（藤波一九七六）。

元弥永小学校の教員によれば、勤務していた一九七六〜七八年に団地に家庭訪問に行った際に、複数の家庭のＤＫにちゃぶ台が置かれていたこと、学習机を兄弟で共有していた児童がいたこと、学習机がなくてちゃぶ台で勉強する児童もいたこと、野球盤や人生ゲームなど室内で遊ぶ遊具は一戸建てに住む児童が所有していたと言う。

総理府統計局の「昭和四四年度年間収入階級別主要耐久消費財の普及率――勤労世帯」によれば、腰掛け机の普及率は平均六七・五五％である。[9] 収入階級別にみると、第一種住宅に相当する階級の普及率は四一・八％、第二種住宅に相当する階級の普及率は四一・七％とどちらも平均よりも二五％も低い。したがって団地に住む児童は学習机を持っていなかったという話はうなずける。

また、本棚を持っていたという話は一例もなかった。狭い団地には本棚を置く余裕はなかった。「ちびまる子ちゃん」や「サザエさん」で描かれた子ども部屋と団地の子ども部屋の実態はまったく異なっていた。

4　居住環境の整備と公営団地の増改築

住宅不足の解消からひとり一室

福岡市は一九七一～七五年の「福岡市第二期住宅建設五箇年計画」を策定した。第一期の「一世帯一住宅」を目指した2DK住宅の大量供給から、「一人一室」と「質」と「高層化」が進められた。3DKなどより広い住宅の建設と、エレベーターが付いた高層住宅の供給を目指した。一九七一年には、東区の城浜団地に第一種の3DK住宅が六九八戸建設された。また、中央区の福浜団地に八階建て第一種の3DKの福浜団地が八八戸建設された。一九七三年には住宅数が世帯数を七二〇〇戸上回り、住宅不足が解消された。

その後、第三期（一九七六～八〇年）、第四期（一九八一～八五年）の「福岡市住宅建設五箇年計画」が策定され、「福岡市第四期住宅建設五箇年計画」では、次のような目標が掲げられた。

「ア、昭和六〇年までにすべての世帯が最低居住水準を、[10] また、半数の世帯が平均居住水準を確保することができるようにすることを目標とし、[11] 市民の居住水準の向上に努める。

イ、別紙1の住環境の水準を指針として、低水準の住環境の解消及び良好な住環境の確保を図ることを目標とし、住環境の水準の向上に努める。

ウ、世帯の形成、住替え建替え等の住宅需要を充足し、併せて最低居住水準未満居住の解消等市民の居住水準の向上を図るため、昭和五六年度以降五ヵ年間に必要となる適正な規模、構造、設備を備えた住宅の建設戸数を七万二五〇〇戸と見込むものとする」。

右記の最低居住水準とは、次のような規模である（表3-1）。

弥永団地第一種住宅は四二・五八平方メートル、第二種住宅は三八・〇三平方メートルである。この住戸専用面積に夫婦とその子ども二人という四人家族が一般的だった。また、家族五人、中には家族六人が居住する例もあった。四人世帯の最低居住水準は、室構成が3DK、居住室面積が三二・五平方メートル（一九・五畳）[12]、住戸専用面積が五〇平方メートルであるから[13]、弥永団地の居住水準は最低居住水準以下である。第二種住宅の三八・〇三平方メートルは最低居住水準の三人世帯にも満たない劣悪な居住環境だった。

表3-1　最低居住水準

世帯人員	室構成	居住室面積	住戸専用面積
1人	1K	7.5㎡（4.5畳）	16㎡
2人	1DK	17.5㎡（10.5畳）	29㎡
3人	2DK	25.0㎡（15.0畳）	39㎡
4人	3DK	32.5㎡（19.5畳）	50㎡
5人	3DK	37.5㎡（22.5畳）	56㎡
6人	4DK	45.0㎡（27.0畳）	66㎡

福岡市はこうした最低居住水準未満居住の解消と居住環境の整備を目的として、第四期住宅建設五箇年計画において公営住宅建替事業を計画した。一九八〇年度までに五一二戸の建替えが実施された。

一九八一年度は二〇〇戸、一九八二年度は一八〇戸、一九八三年度は二七七戸、一九八四年度は二七七戸、一九八五年度は三四八戸、総計一二八二戸の公営住宅の建替えが計画された。

また、最低居住水準未満居住戸の中で比較的建設年度が新しく、建替を行う程度の耐用年数を経過していない住宅については、増築あるいは改築が計画された。一九八〇年度までに改善されたのが二四八戸である。一九八一年度は一六四戸、一九八二年度は一二二戸、一九八三年度は一五二戸、一九八四年度は一三七戸、一九八五年度は一六〇戸、総計七三五戸の公営住宅の改善が計画された。

改築とは図のように二つの住宅だったものを、一つの住宅に改築して住戸専用面積を倍にするという手法である（図3-3）。弥永団地と同じ間取りの西区の拾六町団地、東区の八田第二団地などで実施された。六畳の和室が三室と七畳ほどのDKから構成され、新たに洗濯機を置くスペースと脱衣場が設けられた。

一九八六年から弥永団地では、六畳一室の増築工事が一区から順次行われた（図3-4・図3-5）。南側のバルコニーを撤去して、そこに和室六畳一室と半間の押し入れとバルコニーを増築するという工事だった。これにより、団地は3DKの五二～四八平方メートルの住宅となった。ただし、内装は変わらなかったため入浴の際には相変わらずDKで着替えるしかなかった。

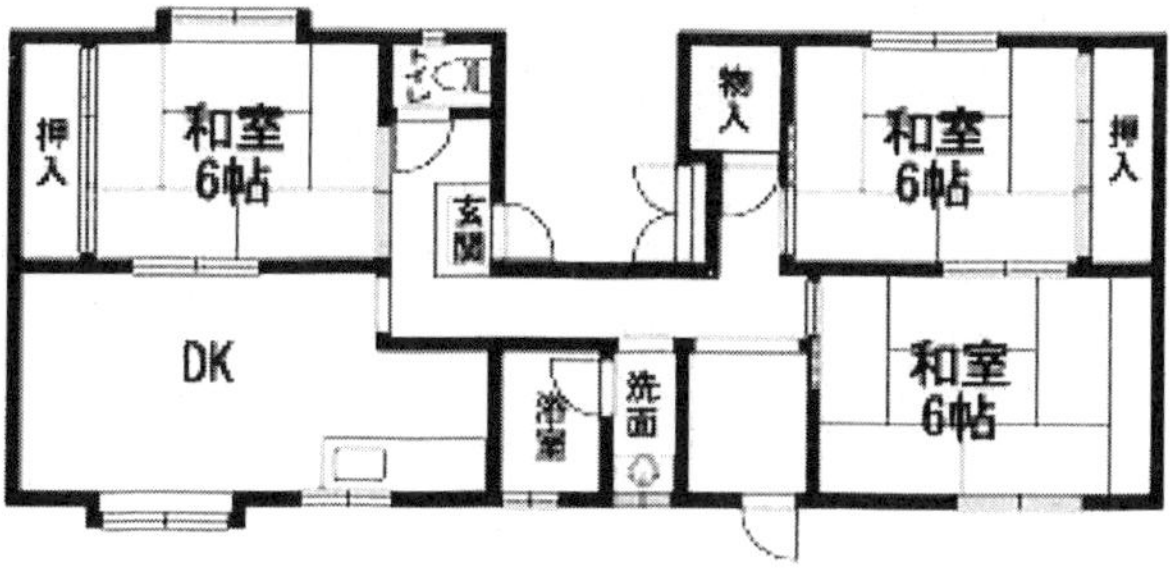

図3-3　改築後の拾六町団地の間取り

図3-5　増築された弥永団地

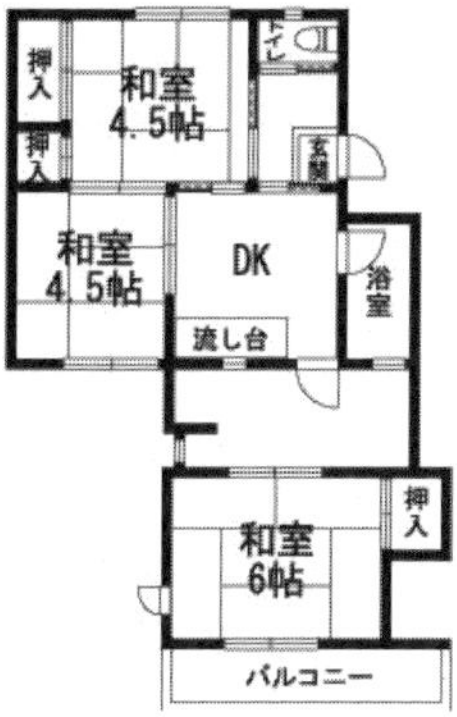

図3-4　増築された二種住宅間取り

老朽化した木造住宅の警弥郷団地は一九八八年に全面建て替えされ、3DKの住宅が一五〇戸建設された。五階建てで室内には洗面所、洗濯機を置くための排水台も設けられている。トイレも水洗化された。フロも自動給湯器となった。洗面所が設けられたことにより、脱衣場が出来て家族に見られずに脱衣することが可能となった。上警固団地も一九九一年に全面建て替えされ、3DKの住宅が二一〇戸建設された。間取りや設備も警弥郷団地とほぼ同じである。

増築後の空間利用

一九八五年の国勢調査によれば、同年の福岡市の人口は一一五万九五五一人と一九七〇年から三〇万六二八一人増加した。弥永小・弥永西小校区の人口も一万四六三八人と一九七〇年から四三四四人増加した。農地が宅地化されたからである。

その一方で、弥永団地の人口は一九七三年の五〇九三人のピーク以降、減少していく。一九八五年の人口は四一九九人である。

一九八四年の住宅地図によれば、建設当初から住んでいる世帯は五二・二％で半数は転居した。一九八五年の福岡市の年齢別人口で最も多いのは、三五～三九歳の一〇万八一四三人（九％）、次いで二〇～二四歳の一〇万七九六六人（九％）、三〇～三四歳の九万九六一六人（九％）である。

それに対して、弥永小・弥永西小校区の年齢別人口で最も多いのは、一五～一九歳の一四二四人（一〇％）、次いで三五～三九歳の一四一六人（一〇％）、一〇～一四歳の一四〇一人（一〇％）である。一九七〇年に一五〇四人と最も多かった〇～四歳は、一九八五年の一五～一九歳に相当するが、約一〇〇人減少している。一五～一九歳の一四二四人に対して、二〇歳になる一九六五年生まれの層は九六五人と、三分の一も少なく、一九七〇年の一〇一〇人から九六五人に減少している。一世帯当たりの人数も、一九七三年の三・四三人から、二・八六人まで減少している。一九八七年にはピーク時から一〇〇〇人減少する。これは、建設時に入居した子どもたちが、進学や就職などで団地から転居したからだと考えられる。すなわち、増築は子ども部屋を切望していた一九六五年生まれには無関係だったのである。一九八四年に転出したNの次男は「もう少し早く増築しとったら、よかったとに」と帰省時に母親に言ったそうである。

では、増築した部屋は子ども部屋として使われたのだろうか。一九四四年生のYは一九七一年に一区に入居した。一九七〇年生まれの長男、一九七三年生まれの長女がいる。増築部分を長男の勉強部屋として一九八八年まで使った。一九七〇年以降に生まれた子どもたちは、増築された部屋を子ども部屋として使う恩恵を被ったのである。

増築工事が開始された一九八六年の弥永小の児童数八六三人であり、弥永西小と分離した一九七八年の一一三七人から二七四人も少ない。一九八七年には八〇〇人を切っており、一九九一年には七〇〇人を切るなど児童数は減少し、二〇一九年は一三学級二九八人である。ピーク時の約四分の一まで減少した。一九六七年に発足した団地の育成会は、児童数の急減から二〇一八年に解散し、弥永小校区の育成会に合併した。

増築して子ども部屋を持つことが可能になったにもかかわらず、肝心の子どもたちが急減した。もともと子ども部屋は長く使われる部屋ではない。先に紹介したY家の長男は三年間しか使っていない。多くの子どもたちは高校卒業後、一八歳で進学あるいは就職で弥永団地を出て行った。増築前に子どもが出て行った家庭では、３ＤＫに夫婦が住み増築部分を物置的なスペースとして使用した。増築部分を子ども部屋として使用していた家庭でも、子どもたちが出て行くと、同じように余った部屋として使用された。

二〇一五年の国勢調査によれば、弥永小校区の高齢化率は三二・四％で福岡市で最も高い。弥永団地の人口は男性九一五人、女性一二四六人、総計二一五九人である。一五歳以下の人口は二一四人、六五歳以上の人口は八七六人であり、高齢化率は四〇・六％ときわめて高い。区別にみると、三区―二は四四・六％、一区は四二・四％、四区は三七・二％、三区―一は三六・五％、二区は三四・八％である。三区―二の四四・六％は福岡市内で最も高率である。二〇一五年の人口一〇〇〇人当たりの死亡率は、福岡市が七・四、南区が七・七に対して、弥永小校区は一一・六ときわめて高い。二〇一九年七～八月上旬の一カ月半で、三区―二では七人が亡くなった。ほぼ一週間に一人という割合であり、一般葬はなかった。[14] 孤独死も問題化している。一九七〇年に完成した若い夫婦とその子どもたちが住む弥永団地は、約五〇年を経て、市内で最も高齢化が進んだ街に変貌したのである。

弥永団地建替計画と入居状況

弥永団地は建設から約五〇年が経ち、壁が剥がれる、外壁にひびが入るなど老朽化が進んだ。このため二〇一二年九月一九日の福岡市議会に住宅都市局から「市営弥永住宅の建替について」という資料が提出された。その概要は、二〇一三年度から一五年間で建て替えるというもので、一〇階以上の高層棟七棟、一〇階以下の中層棟一五棟、計二二棟、約一五〇〇戸の住宅の建設が計画された。階数は六～一四階で、今までなかったエレベーターも設置される。間取りは高齢者対応の2DK―1（四一・八六平方メートル）、2DK―2（四八・七八平方メートル）、3DK（五九・一六平方メートル）、4DK（七〇・九一平方メートル）の四タイプがあり、世帯に合わせた部屋を選ぶことができる。

二〇一三年から建替工事が一区から進められ、同年七月に六一棟の解体工事から始められた。二〇一五年一一月から、新築された一四階建ての入居が開始された。現在は、一区の六階建ての一棟と二棟、二区の一四階建ての三四棟、六階建ての三三棟が完成し入居している（図3‐6）。

原則として解体された棟の住民が優先して入居できるが、募集戸数を上回った場合には抽選が行われた。外れた者はまだ解体されない団地に引っ越して、次の抽選では優先的に入居できることになっている。

新築された団地に移り住むことに不満や不安を感じる住民も多かった。一番大きな不満は狭くなることである。これまでの住宅は3DKだったが、老夫婦あるいは老人の一人暮らしだと2DK―1に住まわざるを得ない。一部屋少なくなるのである。長年住んできた住民は、それなりに家財道具が増えている。それらの家財道具を処分しないと入居できないのである。入居日が近づくと、団地のゴミ収集所には家具や布団などが大量に廃棄された。多くの布団は団地を出て行った子どもたちの布団だった。

もう一つの不満は収納スペースである。これまで増築分も含めて天袋付の二間の押入があった。それが2DK―1は天袋無し一間の押入になるため狭くなる。このため小物も整理する必要がある。入居日が近づくと、「これ要らんね」と、贈答品の和食器や洋食器のセット、グラスセットなどを近所にあげようとする人が多かった。

最大の不安は家賃の値上げである。入居時から段階的に値上げされ、六年目に住宅供給公社が設定した家賃となる。収入分位Iの場合[15]、二人暮らしだと旧来の家賃一万七七〇〇円、一人暮らしの場合は一万六七〇〇円が、2DK―1の場合は約二万一〇〇〇円まで値上げされる。約四〇〇〇〜五〇〇〇円の値上げであるが、年金暮らしの老人世帯には重い負担である。

図3-6　建替えられた弥永団地

住民は悩み、当選して新居に入居する者、抽選に外れて別の棟に引っ越して次の入居を待つ者、団地に住むのを諦めて息子夫婦の元に引っ越す者など様々だった。娘夫婦と孫と同居していたKは、新築の4DKに引っ越した。

Nは「死ぬまで、ここにずっと住むと思いよりよったちゃんね。何年か前に建替えの話ば初めて聞いたときはピーンとこんかったと。ばってん、我が身になるとね。ホント悩んだとよ。きつかった」と語り、五〇年間住んだ団地から、長男夫婦の暮らす県内の街に引っ越していった。

団地住まいの理想と現実

戦後の深刻な住宅不足問題を解決するために、全国各地に日本住宅公団による公団住宅や地方公共団体による公営団地が大量に建設された。そのコンセプトは食寝分離と就寝分離を目指した2

ＤＫという間取りだった。弥永団地もそうした団地の一つである。

しかし、約三分の一が食寝分離ができておらず、食寝分離が行われた世帯の三割でも就寝分離ができなかった。弥永団地の実態も同様だった。２ＤＫは住宅不足をしのぐための方策であったが、家族が快適に住むには狭すぎた。子ども部屋は夢のまた夢であり、学習机すら持てない子どもたちもいた。「ちびまる子ちゃん」で描かれている子ども部屋は、同学年の彼らにとっては憧れであった。

福岡市第四期住宅建設五箇年計画により、すべての世帯が最低居住水準を満たすことが目指され、一九八六年から弥永団地では、六畳一室の増築工事が行われ３ＤＫとなった。しかし、一九六五年生まれの多くは就職や進学などで団地から去っており、その恩恵を被ることはなかった。また、子どもの数も減少しており、子ども部屋として使用されるだろうという目論見ははずれた。また、高齢化が急激に進み、福岡市で最も高齢化率が高い団地となった。

老朽化が進んだ弥永団地は、二〇一三年から一五年計画で建替工事が始められている。２ＤＫから４ＤＫと家族の有りようにより間取りを選択することができる。新規に若い夫婦とその子どもが入居し、若返りが期待されている。果たしてうまくいくだろうか。今後の弥永団地の変化を、継続して参与観察していきたい。

注

（1）西山夘三（一九一一～九四）。同潤会研究部勤務、京都大学名誉教授を歴任。

（2）51Ｃ型とは、一九五一年に東京大学建築学科の吉武研究室が提唱した、ダイニング・キッチンと親の寝室と子どもの寝室の二部屋から構成された「公営住宅標準設計51Ｃ型」のことである。

（3）文化住宅とは、大正の後半から昭和にかけて流行した和洋折衷住宅で、和風住宅に洋風の応接室を備えた住宅のこと。洋風な外観のものもあった。

（4）「ちびまる子ちゃん」は、さくらももこ（一九六五～二〇一八）原作の漫画。一九九〇～九二年にフジテレビ系列で放映された。一九九五年から再開され、毎週日曜日に放映されている。主人公である小学校三年生のちびまる子ちゃんの家族や友達との日常の暮らしを描いたアニメ。

(5)「サザエさん」は、長谷川町子（一九二〇〜九二）原作の漫画。一九四六年から新聞連載された。一九六九年からフジテレビ系列で毎週日曜日に放映されている。主人公のサザエさん一家と磯野家の暮らしを描いたアニメ。

(6) ちゃぶ台とは、四脚の低い食事用の台。脚を折ってたたむことができるため、使用後は部屋の片隅に片付けられた。

(7)「ちかっぱい」とは博多の方言で、「とても」という意味。

(8) ライティングデスクとは、書き物用の机のこと。机になる板が書棚と組みになっていて、使うときに倒す仕組みの書き物机で、狭い部屋向きの家具である。ライティング・ビューロー（writing bureau）ともいう。

(9) 腰掛け机とは、椅子と机がセットになった家具のこと。いわゆる学習机のこと。

(10) 最低居住水準とは、建設省が住宅建設計画における質の指針として設けた広さに関する水準で、国民の健全な住生活に必要な最低の水準とされる。

(11) 生活水準を平均的居住状態からみたもので、地域や家族構成によって異なる。

(12) 居住室面積とは、居住室の面積のこと。

(13) 住戸専用面積とは、居住室のほか玄関、トイレ、台所などを含めた住宅の床面積の合計のこと。

(14) 一般葬とは家族以外にも知人などを呼んで行う葬儀のこと。近年は家族だけで行う家族葬が激増している。

(15) 収入分位とは、国が定める月収二五万九〇〇〇円を上限に各自治体が決めるもので、福岡市では、月収が低い方から第Ⅰ分位、第Ⅱ分位と七段階の階級に分けられる。

参考文献

小山浩俊『ボランティア活動について——地域の福祉を支える活動』私家版、二〇一六年。

鈴木成文ほか『「51C」家族を容れるハコの戦後と現在』平凡社、二〇〇四年。

西山夘三『すまい考今学　現代日本住宅史』彰国社、一九八九年。

広田久雄『警弥郷の歩み』私家版、一九八四年。

藤波伊三雄「最近の都市小住宅における住生活について——家具、什器類の導入のされ方からみた公営、公団住宅の住み方」『宮城学院女子大学研究論文集』四五、一九七六年。

宮内貴久「高度経済成長期における公営住宅の建設——福岡市営弥永団地を中心に」『国立歴史民俗博物館研究報告』二〇七号、二〇一八年。

宮内貴久「もうひとつの弥永団地――高度経済成長期における住宅団地の建設」『人文科学研究』第一四号、二〇一八年。

総理府統計局『昭和四四年度全国消費実態調査報告』一九七〇年。

『国勢調査　昭和四五年』一九七一年。

『家計調査年報　昭和四七年』一九七三年。

『昭和四八年住宅統計調査報告　大都市圏編』一九七五年。

福岡市『福岡市政だより』一九七〇年。

『一九七〇年度福岡市統計書』一九七一年。

『福岡市の人口――昭和四五年国勢調査の結果』一九七一年。

『昭和四七年度版　教育要覧』一九七三年。

『昭和四七年度版　教育統計年報』一九七三年。

『昭和四八年度版　教育要覧』一九七四年。

『福岡市史』第一〇巻、一九九〇年。

福岡市建築局『昭和五九年度　住宅事業概要』一九八五年。

読書案内

① 西山夘三『すまい考今学――現代日本住宅史』彰国社、一九八九年。

＊本書は日本の住宅の全体像を明らかにすることを目的とした本である。「住まいの条件、現代住生活の源流」では、住まいとは何か？　という問いに対して、すまいの機能面ならびに江戸時代までの歴史が描かれている。それを踏まえた上で、「明治の文明開花、資本主義と都市化、大正文化、一五年戦争の災厄、敗戦後の住宅難、モダンリビング、住宅産業化の時代、戦後の総括と展望」と、昭和までの住宅史がスケッチや間取り図も盛り込みながら平易な文章で描かれている。日本近代住宅史を学ぶ上で好個な本である。

② 平井聖編集代表『日本の建築文化事典』丸善出版、二〇二〇年。

＊本書は日本建築史の碩学である平井聖が、編集代表としてまとめた日本の建築文化を扱った事典である。項目の羅列ではなく一項目見開きの読む事典である。内容は、以下の通りである。「空間とかたちをつくる、伝統的なつくり、伝統的なかたち、神社仏閣い

のりのかたち、伝統的な建築とくらし、近現代のつくり、近現代のかたち、近現代の建築とくらし、都市とのかかわり、建築小話」。伝統的な生活だけでなく、オール電化住宅、ロフトなど現代の生活も取り上げた点が特徴的である。

第4章 家族の記録と記憶

福田アジオ

1 肖像と記憶

消えるプリント写真

日本ではカメラで写真を撮ることがほとんどなくなった。人々の外出姿からカメラを肩に掛けた姿を見かけなくなったのはそれほど昔のことではないし、小型のカメラを手に提げている姿をほとんど見なくなったのもつい最近のことである。写真を撮るときはスマートフォン（スマホ）を取りだして掲げるのが今の普通の姿である。スマホで撮ることが一般化したのはこの一〇年のことである。それまでは写真はカメラで撮るものであった。カメラは久しい間フィルムに記録するフィルムカメラであったが、二一世紀に入る頃からデジタルカメラが登場して急速に普及し、フィルムカメラに取って代わった（図4－1）。

デジタルカメラはフィルムカメラと同じ機能を持つ。記録媒体が急速に廉価になることで、高価なフィルムに比較して気軽に撮影することができるようになり、スナップ写真が大量に撮影されることになった。デジタルカメラでの撮影結果は写真にプリントされて確認され、保存された。その点ではフィルムカメラ時代と大きくは変わらなかった。

そのデジタルカメラもいまや過去のものになりつつある。だれもがスマホによる撮影に親しみ、頻繁に撮影する。その写真はスナップ写真が普通であり、人々が集合して畏まった姿で撮ることはほとんどない。今まであった記念写真という枠組

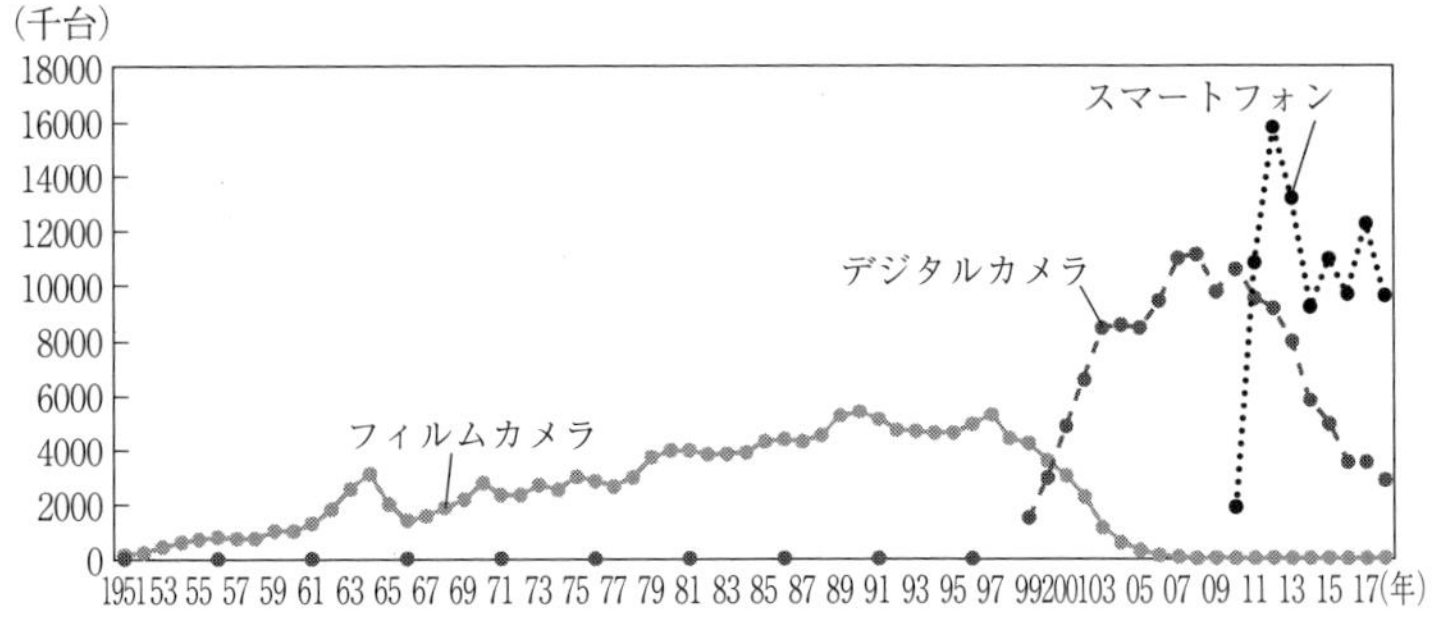

図4-1　カメラおよびスマートフォンの日本向け出荷台数

出所：カメラの台数は一般社団法人カメラ映像機器工業会 HP 掲載の統計，スマートフォンの台数は一般社団法人電子情報技術産業協会 HP 掲載の統計による。

みは消えてしまったかのようである。写真はスマホの内部に保存され、プリントされることもほとんどない。焼き付けられた写真のように、遠くまで運ばれ、長く保存されて、何かを記念し、それを思い出すよすがになるということがなくなったと言える。

写真撮影の技術革新は恐ろしいほどのスピードである。それが記録としての写真を大きく変化させてきた。しかし、変化の要因は家族の変化、社会の変化にある。近代日本における家族そのものの変化に応じて写真の役割は大きく変わってきたのである。

肖像の登場

人類が、自分の親や子、あるいは兄弟の姿を頭の中に記憶として残し、時にはその姿を思い出すことは本能に近いものであろう。遠い昔から、記憶にたよって亡くなった故人を思い出したり、居住地を離れて遠くに住む者を思い出したりしてきた。しかし、姿を具体的に描いて保存し、それを手がかりに思い出すということは久しくなかった。日本で肖像画とされるものは古代から存在するが、それはごく限られた支配者や宗教者の場合である。近世には武士や文人の肖像画が制作されたが、それほど多くない。また近世から近代にかけては亡くなった歌舞伎役者の姿を描き、死亡通知として配られた（国立歴史民俗博物館　二〇一〇）。これらの肖像画は特異な存在であり、一般的なものではなかった。一般人は特に死者の姿を描いて残し、飾ったり、礼拝の対象とすることはなかった。

日常生活の中では、死に伴い肉体と霊魂は分離し、肉体は自然に帰り、霊魂のみが残り、それを祖霊として祀るという観念が形成された。肉体から分離した霊魂は祖霊として一つに融合すると考えられ、具体的な姿を伴う存在ではなかった。そして、中世以降、浄土教に基づいた他界観が大きな影響を与え、霊は極楽浄土に往生するものと考えられ、現世の姿を思いおこす必要はなかった。したがって、日本では死者の姿を絵に描くことは行われてこなかった。中国の宗族では先祖をまつる祠堂[1]に始祖の図幅を掲げることが行われ、また先祖から子孫に至る系譜を記載した族譜にも始祖や功績のあった先祖の姿が描かれたが、日本では位牌堂は建てられ、また仏壇が設けられ、歴代先祖の位牌が安置されたが、そこに先祖の像を飾るということはなかったし、絵系図[2]という例外を除けば、系図にも過去帳にも肖像が描かれることはなかった。先祖の姿を図像として見ることはなかった。遺影という考えは近代の所産であり、しかも写真の一般化がもたらしたものであった。

生きている人間を肖像画に描き、広く流布させるようになったのも近代のことである。前近代においても支配者の肖像画は作成されたし、高僧の肖像画も作成されたが、それが広く配られ、飾られることはなかった。基本的に一枚のみの制作であった。支配者自らが肖像画を飾ることもしなかった。まして一般民衆が自らの姿を描くことはまったくなかったと言える。在村の文人が自らの肖像を絵師に描かせたものがわずかに残されているだけである。もちろん、情景の中の一部としてではなく、絵画の主題として特定の人の姿を描き大量に流布させることは近世に登場した。浮世絵の中で大首絵[3]と呼ばれる役者絵や美人画がそれで、現代のブロマイドにあたる役割を果たした。江戸や大坂へ旅した者が珍しい旅の土産として購入し持ち帰った。

肖像画が一般化したのは明治になってからである。これも写真の普及によってであった。すなわち肖像写真としてである。肖像写真は幕末に写真が紹介され、写真撮影の機材と技術を持った写真師が長崎や横浜に登場し、その地を訪れた人が記念として撮影したことに始まる。いずれも一人だけで撮影するか、同僚や同行者との写真であった。限られた世界であったが、個人の姿を描き出すことが行われだしたのであるが、そこには家族写真は見られない（小沢編　一九九四）。

「御真影」と肖像写真

個人の姿を図像として全国に普及させたのは天皇の写真であった。明治天皇の姿を撮影した写真がはじめて下付されたのは一八七三年のことで、奈良県令が申請して下付されたのが最初であったという。「御真影」の成立である。その後、「御真影」が改めてキヨッソーネの描いた肖像画を撮影する方式で作られ、一八九〇年代以降全国的に学校に下付され、普及した。肖像が一般化することとなった（猪瀬　一九八六、多木　一九八八）。

日露戦争当時の福井県小浜水産学校の生徒の日記によれば、生徒が「御真影ヲ拝」したのは、一九〇三年に小浜港に入港した軍艦鎮西の見学に行った時であった。わざわざ「御真影ヲ拝ス」と記しているのは、当時通学していた小浜水産学校には「御真影」は下付されておらず、拝するのはこれが初めてだったからであろう。そして、一九〇四年に教員が応召するに際して生徒たちが送別写真を撮っている。翌年兄が召集されて入営するに際しては、見送りに姫路まで行き、記念写真を撮った（「西山弥与蔵記録」福井県若狭町、個人蔵）。このように別れに際して写真館で写真撮影をし、記念として保存することが始まっていた。明治後期には、写真師が増加し、写真館が地方都市にも見られるようになり、記念写真を撮ることが次第に一般化したことを示している。様々な組織や集団の集合写真が記念として撮られたが、また個人的な記念写真も撮られだした。

肖像写真は「御真影」によって普及したが、加えて日清・日露戦争の新聞報道がそれを親しいものにした。新聞に特別な戦死者が報じられたときに肖像画や肖像写真が掲げられ、写真によってその人物をイメージすることが行われた。そして、様々な記念誌が功労者を称えるに際して肖像写真を挿入することを行い、人々に肖像写真を親しみのあるものにした。

遺影の成立

現在では葬儀には不可欠な存在となっている故人の写真であるが、もちろん古くからの存在ではない。写真の普及がもたらしたものである。葬儀に際して、位牌とともに祭壇に飾られ、また葬列の中心部に写真が位置づけられたのは、写真の普及が前提である。亡くなってから生前の姿を撮影することはできない。すでに生前に何らかの形で肖像写真が撮られていたから、葬儀に使用できたのである。

何かの記念に写真を撮って残し、保存することは、写真館と写真師の普及が前提であった。記念に写真を撮ることは恐らく軍隊と関係するであろう。入営に際して写真を撮ることが始まり、また兵役にあるときに記念写真を撮影することが行われ、それが各自の家に保存され、写真に親しむようになったものと思われる。先の「西山弥与蔵記録」でも入営に際して記念写真を撮ることが記録されている。

そして、遺影は戦死者の葬儀から始まったものと考えて間違いないであろう。日露戦争の戦死者の葬儀に際して用いられたと思われる福岡県宗像市の「葬儀順序・行列順序」の葬列に関する指示では「柩（写真共）」となっており、棺とともに写

図4－2　長押に掲げられた遺影（福島県白河市，1988年）

真が飾られたことがわかる（田中丸　二〇〇二）。そこでは未だ遺影という語は示されていないが、戦死者の柩に写真が伴うことが行われだしていたのである。これは葬儀に際して祭壇が設けられだしたこととも対応するであろう。戦死者の場合、遺体がそこに存在するわけではないので、礼拝の対象としての個人をイメージするものとして写真が採用され、位牌とともに正面に飾られたのである。その後、遺影は祭壇を伴う一般的な葬儀にも採用された。一九二六年の住友財閥の当主の葬儀や一九三八年貴族院議員の葬儀に際して祭壇に遺影が飾られている（山田　二〇一一）。しかし、遺影の普及は必ずしも急激に進んだわけではなかったようで、現在の東京都新宿区上落合で一九二八年に行われた葬儀の写真には遺影は写っていない（福田　一九九五）。

遺影が一般化すると、葬列にも位牌と並んで遺影が重要な位置を占めるようになる。さらに、遺影は葬儀に際して用いられるだけではなく、葬儀終了後持ち帰られ、暫くの間祭壇が設けられて置かれ、そして最終的には座敷か仏壇のある部屋の長押に飾られ、常に子どもや孫たちの生活を見守る存在となり、暮らしている家族員が常に思い出すようすがとなった（図4－2）。新潟県岩船郡のある家では四枚の遺影が長押に飾られている（矢野　二〇〇六）。長押に飾られた遺影は、ただ拝むだけの位牌とは異なり、子孫を見守ってくれるという意義が与えられた。遺影は、戦死者の遺影だけでなく、その家の当主夫婦のものが並べられる。先祖代々を具体的に示すものである。その後の一〇〇年の歴史は位牌が次第に後退し、遺影が重要な存在となる過程であった。故人は他界という別世界に行ってしまった姿のない存在ではなく、生活世界で生前の姿を維持し、子孫とともにあり続けるのである。

現在、葬儀に際して遺影が重視される傾向はますます強くなっている。祭壇には必ず大きな遺影が飾られ、火葬場への出棺に際して遺影を抱えた遺族が会葬者に挨拶をし、霊柩車の正面に遺影を抱いて乗り、火葬場でも遺影が飾られる。そして、自宅に戻ると、小さい祭壇が設けられ、遺骨、位牌と共に遺影が置かれる。ところが、それが家屋内の長押に飾られることは少なくなった。長押に何枚もの遺影が並んで飾られている姿は見かけなくなってきた。住宅の構造が変化し、長押がなくなり、写真を飾ることができなくなってきたことも一つの要因であるが、それよりも故人と久しく接することが必要なくなってきたことが大きな理由であろう。遺影となった故人と生前に共に暮らしてこなかった子どもや孫にはもはや故人を身近に置いて接する必要を感じなくなっているのであろう。直系家族から夫婦家族への変化が遺影を葬儀だけのものにしていると言えそうである。

記念写真

遺影も一種の記念写真である。ある特定の時間に存在した人物を写真に留め永く保存するのが記念写真である。人物写真はある意味ではすべて記念写真と言える。写真は幕末から撮られだしたが、それは江戸や長崎を訪れ、写真を知って記念に撮ったものであった。旅に出たときに、訪れた場所で記念写真を撮ることはその後も写真を残す基本的な契機となった。名所を訪れれば、そこでは写真師が待ち構えていて、景色の良い場所でそれをバックに撮影してくれた。

図4-3　旅での記念撮影（那覇市首里城守礼門，2011年）

記念写真は一人だけで撮ることも行われたが、同時に集合写真としても撮られた。現在に至るまで、記念写真の多くは集合写真である。団体旅行は旅の基本形となり、行く先々で団体で記念写真を撮った（図4-3）。各家で今に残されている古い写真の多くが旅先での集合写真である。

そして、旅先ではなく、日常の生活の中でも記念写真が撮影されることが始まった。何らかのハレの機会に団体で写真が撮られた。大勢の人が畏まった姿で並んでいる写真である。おそらくその最初は「入営」に際しての集合写真であろう。関係者の入営見送りに際しての集合写真、軍が撮影した集合写真などで、全国的に肖像写真が身近な存在になったのはこれによってだと思われる。さらにそれが一般化して、勤務先の職場であったり、通学先の学校であったり、所属する団体の活動の場での記念の集合写真となった。入社に際して、入学に際して、あるいは入団や入会に際して、また退社や卒業、退団や退会に際して写真師が呼ばれて撮影された。写真はそこに写っている人間に配られ、家に持ち帰られ、保存された。個人が組織に帰属したことの証としての写真であり、個人の記録である。集合写真も個人の記録として保存され、家族の歴史を語るものとなって意味があったのである。

このように、通過儀礼に際して集合写真が撮られ、それが個人の記録となり、家族で記憶を呼び起こす手がかりとなった。そうなれば、当然のことながら個人の様々な通過儀礼に写真を撮って残すことになった。通過儀礼の中で最も早く撮影の機会となったのは結婚であろう。結婚に際して花婿・花嫁の二人が礼服姿で並んで収まっている写真がいつ頃から撮影されだしたかは明らかでないが、一九二〇年代頃にはすでに始まっていたと思われる。また列席した親族関係者の集合写真も撮られだした。これらの写真は堅い紙の台紙に貼られたので、その状態で保存された。

また結婚に深く関わる写真として見合い写真がある。見合い結婚が一般化したのはそれほど古いことではなく、二〇世紀に入ってからのことと考えられるが、その中で写真が重要な役割を果たすことになった。女性の写真が釣書とともに橋渡し役の人物を通して結婚相手候補の男性のもとに届けられ、判断の材料とされたが、これも一九二〇年代頃に行われだしたものと思われる。写真館で撮影され、写真師の技術で修正が施された写真が使われた。

柳田国男にみる記念写真

カメラが普及せず、写真はもっぱら写真館で写真師の撮影するものであった段階に、人々がどのような機会にどの程度写真を撮ったかは必ずしも明らかでない。多くの写真が残されているはずであるが、特定の人物について、あるいは特定の家族について具体的に調べた例を知らない。生涯にわたる比較的多くの写真が公開されている人物として柳田国男（一八七五〜一九六二）がいる（大藤・柳田編　一九八二）。柳田国男の場合について、記念写真がどのように撮られ、どのように残されたかを『柳田国男写真集』をもとに確認しておこう。柳田の幼少年期は貧しく、しかもまだ写真師や写真館は地方には登場していない段階であり、写真を撮影する機会はなかったものと思われる。小学校卒業後、両親と離れて、茨城県で開業医となった長兄のもとに移り、その後一八九〇年に東京に出て中学校、高等学校、大学に進学するにつれ写真が多く残されるようになる。大部分が友人たちとの集合写真である。

その中で、柳田個人が写った最も古い写真は一八八八年に撮影された少年像である。写真として一人で写ったものか、後にトリミングされたものかはわからないが、カメラに向かって目を見開いて座っている少年像である。その後一八九〇年代には東京にいた兄弟で写した写真が何枚もある。兄弟のみの写真はおそらく故郷の両親に送るためのものであろう。兄弟以外では、一八九六年撮影の母親と柳田本人と弟の三人で写っている写真がある。両親が兵庫県の家を引き払い長兄の家に移ってきてからの写真である。

境遇が変わったことを示す写真は一九〇四年四月撮影の一枚である（図４－４）。養嗣子になっていた柳田家の娘と結婚し、その結婚記念の写真である。夫婦二人の写真が撮られたかどうかはわからないが、柳田家の一員になったことを表現する記念写真が撮られた。中央に祖母が椅子に座り、その左側に養父母夫婦、そして右側に国男夫婦がいる。女性三人は椅子に座り、男性二人は立っている。この女性が座り、男性は立つという配置は写真師の指導によるものであろう。ヨーロッパの家族写真に対応している。柳田が婿養子に入ることで、柳田家が親子二世代の夫婦がいる直系家族の姿を取り戻したことを示す記念写真である。婿養子の柳田国男にはその自覚を促す記念写真であったろう。

図4－4　柳田国男の結婚記念写真（1904年）
出所：大藤時彦・柳田為正編『柳田国男写真集』岩崎美術社，1981年。

柳田国男はその後公的活動が多くなり、『柳田国男写真集』も重点をそちらに移して選択し収録しているので、家族に関わる記念写真は多くない。一九一四年に、当時住んでいた官舎の庭で撮った子ども二人と夫婦の写真がある。また一九二二年頃撮影の柳田家宅の表座敷前の庭での親夫婦、国男夫婦そして子どもたちの三世代が揃った写真がある。このようにして記念写真は撮られ、溜まっていった。しかし、昭和に入ると畏まった姿で横に並ぶ家族写真はほとんどなくなり、スナップ写真が多くなる。富裕層にカメラが普及しだし、自分たちで写真を撮り、それを被写体となった人や家族に贈ることが当たり前になってきたのであろう。柳田国男自身もカメラを購入し、写真を撮った。

東京に住む官僚の柳田国男の家では、早くから三世代の家族が揃っての記念写真が撮られ、昭和に入る頃からはそのような記念写真は少なくなり、スナップ写真が中心となる。これは全国的に見れば、非常に早い展開だと思われる。カメラの普及は一九六〇年代以降のことで、それ以前はもっぱら写真館・写真師によって写真が撮られていた。

家族写真

静岡県浜松市の三ヶ日みかんの産地として知られているある村落の公民館には、地区の歴史を語る多くの文字資料が残されているが、それに混じって三二枚の大判の写真が残されている。そのうち二二枚は家族と思われる人たちの集合写真である。写っている人数は多いものは九人、もっとも少ないものは三人である。三人のみの写真二枚を除くと、被写体となっている人物はいずれも老人、壮年そして子どもという三世代が含まれていることが読み取れる。

図4-5　１人欠けた家族写真（静岡県浜松市，1940年頃）

写っているのが四人と最も少ない部類に属する一枚の写真を見てみよう（図4-5）。老人一人、夫婦と思われる男女、そして女学校の生徒と思われる若い女性の四人である。わずか四人であっても三世代が写真に収まっている。おそらくこれが当時の一軒の家の構成員だったのであろう。直系家族の姿を示しているのである。ところが、この四人の写真には一人の重要な人物が写っていない。それはこの家の跡取りである夫婦の長男である。彼は撮影時には不在で、軍隊に入っていた。これは他の写真についても言える。

もう一枚写真を見てみよう。九人と残された写真の中で最も多くの人数が写っているものである（図4-6）。幼い子どもたちが多く写っているが、構成は基本的に同じであり、老人夫婦、その息子夫婦、そして多くの子どもたちである。直系家族の姿を示している。後ろに並ぶ一人は学生帽を被っており、中学かそれと同等の学校に通学していることを示しているが、彼が老人夫婦の子どもか息子夫婦の子どもかは判断できない。この写真の九人で完結した家族のように見えるが、確認してみると、この家では二人の男子が不在で、いずれも軍隊に入っていた。

写真から抜け落ちている男子について調べてみると、判明した限りでは一九三八年、三九年の「入営」であることがわかり、おそらくこれらの写真は一九四〇年頃に撮影されたものであろう。ところで、家族とおぼしき集合写真を除いた残りの八枚は地区の役職者、在郷軍人、国防婦人会、女子青年団等の集合写真である。役職者の写真の裏にはその氏名が列記されているが、その末尾に「祈武運長久」と記されていることから、地区から「出征」した人たちに送るための写真だとわかる。実際に送った写真の控えなのか、送ろうと思って準備したが送らずに終わったため残されたのかはわからないが、「出征」している息子あるいは夫に慰問のために家族写真を送ろうという計画が地区の組織でなされて、町から写真師を呼んで撮影したものであったといってほぼ間違いないであろう。家族の集合写真としては最も早い一例だと思われる。家族写真もまた軍や戦争と深く結びついて登場してきたのである。

写真に欠けている一人の男性、場合によっては二人、を加えるとそれぞれの家族の姿が完成する。その欠けた男性に留守家族を思い出してもらうため、さらには家族の一員であることを確認するため集合写真を撮ったのであろう。この地区の農家ではそれまでわざわざ町の写真館まで出かけて家族の集合写真を撮る機会はなかったであろう。まして写真師を呼んで自宅で撮影することなど考えもしなかったであろう。家族写真を撮ることは大きなイベントであった。写真師の指示を受けて、畏まって正面を向いて緊張した面持ちで写真に収まっている。

図4-6　2人欠けた家族写真（静岡県浜松市，1940年頃）

2　家族の変化と写真

家族写真とアルバム

家庭にアルバムが何冊も残されているが、どれもあまりに大きく重いために置き場に困り、押し入れとかロフトの奥にしまい込まれていることが多いのではなかろうか。アルバムあるいは写真帳は写真とともに登場したようであるが、多くの家で当たり前になったのは戦後のことと考えられる。特にカメラが普及し、スナップ写真を撮ることが当たり前になり、それの配付とか交換が行われて、家族員が写った写真が急速に多くなり、アルバムに貼り付けることが普及した。家庭に残されたアルバムに貼り付けられたり、挟み込まれた写真が家族写真である。

戦前のアルバムに収められた写真の大部分が写真館で撮影されたり、出張してきた写真師によって撮影されたものであり、被写体となった人々は畏まった姿で横に並んでいる集合写真が大部分である。職場や機関で何らかの機会に集合写真が撮られ、その一枚が配られて持ち帰られ、アルバムに貼り付けられた。また団体で旅行したときにも一行の集合写真が撮られ、記念に残された。それは今も続いている。そして、その間に家族内部での記念写真が撮られた。卒業、就職、結婚、出産、退職あるいは入退団・退会や還暦に際して家族員全員の写真が残された。それらの大部分が写真館での写真師による集合写真であった。もちろんどの家族でも写真が撮られ残されたわけではなかった。富裕層に限られ、写真にほとんど縁のない人々も少なくなかった。

狭い意味では、家族員の集合写真が家族写真であり、かつては家族写真のすべてが集合写真であった。その撮影された人々は、前節で見たように、原則として親子孫という三世代以上の者が含まれている。家族写真が撮影された機会は最初は結婚に際してのものであったが、それは直系家族の家に嫁として、あるいは婿として新たに成員となって組み込まれたことを記念する家族写真であった。柳田国男の結婚に際しての写真は見事にそれを示している。家の成員となったことを自覚させる写真であった。また「出征」中の息子や夫に送るために撮影されたと思われる浜松の家族写真は、直系家族の中に位置を占めるべき人間にそれを認識させるものであった。

アルバムが家に登場するのは、何かの機会に記念にアルバムをもらうことが一つのきっかけであった。あるいは多くの写真をもらう機会にアルバムを買い求めた。それは成人して社会的に活動するようになってからのことである。したがって、アルバムの最初のページがどのような記念写真から始まるかは様々であった。はじめは個人別のアルバムはほとんどなく、家の成員の様々な写真が貼り込まれるのが普通であった。家族アルバムは家アルバムであった。アルバムは家の歴史を記録する役割を担った。記念写真は当然のことながらハレの場面であり、記念すべき出来事の中で撮られ保存された。過去の栄光が時間軸で配列され、時々そのアルバムを見ることで家の繁栄を確認することが行われた。

結婚から始まるアルバム

二〇世紀はフィルムカメラの時代であった。かつてはカメラは職業的にカメラを必要とする人々やカメラを趣味にする経済的余裕がある人々の持つものであったが、一九六〇年代以降、急速にカメラが普及し、だれもが小型カメラを持ち、様々な機会に写真を撮るようになった。結婚式や入学式・卒業式などの機会には、カメラを持参し、スナップ写真を撮り、また記念写真を撮った。カメラで撮った写真は紙に焼き付けられ、保存され、それを見るものであった。家庭には多くの写真が残された。アルバムという写真の保存形式が一般化した。特に、結婚や誕生に伴って新たにアルバムが用意されることが盛んになった。豪華な装幀の大型アルバムが売られ、多くの家庭では保存に困るような部厚く、重いアルバムが何冊か押し入れの奥に保管されていることが当たり前になった（図4－7）。

図4－7　家族アルバム（千葉県松戸市）
出所：青木俊也編『戦後松戸の生活革新』松戸市立博物館，2000年。

現在の家族アルバムは結婚から始まる。結婚した二人が結婚式場のスタジオで撮影した二人の記念写真を最初に置き、結婚式や披露宴のスナップ写真を収めた豪華なアルバムを作ることが家族アルバムの最初である。また新婚旅行の多くの写真が配される。家族アルバムの一冊目は結婚とそれに続く事柄で終わる。そして、二冊目のアルバムが用意され、子どもの出産に始まり、その成長過程に応じての儀礼の際に撮った写真が収められる。その場合も、重要な儀礼に際しては、写真館で撮影した写真や訪れた会場に出張している写真師によって撮影された記念写真が収められるが、その数は限定的である。素人の撮ったスナップ写真が大部分を占めている。スナップ写真の撮影機会は増えた。今までの宮参りや七五三に加えて、幼稚園の入園、運動会、遠足そして卒園と撮影の機会は多くなった。さらに日常生活でのスナップが撮影されるようになる。子どもたちの普段の生活が撮影対象になる。アルバムは多くの写真で埋め尽くされる。そして、子どもが増えればそれぞれの成長過程を記録したアルバムが用意される。この傾向は、一九六〇年代以降に、フィルムカメラが急速に普及することで加速された。各家庭に一台はカメラが保有されるようになり、機会あるごとに撮影された。写真館や写真師に依存しなくても、記念写真が撮れ、さらには表情豊かなスナップ写真を撮ることができるようになった。

写真撮影をする機会が増えることで、家族アルバムも数を増やした。写真は自分で自分を撮ることはほとんどない。カメラの普及によって、だれもが写真を撮影するようになると、被写体となった人物に焼き付けた写真を贈ることが新たな習わしとなった。焼き付けた写真を交換することも常識となった。急速に写真の枚数は増加したが、手許に集まった写真のすべてがアルバムに貼られたわけではないことに注目しなければならない。幸せそうな写真、晴れがましい写真はアルバムに収録されるが、それに欠ける写真は貼り付けられずに、袋に入れられて保存される。そこには選択が強く働いている。幸せな家族を演出し、確認するためのアルバムを作ろうとする。結婚から始まる幸せな家族を演出する。愛情に満ちあふれた家族を作ったことを示す記録なのである。

結婚から始まる家族アルバムは、夫婦家族に対応する。二人が結婚することで新たな家族を形成し、時間の経過の中で家族員数を増やし、そしてまた子どもたちの結婚などで家族から離れていき、夫婦二人の家族に戻り、その夫婦の死亡によって最終的には消滅するという家族周期を歩むようになる。それは近代の所産であり、日本では直系家族制の後退によって一般化した近代家族である。一九六〇年代からの急激な高度経済成長のもとで、日本の家族のあり方は急速に変化した。それまでの一子残留の原則による直系家族を基本的理念にしていた姿からいわゆる核家族化が進んだ。子どもが結婚を契機に親の世帯を離れ、夫婦で新しく住居を求めて、二人だけの世帯を形成することを当然と考えるようになった。夫婦家族制である。

結婚から始まる家族アルバムは、核家族、とりわけ生殖家族に対応する記録のあり方であり、日本の近代家族が必要としたアルバムだと言える。夫婦家族を基本とする近代家族は成員間の愛情を不可欠とする。その愛情を写真に表示し、アルバムに記録として残し、再確認する。あるいは結婚した二人が自分たちや子どものために新たな故郷を創出するためにアルバムを作るという解釈も可能であろう（坪井　一九八六）。そのアルバムは家族の消滅により役割が終わり、消える。

家の居間とかリビングと呼ばれる空間に家族の写真を飾ることが、七〇年代以降増えてきたという。それまでは遺影のみが掲げられていたのが、生きている家族員の写真が飾られ、その率が高くなってきたという（鈴木　二〇一〇）。家族アルバムから写真が取り出されてリビングに飾られるのは、やはり家族の愛情ある姿を示して、再確認するものと考えられよう。

読者が親しんでいる家族写真は、年賀状に家族の姿をプリントして届く家族年賀状であろう（図4－8）。毎年一定の割合で家族年賀状は届く。以前からあったが、明らかにデジタルカメラ時代になって急増した。新婚の二人の写真、子どもの出産とその成長過程の写真、そして卒園や卒業、あるいは七五三の写真などがプリントされているのが多く、子どもが中学生になった頃には家族年賀状は消える。子どもたちが抵抗するためであろう。しかし、最近目につくのは老夫婦だけの年賀状である。家族アルバムから切り取って年賀状にプリントするのは、幸せ家族の演出を家族内だけでなく、友人・知人にも示そうとするものと言えよう。

図4－8　様々な家族年賀状（2019年）

写真の個人化

一九九〇年代後半から写真のあり方は急激に変化した。フィルムカメラからデジタルカメラへの変化が引き金となり、写真もアルバムも大きく変化した。しかし、デジタルカメラの普及は一つの条件であり、本質的には写真と人々との関わりが変化したのである。それまで、写真は定型的な記念写真として撮られ、意味ある写真はアルバムに収められて保存されてきた。アルバムは個人のものでなく、家族のアルバムであった。そこに個人の指向が強く示されるようになった。

結婚に際して畏まった新婚夫婦や親族一同の写真を撮り、そこから家族アルバムが始まるそれまでに対し、いわゆる前撮りという結婚前に趣向を凝らした二人の姿を撮影することが行われだした。あたかもドラマの主人公のように、着飾った姿で様々なポーズの写真を何枚も撮るのである。場所は写真館というよりも写真スタジオと呼ぶ専門店で写真師というよりはカメラマンと呼ぶべき専門家によって撮影される。そして急激に増大したのが様々な施設や景色を背景とした撮影ロケである。映画の一場面のようなスチール写真を撮ることが一般化した。定型的な結婚写真よりも営業上魅力があるので、多くの写真館・写真スタジオは前撮りの出張撮影に力を入れ、宣伝して

図4－9　マタニティフォトの宣伝リーフレット（2019年）

いる。そこには新たに夫婦になり、家族を形成することを記念するという意味は後退している。二人の趣味や好みによって場所や服装、ポーズが決められ、自分たちだけを満足させる記念写真となっている。それに加えて、写真スタジオの宣伝で登場してきたのが妊娠した姿を写真に収めるマタニティフォトである（図4－9）。子どもの写真は出産から始まるのが一般的であったが、出産前の腹が大きくなった姿をカメラマンに撮ってもらう。インターネットで検索してみれば、多くの写真スタジオが写真の実例を掲げて宣伝している。この程度普及しているかはわからないが、営業的には成立しているものと思われる。この妊娠姿を写真に撮るということは当事者である女性の希望で撮影されるものと判断できよう。個人の記念のためであり、家族アルバムの一枚としては違和感がある。

遺影は、亡くなってから遺族が慌てて残された写真から適当な一枚を選んで葬儀屋の担当者に渡してトリミングして大判に焼き付けてもらい葬儀に間に合わせるものであった。事前に遺影用に選んでおくことは縁起でもないことであった。ところが、近年は生前遺影と呼んで、本人が生前に遺影を撮影して準備しておくことが行われ、普及しつつあるという（鳥原 二〇一六）。さかんに終活が叫ばれ、その一つとして遺された者たちに負担をかけないために、生前に自ら遺影を準備しておくことを勧めている。また、自分らしい姿を葬儀に際して示したいという願いから生前遺影を撮る人々もいるという。遺影撮影会なる催しも開催されている。葬儀が広く人々を集めての儀式ではなくなり、身近な家族・親族のみの儀式になり、家族葬と呼ばれるごく少数の人で終える葬儀が急速に増えてきていることに対応している。葬儀は遺された者のための儀礼から死者個人の儀礼になってきたのであり、故人が生前に自分の意志で遺影を決めておくのもその道筋に登場したものと言えよう。

写真の個人化は記念写真や儀礼の写真だけではない。二一世紀に入る頃から女子中高生に流行したプリクラ(6)は自分自身を撮るか、一人二人の親しい友人と撮るものであり、写真は個人のものとなった。その後、携帯電話のカメラ機能で写真を撮ること、すなわち写メが急速に一般化し、自分を写真に収めることが当たり前となった。携帯電話からスマートフォンに変わることで、この傾向をますます顕著にした。自撮り棒をつけて自らを撮影する姿がさかんに見られるようになった。そして、スマホのカメラ機能が進化し、レンズを外側と内側に付け、内側の液晶画面側のレンズで自撮りが簡単にできる機種が増え、ますます自撮りがさかんになってきている。これらの自撮りは自己の身体を撮影することが中心であり、周囲の景色や事物を写り込ませることはほとんどない。記念写真としての意味も弱くなってきている。もはや家族で共有するアルバムはなくなっているのかもしれない。

注

(1) 中国の宗族が先祖祭祀を行うための施設。独立した建造物で、正面に一族の神主（位牌）が安置され、その前には広い広間が設けられている。葬儀や結婚式その他の儀礼にも使われた。新中国になり多くが破却されたが、一九八〇年代以降各地で復活した。

(2) 真宗仏光寺派の寺院で制作されてきた門弟・門徒の肖像画を描いた系図。鎌倉時代末から制作され始めたという。本山開祖の良源夫婦からの法脈継承関係を示すのに肖像画が描かれた。現在も続けている寺院があり、過去帳としての性格を帯びている。

(3) 人物の上半身、特に顔の部分を重点的に描いた浮世絵版画。喜多川歌麿の美人絵、東洲斎写楽の役者絵によって一般化し、浮世絵の重要な表現様式となった。

(4) 軍隊に徴集されて、軍務につくべき場所に出頭し入ること。一九四五年以前の日本の徴兵制では、二〇歳になる男子に徴兵検査を行って兵役適格者を甲種以下五段階に選別して名簿に登載し、甲種合格者（多い場合は抽選）を翌年に現役兵として徴集し、その他の者については必要に応じてその都度召集令状を発行して、徴集した。

(5) 和風建築で、柱と柱の間に貼り付けられた幅広の装飾材。その場所に応じて多くの種類があるが、一般に長押と言えば、鴨居の上、ないしそれと同じ高さに付けられたものを指す。

(6) ボックス内に設置されたカメラで撮影された写真がシールにプリントされて出てくる装置。プリント倶楽部の略称。プリントシール機とも言う。一九九五年に登場し、流行した。現在はプリントするだけでなく、画像ファイルを携帯電話に送ることができる。

参考文献

青木俊也編『戦後松戸の生活革新』松戸市立博物館、二〇〇〇年。

浅田政志『家族写真は「　」である』亜紀書房、二〇一三年。

阿南透「写真のフォークロア――近代の民俗」『日本民俗学』一七五号、一九八八年。

猪瀬直樹『ミカドの肖像』小学館、一九八六年。

岩田重則『戦死者霊魂のゆくえ』吉川弘文館、二〇〇三年。

岩田重則『日本鎮魂考――歴史と民俗の現場から』青土社、二〇一八年。

大藤時彦・柳田為正編『柳田国男写真集』岩崎美術社、一九八一年。

小沢健志編『幕末　写真の時代』ちくま学芸文庫、一九九四年。

柏木博『肖像のなかの権力』平凡社、一九八七年。

川村邦光「家族写真をめぐる覚え書」『待兼山論叢』日本学篇四〇、二〇〇六年。

川村邦光『聖戦のイコノグラフィ――天皇と兵士・戦死者の図像・表象』青弓社、二〇〇七年。

川村邦光『家族写真の歴史民俗学的研究』（科学研究費補助金研究成果報告書）二〇〇九年。

国立歴史民俗博物館編『死絵』国立歴史民俗博物館資料図録七、二〇一〇年。

清水浩昭・森謙二・岩上真珠・山田昌弘編『家族革命』弘文堂、二〇〇四年。

ジュリア、ハーシュ（川村邦光訳）「家族写真を読み解く――内容・意味・効果」『文化／批評』春季臨時増刊号、二〇一九年。

鈴木岩弓「写真が語る現代人の絆」岩上真珠・鈴木岩弓・森謙二・渡辺秀樹編『いま、この日本の家族――絆のゆくえ』弘文堂、二〇一〇年。

多木浩二『天皇の肖像』岩波新書、一九八八年。

田中丸勝彦『さまよえる英霊たち』柏書房、二〇〇二年。

坪井洋文「故郷の精神誌」『日本民俗文化大系』一二巻所収、小学館、一九八六年。

鶴見良行『鶴見良行著作集』一出発、みすず書房、一九九九年。

テッサ・モーリス・スズキ（田代泰子訳）『過去は死なない　メディア・記憶・歴史』岩波書店、二〇〇四年。

東京写真美術館編『ファミリーアルバム　変容する家族の記録』東京都文化振興会、一九九二年。

鳥原学『写真のなかの「わたし」——ポートレイトの歴史を読む』ちくまプリマー新書、二〇一六年。
福田アジオ「都市化と葬墓制の変化」新宿区立新宿歴史博物館編『新宿区の民俗(4)落合地区編』一九九五年。
矢野敬一『慰霊・追悼・顕彰の近代』吉川弘文館、二〇〇六年。
山田慎也「遺影と死者の人格」『国立歴史民俗博物館研究報告』一六九集、二〇一一年。
一般社団法人カメラ映像機器工業会
http://www.cipa.jp/stats/documents/common/cr200.pdf
一般社団法人電子情報技術産業協会
https://www.jeita.or.jp/japanese/stat/cellular/2020/index.htm

読書案内

① 鶴見良行『鶴見良行著作集』一出発、みすず書房、一九九九年。

＊家族写真とそれを収めたアルバムに最も早く注目し、その意味を論じたのは鶴見良行の初期の文章である。それらの文は著作集の第一巻に収録されている。鶴見は家庭アルバムと呼んだが、家族アルバムは一九三〇年代までの「歴史主義」の時代からそれ以降の「芸術主義」の時代へと変化したと論じ、その後の研究に大きな影響を与えた。

② 坪井洋文「故郷の精神誌」『日本民俗文化大系』一二巻所収、小学館、一九八六年。

＊東京の多摩川で一九七六年に台風で堤防が決壊して家が流された。それを題材にしたテレビドラマ『岸辺のアルバム』は、下流で泥まみれになっていた家族アルバムを探しだし、危機にあった家族の結びつきを取り戻すという話である。坪井はこの流れてしまったアルバムを探す行為に注目し、家族アルバムは地方から出てきて新たに都市に住む夫婦が子どもたちのために実体としての新たな故郷を創出しようとする行為であると論じた。

③ 川村邦光『聖戦のイコノグラフィ——天皇と兵士・戦死者の図像・表象』青弓社、二〇〇七年。

＊川村邦光は家族写真や遺影について多くの研究成果を発表しているが、その大部分が比較的少部数発行の学術雑誌や科学研究費研究成果報告書に掲載されていて入手困難である。ここでは出版社から刊行された著書を掲げておく。主としてアジア・太平洋戦争での従軍兵士の記念写真と戦死者の遺影を取り上げて、写真の権力性を論じている。収集した多くの写真を資料として活用しており、参考となる。

④ 鳥原学『写真のなかの「わたし」――ポートレイトの歴史を読む』ちくまプリマー新書、二〇一六年。

＊今世紀に入る頃から肖像写真は大きく変化した。撮影機材のデジタル化、インターネットの普及が引き起こしたものであるが、それ以上に社会が流動化したことが大きな要因と考え、プリクラ、自撮り、コスプレに、匿名性の社会で人よりも突出することなく他人から支持されたいという願望を見る。

コラム2　パートナーのかたち

現代社会における夫婦や恋人などのパートナーは、かつてと比べてきわめて多様なかたちを見せている。特に近年顕在化してきたのは、「LGBT」と称されるようなパートナー関係である。以下、国際結婚、事実婚、LGBT等のパートナー関係について、近年の日本の動向を中心に紹介する。

「厚生労働省人口動態統計特殊報告・婚姻に関する統計」によれば、夫婦の一方が外国人である婚姻件数の年次推移をみると、二〇〇六年に六・一%と最高値を示し、二〇一〇年に四・三%、二〇一三年に三・三%となり、それ以降は横ばいとなっている。また一九九五年と二〇一五年の、夫が日本人で妻が外国人の夫婦における妻の国籍別構成割合をみると、一九九五年では三四・六%だったフィリピンが、二〇一五年では二〇・七%と低下し、一九九五年に二四・九%だった中国が、二〇一五年には三八・七%と上昇を示している。一方、妻が日本人で夫が外国人の夫婦における夫の国籍別構成割合は、一九九五年に四一%だった韓国・朝鮮が、二〇一五年では二五・四%と大きく低下している。このような変化が見られはするが、少なくともいえることは、基本的に国際結婚をした絶対数が減少していることである。そもそもこの二〇年間で全体の婚姻件数自体が一万五〇〇〇件以上減少していることから、国際結婚、国内結婚を問わず、結婚する者が著しく減少していることがわかる。

次に事実婚に関して、日本と欧米諸国を比べると、たとえば二〇一五年版（平成二七年版）『厚生労働白書――人口減少社会を考える』によれば、婚外子の割合が日本は二・一%であるのに対し、フランスは四九・五%、イギリスは四三・六%、スウェーデンは五五・五%であり、日本ではその割合が桁違いに少ないことがわかる。その理由は、欧米では事実婚と法律婚とで法的に大差がないことや、人々の認識が事実婚に肯定的であること、また法律婚に費用と手間が多くかかる国が多いことや、離婚するのが面倒な国があることなどが考えられる。少なくとも日本では、結婚する以上は法律婚を選ぶ者が圧倒的に多いことは確かなようだ。ところで、日本の民俗で事実婚といえば、一昔前の飛騨白川村の家長とその妻以外の男女の関係を連想するが、それはあくまでも厳しい生業環境を基盤とした日々のくらしを維持してゆくための、やむを得ない選択であり、今日のような自主的な選択ではなかった点で、事実婚そのものの意味がまったく異なるといえるだろう。

次に、多様化する性の象徴ともいえる「ＬＧＢＴ」について考えてみたい。「Ｌ」は「Lesbian」、すなわち女性の同性愛者を指し、心の性が女性で恋愛対象も女性である者を意味する。「Ｇ」は「Gay」、すなわち男性の同性愛者を指し、心の性が男性で恋愛対象も男性である者を意味する。「Ｂ」は「Bisexual」、すなわち両性愛者を指し、恋愛対象が女性にも男性にも向く可能性がある者を意味する。「Ｔ」は「Transgender」、すなわち身体の性は男性でも心の性は女性というように、身体の性と心の性が一致しないために、身体の性に違和感を持つ者を意味する。このような人たちは、心の性に沿って生活したいという願望を持つ者が多い。これらの人たちは、性的少数者（セクシャル・マイノリティー）とよばれている。近年の様々な調査から、日本における性的少数者は、二〇一八年には全人口の約九％を占めるといわれており、その割合は決して少数とはいえない。性的少数者の中で最も多いのは同性愛者であるが、アメリカ・イギリス・フランス・ドイツ・イタリア・カナダの日本以外のＧ７の国々では、同性結婚が法的に認められているのに対し、日本では、同性愛は違法ではないが、同性結婚は法的には認められていない。今日では日本国内の官庁や企業において、同性愛者の権利を保護する動きが急速に進んでいる。今後法的な整備が求められていくことは間違いない。

以上紹介してきたような多様なパートナーや性のあり方については、これまでの民俗学ではほとんど取り上げられることがなかった。しかし様々な意味でのマイノリティーの存在に目を向ける必要が叫ばれている民俗学の世界において、今後は性的マイノリティーをめぐる諸問題にも、真っ向から取り組む必要があるといえるだろう。

（八木　透）

第Ⅲ部　家族のかたちと家事分担

第5章 家族の境界

林　研三

1　家族という「容器」

本章のテーマは「家族の境界」であるが、その場合二つの境界が想定されよう。第一は「家族そのもの」の境界であり、第二は「家族員の範囲」、「誰が家族員か」という点からの境界である。双方とも機能が問題となろう。前者は家族そのものの機能とその限界、後者はお互いに面倒をみる者の範囲や程度はどこまでかという意味での境界であるが、前者の場合は「家族そのもの」の存在が前提となる。

私たちが日常会話で家族という言葉を使用する時、何を想定しているのであろうか。最近ある学会で「家族を中心とする介護」についての調査報告がなされていた。その時その「家族」という言葉は「回答者にとっての定位家族かそれとも生殖家族か[1]」という質問が出ていた。この調査を行った者、調査に回答した者、その調査報告を聞く者の間ですら、家族という言葉は何らかの説明なくしては、なかなか了解できない事象である。

本章では、核家族化、単身世帯の増加、「離れて暮らす家族」、「揺れ動く家族の範囲」等をキーワードとして家族と呼ばれる事象に接近し、その過程でその境界にも言及していきたい。

しかし、そうであっても、ここで多少なりとも右記の二つの境界に触れておく必要はあろう。まず、「家族員の範囲」という観点からの境界である。これはこれまでも家族法での「扶養」の問題として論じられてきた。すなわち、夫婦間や親による未成熟子の扶養では、自らの生活と同程度の生活を維持できるような扶養を要請する「生活保持義務」が求められる。それに対して、他の親族の間では自らの生活に余力のある範囲内での扶養を要請する「生活扶助義務」が求められている（有地　一九九〇：一九五）。実際の「家族員の範囲」を「生活保持義務」の範囲とするか、あるいは「生活扶助義務」の範囲とするかは、状況に応じたものになることもあるが、いずれにせよ扶養・扶助の範囲ということになろう。

法律学では、権利主体として「人」を措定しているので、複数の「人」の集合体としての家族そのものを出発点とすることには馴染まない。現行民法には婚姻や親子に関する規定はあるが家族そのものの規定はない。その点、社会学では家や家族を対象とする研究の蓄積は豊富であり、特に我が国では戦前から家族社会学は大きな足跡を残してきている。

社会学でのエミール・デュルケームやゲオルク・ジンメルの議論からは家族そのものの存在も想起されるが（デュルケーム　二〇一八：五九、ジンメル　一九九四：一〇二）、ここでは家族という言葉の使用方法からこのことを考えてみたい。たとえば「入院の際の身元保証人は家族に限る」という場合と「家族と企業の差異」という場合である。双方とも家族という言葉を使用しているが、前者は入院する人から見た個々の家族員を指しており、後者は企業とは異なる集団としての家族を想定している。このような用例も家族という言葉の多義性を表しているのかもしれない。

最近ではこういう家族という言葉の使用状況から家族を論じた論稿もある（ホルスタイン・グブリアム　一九九九）。これは特にアメリカでは「家族のため」、「家族のことを考えて」という言葉が様々な文脈や状況下で用いられ、そのことによってその者の立場や主張が納得いくものとして了解されることが多いということに注目した研究である。

この研究とは別であるが、私はアメリカのテレビドラマの中で「スタートレック」が好きで、特に「ヴォイジャー」シリーズ[2]はＤＶＤで何回も見ている。そのドラマの中でジェイウェイン艦長が何らかの重大な決断をする時には、乗組員（約一五〇名）全体について「我々は家族だから」、「我々は長い航海の中でいまや一つの家族になった」という台詞を発することがある。多分、家族という言葉を使用することがその決断に説得力をもたせられると（特にアメリカ国民に対しては）脚本家は考えたのかもしれない。

もちろん、「ヴォイジャーの家族」は我々が通常想起する家族と異なると言うことも可能であるが、果たしてまったく異なるのであろうか。乗組員の相互扶助関係、乗組員間の愛情・友情、さらにヴォイジャーの中での新たな生命の誕生、そして艦長は艦内で生まれた子を「私たちの旅を伝えていってくれる者」とも言う。こういったことの一連の「流れ」は地球上の家族に生じる出来事とそんなに違いはないのではないか。先の機能という点から考えてみても、限られた空間（艦内）で居住する乗組員間の相互扶助関係が「ヴォイジャー（の乗組員）は家族である」という言明をもたらす一因であったのかもしれない。

しかし、家族の機能に関しては、文化人類学の分野ではすべての民族、社会での家族に共通する普遍的な機能はないとされている。そのような特徴から、家族の機能的特徴は「機能的能力の高い（機能の）容器であることに」求められるとは清水昭俊が述べるところである（清水　一九八七：一一）。

家族が「容器」であるとすれば、「容器」としての機能を有し、「容器」の大きさや強度が家族の境界を決定している。今、この「容器」を陶器であるとしてみよう。陶器の原料は陶土（粘土）である。これで成形したものを釉（うわぐすり）でおおい、焼いたものが陶器である。

陶土としての個々の家族員は、単なる個々人とは異なり、陶器としての家族を構成することによってその機能をはたすことができる。他方で、陶器としての家族は、陶土としての個々の家族員が一定の形で組み合わされることによって、その機能が発揮される。従って、家族は家族員総体であり、家族の境界は家族員の境界でもあると言えよう。

2　現代日本の家族の実態

核家族化

我が国の家族において、核家族化が進行してきているとはよく言われてきたことである。しかし、その中身については様々な説明がなされてきた。落合恵美子は二〇世紀末に「大家族を夢見る核家族」（落合　一九九七：八三）と言っていたが、これは地方から首都圏に就職等のために移転してきた者（主に次三男や娘）がそこで結婚し、子を生

表5-1 世帯構造別，世帯類型別世帯数及び平均世帯人員の年次推移（国民生活基礎調査，平成30年度）

	総数	世帯構造						世帯類型				平均世帯人員
		単独世帯	夫婦のみの世帯	夫婦と未婚の子のみの世帯	ひとり親と未婚の子のみの世帯	三世代世帯	その他の世帯	高齢者世帯	母子世帯	父子世帯	その他の世帯	
	推計数（単位：千世帯）											（人）
1986（昭和61）年	37544	6826	5401	15525	1908	5757	2127	2362	600	115	34468	3.22
89（平成元）	39417	7866	6322	15478	1985	5599	2166	3057	554	100	35707	3.10
92（ 4）	41210	8974	7071	15247	1998	5390	2529	3688	480	86	36957	2.99
95（ 7）	40770	9213	7488	14398	2112	5082	2478	4390	483	84	35812	2.91
98（ 10）	44496	10627	8781	14951	2364	5125	2648	5614	502	78	38302	2.81
2001（ 13）	45664	11017	9403	14872	2618	4844	2909	6654	587	80	38343	2.75
04（ 16）	46323	10817	10161	15125	2774	4512	2934	7874	627	90	37732	2.72
07（ 19）	48023	11983	10636	15015	3006	4045	3337	9009	717	100	38197	2.63
10（ 22）	48638	12386	10994	14922	3180	3835	3320	10207	708	77	37646	2.59
13（ 25）	50112	13285	11644	14899	3621	3329	3334	11614	821	91	37586	2.51
16（ 28）	49945	13434	11850	14744	3640	2947	3330	13271	712	91	35871	2.47
17（ 29）	50425	13613	12096	14891	3645	2910	3270	13223	767	97	36338	2.47
18（ 30）	50991	14125	12270	14851	3683	2720	3342	14063	662	82	36184	2.44
	構成割合（単位：%）											
1986（昭和61）年	100.0	18.2	14.4	41.4	5.1	15.3	5.7	6.3	1.6	0.3	91.8	3.22
89（平成元）	100.0	20.0	16.0	39.3	5.0	14.2	5.5	7.8	1.4	0.3	90.6	3.10
92（ 4）	100.0	21.8	17.2	37.0	4.8	13.1	6.1	8.9	1.2	0.2	89.7	2.99
95（ 7）	100.0	22.6	18.4	35.3	5.2	12.5	6.1	10.8	1.2	0.2	87.8	2.91
98（ 10）	100.0	23.9	19.7	33.6	5.3	11.5	6.0	12.6	1.1	0.2	86.1	2.81
2001（ 13）	100.0	24.1	20.6	32.6	5.7	10.6	6.4	14.6	1.3	0.2	84.0	2.75
04（ 16）	100.0	23.4	21.9	32.7	6.0	9.7	6.3	17.0	1.4	0.2	81.5	2.72
07（ 19）	100.0	25.0	22.1	31.3	6.3	8.4	6.9	18.8	1.5	0.2	79.5	2.63
10（ 22）	100.0	25.5	22.6	30.7	6.5	7.9	6.8	21.0	1.5	0.2	77.4	2.59
13（ 25）	100.0	26.5	23.2	29.7	7.2	6.6	6.7	23.2	1.6	0.2	75.0	2.51
16（ 28）	100.0	26.9	23.7	29.5	7.3	5.9	6.7	26.6	1.4	0.2	71.8	2.47
17（ 29）	100.0	27.0	24.0	29.5	7.2	5.8	6.5	26.2	1.5	0.2	72.1	2.47
18（ 30）	100.0	27.7	24.1	29.1	7.2	5.3	6.6	27.6	1.3	0.2	71.0	2.44

注：1．1995（平成７）年の数値は，兵庫県を除いたものである。
　　2．2016（平成28）年の数値は，熊本県を除いたものである。
出所：『国民生活基礎調査』（平成30年度）。

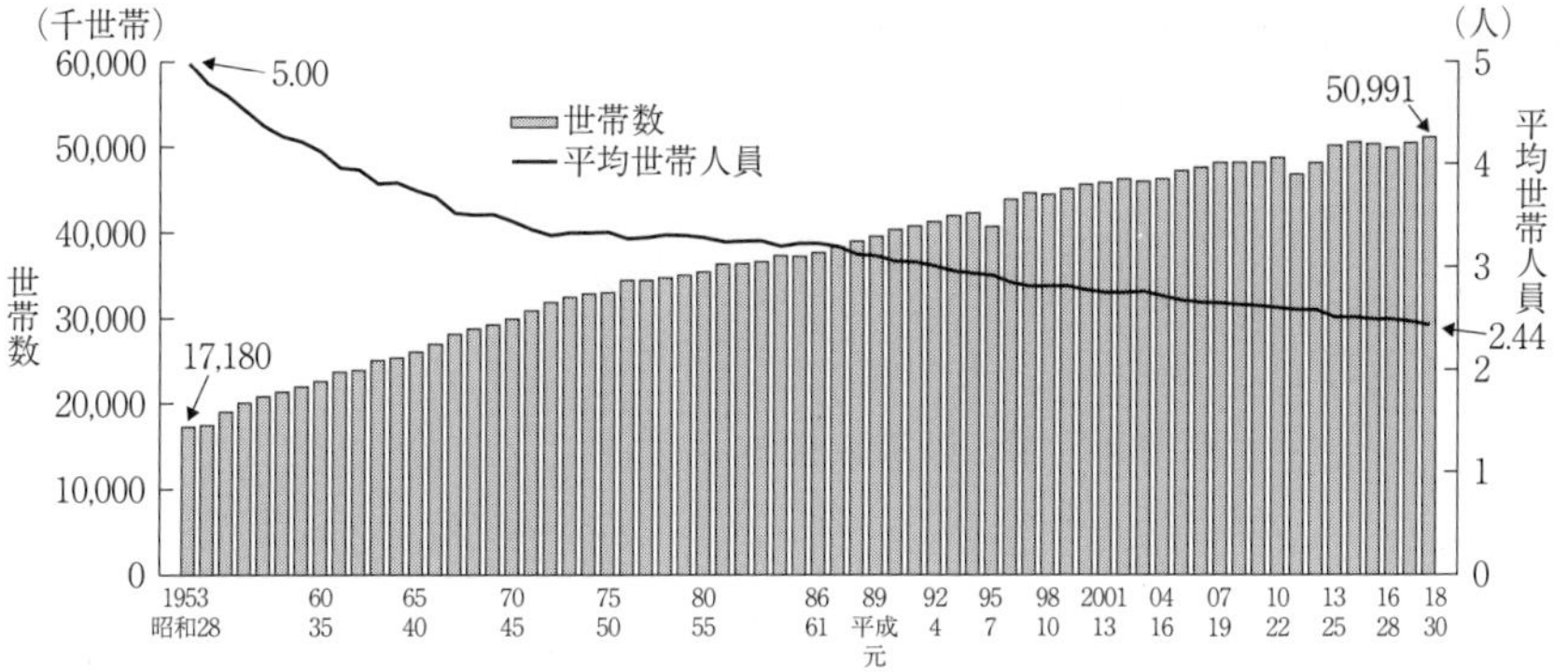

図5-1　世帯数と平均世帯人員の年次推移

注：1．1995（平成７）年の数値は，兵庫県を除いたものである。
2．2011（平成23）年の数値は，岩手県，宮城県及び福島県を除いたものである。
3．2012（平成24）年の数値は，福島県を除いたものである。
4．2016（平成28）年の数値は，熊本県を除いたものである。
出所：『国民生活基礎調査』（平成30年度）。

んでマイホームに居住しながら、正月や盆には両親や長男が暮らす故郷に帰省する者の多さが念頭にあったのであろう。

『国民生活基礎調査』（平成三〇年度）[3]によると、二〇一八年六月七日現在のわが国の世帯総数は約五〇九九万世帯であり、そのうち核家族とされる世帯、すなわち「夫婦と未婚の子のみ」の世帯が約一四八五万世帯で約二九％を占めており最も多い。次いで単独世帯が約一四一二万五〇〇〇世帯で二七・七％、夫婦のみの世帯は約一二二七万世帯で二四・一％と続く。他方で三世代世帯は二七二万世帯、五・三％と最も少ない（表5－1参照）。

一九八六年から二〇一八年までの世帯構造の推移をみてみると、核家族世帯と三世代世帯は実数も割合も減少してきている。特に三世代世帯は実数では半分以下、割合では約三分の一に低下している。他方で、夫婦のみの世帯と単独世帯は増加してきており、実数ではどちらも二倍以上の増加である。このことは全世帯数の推移と一世帯あたりの員数の変化となって表れている（図5－1参照）。

少子化とその背景

現在、家族に関して最も話題になっている現象は少子高齢化である。これについては様々な原因や対策が論じられてきている。少子化については晩婚化や未婚化によるとされ、その晩婚化、未婚化の原因の一つとして非正規雇用の増大や格差の拡大等々が論じられている（前田　二〇一八：四四～四八）。

婚姻件数や婚姻率は、一九七八年以降、二〇一〇年までは年間約七〇万件で推移していたが、二〇一一年以降は年間約六〇万件である。未婚率は二〇一五年では、三〇～三四歳の男は四七・一%、女は三四・六%であり、五〇歳時の未婚率は男二三・四%、女一四・一%であった。今後も五〇歳時の未婚率は上昇することが予想されており、二〇四〇年には男二九・五%、女一八・七%と推計されている（本書第2章図2－2参照（二二頁））。

さらに結婚後に生まれてくる子どもの数も減少している。結婚持続期間一五～一九年の夫婦の子ども数は、一九九二年には二・二一人、二〇〇五年には二・〇九人であったが、二〇一五年は一・九四へと低下してきている（『少子化社会対策白書』平成三〇年度）。二〇一八年に国内で生まれた日本人の子どもの数（出生数）も九一万八三九七人で、統計のある一八九九年以降で最も少なく、合計特殊出生率も一・四二と三年連続で低下している。少子化や未婚化は、先に述べた単独世帯の増加を今後ますます促進する一つの要因となるかもしれない。

高齢者の世帯

少子化とともに「高齢化」も様々な形で論じられてきている。現在高齢者は六五歳以上とされている。この年齢が妥当かどうかについては議論があるところであるが、ここでは一応六五歳以上を高齢者としてその世帯の概観をまとめていこう。

まず、高齢者世帯の現状と過去三〇年間を示す統計を掲げることにする。表5－2と図5－2は同じく『国民生活基礎調査』（平成三〇年度）から「六五歳以上の者のいる世帯の世帯構造の年次推移」を示したものである。これらにみられるように、全世帯に占める高齢者世帯の割合が二〇一八年では四八・九%と半数近くになっている。そしてその世帯構造では単独世帯と夫婦のみの世帯、および核家族世帯が増加する一方で、三世代世帯が急激に減少している。

ここでの核家族世帯の増加は、先の未婚化、晩婚化の影響があると考えられる。核家族世帯で、親とともに同居する未婚の子の年齢がそのまま上昇し、親が高齢者になっていった結果であろう。この統計は一九八六年以降の数字を示している。一九八六年は高度経済成長後でバブル経済が始まろうという時期であった。世帯構造としては核家族世帯が多数を占めている時期でもあったので、その核家族世帯がその構成員のまま年齢が上昇したことになる。

そういった中で三世代世帯の急減は注目される。一九八六年には全体の四四・八%を占めていたが、二〇一八年には一〇・〇%にすぎない。祖父母と両親と孫の世帯が少なくなる一方で、単独世帯の構成割合は二倍以上に増加しているし、夫

表5-2　65歳以上の者のいる世帯の世帯構造の年次推移

	65歳以上の者のいる世帯	全世帯に占める割合（%）	単独世帯	夫婦のみの世帯	親と未婚の子のみの世帯	三世代世帯	その他の世帯	（再掲）65歳以上の者のみの世帯
	推計数（単位：千世帯）							
1986（昭和61）年	9769	(26.0)	1281	1782	1086	4375	1245	2339
89（平成元）	10774	(27.3)	1592	2257	1260	4385	1280	3035
92（　4）	11884	(28.8)	1865	2706	1439	4348	1527	3666
95（　7）	12695	(31.1)	2199	3075	1636	4232	1553	4370
98（　10）	14822	(33.3)	2724	3956	2025	4401	1715	5597
2001（　13）	16367	(35.8)	3179	4545	2563	4179	1902	6636
04（　16）	17864	(38.6)	3730	5252	2931	3919	2031	7855
07（　19）	19263	(40.1)	4326	5732	3418	3528	2260	8986
10（　22）	20705	(42.6)	5018	6190	3836	3348	2313	10188
13（　25）	22420	(44.7)	5730	6974	4442	2953	2321	11594
16（　28）	24165	(48.4)	6559	7526	5007	2668	2405	13252
17（　29）	23787	(47.2)	6274	7731	4734	2621	2427	13197
18（　30）	24927	(48.9)	6830	8045	5122	2493	2437	14041
	構成割合（単位：%）							
1986（昭和61）年	100.0		13.1	18.2	11.1	44.8	12.7	23.9
89（平成元）	100.0		14.8	20.9	11.7	40.7	11.9	28.2
92（　4）	100.0		15.7	22.8	12.1	36.6	12.8	30.8
95（　7）	100.0		17.3	24.2	12.9	33.3	12.2	34.4
98（　10）	100.0		18.4	26.7	13.7	29.7	11.6	37.8
2001（　13）	100.0		19.4	27.8	15.7	25.5	11.6	40.5
04（　16）	100.0		20.9	29.4	16.4	21.9	11.4	44.0
07（　19）	100.0		22.5	29.8	17.7	18.3	11.7	46.6
10（　22）	100.0		24.2	29.9	18.5	16.2	11.2	49.2
13（　25）	100.0		25.6	31.1	19.8	13.2	10.4	51.7
16（　28）	100.0		27.1	31.1	20.7	11.0	10.0	54.8
17（　29）	100.0		26.4	32.5	19.9	11.0	10.2	55.5
18（　30）	100.0		27.4	32.3	20.5	10.0	9.8	56.3

注：1．1995（平成7）年の数値は，兵庫県を除いたものである。
　　2．2016（平成28）年の数値は，熊本県を除いたものである。
　　3．「親と未婚の子のみの世帯」とは，「夫婦と未婚の子のみの世帯」及び「ひとり親と未婚の子のみの世帯」をいう。
出所：『国民生活基礎調査』（平成30年度）。

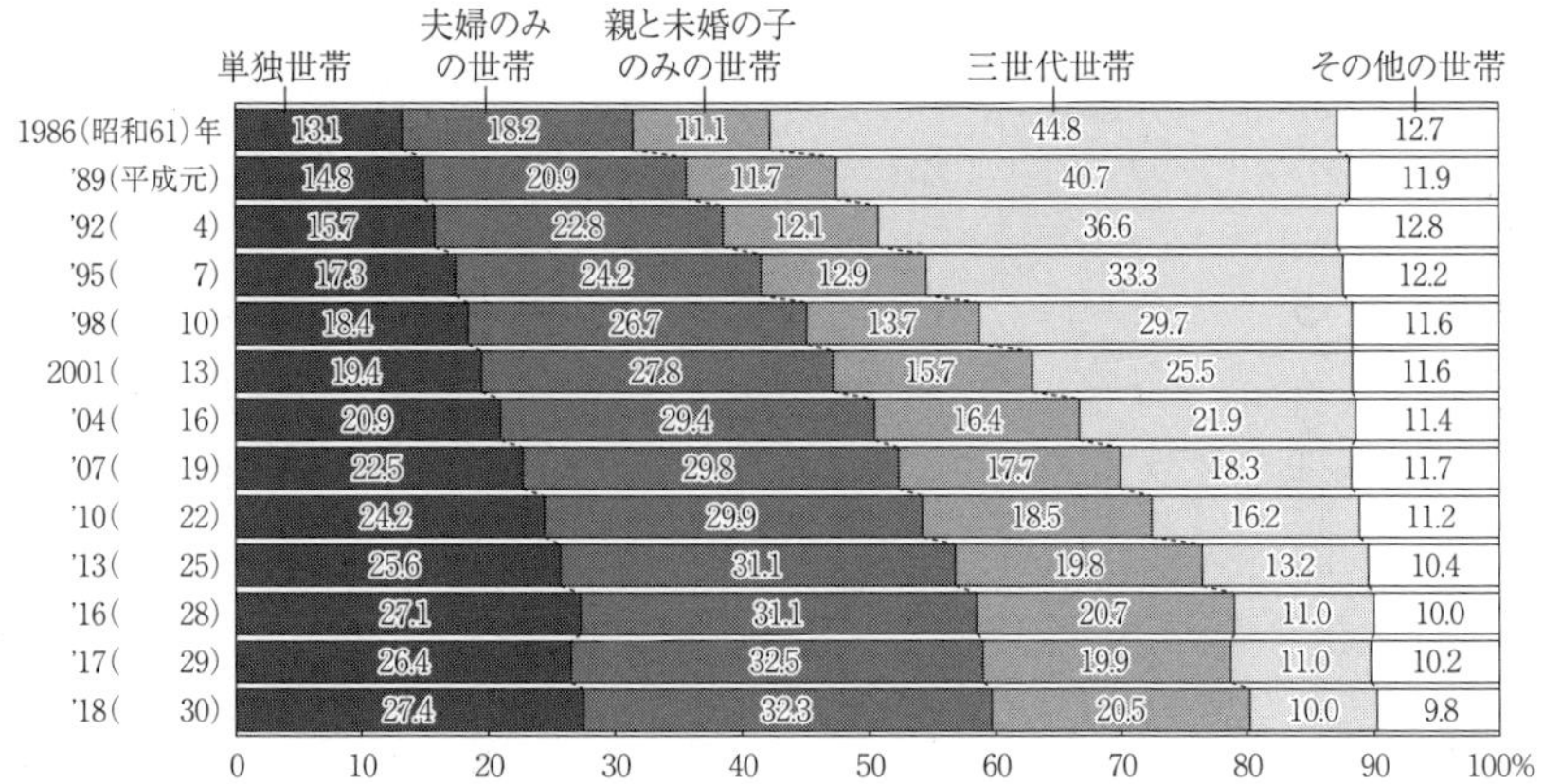

図5-2 65歳以上の者のいる世帯の世帯構造の年次推移

注：1．1995（平成7）年の数値は，兵庫県を除いたものである。
2．2016（平成28）年の数値は，熊本県を除いたものである。
3．「親と未婚の子のみの世帯」とは，「夫婦と未婚の子のみの世帯」及び「ひとり親と未婚の子のみの世帯」をいう。

出所：『国民生活基礎調査』（平成30年度）。

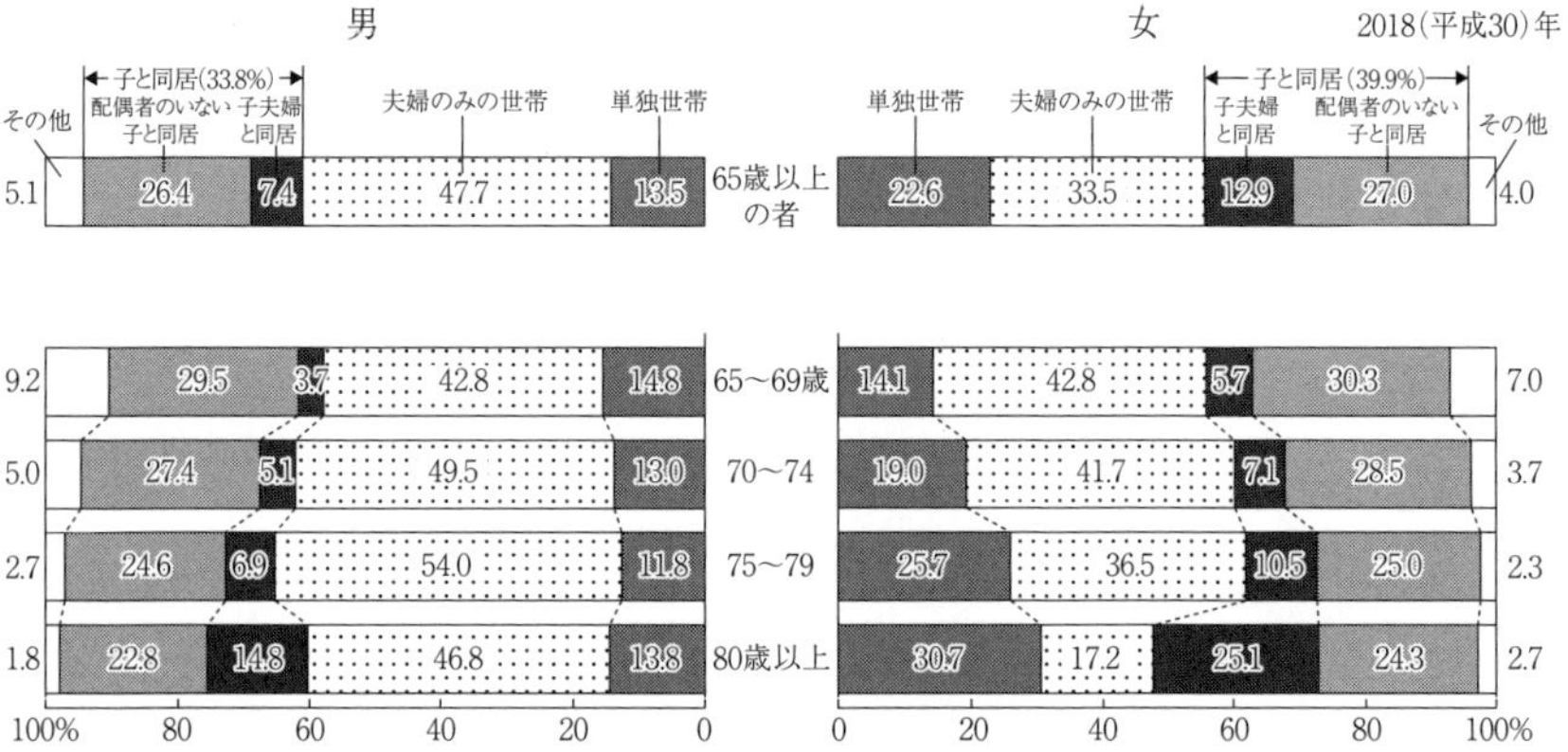

図5-3 性・年齢階級別にみた65歳以上の者のいる世帯の世帯構造

注：「その他」とは，「その他の親族と同居」及び「非親族と同居」をいう。

出所：『国民生活基礎調査』（平成30年度）。

婦のみの世帯も約一・八倍になっている。

この単独世帯の増加は今後も続くことが予想されている。二〇一九年四月に国立社会保障・人口問題研究所が世帯数に関する推計を公表した。それによると二〇四〇年には六五歳以上の高齢者の一人暮らしが八九六万三〇〇〇人となり、二〇一五年よりも四三・四％増加する。全世帯に対する割合は一七・七％になり、四七都道府県のうち一一の自治体では増加率が五〇％を超えるという。

高齢者の世帯構造をより詳細に性・年齢階級別に表したものが図5－3である。興味深いのは、性別と年齢階級別の差異である。女性の場合、単独世帯は年齢が上昇するに従って増加しているが、男性の場合はむしろ微減している。男性は最後の八〇歳以上になっても夫婦のみ世帯が多数を占めているが、女性は単独世帯が最も多い。これは平均寿命の男女差によるものかもしれない。

さらに八〇歳以上とそれ以下の年齢層の差異である。「八〇歳以上の年齢層」という枠組みがそれ以下の五歳刻みの年齢層とはその範囲を異にしているという点はあるにしても、男女双方とも子ども夫婦との同居が増加している点は注目される。もちろん、それ以前にも年齢層が上昇するに従って子ども夫婦との同居は増えているが、八〇歳以上になるとその直前の年齢層に比して大きく増加しているのだ。これは高齢者自身の心身の状況に関連していることは想定できる。

しかしながら、ここで最も注目したいことは、単独世帯が最も高い比率を占めている八〇歳以上の女性を除けば、どの年齢層であっても高齢者は単独世帯と夫婦のみの世帯が過半数を占めていることである。そこで次に特に単独世帯に焦点を絞って、かつ具体的な事例から家族の境界を考えていきたい。

3　単独世帯のあれこれ

高齢単独世帯と無縁死　単独世帯には単身赴任者等も含まれ、必ずしも高齢者の世帯には限定されない。しかし、二〇一八年では単独世帯のうち約四八％が高齢者の世帯である。この高齢者の単独世帯で懸念されていることの一つが「無縁死」である。ここで「無縁死」に注目する理由は、家族の機能が何らかの相互扶助であるとすれば、それが及ばない領域、すなわち家族の境界外での出来事の一つが「無縁死」であると考えられるからである。

「無縁死」という言葉は、二〇一〇年一月三一日にNHKスペシャル「無縁社会——無縁死　三万二千人の衝撃」が放送されて以来注目を集めてきている。この放送の内容は後に一部補充されて『無縁社会』（NHKスペシャル取材班　二〇一二）として刊行された。ここでもこの著書で紹介されている事例を取り上げてみたい。最初の〈事例1〉は秋田県から単身で上京してきた男性の「無縁死」の事例である（同書第一章）。次いで、〈事例2〉として、企業を定年退職し、その後老人ホームにおいて一人で暮らしている男性の事例を取り上げてみる（同書第四章）。最後の〈事例3〉は少し古い報告書（『中山間農村における高齢者の世帯戦略と都市の既婚子に関する実証的研究』[4]）であるが、秋田県（旧）阿仁町での「子の他出後の親世帯」の一事例である。この場合は高齢女性の単独世帯であるが、その様相は前二者と大きく異なっていることは以下で示す通りである。

〈事例1〉

A（一九三六（昭和一一）年生）は享年七三歳で、「行旅死亡人[5]」として取り扱われていた。Aは秋田市出身であるが、実家のあった土地は一九二七（昭和二）年にAの父親が取得している。その後一九六三（昭和三八）年に父親が死亡した後、その翌年にAがその土地を相続した。Aが二九歳の時である。

Aのきょうだいは男三人女三人であり、A自身は三男であったが、戦争と病気で兄二人はなくなり、姉たちは他家にとついでいた。Aは「一家を支える大黒柱として、高校を卒業後、地元の木工所で建具職人として働いていた。しかし、三二歳の時に、倒産、地元に親を残して、東京に働きに出た」（同書五六頁）という。

Aの小中学校の同級生の話では「建具職人として働いていて、一時は、秋田から東京方面にまで家具や障子を送ったくらいだった。とにかく忙しくしていた。だけど、いつだったか他人の借金の連帯保証人になってしまったらしい。それで借金の肩代わりをさせられ、それが原因で住む家も取られたと聞いた。実は結婚もして子ども授かっていたが、この問題で離婚したようだ。それで突然、いなくなっちゃったんだよ」（同書六二頁）という。実家のあった土地は一九七〇（昭和四五）年、Aが三四歳の時に木材会社の所有となった後、すぐに現在の理髪店の経営者の手に渡っている。

Aが東京に出てきたのが三二歳の時、一九六八（昭和四三）年である。その後一九七五（昭和五〇）年、三九歳の時に東京都大田区の給食センターに就職し、そこで定年の六〇歳まで働いていた。亡くなった時のアパートへは一九九一（平成三）年に入居している。ちなみにこの年にAの母親が亡くなっているが、この間の母親の動向は不明である。Aは給食センターの定年後、横浜市の派遣会社に勤務し、亡くなる半年前まで派遣労働をしていた。

実家のあった地域に住む女性は、A家の墓のある寺の長老から、「毎年、両親の供養料を東京から送ってよこしていたと聞いていたんだ。両親が入っている墓だから、おいおい自分も墓に入ることになるだろうと思って、供養料を送ってきているという話だった」と語っていた（六七頁）。

〈事例2〉

Bは放送当時六三歳であり、都内の老人ホームに入居していた。その老人ホーム入居者の中では最年少であった。Bは小樽市出身で地元の高校を卒業後、学校推薦で大手都市銀行に入行した。そして二五歳の時に叔父の紹介で利尻島出身の女性と結婚し、一男一女をもうける。東京に出てきてからもBは営業畑を歩き、三三歳の時には都内にマイホームを購入した。銀行では大きな支店であった新宿支店に配属され、仕事優先の日々が続き、帰宅は深夜の二時、三時となることも珍しくなかった。

そういう生活が続いたこともあり、息子が小学校に入学し、娘が幼稚園に入る頃に妻は子どもを連れて家をでて、親戚のいる新潟県に移転した。当初Bは妻らがすぐに戻ってくると思い、引き留めることはしなかった。それどころか妻子不在によってますます仕事に没頭できたので、営業成績はあがっていった。しかし、四〇歳代になって身体に異変が生じ、三カ月の入院生活に入る。退院後復職したが、もとの営業畑にはもどれなかった。その後、五〇歳を越えた頃、大阪転勤を挟んで東京で営業の仕事に戻った。ちょうどこの頃、妻とは正式に離婚したようである。しかし、東京に戻った後、しばらくして再度体調を崩し、やむなく子会社に出向したまま定年を迎えた。その後マイホームは売却し、現在の老人ホームで台所・風呂付の一室（約一〇畳）において一人で生活している。

Bの息子と娘はすでに結婚し、息子は今も新潟県に居住しているが、ほとんど連絡はとれていない。さらにBの小樽市の実家には現在も独身の妹が居住し、実家の隣には叔父が居住しているが、連絡をとっていないという。それどころか実家の近くにまで行っても、実家を訪ねることもない。

〈事例3〉

Cは秋田県旧阿仁町（現北秋田市）出身で、七人の兄弟姉妹のうちの三人姉妹の次姉である。一九三三（昭和八）年生まれであり、現在（調査時）も旧阿仁町に在住していた。一九歳の時に結婚したが、夫は同町出身の三男であった。夫は町内の鉱山（阿仁銀山）で働いており、当時は町営住宅に居住していた。一九七一（昭和四六）年に鉱山が閉山したので、夫は神奈川県に出稼ぎに行き、盆と正月に戻ってくる生活が続いた。その夫は一九九七（平成九）年に亡くなった。Cの長女は一九五六（昭和三一）年生まれで、高校卒業後に就職のため東京に移転し、そこで結婚して現在も東京に在住している。Cの長男（一九五八〔昭和三三〕年生まれ）も高校卒業後に埼玉県の大学への進学のため転出し、現在も埼玉県に居住している。

Cが単独世帯となったのは夫死亡後であるが、長女や長男からの電話連絡は二週間に一回程度あり、正月や盆の時期を含めて年三回程度は子らが帰省している。C自身が子のもとに行くこともあり、その場合は二カ月ほど滞在することもある。

Cの実家は長兄が継承し、現在はその子Dが継いでいる。Cの現在の家は実家のすぐ近くであり、買い物などの時にはDの自動車で連れて行ってもらうことも多い。さらに、当地は豪雪地帯であり、冬期の除雪に苦労している家が多い。Cの家では建物の構造上屋根の雪下ろしはないが、それ以外の除雪では「近所の人が手伝ってくれる」という。

Cによれば、五年前に長男が埼玉県内にマイホームを建てた。長男からは同居を勧められているので、「将来はそこに行くことになる」が、現在は「まだその気にはなれない」。「つぶれたら行くだろう」、「現在はほしいものもあまり買わない生活である。買ってもいずれ長男が捨ててしまうだろうから」とも語る。

事例から見えてくるもの

この三つの事例から何が見えてくるか。〈事例1〉は「無縁死」の事例であるが、離婚後のAの子はどこに住んでいるのか。その子とAの接触はなかったのか。さらにAの姉が婚出したのであれば、その姉やその夫、子は存在するのか。こういった疑問がわいてくるが、それらに答える記述は同書には見当たらない。他方の〈事例2〉ではBの子、妹、叔父の存在は明らかであるが、妹や叔父との接触は調査時にはなく、子との接触も難しい状況であった。〈事例3〉のCも単独世帯であるが、長男や長女、実家や近隣とのつきあいは頻繁であり、将来的には子との同居も視野に入っている。Cと子らは「離れて暮らす家族」ということになろう。しかし、Cの埼玉県移転後の生活が堅調かどうかはまだ見通せない。C自身が現在移転を積極的に希望していないことは聞き取り調査の時も窺われた。

単独世帯に至る経過を整理してみると、A、B、Cに共通している点は、全員が父母と兄弟姉妹が存在する家族（定位家族）の中での生活からはじまり、やがて結婚し子が誕生し、自らの生殖家族を形成していることである。この時点で父母や兄弟姉妹とは別に自らの家族をつくったことになり、これらの多くは核家族世帯であったろう。やがて〈事例1〉と〈事例2〉では、理由は異なるが、妻子と離別し単独世帯になったのであるが、〈事例3〉では子の他出後に夫が死亡した結果である。

誰でも自らの生殖家族から子が独立し、配偶者が死亡、あるいは配偶者と離別すると単独世帯になるが（上野千鶴子の言う「おひとりさまの老後」である）、その後の他世帯（子や親族の世帯を含む）との「付き合い」によって当該世帯のおかれている状況には差異が生じる。三事例では、当事者の子や親族は皆無ではない。しかし、血縁関係者が存在しても、その血縁関係が自動的に「縁」となって、相互扶助関係（「付き合い」）が形成されるわけではない。形成される理由とされない理由は様々であろうが、形成されている場合は家族の境界が拡張した場合であり、形成されていない場合は家族の境界が縮小している場合と捉えることも可能であろう。

この三事例のみから何らかのことを一般化することは危険であるが、〈事例3〉のように子の他出によって親の単独世帯が形成される場合は家族の境界が拡張することが多いのではないか。定位家族からの子の分離・子の生殖家族の形成という「流れ」が親の単独世帯を帰結するのだが、それが子の成長に伴う「自然な流れ」であれば、相互扶助という家族の機能の継承をもたらすことが多いように思われるからである。

4　民俗学と「無縁死」

戦後のわが国の世帯構造が三世代世帯から核家族世帯へ、さらには単独世帯への移行という趨勢がみてとれるとしても、前節でみたように、その単独世帯の実態は、他世帯との「付き合い」の有無によって大きく二つに分かれる。ここでは家族の境界が縮小した単独世帯の事例に注目したい。縮小の程度は様々であるが、その極限的な場合が「孤立した単独世帯」となり、そのまま死に至ったのが「無縁死」であるからである。[6]

無縁死への視線

現在、「無縁死」した者は「行旅死亡人」として扱われ、無縁仏として埋葬されることが多い。無縁仏にはそれにまいる子孫や親族はいない。つまり、無縁仏となった単独世帯主は先祖になれなかった人物である。

柳田国男は『明治大正史世相篇』第九章「家永続の願い」の冒頭で、年末の門司の街で四五枚の位牌を風呂敷包みに入れて背負いながら歩いていた九五歳の老人の話を紹介し、こんな年寄りにも「どうしても祭らなければならぬ祖霊があった」と述べていた（柳田　一九三一＝一九九〇：二四九）。さらに『先祖の話』（柳田　一九四六＝一九九〇：一九）の「四　御先祖になる」では、かつては「跡取り息子」ではない「優秀な子ども」には「御先祖になりなさい」と言って激励したと語られている。先祖となり得るにはその子孫によって祭られることが必須であるが、これは「死んで自分の血を分けた者から祭られねば、死後の幸福は得られないという考え方」（柳田　一九三一＝一九九〇：二四九）に基づくものであるという。

しかし、実際の民衆の世界ではすべての者が先祖になれたわけではないだろう。現代の「無縁死」や「孤立する単独世帯」に相当する死に方、生き方についての記述は民俗学では多くはない。これは民俗学が血縁、地縁の消極的側面よりも積極的側面に焦点をあててきた結果かもしれない。柳田は右記の九五歳の老人のその後については触れていないし、『山の人生』（柳田　一九二六＝一九八九：八二）の冒頭での「子殺し」の男についても同様である。子を殺したこの男は先祖にはなれない。これは「〈家〉殺し、あるいは〈家〉の自殺」（内田　一九九九：一二四）にも通じ得るが、「特赦」後の彼の生き様はどうであったのか。柳田は何も語っていない。[7]

宮本常一『忘れられた日本人』（宮本　一九六〇＝一九八四）におさめられた「土佐寺川夜話」の中で、宮本は「レプラ患者」[8]の老婆との出会いを紹介している。人がほとんど通らない四国の山道を歩いていたこの老婆は、「しるべを頼って」行くとのことだったが、「こういう業病で、人の歩くまともな道はあるけず、人里も通ることができないのでこうした山道ばかり歩いて来たのだ」（宮本　一九六〇＝一九八四：一六〇）と語ったとされている。この老婆の行く末はどうなったのか。「しるべ」を頼ることができたのか。

同書に掲載され、宮本常一の代表作の一つでもある「土佐源氏」は、八〇歳になる盲目の「ばくろう」[9]の語りである。この盲目の「ばくろう」は妻とともに橋の下で生活していたが、その後はどのようにして亡くなったのであろうか。亡くなった後の埋葬、墓、祭祀はどうなったのか。

宮本常一他監修『日本残酷物語1　貧しき人々のむれ』によれば、「身よりのない老人」の「野たれ死」は、かつては至るところで見られた。天竜川中流あたりでは「年をとってあとをみてくれる者のない老人」（宮本　一九九五：三三七）の多くは縊死しているという。病弱者もまた同じであったようである。

無縁死と家族からの離脱

これらは前にみた「無縁死」の事例のように、石田光規の言う「社会的排除」（石田　二〇一一）の問題として把握することは可能であるが、同時に家族、特に核家族の行きつく先の一つとしてもとらえられる。最初に引用した九五歳の老人、子殺しの男、レプラ患者の老婆、そして盲目の「ばくろう」、いずれも前節での三事例と同様に、当初は親（あるいは親代わりの保護者）のもとで養育されていたが、やがてそこから離脱したのではないか。そして、自らの生殖家族を形成した者もいたであろう。どういう経過を経たかは様々であろうが、結局は単独世帯化（単身化）し、「野たれ死」に至ることはあり得よう。

現代日本では、ホームレスを含めてこういった家族から離脱し、困窮化した者に対しては、十分ではないにせよ社会保障制度が用意されている。それに対して前近代社会では、ムラや親族集団という中間集団が一定の「受け皿」になっていたと言われている。「無縁死」は現代社会での出来事であるが、柳田や宮本の引用した人物は彼らとほぼ同時代の者である。当時はムラや親族集団は現代よりは機能していたかもしれない。それでも右記のような者が存在したことは、いつの時代でもセーフティネット——それが家族や親族、ムラや他の中間集団であろうと——からこぼれる者は存在するということになる。「無縁死」や「行旅死亡人」と以前の社会での「野たれ死」を単純に同列に扱うわけではないが、これらの者の存在は家族も親族も、そして何らかの中間集団も「万能」ではないということ、家族について言えば、その境界の拡張がはかられるとしても、それでもその境界を超える者は存在し、そういった者については対応しきれないこともあり得るということになろう。

そうであれば、これらを「異常な事象」としてとらえるのではなく、人間社会では常に起こりうる「正常な事象」の一つとし、その上で家族や社会保障制度を考えていくことも必要ではないか。そもそも、こういった単独世帯化や「無縁死」は私たちの社会の中で生じている事象である。それゆえに、それらが生じているということ自体をまずは認めることが必要であろう。その上で、「無縁死」や単独世帯を望む、あるいはそれらをそのまま受け入れる人間は本当にいないのかと改めて問うてみることも必要ではないか。[10]

これまでの民俗学ではなんらかの「縁」を契機に、つながりや絆を求める人間、そういう人間からなる家族がおおむね前提とされていた。そしてその「縁」が家族の境界を構築してきたのであり、そのことはウチ（＝イエ）とソトという言葉の用法にも表れていよう。しかし、現代ではそうではない家族像や人間像を考えてみることも必要であろう。

境界と「間隙」

「揺れ動く家族の範囲」は本章のキーワードの一つであった。これまで述べてきたように、「孤立した単独世帯」はその「揺れ動く家族」に含まれ、その行き着く先の一つが「無縁死」である。

これまでも多くの「無縁死」、「野たれ死」があり、多くの者が無縁仏となってきたが、民俗学、特に柳田民俗学では、無縁仏ではない仏（先祖）に注目し、無縁仏は施餓鬼[11]等によって慰撫されるものでしかなかった。「血を分けた者から祭られる」先祖を肯定的にとらえ、無縁仏は否定的な事象であったのだが、果たしてすべての死んでいった者が「血を分けた者」からまつられたかったのか。

この問いに答えることは容易ではないが、そもそも人間が生まれ、死んでいく過程で家族は形成され、変容し、消滅していく。「無縁死／無縁仏」は当該の者にとっては家族の消滅後の出来事であり、家族の境界を超えた、そのソト側での出来事ということになる。いつの時代でも社会は家族によって埋め尽くされてきたのではない。家族と家族の間には「間隙」があり、その「間隙」での出来事の一つが「無縁死」であった。

昨今、「無縁死」がクローズアップされたことはこの「間隙」の存在を思い出す契機ともなったかもしれない。しかし、重要なことは、「間隙」はそのはるか以前から存在してきたということ、そして無縁仏という言葉も以前からあったということである。「無縁死／無縁仏」が「間隙」の存在を、その「間隙」が家族の境界を気づかせることになったとも言えよう。

近年、この境界にまつわるもう一つの出来事が注目を集めている。それが「中高年のひきこもり」[12]や「八〇五〇問題」[13]である。これについてもはや詳述する紙幅はないが、二〇一九年に東京・練馬区で、高齢の父親（七〇歳代）がひきこもり傾向のある息子（四〇歳代）を殺害した不幸な事件は、家族のソトに援助を求めなかったことが一因と言われている。[14]この事件の他にも、近年の「老老介護」や「障害・疾病のある子とその親」等に関連する「家庭内事件」[15]は、家族の問題を家族の中で処理しようとした結果でもあろう。

家族の境界のウチ側での「家庭内事件」とソト側での「無縁死」。これらはウチ側での「凝集性と同調圧力」（本田 二〇一四：二二）、これに相応したソト側での「間隙」の放置」のなせるわざであるのかもしれない。ウチ側への執着が強まることとソト側への無関心の増幅が相関しているということであろう。

しかしながら、境界は結合したものを分離し、分離したものを結合するという（ジンメル 一九九九：五六）。そうであれば、境界のウチ側とソト側を包摂する視点を確立することは可能であり、そのことが家族の境界にゆらぎとゆとりを、そして家族に開放性と柔軟性をもたらす契機になるのではないだろうか。

注

（1）定位家族は自らが生まれた家族、生殖家族は自らが結婚して形成した家族である。これらは生育家族と創設家族とも言われる。結婚を基準とすると、定位家族は結婚前の家族、生殖家族は結婚後の家族である。

（2）アメリカのSFテレビドラマ『スタートレック』シリーズの四番目の作品。一九九五年から二〇〇一年にかけてアメリカで放送された。物語の時代設定は二四世紀、ある事件をきっかけに地球から七万光年先の「デルタ宇宙域」に飛ばされた宇宙戦艦ヴォイジャーが、キャサリン・ジェイウェイン艦長のもとで地球への帰還を目指すというものである。

(3)「国民生活基礎調査」は厚生労働省によって行われている調査である。

(4)「文科省科学研究費補助金　基盤研究（A）（1）課題番号一二三〇一〇〇八（平成一二～一五年度）研究代表　関孝敏」の報告書で、秋田県旧阿仁町での調査報告が掲載されている。旧阿仁町での調査は二〇〇一年八月と二〇〇二年八月に行われた。

(5)行旅死亡人とは本人の名前、住所等が不明で、遺体の引き取り手がいない死者である。自治体が遺体を火葬、その後遺骨を保管し、死亡推定日時、遺体の発見場所、所持品や容姿、外見の特徴を官報に掲載する。

(6)本章では「孤独死」、「孤立死」ではなく「無縁死」という言葉を使用する。これらの言葉は「誰にもみとられずに死亡する」という点では共通しているが、「孤独死」、「孤立死」は「身内」との連絡が皆無ではない場合も含み、「行旅死亡人」とならない場合もある。

(7)内田隆三『柳田国男と事件の記録』でもこの事件について詳述しているが、ここでも「特赦」で終わり（二一七頁）、その後についての言及はない。

(8)レプラとはハンセン病のことである。らい菌による感染症で、皮膚、末梢神経、目等がおかされる。現代では治療法が確立されているが、かつてはその外見・容姿への症状のため、患者は隔離され、偏見と差別にさらされてきた。その影響は現在も完全になくなっているわけではない。

(9)博労、馬喰とも書く。牛や馬の売買や仲介をする商人である。わが国では一七世紀頃から牛や馬の使役が始まり、それに応じて各地の牛馬の産地や宿場町にて「ばくろう」が生まれたとされている。戦後は家畜取引法のもとで馬牛仲介人の役割を担う。

(10)このことは「無縁死」を奨励することではない。「無縁死」、あるいは「孤独死」の場合、その後の処理に様々な困難があることは菅野久美子の著作（菅野　二〇一七、二〇一九）からもよく知られていることである。しかし、「無縁死」した本人にとってはどうであろうか。ある日誰にも看取られずに死ぬといった事態は、本人にとっては常に「不幸」な「悲しい」ことでしかないのか。さらに、こういった「問いかけ」が今までなされたことはあったのであろうか。

(11)餓鬼とは生前の悪行によって餓鬼道におとされた亡者や供養する者のいない無縁仏となっている霊のことである。施餓鬼は盆の時にそういった者にも食べ物、飲み物の供物を施す法要行事である。

(12)厚生労働省の「ひきこもりの評価・支援に関するガイドライン」（二〇一〇）によると、ひきこもりとは「様々な要因の結果として社会的参加（義務教育を含む就学、非常勤職を含む就労、家庭外での交遊など）を回避し、原則的には六カ月以上にわたって概ね家庭にとどまり続けている状態（他者と交わらない形での外出）を指す現象概念である」。二〇一九年三月に内閣府は四〇歳から六四歳の中高年のひきこもり状態にある人は全国で六一・三万人と発表した。

(13)「八〇五〇問題」あるいは「七〇四〇問題」とは八〇歳代、七〇歳代の親が収入のない五〇歳代、四〇歳代の子の生活を年金収入などで面倒をみながら地域社会の中で孤立している世帯の問題である。最初に「八〇五〇問題」とネーミングしたのは大阪府豊中市の社会福祉協議会によると言われている。

(14)わが国では家族内部の問題については外部からの「不介入の原則」が貫かれているとともに、特に一九九〇年代以降には生活保障の過重な負担が家族に課せられてきたという指摘も見逃せない（関水　二〇一六：一五〇）。家は「生活保障の最後の堡塁」（有賀　一九六五＝一九七一：三四）としつつも、「大家族」の最後を述べる有賀喜左衛門（有賀　一九七三＝二〇〇一：三二五）の議論を彷彿させる。

(15)読売新聞社社会部（二〇一九）には、「老老介護」の果ての事件・事故や精神障害・疾病の子をもつ親の苦悩と犯行、そして幼児虐待事件等の家庭内でおこる事件が紹介されている。

参考文献

有賀喜左衛門『家の歴史』一九六五年（『有賀喜左衛門著作集』Ⅸ、未来社、一九七一年）。

有賀喜左衛門「家と奉公人」一九七三年（『有賀喜左衛門著作集』Ⅻ、未来社、二〇〇一年）。

有地亨『家族法概論』法律文化社、一九九〇年。

石田光規『孤立の社会学』勁草書房、二〇一一年。

内田隆三『柳田国男と事件の記録』講談社、一九九九年。

NHKスペシャル取材班『無縁社会』文春文庫、二〇一二年。

落合恵美子『二一世紀家族へ（新版）』有斐閣、一九九七年（一九九四年初版）。

厚生労働省『国民生活基礎調査』（平成三〇年度）、二〇二〇年。

清水昭俊『家・身体・社会』弘文堂、一九八七年。

ジンメル、ゲオルク（居安正訳）『社会学（上）』白水社、一九九四年。

ジンメル、ゲオルク（川村二郎編訳）『ジンメル・エッセイ集』平凡社、一九九九年。

菅野久美子『孤独死大国』双葉社、二〇一七年。

菅野久美子『超孤独死社会』毎日新聞社、二〇一九年。

関水徹平『「ひきこもり」経験の社会学』左右社、二〇一六年。

デュルケーム、エミール（菊谷和宏訳）『社会学的方法の規準』講談社学術文庫、二〇一八年。

内閣府『平成三〇年版少子化社会対策白書』二〇一八年。

ホルスタイン、J・A／グブリアム、J・F（中河伸俊ほか訳）『家族とは何か——その言説と現実』新曜社、一九九九年。

本田由紀『社会を結びなおす』岩波書店、二〇一四年。

前田正子『無子高齢化』岩波書店、二〇一八年。

宮本常一『忘れられた日本人』未来社、一九六〇年（岩波文庫、一九八四年）。

宮本常一他監修『日本残酷物語』一（貧しき人々のむれ）、平凡社、一九五九年（平凡社ライブラリー、一九九五年）。

柳田国男『山の人生』郷土研究社、一九二六年（『柳田国男全集』四、筑摩書房、一九八九年）。

柳田国男『明治大正世相史』朝日新聞社、一九三一年（『柳田国男全集』二六、筑摩書房、一九九〇年）。

柳田国男『先祖の話』筑摩書房、一九四六年（『柳田国男全集』一三、筑摩書房、一九九〇年）。

読売新聞社社会部『孤絶　家庭内事件』中央公論新社、二〇一九年。

読書案内

① 清水昭俊『家・身体・社会』弘文堂、一九八七年。

＊難解な著書である。しかし、家族の一般理論を目指した著書であり、熟読する価値は今でもあると思う。特に人類学理論に裏打ちされた日本の家や婚姻慣行、「嫁の両属性」などについての考察は一読に値する。

② ＮＨＫスペシャル取材班『無縁社会』文春文庫、二〇一二年。

＊ＮＨＫ取材班による放送を文書化し、二つの章を追加した。一章から五章までの事例紹介に多少の物足りなさを感じる部分はあるが、これは放送局による調査の性格なのかもしれない。それでも紹介されている事例は圧巻である。

③ 宮本常一『忘れられた日本人』未来社、一九六〇年（岩波文庫、一九八四年）。

*言わずと知れた宮本常一の代表作の一つである。どの章も魅力的である。近年この著書の内容の「信憑性」について再検討や再調査が試みられてきているが、たとえ宮本の「創作部分」が入っているとしても、この著書の価値は変わらないと思う。

第6章

家事の担い手

倉石あつ子

1　家事とはなにか

家事労働の現状

民俗学がとらえた「家事」とは、女性が担ってきた家庭内労働であり、炊事・洗濯・裁縫・掃除・買い物・育児・子どものしつけや教育・病人や老人の介護・家計の管理など家庭内で処理されるべき様々な家庭内雑事、隠れた家事と呼ばれる雑々とした仕事をも含むものであるとされている（福田他　一九九九）。現在も「家事」に含まれる仕事内容としてはさして変化はないが、女性の年齢が上がるにしたがって、その内容は親の介護、夫の介護などが増加していく傾向にあるといえる。そして、老人の介護は子育てと異なり、いつ終わるともわからない、終わりのない家事であるという特色をもつ。

家事を主として分担するのは女性であり、その女性を主婦とも呼ぶ。家事は、無償の見えざる労働という意味でイヴァン・イリイチはシャドウ・ワークと呼んだ[1]。家事に費やす時間は一日平均夫一四分、妻一七五分から一八〇分といわれている。二〇一七年九月一五日総務省統計局「社会生活基礎調査」報告書によれば、「家事関連に要する時間」は、二〇一一年の調査時に比較すると、男性は二五歳から四四歳までと、五〇歳から六四歳までで時間が増加しており、一〇歳から二九歳までと、三五歳から六四歳までの女性では減少がみられるとしており、女性の家事関連に費やす時間が減少していることを指摘している。総務省統計局の指摘は、男性が家事を手伝うようになり女性の家事関連の時間が減少していることを指摘したいようである。

家族構成と家事

家事に関する時間は、家庭内に子どもがいるか否か、子どもが何歳なのか、高齢者が何人いてどのような状態にあるのか、などそれぞれの家庭内の状況によって、異なってこよう。また、同じ家庭内でも状況が変化すれば家事に費やす時間も変化する。妻は子どもの成長に伴って育児に関わる時間は少なくなる。一方、親を看る時間は増加するといった変化が起きるのが家事の実態である。

女性が家事労働に費やす時間は少しずつだが短くなっている。とはいえその時間は男性に比べれば圧倒的に長い。家事を女性の仕事とみなす考え方は、現在もまだ家事関連の労働時間に色濃く表れていると見ることができる。

本章では筆者が居住する長野県内A市(2)とその周辺都市を中心としたいくつかの事例をみながら、現在の家事分担の実態をみていきたい。まず、一節では、この地域における一般的な家事分担者に対する見方を記述した後、二節からは若い世代から順に家事分担者の具体的事例を年代順に記述し、年代によって家事の内容が変化していく様子がわかるように事例を配した。

2　若者たちの生活実態と地域社会の感覚差

男は外に　女は内に

我が家近くに住む三〇代前半と思しきご夫婦。東京から長野県A市に二〇一七年に引っ越してきて住み着いている。二〇一九年現在、四歳の女の子を近くの公立保育園に預け、妻は車で一五分ほどの市内の工場に毎日出勤、夫は自宅でIT関係の仕事をしている。前年、子どもを認可外保育施設に預け、送迎は基本的に夫が行い、帰宅後は夫が子どもの面倒を見ていた。現在もそのスケジュールに変わりはなく、夫が子どもを保育園に送迎し、子どもが留守の間仕事をし、帰ってきたらオヤツを食べさせて一緒に遊び、お風呂に入れ、妻が残業などの場合は就寝まで子どもの面倒を見る。家事は夫婦で分担しており、食事作りは妻が、掃除やゴミ出しは夫が主として分担している。休日には夫婦そろって子どもを連れて公園に出かけたり、ドライブをしたり、夫婦でサイクリングに出かけるなどして、田舎暮らしを楽しんでいる。つまり、夫は、いわゆる典型的な「イクメン」の一人である。

しかし、この家族はこのあたりのいわゆる一般的な家庭の女性からみると、「働いてもいないようなのに、休日には良く出かける、何をしているのかわからない夫婦」というふうに見えているらしい。この夫婦が暮らす近所の家の四〇代から七〇代の女性四人が、たまたま道で出会って彼の家のことが話題になった。「だんなさんは毎日家で子どもの子守をして、奥さんが働きに出ているみたいだけど、だんなさんは体でも壊しているのかねえ」「ほんとうね。毎日家にいるものねえ。子どもの送り迎えもご主人がしているみたいだし、無職かしらね」という夫が家にいることへの不信感から会話は始まった。さらに「子どもが毎日お風呂に入るころになると泣いているけど、お風呂嫌いみたいね。凄い泣き方だから、虐待でもしてるみたい……」など、子どもを虐待しているという憶測話まで出る始末である。

要するに、現在でも、妻が外に働きに行っているのに夫が家にいて子どもの面倒をみたりしているという状態はどうやら地方都市の一般的な家庭の女性たちの目には、不思議な夫婦関係に見えるらしいということである。さらに、無職の夫の鬱屈が溜まって子どもに乱暴したりして、泣かせているのではないか、という憶測までしているということである。

もう一軒、この家のごく近くに欧米系の外国人男性と日本人女性が結婚して子どもをもつ家庭がある。この家庭も夫は小中学校の英語の非常勤講師としてその時間に出勤し、妻は正規職員として車で一〇分ほどの会社に勤務している。こちらの家庭も女性がフルタイムで働き、男性の方はアルバイト的な仕事をしているから、子どもの面倒は父親である夫が主として見ている。かなり離れた場所にある図書館や公園などに自転車で連れて行くことが多く、「外国人って自転車で出かけるのが好きだよね」といったうわさ話をされている。しかし、この家庭については夫が外国人であるということから、「日本語がしゃべれないんだからしょうがないよね」といった見方をしている。夫が子どもの面倒を見ているという点では前者と同じだが、日本語ができない夫は家で子どもの面倒を見るしかしょうがないし、「いくつかの学校へ行って英語を教えているらしい」「外国人はもともと、そういう妻がするべき仕事も手伝う傾向にある国の人だから」と、前者の例とは異なる評価をしている。

テレビなどでは、働く女性・男女共同参画社会・男性の育児休業などの言葉が飛び交っている今日においても右記のような考え方をもっている人は多い。「昔ながら」の「男は外に働きに出かけ、女はイエで家事をしながらイエを守る」という考え方が、地方都市ではまだ多くの女性たちにゆき渡っているということが言えよう。もちろん、都市部と田舎との情報量や社会環境の違い、世代差などはあるが、この二つの例には地方都市の新興住宅地に暮らすいろいろな世代差やそれまで暮らしてきた地域の社会環境の差による考え方の違いがよく表れているといえる。

新興住宅地とはいえここに住んですでに四〇年が経過する家も多く、地域の活動母体は、元から住んでいる旧村の人々と一緒に活動する常会[3]と呼ぶ隣組[4]である。前述の女性たちはいずれも常会に加入している家のメンバーである。旧村には、五代も六代もこの地に暮らす人々が一家に何世代も同居して住んでいる例が多い。新興住宅地は年々拡大しており、今では戸数的には新興住宅地の方が圧倒的に多い。さらにここ二〇年ぐらいの間に宅地開発が進み、この間に移り住んだ人々は、隣組にも加入しない世帯が多い。四〇年ぐらい前に住み着いた人々を第一世代とすれば、二〇年前ぐらいから住み着いた人々は第二世代と言える。第二世代が隣組に加入しないのは、隣組の付き合いは面倒、公民館を維持管理するための隣組入会金や常会費が高い、催し物が多く駆り出される機会が多いなどの理由による。年功序列で選ぶ区長などの役員の決め方、催し物の開催の仕方や継続の仕方にも批判的であるのが、新興住宅地の第二世代といえる。第一世代は、現在六〇歳代から八〇歳代の人々で、中には当初の家を改築して二世帯住宅として住む人も出始めている。第一世代の人々が旧村の人々と共同で様々なことができたのは、親の世代の暮らし方をみたり、以前暮らしていた地域のあり方と差がなかったからこそ受け入れられたことであった。

先の会話は、第一世代の家々の女性たちであり、同じことを第二世代が話題にしたら異なる反応があったであろう。以下、年齢・世代の異なる人々の家事分担についてみていこう。世代による意識の違いが読み取れるように、若い方から事例を記述していくこととする。

若い世代の家事分担

ABは二〇一八年秋に、CDは二〇一九年初夏に結婚した。二組とも三〇歳代初めの共働きで、妻はともに公務員である。二組とも暮らし方にかなりの共通点がみられる。妻同士が同級生であること、先に結婚生活を開始したABが、CDにかなりのアドバイスをしていることなどによる。二組ともまだ、子どもはいない。住まいは夫の生家・妻の生家・職場をうまく三角に結ぶ中心にみつけ、夫の両親とは別に暮らしている。毎日の家事は夫婦で分担するが、食材の買い物などは休日に買い置きをし、夕食は早く帰った方が分担する。朝食は妻が中心になって作ることが多く、夫も手伝う。休日に妻が出勤しなければならないこともあり、夫は布団干しなど休日でなければできないことをしたり、自分の趣味の時間にあてる。休日には夫の生家を訪ねることもあるが、「今日はお盆だから、Dさん（夫のこと）のお家に、お夕食呼ばれに行きます」と、妻はあっけらかんとしている。夫の家に食事に呼ばれたりして訪れることを嫌がってはいない。勤めがあるから当然夕食の手伝いはそんなにできないけれども、最初から自分たちだけで作るより楽ができてありがたい、と思っている。二組とも子どもができたらどうするのか、育児休業[5]などをどちらがとるのか、あるいは二人とも取得するのか聞き取りはできていない。

育児休業の取得はこの二組の夫婦の場合だけでなく、いずれの夫婦にも持ち上がる問題である。育児は若い夫婦にとって家事の大部分を占める大きな仕事である。夫・妻どちらが取得するのか、双方が取得するのか、取得した場合、職場復帰後の待遇はどう変わるのか、当事者にとっては重大な関心事である。

家事の一部を占める育児、特に育児休業についての聞き取り結果は、以下のようなものであった。

後に例が出てくるEの場合（一一三ページ）、現在四歳の子どもがいる。出産時E本人は育児休業を取得したが、夫は取得していない。子どもができて経済的にも大変になるので、育児休業はどちらか一方でいいという夫婦の考えにより、妻だけが取得した。同じ部署に属する他の男性の場合もEと半年遅れで妻が出産したが、妻は育児休業を取得しているが、夫は取得していない。この男性の場合は、妻が生家で産後を過ごしたためということもあるかもしれない。また、妻が生家から帰宅した後も、男性の両親が近くにいたり、妻の生家もそう遠くではなかったこともあって、何かの時には親の手を借りられるため夫の育児休業取得は不要であった。夫方妻方双方の家に育児に協力してくれる人手があるか否かは、育児休業の取得方法にも大きく影響している。もちろん、休業中は給与が減るので、できればどちらかはフルタイムで働いて、今まで通りの給与を得たい、という思いもあっての選択であろう。

イクメンのはしり

Ｆは六〇歳代初めの男性。家はＭ市の市街地のはずれにあり、先祖伝来の田畑をもち、屋敷続きにはアパートなどを所有する。妻とは見合い結婚で、三人の子どもをもうけた。現在は三人とも社会人となり、親から独立している。Ｆ夫婦は結婚当初から共働きで、Ｆは子育ても家事も妻に協力してきた。一九九一年に制定された育児休業制度はまだなく、妊産婦だけが休むことができる産前産後休業(6)の時代だったこと、敷地内にＦの両親がいたこともあって、子どもが乳幼児のうちは手が必要な時には両親の手を借りることができたからである。むしろ、子どもが幼稚園や小学校に行くようになり、妻も職場に復帰してから、夫の活躍が始まる。子どもの授業参観日に妻が休みをとれず、Ｆが参加しなければならないこともままあり、お母さんたちの中に一人お父さんが混じって参観したこともたびたびあった。当時はまだ現在のように父親が参観日に行く、ということが少なかった時代なので、行く本人は恥ずかしかったが、共働きなのだから仕方がないと役割をこなしていた。「子どもたちも恥ずかしかったかもしれない」と回想する。

炊事もできることは手伝っていたので、現在でも朝食と弁当は自分で作っている。また、Ｆの場合、同じ屋敷内に母親が住み、田畑もたくさんもっているので、母親の指示によって田畑を耕したりしなければならないし、マキモノ(7)や田植え、稲刈り、漬物などその時期に行わなければいけないことの指示が出る。「今日のうちにお菜を蒔いておいて」「大根を漬けたいからこいで来て」といった指示に従って仕事をする時を、Ｆは「親孝行の日」とか、「いい息子をやる日」といっている。その他にアパートの修繕や管理、東京や名古屋にまで散らばる親戚との付き合いも母親の指示に従ってＦの仕事となっている。あまり母親のいうことを聞いていると、妻の機嫌が悪いと笑うが、Ｆはイクメンのはしりでもあり、家事を分担する男性のはしりでもある。結婚や妊娠によって仕事をやめてしまう女性が多かった三〇〜四〇年前、妻もそこを耐えて仕事を続けたことをＦは誇らしく思っている。そうした自分の経験があるので、職場の女性の「母親を病院に連れていく」「息子の体調が悪い」といった家庭の事情をよく理解し、遅刻・早退などの事態に対して決して嫌な顔はしない。

Ｆのように共働きで子どもがいる夫婦の場合、どのように家事、特に育児を分担しているのであろうか。五歳ぐらいまでの子どもがいる夫婦で、夫が育児休業を取得したという事例を身近ではまだ知らない。子どもがいる夫婦の場合、夫がかなりの家事を助けたり、子どもの具合が悪い時などは夫婦で都合がつく方が病院に連れていったりしている例はいくつかみている。また、妻が休日出勤になってしまったので、夫が子どもの面倒を見てどこかへ遊びに連れていく、などということもある。しかし、夫が育児休業を取得して子育てに携わった例は、まだ筆者の周囲にはいない。

内閣府が報告している育児休業制度の取得状況は図6-1、図6-2のとおりである。[8] 男性の育児休業取得率は五・一四%であり、育児休業を取得したかったができなかった男性は三割にのぼる。逆に休業を利用しようと思わなかった男性が一八・九%にのぼり、男性の意識自体もまだまだ低いことがわかる。厚生労働省は「イクメンプロジェクト」なるものを二〇一〇年から発足させ、男性の育児と仕事の両立を推進しているが、当事者がその気になっても制度や周囲の眼がそれを妨げることがあるので、気持ちよく休業を取れる環境づくりがむしろ必要なのであろう。前項で述べたような意識をもつ人々は、まだまだ存在しているので、育児は女性がするものであり、自分の息子がなぜ育児休業を取らねばならないのか、といった意見をもつ人も多いことが推測できる。

3　家事内容と家事分担者の実態

では、これより上の世代の家事分担はどうであろうか。かつて柳田国男は家事を分担し、統制するものを主婦と呼び、主婦は一家に一人であったとしているが、[9] 現在では主婦という言葉すら使われなくなり、家事分担にも様々な形ができつつある。

一家に主婦二人

Gは長野県A市に隣接するM市内に居住し、夫の両親と二世帯住宅の二階部分に暮らす。夫・妻とも五〇歳前後である。家は外から見れば一戸のG家であり、内が二世帯に分かれていようがいまいが、隣組の付き合いなどはG家一戸のものとして認識されている。Gにとっての姑は、自身の趣味の会や友人との付き合いなどには出て行くが、隣組の付き合い、地域の行事などはGが出席するようになっている。姑の病気をきっかけに、自然にそうなったという。

娘二人のうち一人は大学生で寮住まい。下の娘は高校生で手がかからず、時には食事の支度などもしてくれる。生活は基本的に一階と二階で別にしており、日々の生活の賄いの費用も別であり、毎日の食事も別である。両親のどちらかが具合が

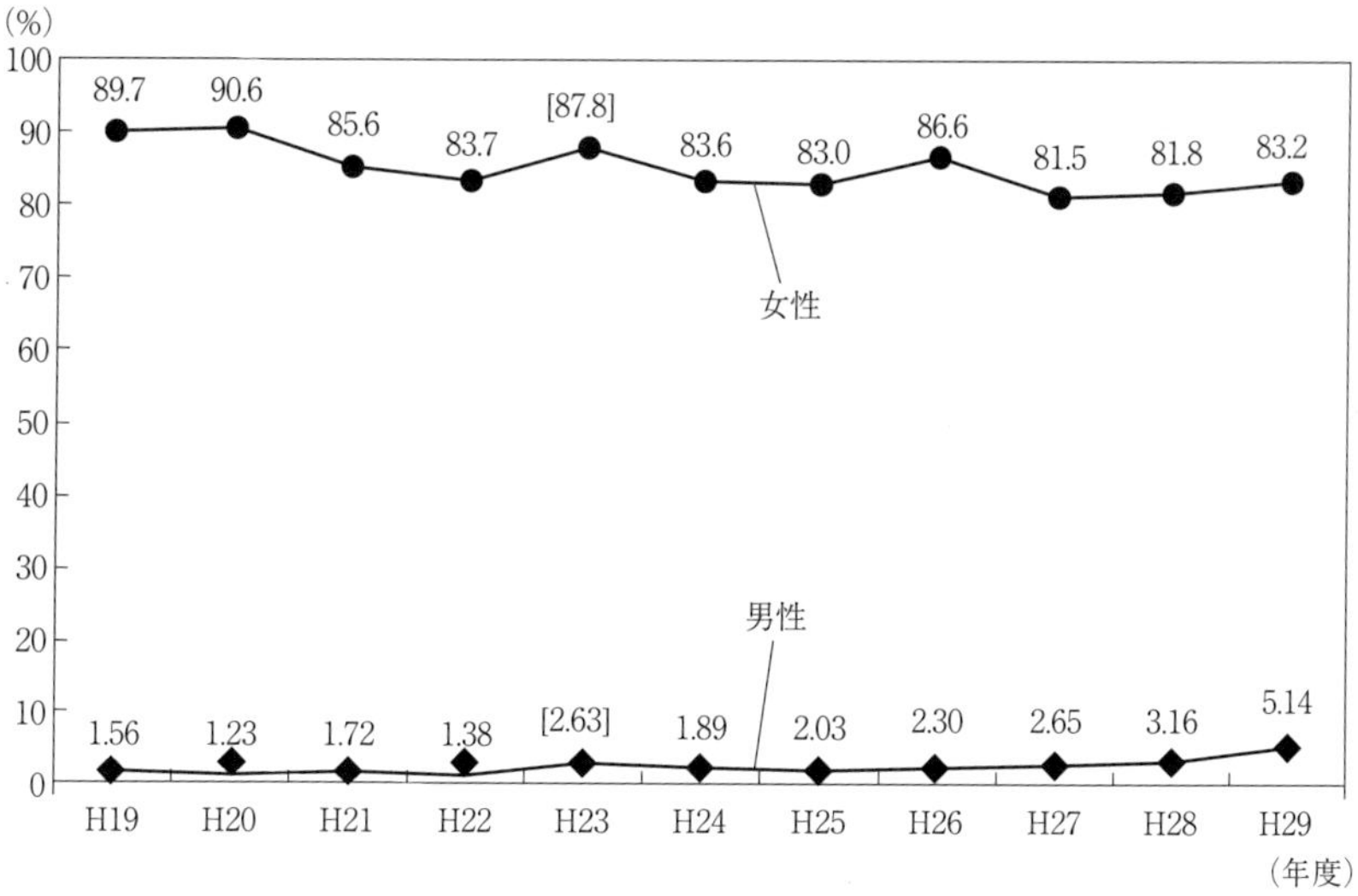

図6-1　育児休業取得率の推移

注：平成23年度の［　］内の割合は，岩手県，宮城県及び福島県を除く全国の結果。

$$\text{育児休業取得率} = \frac{\text{出産者のうち，調査時点までに育児休業を開始した者（開始予定の申出をしている者を含む。）の数}}{\text{調査前年度1年間}^{(*)}\text{の出産者（男性の場合は配偶者が出産した者）の数}}$$

(＊) 平成23年度以降調査においては，調査前々年10月1日から翌年9月30日までの1年間。

資料出所：厚生労働省「雇用均等基本調査」。

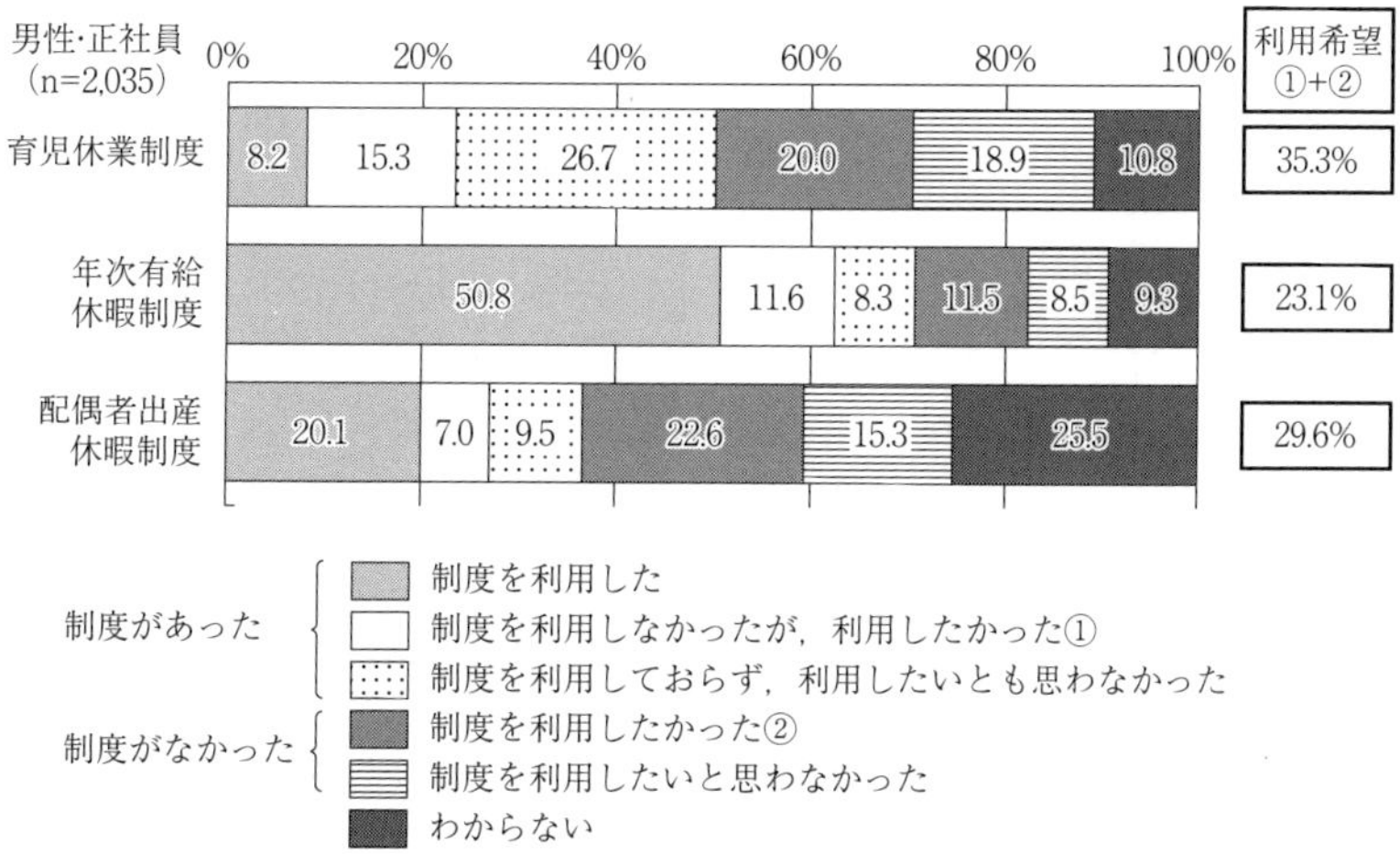

図6-2　育児休業制度等の取得状況

資料出所：三菱UFJリサーチ＆コンサルティング「平成29年度　仕事と育児の両立に関する実態把握のための調査」。

出所：『共同参画』2018年6月号，特集1「男性の育児休業取得促進事業（イクメンプロジェクト）」の取組について（内閣府男女共同参画局）（図6-1，6-2とも）。

悪い、などというときには食事の世話もするが、それは日常的なことではない。また、夫の弟夫婦家族が訪ねてきたような折には、二階で料理を作って下に運び、一緒に食事をする。かつては、泊まり客があると布団の準備なども姑が嫁に「準備してくれる？」といっていたが、現在は姑が自分で準備している。ただし、泊まり客といっても現在は夫の弟家族ぐらいである。

妻が行う家事の内容は、食事の準備と後片付け、掃除、家の中の片付けなどが主である。季節ごとの衣服の入れ替えなどは、夫と妻それぞれが自分のものを自分で管理するようにしている。下の娘が同居しているが、現在はもう手がかからない年なので、娘も自分で管理するようになっている。下着などは夫のものを妻が買うときもあるが、各自で購入するときもある。妻の妹家族が客として訪れることもあるが、その場合はホテルに宿泊するので、食事だけを一緒にしている。妻の生家は九州と遠いのでめったに行き来をせず、電話連絡などで済ませる。何年かに一度双方が出かけて、妻の両親や妹家族などと中間地点で落ち合って数日を過ごすなどしている。

したがって、基本的に家の中では、親世代と子世代それぞれの住空間を中心に生活する毎日で、妻は「昔の話を聞くと主婦は大変だったことがわかるから、今でよかった」という。また、「主婦ってなんでしょう？」ともいう。

Gも結婚して子育てをしている間は、いわゆる専業主婦だった時期もあり、その当時は職業を聞かれると「主婦」と答えたり書いたりしていたが、現在は就労している職種を答える。家事は主として妻であるGが行うが、忙しい時は夫に頼み食事の支度や洗濯をしてもらう。ただし、夫は家事全般のマネジメントは妻に任せていて、関わらない。また、妻もそれを負担だとは思わない。友人や親戚・近所・職場などの冠婚葬祭に関しては、話し合って必要とあればそれぞれが出かけていく。ただし、地域の役員などが回って来た時は、時間のやり繰りが利く職場に勤める妻が出て行く。それぞれが自分の仕事をしながら、分担できる家事は分担しているので、家事を担うものが主婦ということになると、主婦は妻だけでなく、夫も主夫となることもある。ただし、自分を主婦と意識はしていないし、その内容もあり方も「親世代とはかなり違う主婦」であると、Gは認識している。

前に一〇九頁で述べたEもGと一歳違いの女性である。長野県内のO市に夫・姑・四歳の息子と暮らす。Gに比較して息子が小さいのは、結婚後一〇年目にしてできた子どもだからである。Eは庭付きの戸建てに暮らし、夫とEは共働きである。E家の場合、家事は炊事・洗濯・掃除・庭の草取り・菜園の世話などと、子育てがある。炊事は姑と当番で行い、帰宅が遅くなる時は姑に替わってもらう。朝食の準備はEが担当し、夕食は母親とEが交替で行っている。片づけはEと夫が受け持つが、実際にはEが行うことが多い。夫が手伝うとなんとなく姑の機嫌が悪くなるので、Eはなるべく自分で行うようにしている。その間、子どもの面倒を夫に見てもらったり、お風呂に入れてもらったりしている。

この事例では、洗濯・掃除などは親子それぞれの生活領域を分担するが、庭の草取りや菜園の世話は主として姑の仕事となっている。草取りや菜園の世話に関しては、何を栽培しているかも含めてEはわからないことが多く、関わらない方が良いと考えている。ただし、梅をもぐなど姑の指示を仰がなくても済む仕事の時には、夫とともに手伝いをする。

四歳の息子は保育園に通っているので、基本的には出勤時にEが保育園まで送っていくが、忙しい時には姑に任せる。夕方の迎えは姑が行ってくれる。その後、Eが帰宅する時間まで、陽の長い季節は近くの友人宅に遊びに行くので、姑もついていく。姑は七〇歳代半ば過ぎであるが、趣味の勉強会、水泳教室などに通っていて元気なので、息子の世話も任せることが多いが、Eの帰りが遅いと子どもがぐずったりすることもあり、姑の機嫌が悪くなる。Eにとって姑との距離の取り方は、家事の分担も含め微妙であるという。

Eは姑と炊事などの家事は分担して行っているが、親戚や近所との付き合いは姑が中心になって行っている。ごく身近な親族の場合は、Eも夫も同行するが、その機会はめったになく、もっぱらEは自分の友人関係の冠婚葬祭のみ参加している。月々の食費や光熱費などの生活費は姑と自分たち夫婦が分担し合っているが、足りなくなった時には不足分の額を折半している。そのほか、火災保険などが満期になった場合、姑の口座から落ちるようになっているが、満期になった時を契機にして夫の口座から引き落とすよう名義変更をしている。金銭的な面からいえば現在姑からEへの一部の家事分担の移譲期であり、過渡期といってよいかもしれない。

しかし、Eは「姑がいる間は、私には家政のマネジメントなんてできない」という。夫の姉家族の荷物を預かっていたりするため、そうしたものまで管理するのは嫌だから、という理由による。夫の姉家族と仲が悪いわけではないのだが、姑が勝手に姉の荷物を預かっているのだから、預かった本人が面倒を見ればいいことであり、E本人は関わりたくないということなのだという。

Eのイメージする家事の責任者はかつての主婦と同じものだと考えており、「家に関わること全般を取り仕切るのが主婦であるとおもうので、現在はまだ姑が主婦である」といっている。特に夫の姉家族が来た時の布団の管理などは、なかなか姑のようにはできないので、現在、手出しはしていない。

EはE家の主婦は姑であり、「家全体の経営を取り仕切っている」と思っているが、姑は「主婦」という言葉に対して一つの確たるイメージがあり、「主婦」とか「Eさんちのおばあちゃん」とか言われるのをとても嫌がる。舅はサラリーマンだったが、専業主婦は仕事ではないと考えていた姑は、若い時は在宅でできる仕事をして稼いでいた。生活費は夫の給与で賄ってはいたが、自活しようと思えばできる状態にあり、自分は経済的にも自立した女性であると考えていたようだという。現在は無職なので職業を問われると「主婦」とは言わず「無職」というのではないか、とEは推測している。姑は東京の有名女子大学を卒業しており、「このあたりの女性とは違う」というエリート意識があったのではないかという。ただし、いわゆる田舎の「人の口の噂に上ること」や「付き合い方」もよく承知していて、揉めごとになりそうなことは言ったりしたりはしない。また、このあたりでは年上の女性に対しては「Eのネエサン」というが、そうした言い方も好きではなく、自分でも使わないし使われたくもないようだという。要は、姑は地域の女性と自分は違う、という差異化をきっちりしており、地域の女性とは違うから、Eの家事や育児についても気に入らなくても口出しはしない、という姿勢を保っている。ただ、外に働きに出たことがないため、Eが職場の都合で遅くなったりしたときには「○○（子どもの名前）が可哀そうじゃない。もっと早く帰れないの？」といった小言はしばしばいわれる。そんなとき、Eは「すみません」というだけで事情を話したりはしない。言ってもわかってはもらえないだろう、と思っているし、言い合いたくない気持ちがあってのことだという。

独身女性・独身男性の家事処理

Hは六〇代初めの女性で、M市在住。一人っ子の未婚女性である。父親が先に亡くなり、一〇年ほど前に母親が認知症になり、母親の面倒を見るために勤めを辞めた。現在は両親と暮らしていた、M市内の戸建住宅に一人暮らしである。したがって、彼女は自分をすべての家事を担当する「主婦」だという。家事全般はもちろん、近所や親戚との付き合い、家屋敷の維持管理などすべてを一人で行わなければならない。

Hは近所に小さな畑を借りており、じゃがいも、にんじん、ピーマン、ナス、トマト、レタス、キャベツ、キュウリなどを作り、それらの野菜が収穫期を迎えると、野菜を無駄にしないように献立を考え、料理をする。たくさんとれる時には友人や知人にあげたりもする。収穫した野菜などは食材として利用し、基本的に自分で作って食べる。買ったもので済ませることはあまりしない。

Hは現在、ある職場に非常勤で勤務しているので、職業を聞かれると「公務員」と答えたり書いたりするが、正規の職場を定年退職してこの仕事に就くまでの間は「主婦」と答えていた。「だって、結婚はしていないけれど、やっていることは主婦なんだもん」とのことである。彼女が言う主婦の仕事の中には、炊事、洗濯、掃除など毎日の決まった家事のほか、光熱費・税金・自分の生活費・退職金など今まで蓄えてきた預貯金などの管理、車の必要経費などの支払いを自分で行うことも含まれている。親族や知人との冠婚葬祭などの付き合い、いわゆる「義理」も母親がやっていたように行っている。まさに、彼女が毎日行っていることは、イエの経営全般に関わることであり、主婦のみならずかつての家長の領域の仕事もしているといってもよい。ここでイエと表記しているのは、家屋敷などの物理的財産、そこに暮らす家族が持ち伝える暮らしぶりなどの習俗、信仰、それを維持する思想などの目に見えないものを含めて、伝達継承されてきたものを指している。

Hは現在戸建てに暮らしているが、そのイエの維持や家屋敷とともに相続した墓も守っている。目下の彼女の悩みは、今後、墓をどうしたらいいのか、イエをどうしたらいいのか、というところにある。先述のGがあまり家屋敷や墓のことを考えておらず「なるようになるでしょう」といっているのに対し、Hは自分が一人なので、たとえば自分が急死した場合などのことを考えると、先々を見据えて公証人役場などに行って、将来のことを決めておかなければならないと考えている。

Hの場合、日常的な家事の領域という狭い範囲のことだけでなく、イエそのものの存続、自分の行く先を考えながら毎日を過ごしているといってよい。

Hと同じように、Iも七〇代前半の未婚女性である。埼玉県内にある東京近郊都市の戸建てに暮らす。彼女は三人姉妹の長女で、妹二人はそれぞれに結婚。両親亡きあと当然のこととして長女であるIが家屋敷を相続した。父親は自営業で、職人を何人か使い、母親が家事や事務面を支えていた。田畑はない。毎日の食材などは母親が父親から食費をもらって購入し、食事を作っていた。両親亡きあと、家を建て直し、彼女は一人で暮らしている。姉妹やその甥たちが時々様子を見に来てくれるが、近所付き合いは回覧板をまわしたり、朝夕会えば挨拶をする程度で、深い付き合いはない。しかし、両隣に葬式などがあればお悔やみに行ったりするという程度の付き合いはある。両隣の結婚式には呼ばれない。

Ｉは地方公務員として、市内に勤務し、定年を迎えるまで家で過ごす時間はあまりなかった。短大を出た彼女は、定年後、四年制大学で学びたいと思い、都内の大学に入学した。卒業後、卒業論文のテーマを深めて研究したいと、某大学の修士課程に入学した。孫のような同級生たちに手作りの弁当のおかずをもっていって食べさせたり、自分の好きな菓子を取り寄せたりして、同級生と共に過ごす時間を楽しんでいた。父親から生活費をもらって様々なことを賄う母親をみて、自分の力で稼ぎ、自分の力で生活していきたいと考えていたＩは、望み通りの自立した生活を送っている。ただし、自立といっても経済的な面だけで、実際には自宅から通勤し、食事は母親が作ってくれていたので、家事に携わっていたわけではなかった。若い頃は、結婚もあまり考えなかったといい、定年退職後のことや、両親亡きあとのことなどまったく考えてもいなかったという。

しかし、父親・母親の順に亡くなってしまうと、結局は母親がやっていた近所付き合いなども自分がやらねばならず、「なんでこんなに面倒な近所付き合いをしなければならないのか」と近所付き合いを煩わしいと考えるようになった。加えて、修士課程に入り自分の身の回りのことを考える機会ができると、最終的に自分は、このイエは、両親の墓はどうすればいいのかと、考えるようになった。住んでいる家屋敷は甥に譲ろうとも考えるが、近所付き合いだけはどうにもならないので、それぞれのイエが代替わりすることによってなるようになるだろう、つまりほぼ付き合いはなくなるだろう、と考えている。

毎日の家事などは、結局は「家事をこなして経理の手伝いをするだけの主婦」とちょっと見下すようにみていた母親と同じことをしており、自分がしてみるとこまごましたことが山ほどあり、近所付き合いをうまくすることもその中に入っている。そうした母親の毎日の生活が、いかに大変だったかがわかるようになった。母親は父親に養ってもらっているという見

図6-3　年老いた両親のために朝食を作る男性

下すような気持ちがあったけれども、いまはそうした気持ちはなくなり、むしろ毎日の家事をこなしていた母親を偉いと思うようになった。ただし、自分は結婚もしていないし、一人暮らしで自分の年金や貯えたもので暮らしているので自立しており、母親のような主婦とは違うと、母親と一線を引いている。自立への強いこだわりは、家事分担者に対してE家の姑とよく似た心情をもっている。

妻に先立たれた男性Jもこれまでの二人と同様、家事をこなしている。Jは八〇代半ば。二年ほど前に妻に先立たれ、現在、長男と二人暮らしである。夕食は長男の帰りが遅く外食で済ませてくるので、自分一人で摂る。朝食は、Jが長男の健康のために作る。具沢山の味噌汁に必ずワカメを入れ、栄養が不足しないよう留意した食事作りをしている。

毎日の掃除なども心がけ、掃除機をかけるようにしている。一時間ほどの距離に住む長女がたまに様子を見に来てくれているので、その折にいろいろもってきてくれたりもする。昼食は宅配昼食を利用している。現在、家の中のモノの整理や、妻の衣類の整理などもしなければならないと考えているが、妻の衣類は捨てるには忍びなく、もらいます、といってくれる人にあげている。身辺整理を徐々にしておかないといけない、と考えてのことである。

Kは六〇代前半の独身。長野県内のM市に一人で暮らす。母は三〇年ほど前に亡くなり、父と、糖尿病の治療のため一日おきに透析に行く兄と三人暮らしであった。K自身も二〇一八年に定年退職を迎え、現在再就職している。父は七年ほど前から認知症が始まり、二年ほど施設暮らしをした後、五年前に亡くなった。兄と二人になったKは、兄の面倒を見ながら通勤していたが、兄の食事作りが負担になり兄自身も体が弱ってきて歩けないほどになってしまったので、施設に預けた。糖尿病患者で食事制限がある兄の食事作りは大変で、勤務しながらの看病は無理であった。その兄も二〇一九年五月に亡くなって、兄の入所していた施設に通うこともなくなった。一人暮らしは「気楽だ」とはいいながら、炊事・洗濯・掃除など毎日決まった家事を行わねばならず、自分のためだけに行わなければいけない家事はだんだんに面倒になってきているという。加えてイエを継ぐ者がいないため、家屋敷の処分や墓の行く末もおいおい考えねばならないと思っている。次兄夫婦は埼玉にいるが、M市に帰ってはこないだろうし、帰ってきても次兄夫婦にも子どもがいないため、片付けなければならないことは多い。仕事を辞めて年金暮らしになったら、片付けが仕事になるだろう、ともいう。

4　介護という家事

親とその親族を看取る

七〇歳代半ばのLは、東京都の二三区内に暮らす。[10] 四〇代の長男・長女とも未婚で都内の会社に就職し、それぞれに独立して暮らしているので、現在、Lは夫と二人暮らしである。公務員であったLは四〇数年前に結婚し、退職して夫の両親と同居した。結婚と同時に姑からは家事を任され、三度の食事、掃除、洗濯などをし、出産後は子育てに専念した。いわゆる専業主婦である。子育ての手が離れると、得意の編み物や裁縫などをして過ごした。二〇年ほど前から、まず舅の介護が必要となったが、姑が主として見ていたので、Lは舅が粗相をしたときの片付けや食事の世話を主にしていた。舅は五年ほどで亡くなったが、伯父である姑の兄も入院したりして、その世話も行った。この伯父には子どもがなく、すでに妻が亡くなり一人暮らしであったため、定期的に訪れて掃除やおかずの作り置きなどをしてきた。伯父が亡くなった後の財産の始末もLが中心になって行った。当時、まだ夫は勤めていたためである。伯父の件が一段落したころに、今度は姑が骨折入院し、入退院を繰り返した後、施設に入ることになった。姑が施設に入ってからは、施設に見舞いに行くことを日課とし、夫も定年になったので昼食は帰りにどこかで食べてきたりするようになった。

舅・姑が健在だった頃のLの日常は、朝昼晩の食事作り、掃除、洗濯などの家事と、買い物などに出かけて過ごし、たまに高校時代の友人、職場の友人たちと食事会などをして、互いに気分転換をしあった。この頃は三食食事を作り、洗濯などもしていたので、時々の外食ぐらい許されるだろうと思っていた。姑は施設入所後、三年ほどで誤嚥性肺炎を患い、一〇五歳で亡くなった。夫には姉妹がいるが、舅や姑が寝付いて手が取られるようになると、なかなか訪ねてくることはなく、遺

図6-4　Mの絽の節供帷子。Lは長野県諏訪郡の出身である

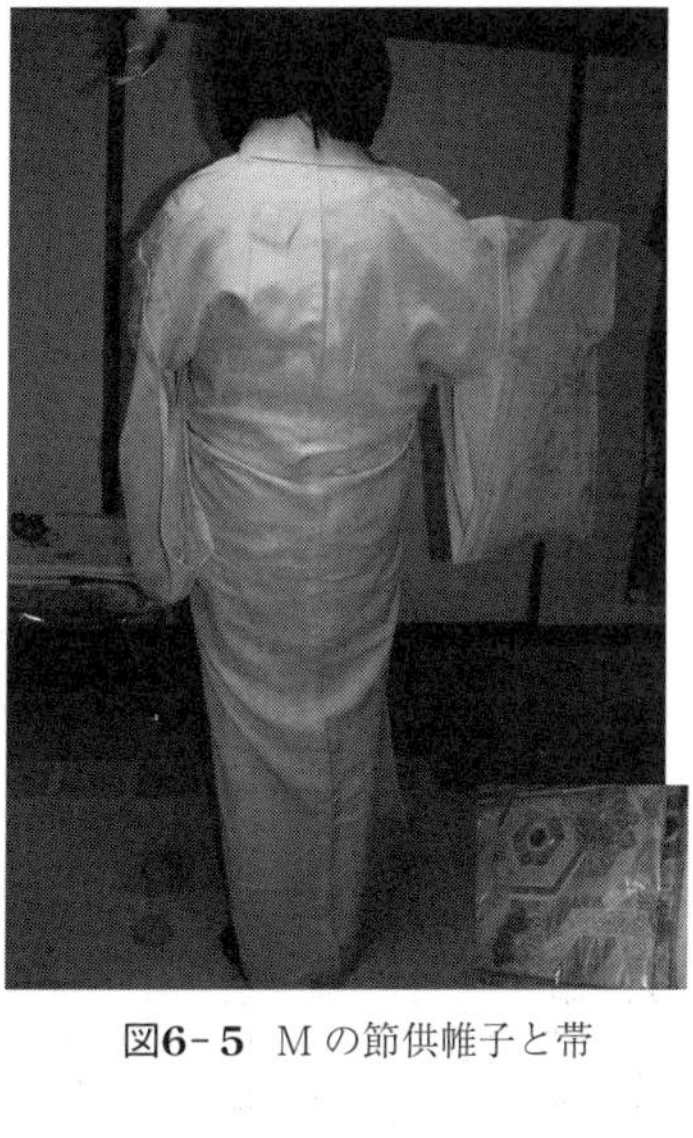
図6-5　Mの節供帷子と帯

産相続の折だけはしっかり来て、もらうものはもらっていったとLは笑う。

二親を看取ってから、Lは夫と二人暮らしになったので、自分たちの足腰が衰えないよう散歩や運動をするように心がけている。昼食は麺類を中心にしているが、博物館や美術館などを訪ねた帰りに外食をすることもしばしばである。近くの大学を借りて開かれているヨガや太極拳をするために、週何日かは出かけるようにしている。首都圏に住むものだからこそできることである。

現在、Lは外出しない日は着物生地をほどいて洋服にするリメイク作業をしており、これは認知症防止のために指先を使うようにしているのだと、その作業の意味を自身で意味づけている。イエや墓をどうするかは、まだ考えていないが、いずれは子どもたちと話し合わなくてはいけないと思っている。

親を看るのは嫁の意地

Mも家事をきっちりこなしてきた六〇代後半の女性である。Mは友人の紹介によって夫と巡り合い、結婚した。一九七八年のことである。夫は四人兄妹の次男。しかし、兄が二歳で亡くなっているため、事実上は長男である。長野県内のA市にほど近いO市に夫の生家があるが、そこには独身の弟が住んでいるので、M夫婦はA市に土地を買い、家を建てた。住宅金融公庫などを借りてのことである。Mはこの時も含めすでに父親が亡くなって兄の代になっている生家を頼ることはしてはいけない、と自分に言い聞かせている。

舅・姑もM夫婦を「跡取り」と考え、ゆくゆくはM夫婦に面倒を見てもらいたいと考えていた。したがって、結婚当初から土曜日になると夫の生家に帰るものだと思い、必ず帰っていた。帰ればMは「ヨメ」なので、休む間もなく家事をしたり、野良仕事を手伝ったりした。舅や姑に逆らうことはなかったが、自分の身内が訪れたときなどはかなり気をつかっていた、と今になって思う。たとえば、初めての五月節供[11]に生家の兄が節供帷子（せっくかたびら）をもってきてくれた（図6－4、6－5）。お膳を調えて兄をもてなした。そのとき、Mは舅・姑に気兼ねして「早く帰ってくれないかなあ」とずっと思っていたという。その年の節供で生家に帰った時、母親と話が弾みついつい帰宅するのが遅くなった。車で一五分位の場所なので一一時頃になってしまい、あわてて帰宅したら、姑が玄関の前に仁王立ちになって待っていて「なんでこんなに遅くなるんだ」と一喝され、「おかえり」とは言ってくれなかった。当時の嫁と姑の関係はそんなものだと思っていたので、「遅くなってすみません」と謝るしかなかった。

舅は一九八六年に亡くなり、姑も一九九一年に亡くなった。舅は基本的に姑と夫の弟がみてくれて、自分たちも通って看病したが、姑の場合は弟が働きに出てしまうと一人になってしまう。認知症が進み電気釜をガスにかけた事件をきっかけに、M夫婦が引き取った。もともと最終的には親を引き取るつもりで、舅・姑用の部屋を造ってあったし、覚悟もできていたのでなんの問題もなかった。さらにデイサービスなどの制度を活用できるようになってきている時期だったので、そうしたものも活用し三年ほど介護をした後、姑は亡くなった。

Mは非常勤とはいえ勤めもしながらの介護だったので大変は大変だったが、最終的に自分で決めた結婚であり、跡取りのところに嫁に行くというつもりだったので、「嫁の意地」で過ごしてきたように思う、と笑う。「今の人たちをみていると、私たちみたいな生活をしろと言っても無理だよね。嫁を意識した最後の世代かもね」ともいう。

自分が先か親が先か

七〇代半ばのNも、一人暮らしになった自分の母親（九五歳）を引き取り、週三日のデイサービスを利用しながら介護に励む。夫とはほぼ家庭内別居状態である。二人の子どもはそれぞれ独立し、長女は首都圏に、長男は自宅近くに住むので、母親の具合が悪くなって入院させるようなことになった時や、Nの体調が思わしくないときなどには長男が来て手助けしてくれている。現在、Nは母親を看ることを生きがいのようにしており、食事の献立なども母親を中心に考えている。六五歳まで勤務していた介護施設のケースワーカーなどの経験も現在に活きている。

夫が退職金を使い果たしたことが判明するまでは、生活費をもらってその範囲内で生活するようにしていたが、現在はイエ全体のお金の管理もNが一手に握っている。したがって、親戚などの冠婚葬祭には母の代わりにNが出席したり、夫方の兄弟姉妹関係の冠婚葬祭にもNが出席している。家事全般だけでなく家の修理・改築などもNが計画して行っている。そういう意味では、Nはかつての家長としての役割と主婦としての役割の双方を担っている。

母親は以前から認知症気味だった症状が少しずつ進み、現在は週三日デイサービスを利用している。Nはこの三日を息抜き・気分転換の日として、買い物などを行い、家の外に出るようにして過ごす。

二〇年ほど前に亡くなった父親は、近くの霊園に眠っているので、イエや墓の先行きも考えねばならないが、現在は母親の介護に手を取られ、それだけで毎日が精いっぱいでいろいろ片付けなければならないことも、先送り状態である。母親は年を重ねるにしたがって、去年できていたことが今年はできない、という状況になり、介護の疲れからNはこのところ腰痛になやまされ気分がすぐれない日が続くこともある。母親が長生きしてくれるのは嬉しいけれど、母より、自分の方が先に逝きそうな恐怖に襲われる時もある。近所に住む長男が毎日やってきて、食事の後片付けや母親の入浴介助を手伝ってくれているので、そのちょっとした手助けがありがたいという。しかし、長男は父親との関係が悪く、ほとんど口をきかないし、精神状態も不安定で無職の状態なのでNとも積極的には喋らない。認知症の母親が蝶番となって、かろうじて家族がつながっている状態で、母親が亡くなれば長男は家に寄り付かないだろうし、Nも夫の面倒は見たくないという。

5　内容も担う人も多様化する家事

以上、家事の内容とそれを担う人をみてきたが、家事の内容もそれを担う人も現在は実に多様である。家事の内容は先に掲げたように、炊事・洗濯・裁縫・掃除・買い物・育児・子どものしつけや教育・病人や老人の介護・家計の管理など、家庭内で処理されるべき様々な、まさに家庭内の雑事まで含まれている。そして、それを担う人も女性とは限らなくなってきている。外から見れば一戸のイエのように見えていても、いわゆる二世帯住宅に日常は別世帯として暮らし、嫁も姑もそれぞれが家事を分担している。嫁の方は、主婦見習い期間などはなく、結婚したその日から家事を担当しなければならない。食事の献立などは、多くの話者が料理本やネットや友人からの情報などを利用して、様々な献立例を探し出し、そのレシピを参考にして作っている。料理だけではなく、掃除や生活費のやりくりも工夫しながら行うしかなく、「イエの伝統」に従うようなことはほとんどないし、それを求められることもない。つまり、結婚当初から生活の指針となるものがなく、周囲の人を見ながら手探りで家事をし、「まねぶ＝学ぶ」ことが求められる時代といってよいだろう。その傾向は世代が若くなればなるほど強い。

これまでみてきた事例の中ではMが最も伝統的なイエの考え方をひきずりながら結婚生活を営み、家事を自分の仕事として分担してきたといえる。「そうするものだ」「そうせねばならぬ」という先人たちの生き方を当たり前のことと受け止めていたために、嫁としての役割もあまり嫌なことと受け止めずに来られた事例といえよう。

また、かつては家事担当者は当然のことながら女性、特に既婚女性と考えられてきたが、現在は未婚女性も男性も家事を担わなければならない。そういう意味でいえば、はじめにあげた総務省統計局の報告はあくまでも平均であって、あてはまらない事例も多い。

これに加えて、家事分担者の実情はなかなか厳しい面もあることを指摘しておきたい。たとえば、妻に先立たれたJの事例はその典型である。いわゆる地方の農村地域では、高齢者の一人暮らしが日々増えており、Jのような事例は特別なものではない。かつての農村社会ではJのような一人暮らしの男性がいると、本分家や地域の親戚、姻戚などがかわるがわるおかずを作って届けたりしていたものであった。現在、全くの他人が隣家や近所の家にかわるがわるおかずをつくって持って行ったり、掃除をしてあげたりすることはまずない。

もう一つ、最近の家事の特色として現に高齢者の介護をしたり、介護の経験のある話者が多くなっていることがあげられる。介護の相手は夫であったり妻であったり、舅や姑であったり、妻の親であったりと様々である。それぞれの介護の背景には、介護をするだけでいいのではなく、その後に来るイエや墓の始末まで考えなければならないところに、現在的な問題が横たわっている。ここで取り上げた話者の中にも、家屋敷の始末、墓の始末を経験したり、今後しなければならないと考えている人々も多い。それらを解決してから死を迎えるのか、自分の死が先なのか。ともかく心残りのないように始末をして逝きたいと考えている人が多い。特に独身者にかかる負担は大きく、夫や妻と分かち合えない分、責任が重いともいえるし、夫や妻の役割を公証人役場や司法書士が担っているともいえる。こうした事例は珍しい事例ではなくなっており、子どものいない夫婦も含めて今後も増えていくことが予想される。家事の内容にイエ仕舞いや墓仕舞といった今までになかった内容も加わり、家事を担う人の肩にそうした問題が大きくのしかかっていることがわかる。

かつての家事分担者である主婦は自分が年を取って体力がなくなってくると、その権限を嫁である息子の妻に任せ、自分は隠居となって家の周りの草取りをしたりして、主たるイエ経営からは一歩退いたものであった。しかし、現在の女性はそれが許されない。それは男性も同様である。以前ならとうに隠居していた年齢に達してもなお、親を介護し、イエの行く末を案じ、始末もせねばならないのである。家事の内容の変化やその分担者の変化について民俗学は今まであまり扱ってこなかったが、現在、家事は女性のみならず男性にも関わることがらである。そして、家事の内容には、老いに向かうすべての人が抱える大きな問題が含まれているといえる。

最後に、家庭内での女性の地位を如実に示す最近の出来事についてふれておく。二〇二〇年一月以降感染が広がった新型コロナウイルスは、私たちの生活に大きな影響を与え、今も往来が制限される、人と会えないなど私たちに不自由な生活を強いている。そんな中、政府は全国民に特別定額給付金一〇万円を一律給付することを決定した。ここで問題なのは、通知が「世帯ごとに」世帯の代表者あてに配布されたことである。女性が世帯主になるのは、主に独身または寡婦の場合で、結婚している場合はほとんど、夫が世帯主である。給付の件が広報されたとき、筆者は個人個人に振り込まれるものと期待していた。しかし、いざ蓋を開けてみると「世帯主に」振り込まれるという。DV被害者はいうまでもなく、多くの女性がこの扱いに失望したと思われる。本章の事例でも女性本人が世帯主になっているのはHとIのみである。Nのようにすべてを自分が切りまわしている例は別として、ほとんどの女性が夫から一〇万円を渡されることになる。その使い道や配分は夫婦で相談して決定されることが多いと思うが、中には独り占めする配偶者もいることだろう。男女の格差が少しずつ解消されてきたようにみえる今日、この出来事は女性（中でも既婚女性）の立場が相変わらず危ういものであることを、はからずも表出したといえよう。

注

（1）イヴァン・イリイチの造語。賃金労働をすることのできる生活基盤を維持するために欠かせない労働。それ自体は賃金を伴わない労働であるところから、隠された労働という意味でこのように表現する（イリイチ　一九八二）。

（2）A市は長野県のほぼ中央に位置するM市に隣接する人口およそ一〇万人の都市である。二〇〇五年に五町村が合併して市となった。北アルプスの麓に広がる自然豊かな生活環境に恵まれた土地である。隣接するM市への通勤者も多い。

（3）日中戦争の際に、戦時下の生活を支えるため地域・職場などの諸団体において開かれた会合を「常会」と呼んだ。全世帯の出席が義務付けられ上意下達的な運営がなされた。もともとマチやムラがもつ慣行的な協議機関を利用してつくられたという側面があるため、戦後もマチやムラの会合を「常会」と呼ぶ呼び方が残った。

（4）「常会」同様、日中戦争の際に組織された地域における最末端組織。隣保組・衛生組などと呼ぶところもある。近世の五人組制度などがもとになっている。A市では、「常会」の下部組織として隣組があり、木戸などとも呼ばれている。一つの木戸は一五戸前後で構成され、様々な連絡事項がこの組織を通して伝達されるほか、二〇一〇年頃までは葬式などの互助組織としても機能していた。

（5）育児休業は子育てのために父親・母親ともに休業を取得できる制度。原則として子どもが一歳になるまでの期間、取得することができるが、必要に応じて「育休プラス」という延長申請ができる制度もある。各市町村のホームページで確認できる。筆者が住む市では ikuhaku.com などで検索できる。

（6）産前産後休業（以下産休）は一九一一年女子労働者を保護する目的で制定された「工場法」が基本になっている。現在の産休は一九九七年に改訂された。出産前六週間、出産後八週間の体力回復のための休業が取得できる。こちらも各自治体のホームページ等で確認できる。イクハク（育児助成金白書）ikuhaku.com

（7）春・夏・秋などには播種の時期があり、A市周辺では総称して「マキモノ」「マキモノの時期になった」などといっている。時期的にどこの家でも同じようなものを播くので、時期によって野沢菜や大根・白菜のことだとか、蕎麦のことだとかが言わなくてもわかる。

（8）　内閣府男女共同参画局 www.gender.go.jp/public/kyodosankaku/.../201806_02.html

（9）　柳田国男の「家閑談」に収録されている。柳田国男が主婦について書いているものはいくつかの著作に収められている。「木綿以前のこと」「家閑談」「女性生活史」などが主たるものといえる。ちくま文庫版では、それぞれ鳥越皓之、倉石あつ子、福田アジオの解説が巻末に載せられている。

（10）　Lは小田急線沿いのUから徒歩一五分、東急電鉄世田谷線S駅から数分の場所に住み、区役所・T大学などは徒歩数分の場所にある。したがってT大学で開講される生涯学習の講座などは受けやすく、体を動かす講座があればつとめて参加するようにしている。都バスなどの無料券も出るので、バスを乗り継いで博物館・美術館巡りもしやすい。

（11）　この場合の節供は五月節供を指す。A市付近は月遅れの六月に行うところが多い。結婚した娘がいると節供のひと月から半月ぐらい前に、生家から婚家に単衣の付け下げまたは訪問着が届けられる。これを節供帷子と呼ぶ。節供にはこの着物を着て、仲人の家に挨拶に行ったり、生家に帰ったりする。A市付近では干鱈やのし餅を土産にするが、長野市などではサワラの枝を敷いた上に鯛を腹あわせにして持って行った。

参考文献

イリイチ、イヴァン（玉野井芳郎・栗原彬訳）『シャドウ・ワーク——生活の在り方を問う』岩波書店、一九八二年。

江馬三枝子『飛騨の女たち』三国書房、一九四二年。

倉石あつ子『柳田国男と女性観』三一書房、一九九五年。

倉石あつ子『女性民俗誌論』岩田書院、二〇〇九年。

瀬川清子『しきたりの中の女たち』三彩社、一九六一年。

瀬川清子『村の女たち』未来社、一九七〇年。

瀬川清子『女の民俗誌』東京書籍、一九八〇年。

坪井洋文『家と女性』（日本民俗文化大系一〇）小学館、一九八五年。

内閣府男女共同参画局『共同参画』二〇一八年六月号（WEB版）特集1「男性の育児休業取得促進事業（イクメンプロジェクト）」の取組について

http://www.gender.go.jp/public/kyodosankaku/2018/201806/201806_02.html
中村ひろ子ほか『女の眼で見る民俗学』高文研、一九九九年。
福田アジオ他編「家事」『日本民俗大辞典』上、吉川弘文館、一九九九年。
柳田国男「木綿以前の事」創元社、一九三八年（『柳田國男全集』第一七巻、ちくま文庫、一九九〇年）。
柳田国男「妹の力」創元社、一九四〇年（『柳田國男全集』第一一巻、ちくま文庫、一九九〇年）。
柳田国男「女性生活史」『婦人公論』昭和一六年一～九月号、一九四一年（『柳田國男全集』第二八巻、ちくま文庫、一九九〇年）。
柳田国男「家閑談」鎌倉書房、一九四六年（『柳田國男全集』第一二巻、ちくま文庫、一九九〇年）。
「内閣府統計資料」https://www.e-life.jp/column/trend/1679/
「家事の大変さを分かってもらおう・大変な家事ランキング」https://www.happy-bears.com/kajily/nayami/3418/
「夫にやってほしい家事はこれ・妻の本音を聞いてみた。」https://www.e-life.jp/column/trend/1679/

読書案内

①　柳田国男「家閑談」他。

＊家事分担者に関する研究や、それらに関連した研究をするなら、柳田国男の作品を読むことは基本的作業であろう。中でも参考文献にあげた四作品は主要なものといえるが、とくに「家閑談」は、柳田のイエや家族に対する基本的な考え方が記述されたものといえる。もちろん、その後も、民俗学におけるイエのあり方の変化やそれに伴う家族及び家族関係のあり方を研究した論文や家事労働者に関わる論文の蓄積は多いが、その基本となるのはやはり柳田国男の論文である。併せて福田アジオ「柳田国男における歴史と女性」『国立歴史民俗博物館研究報告』二一（一九八九年）を読むことにより、柳田の主張が理解しやすくなるだろう。

②　倉石あつ子『女性民俗誌論』岩田書院、二〇〇九年。

＊家事労働者の主体となっていた女性とその夫や家族との関係を、柳田国男や坪井洋文『家と女性』、倉石あつ子『柳田国男と女性観』などをふまえ、女性のより広い労働活動などにも視点を広げて、女性の生活実態のありようを民俗学の視点からとらえた一書。本書の一部に女性研究史の概略を掲載しているので、民俗学における女性研究全体の姿をとらえ得る一書と位置づけることができる。加えて各地の具体的事象をフィールドワークに基づいた資料として挙げ、考察しているので、女性の暮らしの多様性も知ることができよう。

コラム３　サイフとヘソクリ

　女房のヘソクリと亭主の小遣いといえば、夫婦間の揉めごとの定番の話題である。毎年発表されるサラリーマン川柳でも、働き方改革で残業代が減り小遣いを減らされたといった亭主族の嘆きが聞こえてくる。その一方で、主婦の四割近くが夫に内緒の蓄えを持っているという調査結果もある。一家のサイフを誰がどのように管理し、またそこにはどのような抜け道があるのだろうか。この点に注目しつつ、日本人の家計管理を考えてみたい。なお、タイトルにあげた「サイフ」は、物としての財布ではなく家計を意味する用語である。

　ヘソクリという言葉は、その語感から今日では内密の「隠し金」の意味で使われることが多いが、元々は「綜麻（紡いだ麻糸を巻いた物）繰り」つまり糸紡ぎの稼ぎに由来する言葉だったといわれている。主婦や嫁たちが家の仕事として苧績み、糸紡ぎ、機織りをしていた時代、余分に作った分を自分のものにすることは家庭内で認められていた。こうして稼いだ私金をハリバコギン、ツギバコガネ、オゴケゼニなどとよんだのは、針箱やオゴケ（苧桶）など女性の身の回り品を入れておく手箱にそれが蓄えられたからで、針箱や手箱それ自体も公然たる女性の所有物だった。つまりヘソクリは元々内密でもなければ後ろめたい隠し金でもなかったのである。ではなぜそれが内密、不正なものとみなされるようになったのだろうか。かつて日本社会で多数を占めていた農家の場合、生活の基盤となる農地は家長の管理する家の資産であり、家族員の労働の成果も家長の管理する家計に一括されていた。しかし現実には、農閑期や夜間の稼ぎ、また開墾地や屑繭を使った稼ぎなど、家業に支障を来さない範囲で家族員が私稼ぎをするのはごくあたりまえのことだった。ところが家長の家計管理が厳格になると家族員のこうした稼ぎは認められなくなり、それでも必要な出費を賄うため家族員はそれぞれ内密に蓄えを持つようになる。主婦が自家用の穀物や野菜、鶏卵を密かに売り捌いて隠し金を蓄えるなど、今日いうところの臍繰りの出現である。私財研究の先駆者である柳田国男によれば、大家族制度の時代には個々の家族員の私稼ぎは生活上必要なものとみなされていたが、大家族が解体し小家族になるとたて前上私稼ぎは必要ないことになり、かえって非公認の隠し金が増えたと述べている（柳田国男『族制語彙』一九四三年）。現代の兼業農家や共稼ぎ夫婦のように収入が多角化した時代ならともかく、その遙か以前に家族員の私的稼ぎが認められていたという事実は、知られざる家族史の一コマである。

今日では、家計を管理する妻よりも、むしろ夫の方が臨時収入を自分用に密かに蓄えたりしているようだが、実はここにも日本特有の家計管理法がみられる。国民生活センターの調査によれば、現代日本のサラリーマン家庭では全体の七割が給与を全額妻に渡すとされている。つまり妻が家計というサイフを握り、夫は妻から定額の小遣いを渡されてやりくりするというわけだが、夫婦の経済関係について分析した端信行によれば、欧米ではこうした家計管理は珍しく、夫が家計を管理するか夫婦がそれぞれ別のサイフを持っているという（端信行「経済——夫と妻のサイフ」石毛直道他『暮しの文化人類学』一九八四年）。ではこの日本的な家計管理は、いつ頃、なぜ成立したのだろうか。夫は外で仕事を持ち妻は家庭内で家政をあずかるという性別役割分業は、近代以降、夫の給与で生活する俸給生活者（サラリーマン）が多数出現したことで一般化したと考えられる。家計を預かる妻と小遣いをもらう夫という関係もこの頃に成立したことになる。もっとも端によれば、このような家計管理は江戸時代の武士家庭も同様で、家の主がもたらす俸禄（扶持）をもとに妻が家計を切り盛りしていた。江戸時代の俸禄が家の身分と結びついた「家禄」だったという点はたしかに現代のサラリーマンと異なる。しかし今でもサラリーマンの給与には扶養家族手当や住宅手当が含まれており、働き手の背後にある家族を前提とする給与体系であるという意味では、武士の俸禄の伝統を引き継ぐものであろうと端はいう。

一家に「家計は一つ」を原則としつつ家族員の私的稼ぎが認められていた時代から、家長による家計の一元管理へ。さらに近代以降大量出現したサラリーマン家庭の妻による家計管理へ。ここまでヘソクリや小遣いを手がかりに日本人の家計管理についてみてきたが、今や主婦の半数以上が家の外に働きに出る時代である。農家の嫁もサラリーマンの妻も各自収入を得るようになり、一家に複数のサイフというのはごく普通である。その結果、これまで家業経営や家事労働に包摂され隠されていた個人の働きが可視化され、夫婦関係や嫁姑関係にも変化が生まれつつある。とりわけ、当事者である働く女性たちが自己決定でき自己責任を負う地位を得たことは、その最大の変化といえるのかもしれない。

（中込睦子）

第Ⅳ部　社会とつながる家族

第7章 セーフティネットとしての親族

谷口陽子

1 親族はセーフティネットなのか

親族の役割とセーフティネット

セーフティネット（safety net）は、「サーカスの綱渡りあるいは万が一の落下に備えて安全を確保するために張られた網」を意味する語であり、しばしば比喩的に、「病気や事故、災害または失業などで困窮する個人に対する網のような救済策」の意味で用いられる。日本では、少なくとも近代以降、親族は上記のようなセーフティネットとして認識されそのように機能してきた。本章では、日本の親族が、その時々の社会・歴史・経済的背景に応じていかに「セーフティネット」の役割を変化させてきたのか、また、今日の親族が果たす役割に対して人々が抱く期待感と実際に親族が果たす役割との間にいかなる関係が生じているのかを考えてみたい。

親族のセーフティネット機能

今日、親族は人々にとってセーフティネットの機能を果たしているだろうか。また、人々は親族に対してどのような期待を持っているのだろうか。東京都福祉保健局が二〇一六年に実施した「都民の生活実態と意識」に関する調査には、「地域の中で困った時に相談できる人は誰か」と問う項目があり、回答者の五四・四%が「親族」を挙げている（図7-1）。また、内閣府が同年に実施した調査に基づく『平成二九年度版子供・若者白書』では、回答者の実に七八・九%が「困った時は助けてくれる存在」として「家族・親族」を挙げている。このことは、今日

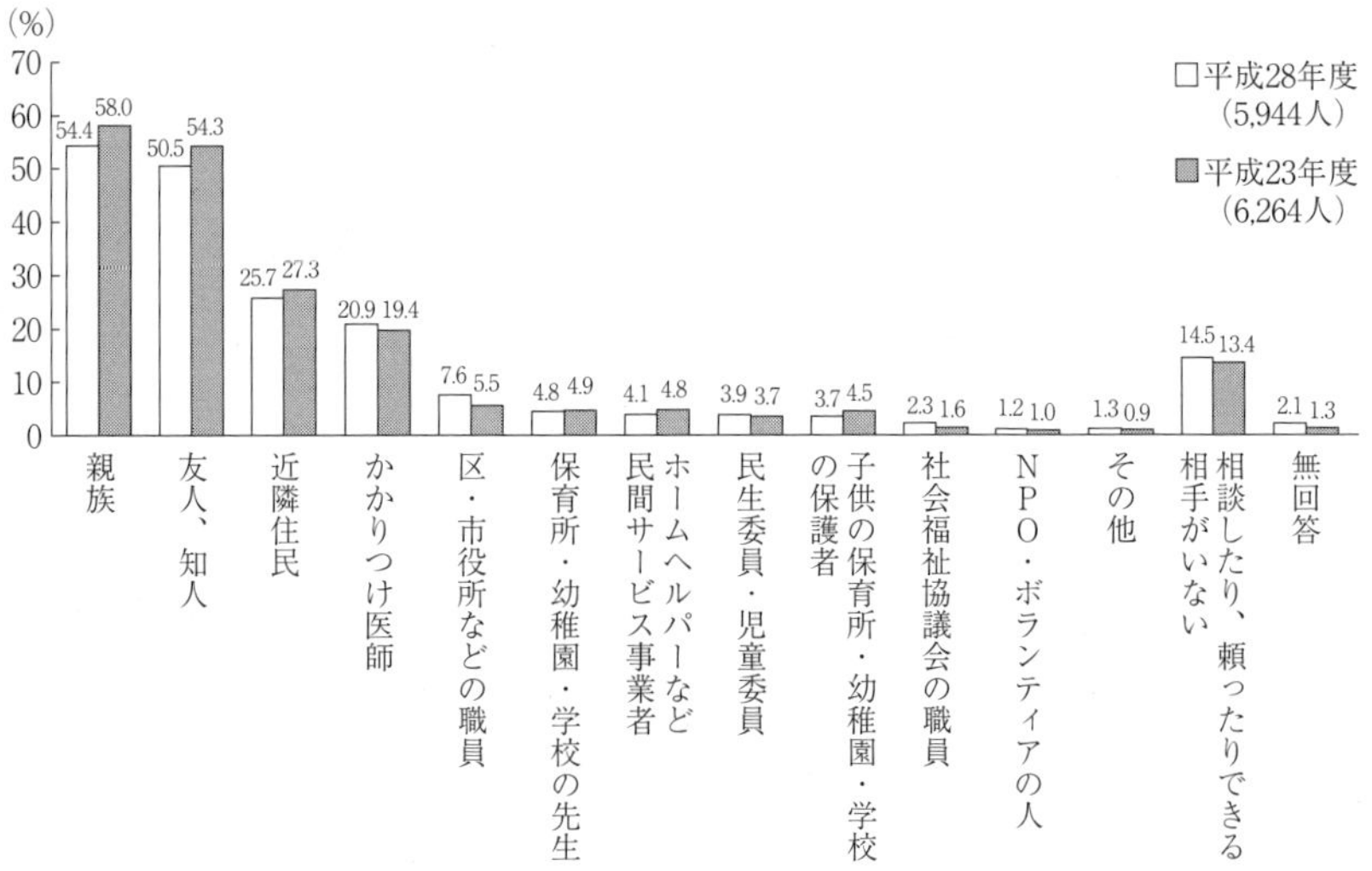

図7-1　「地域の中で困ったときに相談したり，頼ったりできる人」
出所：東京都福祉保健局（2016：219）。

の都市で生きる人や若年層にとって、親族はセーフティネットとして期待される存在である可能性があることを示しており、注目される。しかしながら、近年の少子高齢化の急激な進行や生涯未婚率の上昇は、一人暮らしで頼りになる親類・縁者がいない、つまり身寄りのない人の数を増加させている。考えなければならないのは、社会情勢の急変や自然災害等の緊急事態の発生、あるいは自身の体調の変化により突然の入院を余儀なくされたり、住まいや収入源を失ったりするような場合、身寄りがなく親族を頼ることができない人のセーフティネットの問題である。

二〇一九年九月の東京新聞の朝刊に、近年急増する身寄りのない高齢者を取り巻く生活不安の現状とそれに対するセーフティネットのあり方に再考を促す記事が三回にわたって連載された。その記事には、病院に救急搬送された未婚で一人暮らしの高齢者が、手術のための転院で、病院側から身元保証人[1]を求められたが、引き受けてくれる親族が見つからず、身元保証人がいないことを理由に転院を断られたという事例が挙げられ、身寄りのない高齢者はスムーズに医療を受けられないだけでなく、病院を退院する際も「身元保証」の壁が立ちはだかることなどが問題として取り上げられた。本来、医師法では、「正当な理由なく医療を拒んではならない」と定め、身元保証人がいないことだけを理由に入院を拒否することはできないことになっている。しかし、実際には必ずしもそうはなっていない現状を、以上の記事は明らかにしている[2]。

実際のところ、二〇一七年度厚生労働省の補助金によって実施された民間調査[3]によると、対象になった六〇三カ所の病院等の医療施設や高齢者福祉施設の九割以上が、入院入所時に「身元保証人」を求めていると回答し、七一・〇％の施設、五三・八％の病院が、身元保証人等が得られそうにない場合には、「成年後見制度の検討・活用を図る」と回答している。また、「入院・入所を認めない」とする施設は三〇・七％、および病院は二二・六％にも上る。このことは、一方では、身寄りのない人が増加しているにもかかわらず、他方では、なおも親族はセーフティネットとしての機能を期待されている現実を示している。これと同様の問題を投げかける事柄に、次に述べるような現行の日本の生活保護制度における「親族優先の原則」がある。

現行の生活保護制度は、一九五〇年に成立して以来、仕事を失う等の生活基盤を無くした個人が生活保護の申請をしたとしても、公的扶助よりも親族による扶養を優先するという原則を貫いている。それにより、申請後、まずは民法によって定められる親族の範囲から、親子、兄弟等の順位によって、誰が、どの程度、どのように扶養が可能であるのか等について照会し、当事者間の協議ないしは家庭裁判所の調停や審判を行う手続きが先行する。こうした手続きが長期化することによって、たとえ身寄りがあっても頼ることができない人を迅速に救済することができないことは問題視されている（利谷　二〇一〇：二〇八〜二〇九）。

近年では、予期せぬ自然災害が多発し、個人の日常生活が突然中断させられたり、まったく予想していなかった体の不調や病気、怪我、経済的困窮に直面することを余儀なくされる事態が頻繁に生じるようになっている。今日の法や社会保障制度、および慣習において、なおも親族のセーフティネット機能が強調されることは、家族や親族関係に対する人々の不安や不信感の増幅につながる可能性があるのではないだろうか。

次節では、近代以降の日本において、親族がいかに社会制度の上でも社会的通念の上でも個人の日常生活を保障し、困窮した時にはセーフティネットとしての役割を期待される存在であったのかについて探る。第三節では、現代においてもいかに日本の法や社会制度、そして人々の社会的通念のレベルで親族のセーフティネット機能が強調されているかについて述べる。第四節では、今日の親族の役割について考える。

2　日本社会における親族のセーフティネット機能の強調

日本語の「親族」は、いくつかの異なる文脈で異なった意味を持つことがある。そのため、本題に入る前に、まず、日本語における「親族」の用語法について整理しておきたい。

日本語の「親族」

日本語の親族は、血縁や養子縁組・婚姻によってつながる人間関係の総称である。ただし、一般的には、こうした人間関係の中でも、親子、兄弟姉妹、夫婦などの血縁や養子縁組・婚姻によってつながる近縁の人々から成る小規模な集団については「家族」、その他の血縁や養子縁組・婚姻を介して広がる人間関係については「親族」、「親類」、「親戚」と呼び、「親族」と「家族」とを用語上区別することが多い。

また、それぞれの地域社会の文脈に応じたローカルな用語として、いま述べたような意味での親族関係にはないが、それぞれの地域社会で慣習化された儀礼的手続きを経ることによって、親族のような関係として相互認知し、親族のように付き合う関係もある。このような関係性は、ローカルの文脈では「シンゾク」や「シンセキ」あるいは「シンルイ」などと称されるが、法的な親子関係は伴わず、出産・命名・成人・結婚・村入りなどに伴う、各地域の慣習に則った「親子成り」の儀礼によって取り結ばれる。社会学の専門用語では擬制的親族関係などと呼ばれる。

いずれにしても、日本で実際の付き合いがなされる親族の特徴は、世代を超えて継続することや個人間の関係ではなく家族を単位とした「家同士の関係」として表現されることにある。

これに対して、法律上の親族は、厳密に個人間関係である。民法七二五条によると、親族は個人を中心とした①六親等内の血族、②配偶者、③三親等内の姻族（配偶者の三親等内の血族および三親等内の血族の配偶者）から成る（図7-2）と規定され、互いの関係性は「家族」や「親族」といった用語によってではなく、「親等」によって表現される。たとえば、今日でも比較的付き合う機会が多いイトコは四親等の血族であり、イトコ同士の子ども（ハトコ）は六親等の血族である、という

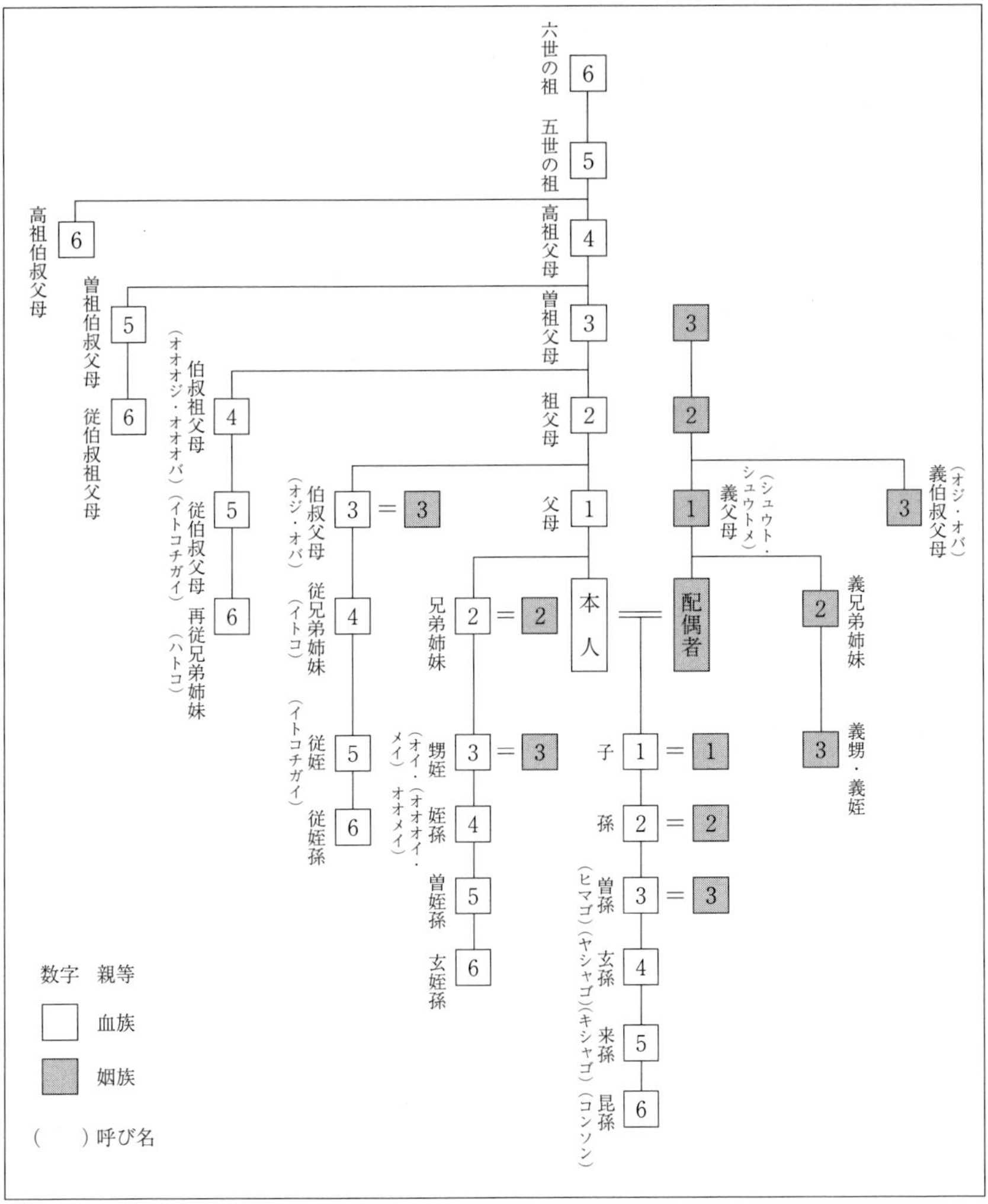

図7-2　民法725条に規定された親族の範囲

ように表現される。その一方で、実際に付き合う親族と民法上の親族とは、必ずしも一致しない。たとえば、イトコ同士が家族単位で付き合う場合、配偶者のイトコは本人の四親等の姻族となり、民法上の親族の範囲外である、というように。

以上を整理すると、日本の親族は、文脈に応じた使い分けに注意を要する語である。だが、その内容を具体的に見ると、厳密な意味では親族関係にない人々が含まれたり、実際の付き合いは家同士の関係であったりするなどの特徴がある。このことは、日本の親族が柔軟性をもった関係性であること、そしてその関係性にある人に対するセーフティネットとしての役割を担う社会単位として期待され、また実際に機能してきたことと深く関わっている。

「家」の生活保障機能とセーフティネット

ここで、個人を扶養する、あるいは日々の生活を保障し、経済的困窮などの緊急時のセーフティネットの役割を果たした近代日本の「家」について、少しみてみたい。

「家」とは、江戸時代の武士の家族をモデルとし、明治民法の成立時から第二次世界大戦後の民法改正時まで存続していた日本の家族制度である。「家父長的家族」と称されることもあるように、「家」は家長である戸主に強い権限があり、妻と子や老親、その他の成員は戸主の庇護の下で暮らし、経済的共同性を持った生活共同体を形成していた。戸主の地位や家産、墓、位牌の相続権は、たった一人の「跡取り」となる者が相続して世代継承がはかられた。跡取りとなる者は、理念的には長男とされた。「家」制度下では、「子の親に対する扶養義務を第一義務とする」という規定が存在し、跡取りとなった者は、多くの場合結婚後もそのまま生家に残り、老親を扶養することが期待された。

家制度下では、個人は例外なくいずれかの「家」に属し、同じ「家」に属する者は「家」の持つ生活保障機能[4]によって扶養された。「家」は戸主と家族から成り、戸主は、一部の例外を除き、また優先順位はあるものの、同戸籍に記載される全成員に対する扶養義務を法的に持つものとされた。地域によっては、「家」は、家長と跡取りを軸とした直系家族だけでなく、二男・三男以下に対しても結婚後しばらくは分家させずに同居させたため傍系家族を含むこともあり、遠縁や非血縁の奉公人の家族も含めて経済的な庇護の対象とした例（有賀　一九五五）（図7－3）や、長男以外の二男・三男は妻と同居・入籍しないで生家にとどまったまま他家にいる妻のもとへ通い、女子も同様に生まれた家にとどまり内縁の夫が妻のもとへ通うという妻問婚の慣習の下で、生まれた子は長男の子と同様に「家」の子として扶養された例（江馬　一九四三）のような大

図7－3　オーヤ齋藤家の集合写真（岩手県二戸郡荒沢村石神〔現岩手県八幡平市〕）

1934（昭和９）年，オーヤ齋藤家は長男家族，次三男家族，非血縁の奉公人家族を含む31人の大家族であった。

出所：『有賀喜左衛門著作集』第Ⅲ巻口絵。

家族を構成することもあった。

また、「家」の生活保障機能は、「家」の範囲を超えて結びつく、村落内の「家」々の連合によって発揮されるものでもあった。具体的には、家の本末関係に基づく同族や親分子分関係、そして婚姻によって生じる家の水平的関係である親類や、烏帽子親、名付け親、仲人親等の様々な擬制的親族関係にまで及んだ。つまり、「家」は、個々の成員、あるいは親族関係にある人やその人が属する家の困窮に際して、生活保障や救済機能を持つものとして期待され依存され、いわば困窮する親族を救済するセーフティネットとして機能してきた。さらにいえば、家制度は、白石玲子が述べるように、「扶養共同体として（中略）、安い豊富な労働力を供給し、また不況など資本の都合によりそれが不要になった時には吸収して、貧弱な公的扶養制度の肩代わりをするなど」（白石 一九九〇：二一二）の役割を担わされることを通じて、近代日本の資本主義の急激な発展を下支えした社会制度であったのである。

このように、「家」が果たす役割に社会が大きく依存する様相は、近代日本を突如として襲った世界規模の大不況である戦後恐慌と昭和恐慌において、国家がとった次に述べるような失業対策の中に顕著に表れている。

大不況と失業救済機関としての「家」

戦後恐慌は、第一次世界大戦後の一九二〇年三月に発生し、大戦期に雇用労働が急増した都市部では大量の失業者が生み出されることになった。こうした中、政府は「都市失業者の帰農の奨励」、すなわち、失業した都市労働者は自らの出身村落に戻り、農業等の家業の手伝いをすることで「家」のセーフティネット機能を頼ることを奨励した。『昭和経済史』によると、この時期の失業対策として、「帰農」はある程度実効性があったとされる

（白井　一九七六：五四～五六）。ところが、その後一九二九年から翌年にかけて起こった昭和恐慌とよばれる世界的な大不況の際には、これが対策として機能しなかった。国家はこのときも失業対策として「帰農」を奨励し、総雇用者のうち約四割強が帰村したが、「農業恐慌」ともいわれたこの不況は農村全体を疲弊させ帰村した失業者を扶養できず、その多くは都市に還流して不安定な職に就くか浮浪者化することを余儀なくされたという（日本農業研究会編　一九五四：二一八）。

二つの恐慌を通じて、雇用労働者の「失業」は国家が保障をすべき対象でもあると認識されるようになるが、失業（雇用）保険制度が成立するのは第二次世界大戦後のことである。それまでは、「家」および村落の「家」関係が、セーフティネットとして、まさに「失業救済機関」（福島　一九六七：一四）としての期待を背負う存在であったのである。

3　現代日本における親族とセーフティネット機能

家制度の廃止と社会保障制度の成立

前の節で述べたように、近代日本において、「家」はセーフティネットとしての機能を備えた法的社会的制度であり、同族や親類等の家関係もまた、困窮した場合には互いに掛け値なしに助け合うことが期待される社会関係であった。しかし、戦後の民法改正（一九四七年）によって家制度は廃止され、改正後の現行民法では、戸籍は夫婦とその未婚の子を一単位にして編製されることとなった。一九四七年には、児童福祉法および失業保険法が成立し、さらに一九四九年の身体障害者福祉法、一九五〇年の生活保護法をはじめとする社会保障制度が成立した。これにより、「家」が備えていた生活保障やセーフティネットの機能は縮小され、個々の国民の生存に対して国家が担う「公的責任」の領域は拡大されることになった。

生活保護法の成立によって運用されるようになった制度が生活保護制度である。それは、「公的扶助」ともいい、憲法第二五条が定める「国民の最低限度の文化的生活を営む権利」を、国家の責任によって保障することを原則とした制度である（田畑　二〇〇九：二）。この制度は、生活に困窮した個人に対し、「国家責任」において、労働力の有無や生活困窮の理由を問わず「無差別平等」に個人の「最低生活を保障」する原則を備えるものとしての役割を担っている（同書：同頁）。しかし、このような法律や制度の改革がなされても、それまで「家」が果たしていた家族の生活保障やセーフティネット機能がただちに消滅したわけではなく、慣習としては残存した。そのことは、現行の生活保護法制定時に、「家」の扶養機能が依然として必要とされていた状況を勘案した結果、生活保護法の規定に「公的扶助よりも親族による扶養を優先する」という原則が盛り込まれた経緯に表れている。現行民法が定める親族の扶養義務は、欧米のそれよりも広く設定されていることがたびたび指摘されるが、それは、生活保護法の成立に携わった厚生省社会局の小山進次郎が述べているように、当時の日本の家族・親族関係の実情が「個人主義化」されていなかったことによるとされる（小山　一九五一）。つまり、前に述べたような広い扶養義務の範囲は、民法改正当時の「家」や「家」関係が持っていた生活保障およびセーフティネット機能を頼りにする必要性と、成立途上のあるいは発足まもない公的扶助制度の機能を補う目的から規定されたのであった。

「親族による扶養を優先する」原則は、今日に至るまでの約七〇年間見直されることなく存続している。今日では、そのことは公的扶助制度による救済の妨げになること、また次に述べるように、今日の親族をめぐる実情に合わないためにある種のねじれ現象を生じさせることもある。現行の生活保護制度に存在する「親族扶養の優先」の原則はその一例である。

親族扶養の優先の原則

日本の現行民法では、七二五条において「親族」の範囲は極端に広く設定されている。このことについては、第二節ですでに述べたが、このうちの「扶養義務が及ぶ範囲」についてもまた、日本の民法は他の国々と比較してもかなり広く設定している。

欧米諸国では、扶養義務の範囲を夫婦間および親子間とした上で、親子間の扶養は、親の未成年の子に対するものに限定することが多く、成人した子の親に対する扶養は基本的には法的義務にはならない。たとえば、ドイツの民法一六〇一条は一九〇〇年に施行されて以来改正されていない数少ない法であり、「直系血族は、互いに扶養する義務を負う」とするが、兄弟姉妹の扶養義務は認めていない（ライナー　二〇一四：一九三）。また、フランスやスウェーデンでは、扶養義務の範囲は、夫婦間および親から未成年の子（一八歳未満）となっている[5]。

これに対して日本では、扶養義務の範囲を、夫婦、直系血族（親から子、子から親、祖父母から孫、孫から祖父母など）および兄弟姉妹とした上で、特別な場合に限って三親等もそのうちに含むとしている[6]。この範囲がいかに広いかを見るため、子が親を敬う「孝」の観念の強い韓国の扶養義務と比べてみると、韓国では、扶養義務は直系血族およびその配偶者間（親から子、子から親、祖父母から孫、孫から祖父母に加え、嫁・婿と舅・姑との間）、戸主と家族間、そして「その他親族間」であり、広いのだが、「その他親族」の扶養義務は同居し生計を同一にする場合に限っている（大村　二〇一四：四〇）。つまり、日本では、兄弟姉妹は無条件に扶養義務の範囲に含まれるが、韓国では、生計（同居）を同一にする場合に限っている点で、日本よりも限定的であることがわかる。

一九二八年に中川善之助によって提示され今日も有効な学説によると、日本の扶養義務には「生活保持義務」と「生活扶助義務」が含まれ、前者は、親がその未成熟の子を養い夫婦が互いに扶養しあう義務を指し、多くの場合は共同生活を行う中で果たされる義務であるとする。それに対して後者は、子の親に対する義務、成人した子に対する親の義務、兄弟姉妹相互間や祖父母と孫の間の義務を指し、通常は生活の単位を異にしている親族が一方の生活困窮に際して助け合う偶発的・一時的義務であるとされる（遠藤他　二〇〇四：三二四〜三二五）。

旧「家」制度下では、直系の三世代や四世代が同居することは当たり前であったし、「家」の分出や婚姻によって姻戚関係が生じれば、兄弟姉妹間に新たに同族や親類というような「家」を単位とした相互扶助関係が生じた。しかし、家制度の廃止から七〇余年の年月が経った二〇二〇年現在の家族・親族関係を鑑みれば、親族の扶養義務を強調する現行の法は実情に合わなくなっているのかもしれない。

「親族主義」の見直し

二〇一二年、ある人気お笑いタレントの母親の生活保護受給に関する週刊誌記事をきっかけに、子であるそのタレントが激しいバッシングを受け、一時活動休止に追い込まれたことがあった。この生活保護受給は、子の収入が少なかった時期から開始された正当な手続きに則ったものであったとされるが、高収入になった後も受給が続いていたことが問題とされ、世論から感情的な反応と強い非難を浴びることになったというのが事の経緯である。

一見過剰ともとれる感情的な反応の背景には、今日の日本社会全体に広がる「格差化」「貧困化」といった経済的な事情と、不正受給そのものが増えていることに起因する世論の厳しい目があることは確かだが、原因はそれだけではないと思われる。そこには、親族、とりわけ老親の扶養は誰が行うべきなのかという問題に関しては、旧「家」制度に由来する法や社会制度、そして社会的通念が密接に絡み合った次のような意識――すなわち「困窮した個人の救済は家族ないしは親族間で対処し解決すべき問題である」という意識や「老親の扶養は子が優先的に行うべきである」という意識――から自由になれない日本の社会文化的事情が深く関わっている。そもそも、今日の日本の社会保障に対する支出の国民所得に占める割合は、他のOECD諸国と比べても少なく、その中でも、生活保護や児童手当、児童・障害福祉といった公的支援に対する割合は少ない。つまり親族によって優先的に扶養が行われることを期待した予算配分となっている。

これに対し、欧米諸国では、成人した子の老親に対する扶養は、両者が同居関係になければ問題になることはない。成人した子は親から独立して別居することが一般的であるので、成人した子の親に対する扶養が法的義務の問題になることや世論のバッシングの種になることはないといってもよく、日本のように、個人の生活保護の受給に際して親族扶養との優先関係が問題になることは稀である。

このように、困窮し支援を必要とする個人のセーフティネットは、日本では今も公的扶助と親族との優先関係の問題となっている。この問題設定そのものがきわめて日本的であるといえるが、問題なのは、以上でみてきたような現状の公的扶助制度における「親族主義」ともいえるあり様は、本当に困った時に家族や親族を頼ることができない人たちの不安を増幅する可能性があるという点である。

大和礼子は、日本家族社会学会が一九九八年から五年おきに実施している全国家族調査の調査データを基に、興味深い分析を行っている（大和　二〇〇九：一九九～二〇八）。大和は、「家族はほんとうに頼りになるのか」という問いを立て、①「家族への援助期待は社会階層によって異なるか」、②「家族に援助を期待する人は専門機関からの援助は期待しないか」について、援助を必要とする場面を「お金を借りる」場合と「（家事・介護・育児など）人手が必要」な場合とに分けてデータ分析を行った。その結果、一つ目に、現代日本人が日常生活で頼りにする対象は、「近い親族と専門機関」であること、二つ目に、「お金を借りる」場合より「人手が必要」な場合のほうが、頼りにする親族の範囲が広いこと、三つ目に、（学歴、収入、職業を総合した）社会階層の高い人のほうが家族からの援助を期待しやすいこと、四つ目に、「お金を借りる」場面では、家族・親族に頼れる場合には専門機関は頼らないが、家族・親族に頼れない場合には専門機関を頼り、それに対して、「人手が必要」な場面では、家族・親族の援助と専門的援助の両方を相補的に期待することである。以上のことから、大和は、次の結論を導き出している。すなわち、「困っている人を援助するのは家族」という古い考えは脇におき、「自分自身の資源が乏しい人ほど、家族・親族からの援助も期待しづらいはず」であるという新しい想定に基づいて、公的支援を充実させる必要性があるという主張である。

4　セーフティネットとしての親族・アメニティとしての親族

親族に求められる機能

これまで述べてきたように、現代の親族は、一方では、セーフティネットとしての機能を残しつつ、他方では、セーフティネットとしての機能に対する高すぎる期待がかえって不安を生じさせてしまう存在にもなっている。今日の日本社会では貧困化と格差化は進行し、また他方では、いつどこで起こるかわからない大規模な自然災害への不安が広がる状況にある。こうした中、日本社会が目指すべき方向性として、「誰もが安心して安全に暮らせる社会」というイメージが共有されるようになっている。本章の冒頭で参照した意識調査によると、家族や親族は比較的高い割合で「困った時に頼れる存在」という回答がなされたが、この数字が示しているのはセーフティネットとしての期待値の高さというよりは、むしろ安心や安全な感覚を与えてくれる「アメニティ」としての親族の役割を期待する人々の意識の表れであったのではないだろうかと筆者は考える。つまり、アメニティ（amenity）としての親族への期待の高さの表れと見ることができる。アメニティとは、「暮らしを心地よく快適にするもの」を意味する英語であり、ここでいうアメニティとしての親族とは、「いざという時」や「何か困った時」に「頼れる人がいる」という安心感を与えてくれる存在としての親族である。今日では、若い世代を中心に権利や義務が生じるような親族づきあいを敬遠する人が増えているが、情緒的関係によって結ばれた親族であれば、生活を心地よくするアメニティの一つとみなし積極的につきあおうとする人は決して少なくないのではないだろうか。

しかし、実際には、頼りたくても頼る家族や親族がいない、あるいは家族や親族はいるが頼れないし頼りたくないという人も存在している。それゆえに、家族や親族だけをセーフティネットやアメニティとみなして役割を期待することにはリスクを伴うこともある。それならば、それを補う関係性や制度にどのようなものがあるだろうか。

親族を超える関係へ

現代の家族・親族を、個人が日々の生活の中で必要とし、かつ受けることができる複数のサポート供給源のうちの一つであるととらえる「パーソナル・ネットワーク」という視点を参照してみよう。立山徳子は、パーソナル・ネットワークの視点から、都市の家族は村落社会の緊密な近隣や親族関係から得られるようなサポートは受けられないが、個人を中心として広がる付き合い関係――家族・親族だけでなく、友人、会社の同僚、都市の近隣、行政サービス、NPOサービス――から必要な情報やサポートやサービスを得て生活しているとし、「家族を超えたネットワーク」こそが都市の家族の「セーフティネット」になり得ると述べる（立山　二〇〇七：一〇四～一四七）。

また、家族・親族とは別に、困った時には助けてもらえ、かつ安心感を得られるような「ゆるいつながり」を得ることを求め、SNSなどのインターネット・ツールを活用して「田舎」に自らの手で「居心地の良い場所」をつくり、人が集まる仕掛けをつくって活動する人がいる。『フルサトをつくる』（二〇一八）の著者である伊藤洋志とPHAである。伊藤とPHAは、和歌山県熊野でシェアハウスをつくった経験から、「都会と田舎の、親族と知り合いの、オープンとクローズドの、両方のいいところをうまく組み合わせる」ことでその中間をとり、「風通しの良さと安心感の両立」する「フルサト」を持ち、暮らしの拠点を一つではなく複数持って行き来する、多拠点居住を提案している（伊藤・PHA　二〇一八：一一八～一一三一）。なお、ここでいう「ゆるいつながり」は、家族や親族や故郷に代わるものとしてではなく、「家族の概念でカバーできなくなってきているところをカバー」するものとして想定されている（伊藤・PHA　二〇一八：一一八～一一九）。それは、空間的な制約を持たないというインターネット時代の所産ならではの特徴を持ったパーソナル・ネットワークでありながら、「フルサト」というリアルな拠点で展開される対面的な関係でもある。インターネット資源を持たない人や根本的に人づきあいを苦手とする人にとっては、決して利用しやすいものではないし、セーフティネットといえるほどのサポートを与えてくれるものでもないかもしれない。だが、アメニティとしての人間関係を家族や親族の他にも多様に持つことで、日々の生活を安心・安全に暮らしやすくする興味深い試みではあると考える。

ある人たちにとっては、今日でも親族は困った時に頼れるセーフティネットであり、また暮らしを快適にし、安心感を与えてくれるアメニティでもある。しかし、頼れる家族や親族がいない、いるけれど頼れないし頼りたくないという人たちにとっては、親族のセーフティネット機能を強調することはかえってリスクになることもある。現代日本を生きる人々にとってのセーフティネットは、法や公的支援制度面における「親族主義」の見直しと制度の充実化・利用しやすさの追求、そして個々の人の手によるパーソナル・ネットワークの多彩な展開と充実を図ることを、車の両輪のように駆動させることによって鍛えられていくのではないだろうか。[7]

注

（1）身元保証や引受人に求められることは、入院費・施設料の支払いや緊急連絡先となることの他、遺品・遺体の引取り、葬儀等である。

（2）ただし、入院時の医療費が公費負担となるようなケースはこれには当たらない。たとえば、二〇二〇年の新型コロナウイルス感染症に対する治療はすべて公費負担となっている。

（3）平成二九年度「厚生労働科学研究費補助金行政政策研究分野厚生労働科学特別研究」（代表者：山縣然太朗）。

（4）有賀喜左衛門は、家は家族の生活保障をその大きな目標としていることについて述べている（有賀　一九五五：三～一〇）。

（5）フランスおよびスウェーデンでは、成人年齢は一八歳である。なお、フランスでは、公的扶助である「最低社会復帰扶助」（RMI）を受給できる条件は「二五歳以上六五歳未満」となっている（厚生労働省大臣官房国際課　二〇〇七：九五）。

（6）日本の民法第八七七条は「直系血族及び兄弟姉妹は、互に扶養をする義務がある」と規定し、第二項で特別な事情がある場合には三親等内の親族間にも扶養義務を負わせている。松川正毅の解説によると、その代表例は、子から親、祖父母から孫、兄弟姉妹間の扶養である（松川　二〇〇一）。

（7）本章は、JSPS 科研費 JP19H00021「格差化・多元化する少子高齢社会日本の家族親族観の世代差に関する文化人類学的研究」の助成を受けて実施した研究の一部である。

参考文献

有賀喜左衛門「家制度と社会福祉」『社会事業』第三八巻九号、全国社会福祉協議会、一九五五年（『有賀喜左衛門著作集Ⅸ――家と親分子分』未来社、一九七〇年）。

伊藤洋志・ＰＨＡ『フルサトをつくる』ちくま文庫、二〇一八年。

江馬三枝子『白川村の大家族』三国書房、一九四三年（湯沢雍彦監修『白川村の大家族』クレス出版、一九九〇年）。

遠藤浩他『民法（八）親族』有斐閣双書、二〇〇四年。

大村敦志『家族と法――比較家族法への招待』放送大学叢書、二〇一四年。

加瀬和俊「失業対策史研究を振り返る」『大原社会問題研究所雑誌』七〇七、七〇八号、二〇一七年。

厚生労働省大臣官房国際課「第五章フランス」『二〇〇五～二〇〇六年　海外情勢報告』諸外国における高齢者雇用対策、二〇〇七年。
https://www.mhlw.go.jp/wp/hakusyo/kaigai/08/dl/07b.pdf

小山進次郎『改訂増補　生活保護法の解釈と運用（復刻版）』中央社会福祉協議会、一九五一年。

白井康四郎「失業時代――大学は出たけれど」有沢広巳監修『昭和経済史』日本経済新聞社、一九七六年。

白石玲子「近代日本の家族法・家族政策における老人の位置」利谷信義・大藤修・清水浩昭編『老いの比較家族史』三省堂、一九九〇年。

立山徳子「第三章　都市・家族・ネットワーク」沢山美果子・岩上真珠・立山徳子・赤川学・岩本通弥『「家族」はどこへいく』青弓社、二〇〇七年。

田畑洋一『改訂　現代公的扶助論』学文社、二〇〇九年。

利谷信義『家族の法　第三版』有斐閣、二〇一〇年。

東京都福祉保健局『平成二八年度　都民の生活実態と意識』web版、二〇一六年。
https://www.fukushihoken.metro.tokyo.lg.jp/smph/kiban/chosa_tokei/zenbun/heisei28/28houkokusyozenbun.html

内閣府『平成二九年版　子供・若者白書　特集若者にとっての人とのつながり』web版、二〇一七年。
https://www8.cao.go.jp/youth/whitepaper/h29honpen/s0_0.html

日本農業研究会編『日本農業年報』第一号、中央公論社、一九五四年。

フランク、ライナー「ドイツの親族扶養」『平成法政研究』第一八巻第二号、平成国際大学、二〇一四年。

福島正夫『日本資本主義と「家」制度』東京大学出版会、一九六七年。

平成二九年度「厚生労働科学研究費補助金行政政策研究分野厚生労働科学特別研究」（代表者：山縣然太朗《山梨大学大学院総合研究部医学域社会医学講座》）二〇一七年「身寄りがない人の入院及び医療に係る意思決定が困難な人への支援に関するガイドライン」https://www.mhlw.go.jp/stf/seisakunitsuite/bunya/kenkou_iryou/iryou/miyorinonaihitohenotaiou.html
松川正毅『変貌する現代の家族と法』大阪大学出版会、二〇〇一年。

みずほ情報総研『介護施設等における身元保証人等に関する調査研究事業報告書』二〇一七年。

大和礼子「第六章　援助資源としての家族」藤見純子・西野理子編『現代日本人の家族』有斐閣ブックス、二〇〇九年。

読書案内

① 有賀喜左衛門『有賀喜左衛門著作集Ⅲ――大家族制度と名子制度』未来社、一九六七年。

＊本章で参照したのは同著作集第Ⅸ巻であるが、ここでは第Ⅲ巻を推薦図書として挙げる。本書は、岩手県二戸郡荒沢村石神（現八幡平市）での具体的な調査データに基づいて「家」が持たされた生活保障機能を説明する古典的文献である。

② 利谷信義『家族の法　第三版』有斐閣、二〇一〇年。

＊私たちの身近な日常で起こっている家族をめぐる様々な問題に、現在の家族に関する法がどのように対処しているかについての知識を深め、国家と社会と家族との関係についての考察を深めるための参考書となる文献である。

第8章 イエの維持とムラの存続

中野紀和

1 暮らしの場の存続を考える

非常時にこそ日常のありようが表れる。大きな災害が起こるたびに聞かれる言葉である。暮らしが多様化する中で、家族と地域社会とのつながりが薄れていくことの危うさは、災害続きの昨今では増すばかりである。まして、核家族と単独世帯が大半を占めているのが、現代日本の家族の実情である。統計上、一口に核家族と言っても夫婦のみの世帯もあり、このような家族構成は今後増えていくことだろう。単独世帯もまた増加傾向にある。

高齢化と人口減少は日本全体が抱える大きな課題であることは言うまでもない。中山間地域の多くは、生業維持の難しさにも直面し集落存続の危機にある。地域社会の中で周囲とつながりをもって暮らす、と言っても、その実現は生業や暮らしぶり等、地域の事情に大きく左右される。地域社会が疲弊し活力を失ったとき、個別の家族だけでは現状打破はできない。不都合だから引っ越すという選択は都市部なら比較的容易でも、第一次産業に携わる者の多い地域では困難を伴う。特に高齢者の場合、田畑や海といった働く場を手放すことは生きる意味を手放すことになりかねない。そして、一つの家族が集落から去ることは、その集落にとって大きな痛手になる。しかし、現実の暮らしが成り立たねば、そこに住み続けることはできず、将来を見据えた長期的展望と実践には、それを支える動機付けがなければ住民のやる気は続かない。この二点は暮らしの場を存続させる両輪であろう。その内容は地域性を反映する。

ただでさえ問題を抱えた地域が災害によって被災し、集落の消滅が現実のものとなったとき、どのように再生をはかるのだろうか。住民たちが集落再生のために、こうありたいと願い、描く未来はどのように生まれ、彼らの思いは何によって支えられているのだろうか。外部との交流、外へと開くことの重要性は常々指摘され、様々なサポートの形が登場していることは評価されて良い。メディア環境の発達がそれに拍車をかける。だが、単発、短期間のイベントでは交流は根付かない。だからこそ、当該地域の日常の文化的、社会的背景を考慮して、暮らしの再生を考えることが意味をもつ（柳田　一九二八、山口　一九四三、川島　二〇一二等）。

そこで、ここでは地縁や血縁による付き合いが希薄になっていると言われる一般論を、いったん脇に置こう。その上で住民の意識と現実の暮らしを維持していく仕組みを、ある集落の取り組みからみてみたい。

取り上げるのは、暮らしを維持するための「共同」や「協同」[1]が新たな形となって機能している事例である。地域の取り組みとその過程の詳細を、歴史的な背景を加味しながら長期的視野でみたとき、地縁や血縁としか言いようのない結びつきがあることに気付く。地縁や血縁に目を向けることは、ノスタルジックな観点からではない。従来とは異なる目的のために、それらが活かされたとみたい。むしろ、実利をあげるための現実的かつ戦略的な集落の選択を実現するためには欠かせない要素であり、その結果、さらに住民のつながりが強化されることになっている。ぎりぎりまで追い込まれた集落がとった挑戦は、被災以前からの長きにわたる地道かつ慎重で、地に足のついた積み重ねの上に成り立つものである。だからこそ、「被災地復興」の枠を超え、過疎や高齢化に直面する地域の取り組みとして注目されるのである。

2　栄村の概況と変遷

栄村小滝

ここで取り上げるのは、長野県北部地震の被災地、長野県下水内郡栄村小滝である。小滝は震災以降の集落再生の取り組みが、総務省の「平成二七年度ふるさとづくり大賞」において団体表彰「総務大臣賞」を受賞する等[2]、外部機関からの評価を受け（中野 二〇一九、二〇二〇）、さらに二〇一八年になって震災復興を取り上げた新聞の連載記事として一〇回にわたって掲載された（朝日新聞 二〇一八）。しかし、こういった小滝の取り組みは、被災だけを契機として始まったわけではない。住民が減少し高齢化したときに田を維持できるように、さらには次の世代も田の管理に関わることができるようにと、四〇年近く前からの時間をかけた取り組みがあり、それが被災によって一気に加速したのである。

栄村は長野県の最北端に位置し、総面積の九割以上を山林が占める。日本でも有数の豪雪地帯で知られる。現在の栄村は三一の集落からなり、小滝はその一つである。二〇一一年三月一二日午前三時五九分、栄村は震度六強の地震に襲われた。東日本大震災の翌日のことであったことから、メディアの報道が遅れ、「忘れられた被災地」とも言われる。震源は長野県と新潟県中魚沼郡津南町の県境付近であった。震災直後の栄村の人口は二三一一人、九二一世帯（二〇一一年四月一日現在）であったが、二〇一九年には一八二八人、八一七世帯（四月一日現在）となり、六五歳以上が五〇・四％と、高齢者が村の人口の半分を占める（長野県栄村ホームページA）。

栄村は農業の村である。だが、それも一九九五年と二〇一五年を比較すると、専業農家は一三五戸から八二戸、兼業農家は五三八戸から一五〇戸、農家人口は二二九九人から八七一人と減少している（『二〇一九村勢要覧』）。農業の中身は米と野菜、肉用牛の畜産、栽培きのこ、わずかであるが芋類や加工農産物の生産もある。二〇一一年以降、米の生産が減少する一方で、栽培きのこは増加している（長野県栄村ホームページA）。高齢化の進行と後継者不足により、米作りを中心とした農業によって生計を立てていくことが困難になりつつある。生活基盤を破壊する震災は生活環境を変える大きな要因であり、被災以前から抱えてきた地域の課題を増幅、加速させたと考えられるが、地域が抱える課題は震災だけが原因ではないことに留意しておくことは重要であろう。

震災前後の小滝の家並み

震災以前の小滝は一七世帯、四一人の集落であったが、震災後は一三世帯、三九人となった（二〇一九年八月現在）。住民の大半が樋口姓か中沢姓であるため、屋号もしくは下の名前で呼び合う。各家の玄関先には屋号が書かれた板が下げられており、外から訪れた者にも一目でわかるようになっている（図8－1）。

小滝は集落の西側の入り口付近に十二社、そのすぐ東側に庚申塚がたつ。南側の山の麓には観音様や秋葉様が祠られ、北側に田が広がる。家屋はこれらに取り囲まれるような配置になっている。集落の中心部は地震で三棟の家屋が全壊し、その場所は今は畑となった。三棟のうち二棟の家の住民は集落の北側に建設された復興住宅に入居し集落内に住んでいるため、畑の手入れは行き届いている。全壊したもう一棟と東側の家屋の一棟は、住民が小滝を離れ、建物も今はない。このように、集落は所々が空き地となり、家並みは震災以前とは異なっている。それでも各家の周囲には季節の花が植えられ、人の手の入った景観が維持されている。住民にとっては、北側に広がる田を集落維持の核として活用し、この家並みを保つこと、すなわち、人が暮らす空間を維持することが大きな課題である。

3　「歴史」の中の小滝

水の苦労の歴史

限られた土地で、ほぼ同じ戸数で暮らしを維持することは容易なことではない。そこには、水に苦労し、それを克服してきた集落の歴史がある。小滝の場合、この苦労の歴史が、今になって意味をもつことになる。『栄村史堺編』には江戸時代の小滝の様子が伝えられている。火山灰土で地味が悪く、用水も不足がちであったため農業には適しておらず、寛文年間（一六六一～六二年）には村を出る者が続出したという。年貢減免の保護策等もとられたようであるが、解決策として用水路を設け、新田開発をした結果、水田面積は広くはないがようやく他出者がいなくなったとある（栄村史堺編編集委員会　一九六四：四〇六）。

水の苦労はその後も続く。「何もなかったように後にひきずらないようにするのが、ここで暮らすためには大事だ」。高齢者に教えられた、田をめぐる水争いの始末のつけ方だという。五〇年程前までは自分の田に少しでも多くの水を引き込もうとする者もおり、夜中に見張

図8-1　玄関先に下げられた屋号が書かれた板

りが必要なほどであったという。このような水争いが起きると集落内にすぐに知れ渡る。後にひきずらないことは、限られた土地で同じメンバーで暮らしていく上での作法であった。水争いに限らず、住民同士が衝突する事態になったときも、同様の作法で乗り越えてきたのだろう（中野　二〇一九、二〇二〇）。屋号で呼び合う親族のつながりや親密な結びつきは排他性と表裏一体であり、いったん壊れると修復が難しくなるといった危険性をはらんでいることを示している。

水不足の問題は近年まで続いたのであった。一九八八年にサイフォンで沢から集落の上に水をあげ、分水を作り、二〇本のパイプで各戸に水を引いたことで水不足は解消された。冬の雪対策で融雪のための水の確保を目的とした事業であったが、それが夏には田の用水として使われるようになったのだ。このような生活用水の配分を成し得たのは、小さな田を大きな田にまとめ、水路を土側溝からU字溝へと換えて水持ちを良くする等の耕地の整理を行った一九七〇年代の基盤整備と、それに伴う水利権の平等化という土台があってのことであった（中野　二〇二〇）。六〇代以上の住民であれば、水の供給の不安定さゆえに、家族の暮らしを守ることが何より優先されるときに、集落内の人間関係のバランスが不安定になることを、また集落が一枚岩ではないことを、身をもって知っている。水の苦労が解消された今でも、家族の暮らしと集落維持のバランスをどうとるか、模索が続く。

このように、小滝は暮らしに伴う様々な苦労や葛藤を抱えてきた地域であったが、被災後の住民の集いの中で、住民同士のつながりや生活環境を積極的に肯定し、小滝に住み続けるという意志を示す者が圧倒的に多かった。住民たちがかつての水の苦労と集落維持の困難な歴史を熟知していたことによる。というのも、震災以前から歴史研究者等によって小滝の古文書を読み解く勉強会が開催されており、その内容は皆で共有する大きな歴史となっているからだ。

明治期の戸籍帳にみるイエ　家族や家という言葉は日常的に使われる。日常会話の中で両者を意識的に使い分けることはあまりない。「うちの家族」「うちの家」というように両者は特に区別されずに使われ、夫婦とその子どもを中心とした集団を思い浮かべることだろう。一方、家は一八九八年から一九四七年まで民法（明治民法）に規定された家制度のもとでの単位であり、世代を超えてつながる社会単位である。民俗学や社会学ではイエと表記されることが多い。本章でもこの意味においてイエと表記する。イエは、子や孫がいない場合は養嗣子を迎えて存続させ、血縁関係にない者も含みながら、世代を超えて継承されていく。継承の仕方は一様ではないが、そういったイエが集まり、暮らしの場を維持してきたのであった。

小滝もそのようなイエの集まりであり、先祖が苦労して維持してきた土地であることを、より身近に感じさせる明治時代の『堺村之内小滝戸籍帳』が残されている（図８－２）。公民館に眠るこの戸籍帳の存在を筆者が知り、整理して住民に示したのは震災から七年が経つ頃であった。戸籍帳には作成された年代が記載されておらず、作成年を特定することはできない。記載された住民の生年月日を見ると、最も古い年が享和三（一八〇三）年、最も新しい年が明治三四（一九〇一）年となっていることから、明治三〇年代半ば以降の作成であることが推測される。戸籍帳を系図に直したものが図８－３である。全部で二一戸分あるのだが、本章で言及する一七戸分だけを載せている。順番は戸籍帳の記載順である。なお、掲載にあたっては事前および校正時に本章を示し住民の了解を得ている。

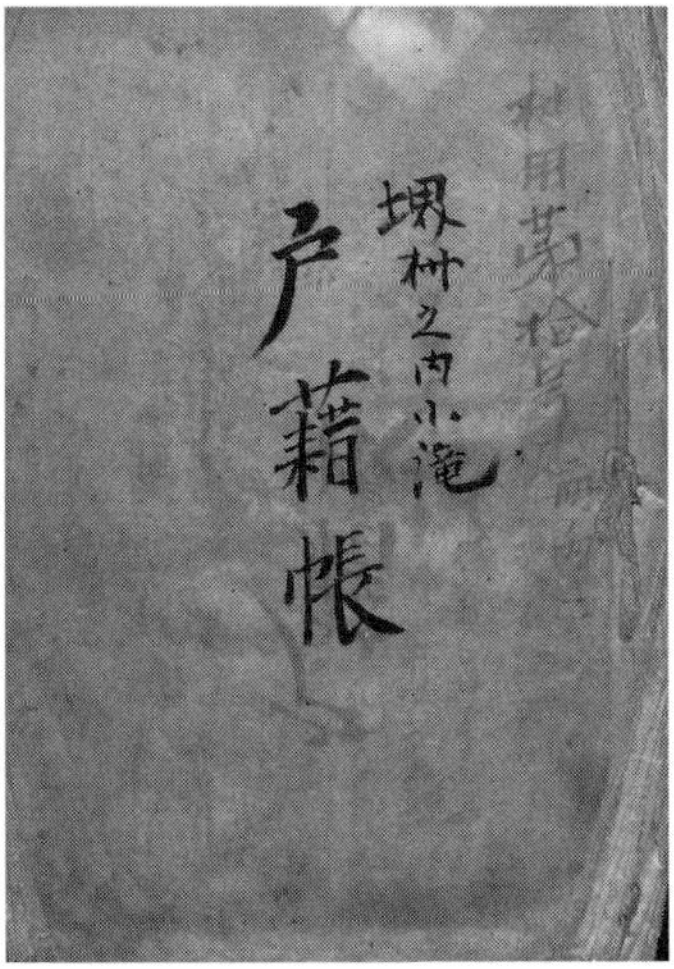

図8－2　堺村之内小滝　戸籍帳

先祖は確かにここにいた

まず、住民たちの記憶と戸籍に登場する人物名を頼りに、現存するイエとの関係を特定していった。たとえば、戸籍帳上で最も若い人物は、⑾の義一郎であり、その名前から現在の住民（一九五一年生）の祖父にあたることが判明した。小滝で生まれ育った六〇代以上の者であれば、記憶の断片を互いにつなぎあわせて、系図と各イエとの関係を特定できるという状況である。その結果、判明したのは一七戸であった。また小滝にはマキ[3]と呼ばれる親族集団があり、相互扶助の基本となる。同じ姓を名乗る者は同じマキに所属する（表８－１）。表８－１の数字は系図の各イエの番号であり、マキとの関係を示している。

系図の内容をみていこう。戸主に着目すると、基本的には長男もしくは二男というように男子が継いでいる。だが、⑺⑻⒀⒄は娘の夫が戸主となっている。娘もいない場合は、⑵⑸⑹⑾⒃のように他家から養嗣子を迎えている。⒁⒂は現戸主の次の世代の戸主になると思われる者が養

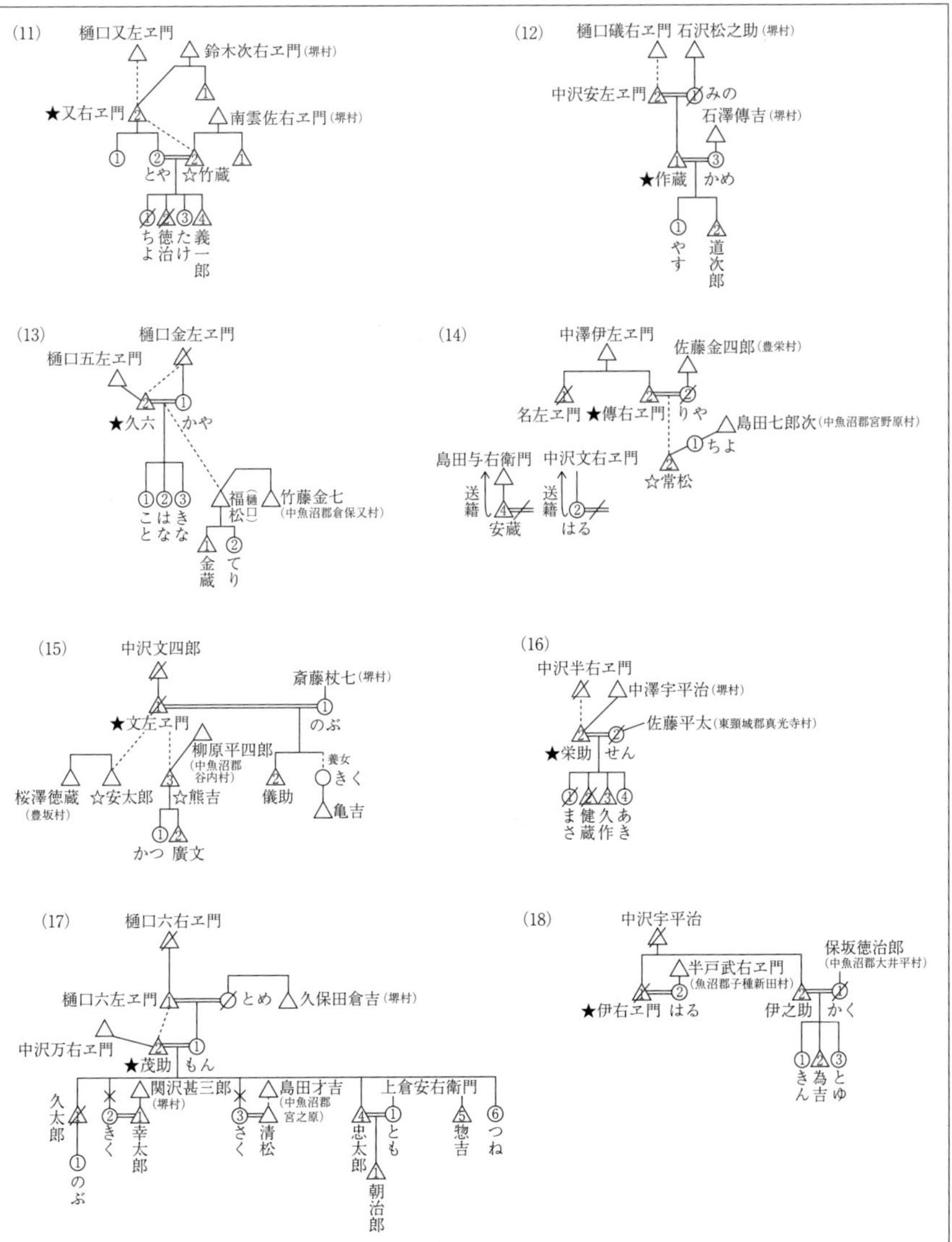
(11)
樋口又左ヱ門
鈴木次右ヱ門（堺村）
★又右ヱ門
南雲佐右ヱ門（堺村）
とや
☆竹蔵
ちよ
徳治
たけ
義一郎
(12)
樋口礒右ヱ門
石沢松之助（堺村）
中沢安左ヱ門
みの
石澤傳吉（堺村）
★作蔵
かめ
やす
道次郎
(13)
樋口金左ヱ門
樋口五左ヱ門
★久六
かや
こと
はな
きな
福松（樋口）
竹藤金七（中魚沼郡倉保又村）
金蔵
てり
(14)
中澤伊左ヱ門
佐藤金四郎（豊栄村）
名左ヱ門
★傳右ヱ門
りや
島田七郎次（中魚沼郡宮野原村）
ちよ
島田与右衛門
中沢文右ヱ門
☆常松
送籍
安蔵
送籍
はる
(15)
中沢文四郎
斎藤杖七（堺村）
★文左ヱ門
のぶ
柳原平四郎（中魚沼郡谷内村）
養女
きく
桜澤徳蔵（豊坂村）
☆安太郎
☆熊吉
儀助
亀吉
かつ
廣文
(16)
中沢半右ヱ門
中澤宇平治（堺村）
佐藤平太（東頸城郡真光寺村）
★栄助
せん
まさ
健蔵
久作
あき
(17)
樋口六右ヱ門
樋口六左ヱ門
とめ
久保田倉吉（堺村）
中沢万右ヱ門
★茂助
もん
関沢甚三郎（堺村）
島田才吉（中魚沼郡宮之原）
上倉安右衛門
久太郎
きく
幸太郎
さく
清松
忠太郎
とも
惣吉
つね
のぶ
朝治郎
(18)
中沢宇平治
半戸武右ヱ門（魚沼郡子種新田村）
保坂徳治郎（中魚沼郡大井平村）
★伊右ヱ門
はる
伊之助
かく
きん
為吉
とゆ

籍帳を基にした系図

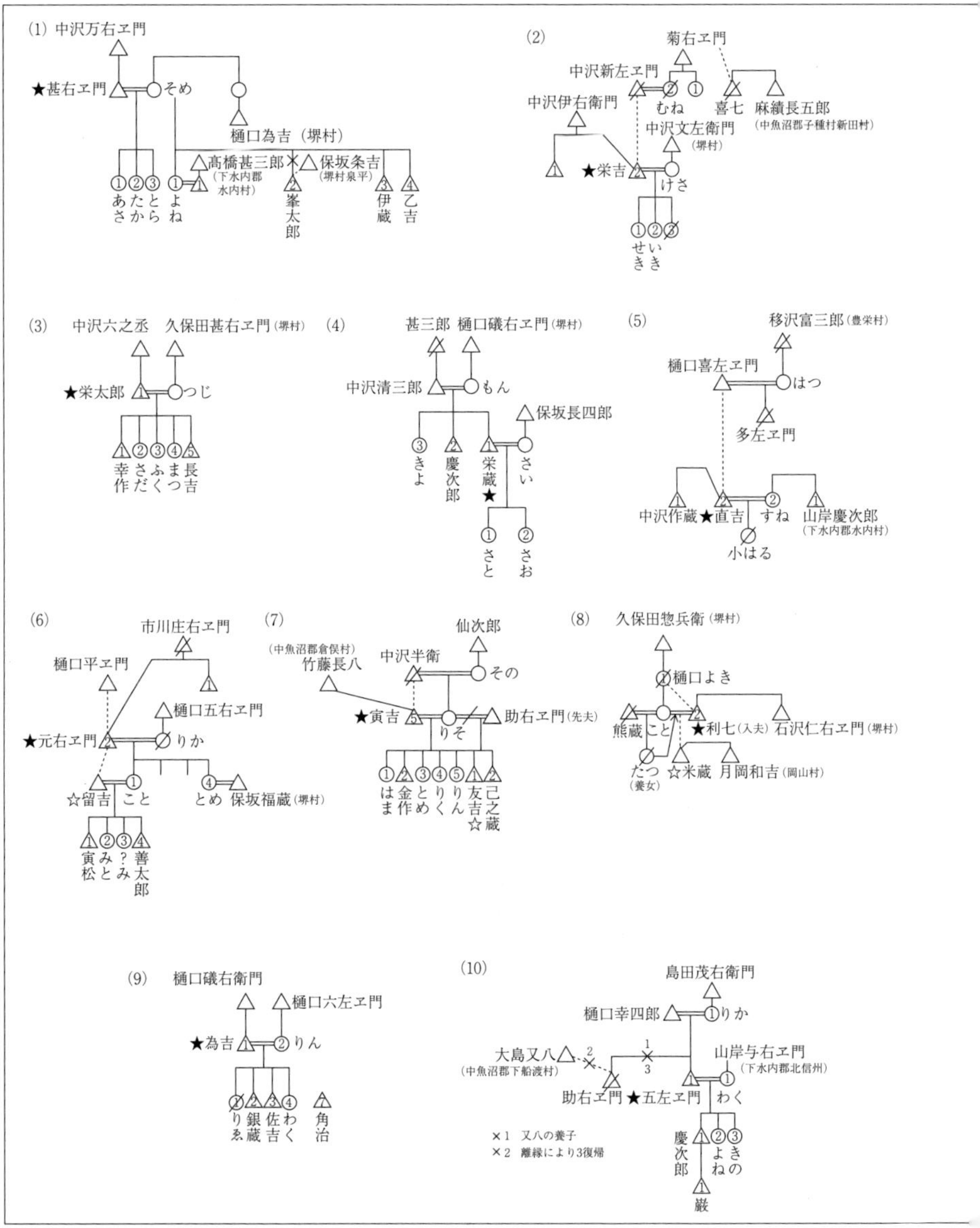

図8-3 明治時代の戸

注：★戸籍帳上の戸主 ☆養嗣子の表記のある者 ┈血縁関係にない後継者

出所：『堺村之内小滝戸籍帳』を基に筆者作成（名前の表記は戸籍帳のままにしている）。

嗣子であることがわかる。⒀は娘の夫が戸主となり、さらに後継となる男子がいないために他家から養子を迎えている。これらのイエは血縁関係以外でイエを存続させてきたことがわかる。まさに世代を超えたイエの継承である。

系図をよくみると、同じ名前が他家の系図にも登場する。⑴と⒄の中沢万右ヱ門、⑼と⒄の樋口六左ヱ門である。つまり⑴⑼⒄は、表8－1に示したように、マキは中沢、樋口A、樋口Bと異なっていてもつながりがあることになる。過去のつながりが明らかになったことで、トリアゲババとの関係を確認した者もいた。伝統的な自宅出産の時代には出産時の介助者をトリアゲババと呼ぶことがあった。小滝には他家の女性に新生児のトリアゲババになってもらう慣習がある。⒄のイエのある男性（一九五八年生）は、⑴のイエの女性にトリアゲババになってもらい、生涯にわたり祖母と孫のような関係が続く。トリアゲババは通常は同じマキに属するイエに頼むことが多いと言うが、このケースでは樋口姓のイエのトリアゲババを、中沢姓のイエに頼んでいたのだった。その理由を「中沢との関係をつなぎたいから」と母親に聞いていた男性は、その意味がずっとわからなかったと言う。この系図によって、樋口の娘が中沢から婿をとり、その婿が⒄の樋口の戸主としてイエを継いできたことを知り、母親の言葉の意味を理解したのであった。ちなみに、今の小滝の子どもたちにはトリアゲババはおらず、この男性の三〇代の息子たちのトリアゲババが最後だと言う。出産の介助等はなく、その関係だけが続いている。

同様に、中沢Bのマキの⑿と樋口Bのマキの⑸には、どちらも中沢作蔵の名前が記載されている。ここではトリアゲババのような具体的な話を聞くことはなかったが、異なるマキに属するイエ同士のつながりがわかる。さらに、同じ中沢Aのマキに属する⑵と⒂の中沢文左衛門、同マキの⒃と⒅の中沢宇平治、さらに中沢Bのマキの⑷と⑿の樋口礒右ヱ門というように、同じマキに属するイエ同士のつながりも具体的に明らかになった。なお、表8－1に示したように、戸籍帳に記載された⑷⑸⑽⒁⒂はすでに建物もなく、屋号が住民の記憶に残るのみであるが、かろうじて六〇代以上の世代の記憶によって戸籍帳からイエをつきとめることができた。

集落の水の苦労とその克服が「大きな歴史」であるとすると、戸籍帳からわかるイエの系図は「小さな歴史」であり、住民にとって身近で生活実感のある歴史だと言える。だからといって、かつてのように養嗣子をとりながらイエを存続させようと言うわけではない。戸籍帳は先祖が確かに小滝の地で生きたことを実感させ、各イエの様々な記憶を喚起させる。それ

表8-1　明治時代の戸籍帳と屋号・マキとの対応関係

	家屋のない屋号			現存する家屋の屋号				
名字・マキ	震災前に村を出た家		震災後に村を出た家					
中沢Ａ	沢（S50代）(15)	つんね	いぜむ(14)	下ノ沢(2)	浦(7)	たんすや(16)	下り(18)	
中沢Ｂ	一番上(4)			中新(4)′	わかた(3)	新宅(3)′	上り(1)	中道(12)
樋口Ａ				むこう(11)	清水(13)	大工どん(17)		
樋口Ｂ	上(H20前後)(5)	げたや(S50代)(10)	家の浦	おけや(9)	浦の沢(9)′	新屋(6)′	となり(6)	

注：1．新宅(3)′はわかた(3)の分家を示すが，戸籍帳には未記載。(4)′(9)′も同様。
2．表中で数字の記載のない屋号は，戸籍帳との対応関係が不明の屋号。本章では系図は省略した。
3．浦の沢は新住民が居住。
4．となりは古民家ゲストハウスとして再生。
出所：住民からの聞き取りを基に筆者作成。

はイエの物語であり、小滝へのこだわりにつながっている。

ただし、小滝の住民であっても、三〇代の世代になると系図の内容を判別することは難しく、ここにも集落が直面する世代間の生活実感の差がある。古文書に学ぶ大きな歴史は受容されても、各イエの歴史やそこにまつわる物語が次の世代にどのように受容されるかを見るには、もうしばらく時間が必要となる。こうした「歴史」は集落維持の動機づけを左右する。

当時の系図は、少子高齢化・過疎化と言われる現状を住民に突きつけもする。系図の二一戸は震災前には一七戸に、震災後は一気に一三戸まで減少した。家屋の再建を諦めて小滝を出た者や亡くなった者がいたからだ。戸数はかつての七割となった。さらに、大半の世帯が三世代から四世代で構成されていた当時から一〇〇年以上が経ち、複数世代が同居する世帯は震災前には六世帯、震災後は七世帯となった。意外なことに一世帯増えている。親と同居するために小滝に戻ったり、新たに住人となった者がいるからだ。それでも高齢者夫婦の世帯が半数近くを占め、高齢化や後継ぎ問題は切実である。その中で若い世代が家族とともに戻ってくる覚悟は、集落の維持・存続を見据えてのことである。とはいえ、現実の暮らしは生計を維持できなければ難しい。次に、生計維持の対策がどのようにとられてきたのかみていこう。

4　田を維持し活用する

水の苦労は田の管理の問題でもあった。かつて小さな田が分散し水漏れ等もあった小滝の田は、一九七〇年代に行われた基盤整備によって、大きな田にまとめられた。これによって水の管理が格段にしやすくなっただけでなく、この時、水利権の平等化という改革を実現した。これが、後の生活用水の平等な配分の際に大きく影響することになる。こういった長年にわたる様々な改良を重ねてはきたが、それでも農業の後継者が少なくなり住民も高齢化してくると、田んぼの農作業は大きな負担になる。

血縁と地縁の活用

暮らしを営む上で住民同士の助け合いは欠かせない。相互扶助組織の基本となるマキを中心に、葬式や農作業の際には相互に助け合って暮らしてきたのであった。しかし、住民が減ると、マキに限らず、誰でも頼める人に田起こしを頼む等して田を維持してきた。それも難しくなってきたことから、一九九二年に集落営農に切り替えたのであった。農業生産の全過程、あるいは一部について、集落単位で共同で取り組むこの集落営農によって、農作業における機械の共同化を進めることになった。オペレーターと呼ばれる役割の者が田起こしや代掻き、田植え等を大型の機械で行い、機械ではできない畦草刈りや水見、肥料管理といった作業は各田の所有者に任された（中野　二〇二〇）。つまり、血縁に加えて地縁が活用されたのである。

二〇一五年七月には小滝の全戸が出資した「小滝プラス」という合同会社を設立した。合同会社は経営者と出資者が同一であり、全員が有限責任社員となる。これにより、集落を維持するための様々な取り組みを始めたのであった。基盤整備で田の整備を進めたとはいえ、全戸が米作りを専業とする暮らしでは生計は成り立たない。米作りを軸に「田を活用」し、集落で手掛ける事業の運営や経営を住民一丸となって行うのが小滝プラスである。現状を活かした、現実的な地縁の活用とみることができる。その中で二〇一五年一〇月からは東京銀座の老舗企業と契約し、小滝の米のブランド化に取り組んでいる。その企業が都市部向けの販路の開拓を一手に引き受けているのだが、生産者である小滝は米の品質を維持することが求められる。震災前から進めた集落営農が、各戸による米の品質のばらつきを防ぐことを可能にしたのであった。こうした取り組みによって小滝では耕作放棄地を出さずに田を維持活用し、集落を維持していこうとしている。

共同労働の変遷

民俗学の観点から村を研究してきた湯川洋司は、村の「共同」と「協同」について以下のように述べている。

> 「共同」とは村落が存在するうえでもともと生得的に備えている資源や財産などの共有的ありようをさし、「協同」とはそうした生得的な「共同」状態に基礎づけられた上に暮らしを成立させるべく人びとが結びつき協力するための知恵（民俗）と位置づけられる（湯川　二〇〇八：一三六）。

さらにこの観点から、「村は生きるための共有的な資源があり、生産財としての土地や川や山があり、人為的に作り出した什器や倉庫や堂や社寺、慣行などがある暮らしの場（同：一三七）」であり、そして「「共同」の成立はその基本的共有資源の有無に基づく（同：一三七）」とし、「労働を村として調達し、その総和をもって村のために働くこと（同：一四八）」を共同労働とした。

小滝の事例で考えてみよう。年間を通じて定期的に実施することが決められている普請（ふしん）と呼ばれる作業がある。普請とは、住民が自分たちの社会基盤を維持していくためには欠かせない作業のことであり、小滝では道路と水路の保全のための春と秋の堰普請を指す。道路事情が良くなった現在では水路の保全が主である。普請には一世帯から男性一人が出ることとなっていたが、現在は鎌一本を持ってくれば誰でも出役と認められる。地震以降の世帯数の減少に伴い、普請に出られる人は男女を問わず出てもらい、出られないときは出不足金を支払うことになっている。これは共同労働である。出不足金とは自治会等で行う共同作業に参加できない世帯が自治会に支払うお金であり、参加できる者とできない者との負担を公平にするためとされる。だが、近年になって都市部等でこの出不足金の徴収をめぐって住民間でトラブルが生じており、共同労働のあり方も一律ではない。

この他、オテンマと呼ばれる臨時の作業がある。少人数による臨時の労働提供で、公民館や花壇の草取り、神社の雪掘り（雪下ろし）等があり、小滝集落内に関わる作業が対象となる。区長権限で実施され、労力と時間によって手間賃が支払われる。手間賃は二年ごとに精算される。これは集落の労働提供を平等に実施するためであり、これも共同労働と言える。

新たな共有財と管理

一方で、従来のイエ単位の田んぼの農作業やマキによる相互の助け合いは共同労働ではない。田は各イエの所有であることに変わりはないが、小滝全体の暮らしの維持という観点からすると、基盤整備によって、田は個人の所有であると同時に集落全体で維持するものとなった。さらに集落営農によって、共同労働の対象となったと考えることができる。現在の、田を耕作し維持していくために住民が結束した結果が、全戸が出資し作業を一元化した小滝プラスによる米作りである。田は小滝が存続するための資源として共有され、その「共同」の上に暮らしを成り立たせるための、新たな「協同」のかたちとして小滝プラスがある。住民の減少や高齢化を踏まえ、田の維持、米の生産・流通・販売、そこから生まれる外部の人とモノの交流までを含んだ大きな枠の中での、新たな「協同」のかたちがこうして創られたのである。

この新たな「協同」があるからこそ、小滝の若い世代を育てることができる。若い住人たちは集落の外で収入を得ながら、中には小滝の小さな田を任され、米作りに取り組む者もいる。小さな田でもその手入れを通じて農作業を覚え、共同作業を体験しながら集落維持の方法を知っていくような道筋が作られている。それぞれの家族にはそれぞれの生活や事情があることを踏まえつつ、集落の維持・存続と家族の生計が成り立つ生活を両立させることを常に意識する。その思いを共有するには、住民全員が集う場が欠かせない。

5　寄り合う場・共有財としての公民館

栄村の集落における公民館の役割

小滝は震災からの復興に際し、田んぼ特命班と公民館再生復旧特命班を結成した。全壊判定を受けた小滝の公民館は住民たちの手で修復にあたり、地震の年の冬に再生することができた。田だけでなく、公民館再生にいち早く着手した動きと、その中心になった人物の「みんなが集まって話をするところだから、公民館はとても重要なんだ」という言葉は、公民館が集落の暮らしにとって欠かせない共有財であることを示している（図8－4）。今でも新年会や夏祭りの準備、獅子舞の練習、打ち上げ等といった集落に関わる行事や寄り合いの際には公民館が使われる。ちなみに小滝の公民館は一九六五年一二月に完成している。

栄村全体でも多くの集落の公民館が地震で大きな被害を受けたのだが、どの集落も半年後には復旧作業に取り掛かっている。森と青倉の二地区の公民館は全壊、小滝を含む一三地区の公民館は大規模な修復が必要とされた。『公民館報さかえ』（二五九号、平成二三年七月一日発行）でも青倉の仮設公民館設置は取り上げられ、「今思えば、何をやるにも公民館だった。その公民館がないと集落が寄り合うこともできず、青倉住民の気持ちがばらばらになってしまうのではないかと思い、住民の有志で仮設公民館の設置に踏み切った」という公民館長のコメントも掲載されている。なくなって初めてその存在意義と

図8－4　再建された小滝の公民館

機能について気が付いたことが語られている。

また、集落にとって、寄り合うことがきわめて重要であることを示すと思われる写真が、『広報さかえ』（三三一号、平成二三年六月）の表紙を飾っている（長野県栄村ホームページB）。それは、「我ら相寄り 村を成し」と書かれた垂れ幕の写真であった。説明によると、村歌の歌詞の一部であり、青倉の全壊した家の娘が書き、道路に向かって下げたものであった。被災者自らを奮い立たせると同時に、村への意識を改めて喚起するのに充分な言葉であった。広報の表紙の写真は、その思いの共有を示している。

公民館をめぐる素早い動きは、復興の一過程としてのみ見るのではなく、その機能や意義については地域性を考慮する必要があるだろう。というのは、公民館の存在は都市部ではこれほどの重要性を意識されないことも多いからだ。そのため、公的施設の復旧という観点でのみとらえてしまいがちである。しかし、地域によって

は、ただの建物の復旧ではなく、住民同士をつなぐ場の再生であることをこの事例は示している。ＮＰＯ法人栄村ネットワークの代表である松尾真も、都市部と栄村での公民館の存在のあり方が異なっており、栄村における公民館の重要性を説く（松尾　二〇一二）。

長野県における公民館

ここで長野県における公民館の位置づけを、その歴史と現状の数字からみていこう。『栄村史堺編』には公民館設置前後の様子が詳述されている。まず、「社会教育という名称で青年会や婦人会等に力を入れ始めたのは明治三十七、八年の戦役以後のこと[4]（同：七六五）」であり、第二次世界大戦後に、「米国の公民館制度をとり入れ社会教育の機関として公民館を設ける事になっており、公民館は郷土に於ける文化教養機関として重要な役割を果たす（同：七六六）」とある。一九四六年七月には「公民館の設置運営について」という文部次官通牒が出され、長野県の郡部においても公民館設立の準備が進められていった。一九四九年六月に社会教育法[5]が公布されると、堺村（栄村の旧名称）でも正式に公民館が設置された。公民館での巡回映画の上映、歌や踊り、劇や運動会といった催しは、住民にとって大きな楽しみであったようだ。

さらに、公民館活動が軌道に乗ると、自由な学習の場として青年学級や婦人学級も設けられ、農林業の知識や技術、村政、生活改善等を学ぶ機会となった。こうした学級は冬に開かれることが多かったという。これも、雪深い中山間地の冬の暮らしの中では楽しみの一つになっていったのだろう。戦後の社会教育の中で活発になった公民館活動であるが、栄村のどの集落においても、公民館は寄り合いに欠かせない施設として機能している。そのことは統計資料にも表れている。

政府統計によると、各県別の公民館数一位の山梨県、五八三・四館に次いで、長野県は五七七館で二位であった。さらに、二〇一四年度の「公民館の利用状況」をみると、長野県の開館数は一三〇五館、利用公民館数は一〇四三館と、四七都道府県の中で一位であった。長野県だけで全国の開館公民館および利用公民館の一〇分の一を占めていた（e-Stat「政府統計の総合窓口」）。小滝でも震災の半年後に公民館の修復に取り掛かり、年末には修復を終えた。その喜びは、公民館内部の壁に書かれた住民たちの寄せ書きに見ることができる。「みんなで直した公民館、忘れない」等の自由なメッセージと、住民一人ひとりの名前と年齢がマジックで書かれている。修復後、年が明けると早速、集落全体の新年会が公民館で開かれたのだった。このように、公民館は今でも日常の中で住民を結びつける場として機能している。

外部に向けた新たな場の創造

小滝には公民館の他に、寄り合う場がもう一カ所ある。震災以降、住民がいなくなった家屋トナリを、クラウドファンディングによって資金を集めて修復したゲストハウスである（図8－5）。建物の梁や柱といった基本的な構造を残し、往時の暮らしを偲ばせるいろりや建具も再利用されている。浴室やトイレはバリアフリーとなり、最新の設備が備え付けられた。柱時計は地震発生時の三時五九分を指して止まっている。この時計とゲストハウス自体が被災体験を語る上では欠かせないシンボルとなっている。

図8－5　古民家を活用したゲストハウスのトナリ

管理は小滝プラスが行い、外部から来る者や小滝の元住民に宿泊場所として有料で提供される。企業との提携によって進めてきた米のブランド化と販売をきっかけとして、小滝にはイベント参加や仕事の打ち合わせのために外部から人が度々訪れる。これまでは栄村内の宿泊施設を使うしかなかった来訪者が小滝に泊まることができるようになった。トナリに立ち寄り、あるいは宿泊する者は、建物の来歴を住民から聞くことになる。被災と再生の物語がここを起点として生まれ、それが語られる場でもある。

個人の所有物であったこの家屋は、今では公民館同様、小滝の共有財となった。住民たちは「公民館は住民のためのもの、トナリは外部との交流のためのもの」と説明する。公民館が内部の結びつきを強固にする場であるなら、新たな共有財となったこのゲストハウスは、外部の需要を取り込み、小滝を外部に開く窓口として、同時に小滝と外部の結節点として機能している。

6　暮らしの場の再生と維持にむけて

小滝の取り組みで活用された「歴史」も米も共同慣行も、これまでの暮らしの中に普通にあったものばかりである。古文書に記された集落の歴史が小滝への意識を喚起し、具体的なイエの歴史は、大きな集落の歴史と今を生きる住民とをつなぐ。それは観念的であっても、土地と住民を結ぶ拠りどころとなり、新たな活動を支えることになる。かつてのようなイエではなくても、共有する資源や財があることで、地縁を活かした実質的な結びつきが可能となった。資源や財といった「共同」のありようも、それを活かす仕組みを作り出す「協同」のありようも不変ではなく、消滅の一途を辿るわけでもない。小滝の事例には「共同」や「協同」を創り出す可能性をみることができる。とはいえ、かつての水争いの始末のつけ方にみられたように、密度の濃い人間関係を維持していくには窮屈さもあるだろう。こういった人間関係は、集落が危機的状況に直面したときには固く結束し、力を発揮する。しがらみと助け合い、どちらがより強く発揮されるかは、置かれた状況の中で住民がどのような暮らしを望むかにかかっている。

暮らしの場の再生・維持とは、新たな共同のありかたとそれを運用する協同のあり方の模索の連続である。外部との連携・交流も名目だけのものとならず継続性を持ち得るのは、こういった模索と実践が集落内部からの自発的な動きとつながっているからであろう。それは、災害被災地に限ったことでも中山間地域に限ったことでもなく、都市部も含めすべての地域で求められているはずである。

注

（1）「共同」と「協同」の使い分けについては第四節で述べる。

（2）「全国各地で、それぞれのこころをよせる地域——ふるさと——をより良くしようと頑張る団体、個人を表彰することにより、ふるさとづくりへの情熱や想いを高め、豊かで活力ある地域社会の構築を図ることを目的として、昭和五八年度から実施」（総務省ホームページ）されている取り組みである。

（3）親族用語の一つ。東北から関東・中部地方にかけて分布し、地域によってはマケ、マギ等とも呼ばれる。多くの場合、マキを構成する家々の本家、分家の序列が厳格であるとされるが、マキが指す範囲については地域によって異なり、必ずしも一律ではない。

（4）日露戦争のこと。

（5）「教育基本法の精神に則り、社会教育に関する国及び地方公共団体の任務を明らかにすることを目的」（s-Gov のホームページ）として制定された。「社会教育」とは、「学校の教育課程として行われる教育活動を除き、主として青少年及び成人に対して行われる組織的な教育活動（体育及びレクリエーション活動を含む）」（s-Gov のホームページ）と定義される。

参考文献

朝日新聞「てんでんこ　被災ここにも」一一―二二（二〇一八年五月二二日―六月六日）。

川島秀一『津浪のまちに生きて』冨山房インターナショナル、二〇一二年。

栄村史堺編編集委員会『栄村史堺編』長野県下水内郡栄村、一九六四年。

中野紀和「災害被災地における「集落」再生の取り組み――長野県北部地震の栄村小滝における「歴史」」大東文化大学経営学会『経営論集』第三七・三八合併号、二〇一九年。

中野紀和「「被災地」となったある集落の模索――長野県北部地震の栄村小滝の取り組みの土台と展開」信濃史学会『信濃』第七二巻第一号、二〇二〇年。

松尾真『栄村大震災記録集　栄村復興への歩み㊤』合冊本、ＮＰＯ法人栄村ネットワーク、二〇一二年。

柳田国男「二十五箇年後」『雪国の春』岡書院、一九二八年（『柳田国男全集三』筑摩書房、一九九七年）。

山口弥一郎『津浪と村』三弥井書店（復刻版）、二〇一一年（初版は一九四三年）。

湯川洋司「Ⅱ村の生き方」湯川洋司・市川秀之・和田健『日本の民俗六　村の暮らし』吉川弘文館、二〇〇八年。

e-Gov　電子政府の総合窓口（二〇一九年六月七日更新）「社会教育法」。

https://elaws.e-gov.go.jp/search/elawsSearch/elaws_search/lsg0500/detail?lawId=324AC0000000207#2
E-Stat　政府統計の総合窓口「四二　公民館の利用状況」「統計でみる日本」。

https://www.e-stat.go.jp/stat-search/files?page=1&layout=datalist&toukei=00400004&tstat=000001017254&cycle=0&tclass1=00000

1098916&tclass2=000001098918&tclass3=000001098921&second2=1
総務省ホームページ「ふるさとづくり大賞」。
https://www.soumu.go.jp/main_sosiki/jichi_gyousei/c-gyousei/hyousyou.html
長野県栄村ホームページA　統計資料室『二〇一九村勢要覧』。
http://www.vill.sakae.nagano.jp/fs/2/5/7/7/0/_/2019_____.pdf
長野県栄村ホームページB　『広報さかえ』平成二九年三月号・第四〇〇号。
http://www.vill.sakae.nagano.jp/docs/452.html

読書案内

① 山口弥一郎『津浪と村』（復刻版）三弥井書店、二〇一一年（初版は一九四三年）。
＊東日本大震災直後に復刻された書である。明治二九（一八九六）年の津波被災地である三陸沿岸の二五年後の様子を書き留めた柳田国男の「二十五箇年後」を基に、山口がその後の津波被災地を地理学や民俗学の観点から詳細に分析している。文化的、社会的背景を視野に入れた本書は今なお有効な視点を含んでいる。

② 湯川洋司・市川秀之・和田健『日本の民俗六　村の暮らし』吉川弘文館、二〇〇八年。
＊本書は「村の場」「村の生き方」「村の変容と存続」という三部構成からなる。過疎化、高齢化、規模の縮小といった課題ばかりに目がむけられがちな村社会の事例を再考し、将来の社会生活に活かしうる可能性を示した書である。

第9章　都市生活を支える連帯と協働

中野　泰

1　都市の生活と自治会

都市生活において、今日、人々の連帯や協働はどのようになされているだろうか。協働作業という言葉ですぐに想起されるのは、ゴミステーションの清掃、葬式の相互扶助、防災活動や祭りといった営みであろう。その担い手として、あなたは誰を思い浮かべるであろうか。隣近所の人々、それとも自治会であろうか。

隣近所と自治会の存在感

今日の自治会に対する人々の意識は、朝日新聞のデジタルフォーラムから窺うことができる。自治会の必要性については、必要の四五%を、不要の四九%が上回っている[1]（図9-1）。一九八七年に行われた統計調査においては、自治会の存在を支持するものが八五%と、多くの人々が自治会の必要性を意識していた[2]（岩崎他　一九八九）（図9-2）。約三〇年の間に、自治会に対する意識には大きな変化が生まれ、今では必要と不要が拮抗していることがわかる。

高度経済成長期以後、少子高齢化が進展し、都市部においても人口の空洞化が起こり、自治会の機能が低下していると指摘されている。その一方で、二一世紀に入る頃には、大規模災害が頻発し、防災上の観点から、地域における社会的な連帯や協働が見直されるようになっている。

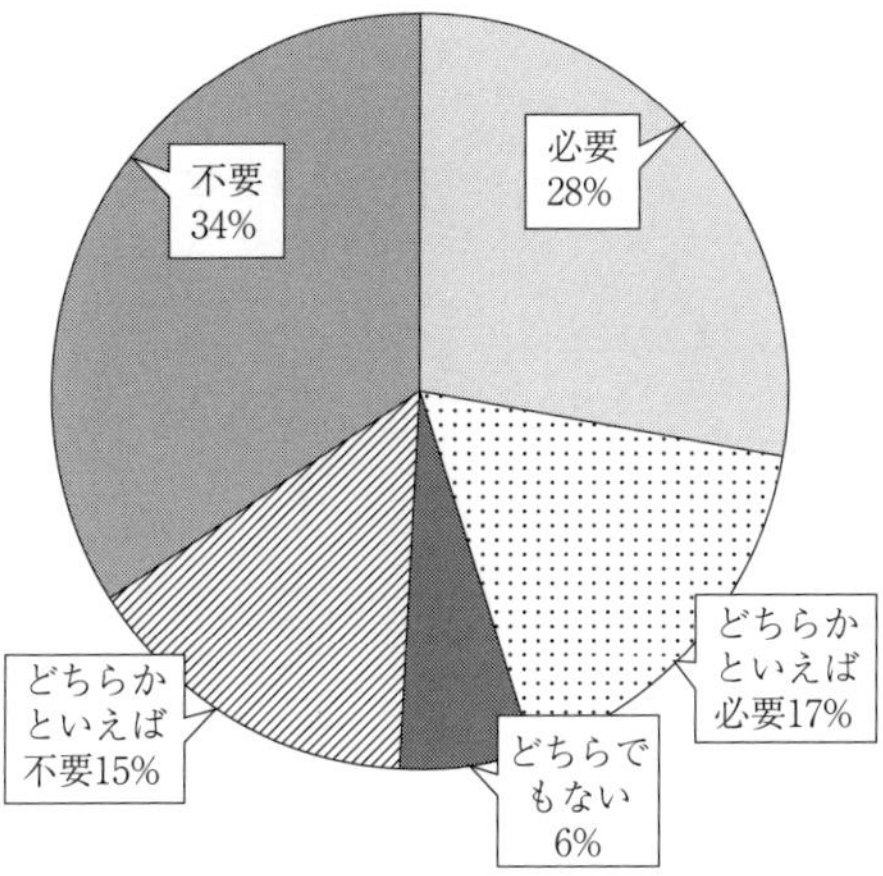

図9－1　自治会の必要性（2015年調べ）

注：投票募集期間：2015年10月２日～19日14時，インターネットで回答，全1967回答，なお，投票締切は，10月14日から10月19日まで延期。延期前のタイトルは「どうする？自治会・町内会」。10月１日14時までに1802の回答があった。
下記の３つの問いが設定されていた。①自治会・町内会に入っていますか（選択回答），②自治会・町内会の主な役割は何だと思いますか（選択回答），③自治会・町内会に課題があるとすれば何だと思いますか（選択・記述回答）。

出所：朝日新聞デジタル「自治会・町内会は必要？不要？」https: //www. asahi. com/opinion/forum/013/

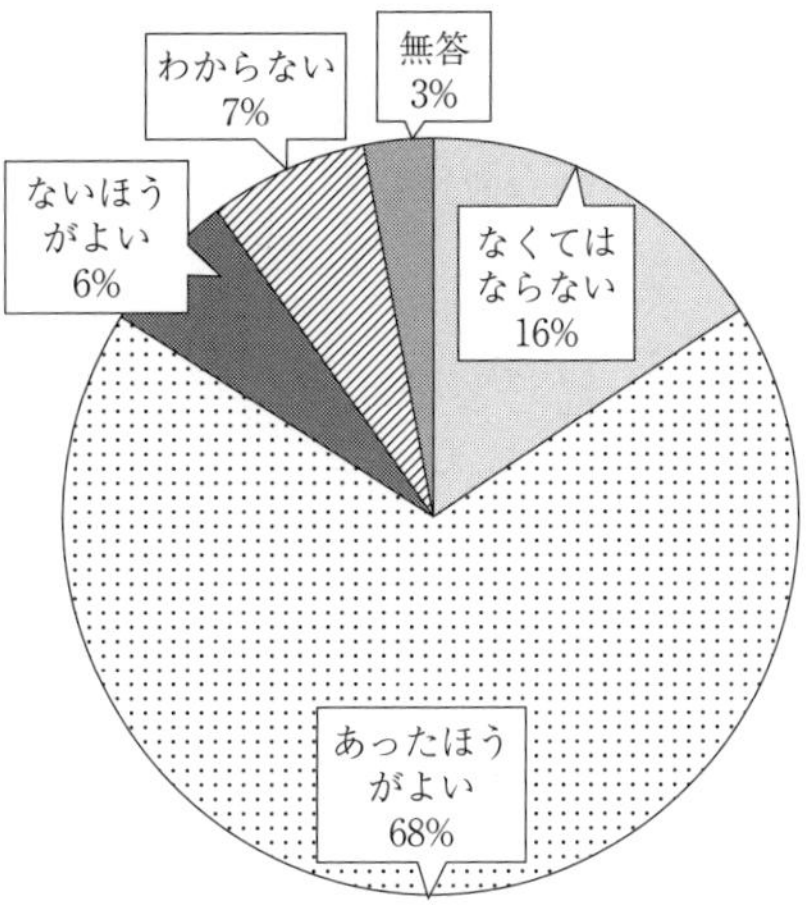

図9－2　自治会の必要性（1987年調べ）

注：原題は「町内会はあったほうがよいか」。出所の共同研究が対象とする9市のうち，25歳から70歳までの標本調査（1987年11～12月）による。調査は，郵送方法により実施され，標本の内訳と総計人数は，釜石市（173人），東京都港区（129人），上田市（193人），豊田市（161人），京都市（151人），寝屋川市（149人），津山市（183人），山口市（180人），鹿児島市（142人）の計1451人。

出所：岩崎他編（1989）。

この章では，都市を舞台に地域生活の連帯や協働がどのように営まれているのか，隣近所と自治会に焦点をあて，家族のあり方と関連づけながら考えてみたい。

自治会のとらえ方

ここで取り上げる自治会は，都市の社会関係のあり方を示すものとしてこれまでも注目されてきた。自治会の特性をどのように位置づけるかは，見る人の立場によって分かれるが，たとえば，社会学においては，自治会それ自体の組織原理や機能が注目される。この観点で整理すると，自治会は，①加入単位が個人でなく世帯であること，②全戸の自動的なまたは強制的な加入であること，③活動が多岐にわたり包括的な機能をもつこと，④行政の末端補完機能を果たすこと，などの特徴を持つとされる（中村　一九七三）。このうち④の側面については，鳥越皓之の研究が注目される。鳥越は，地域自治会という組織の性格を近代化の展開過程と関連づけて，検討している（鳥越　一九九四）。鳥越の視点は，環境問題を解決する上で自治会は有効な組織であるとの認識に立ったものであるが、ここで参照したいポイントは、自治会を「行政の末端機構」としてみるのではなく、自治会と行政の間を、役割の「振り子の関係」としてとらえる視角である。つまり、行政を中心に関係性をとらえるのでなく、両者の関係性の動態を客観的な視座から捉えようとしている点に、従来にない視角を認めることができる。この考えは、包括的で多岐にわたる自治会の機能を動態としてとらえる上で一定の有効性を持つと考えるからである。

この章では、自治会を主な対象として取り上げるが、その際、住民の観点に立って、地域で伝えられてきた伝承や民俗にも留意する。自治会は、そこに住まう人々の生活と密接に関わっており、人々の生活経験を総体的にとらえる必要があるからである。具体的には、自治会に加えて、同じように地域住民によって組織される講や自主サークルを含めて相互扶助を考えることとする。というのも、地域生活における連帯を見ていくためには、自治会だけに注目しているとこぼれ落ちてしまう生活の側面もあるからだ。以下、家族との関わりに留意しながら、自治会が、地域に存在する様々な組織といかに関わり、地域生活において、どのような意義を有しているのかを、東京都立川市の自治会を事例として考えてみたい。

2　東京都立川市柴崎地区の自治会

地区の概観

東京都立川市は、多摩モノレールが南北に縦貫し、東西に走る鉄道（中央線・青梅・五日市線等）が交差する結節点に位置する、人口約一八万人の都市である。立川市は、近世村落に由来する柴崎地区（旧柴崎村）と砂川地区（旧砂川村）とで構成される。[3] かつて農村であった柴崎地区は、大正時代に設けられた立川飛行場によって軍都としての性格を帯びて発展した。敗戦後、立川飛行場はアメリカ空軍の基地（立川基地）として利用されたが、一九七七年に返還された。それ以降、立川駅を中心とする駅前の再開発が進み、今日に至っている。

現在の柴崎地区を構成する富士見町、柴崎町、錦町、羽衣町、曙町、高松町は、立川町が市制をしいた一九四〇年にそれぞれ誕生した。各地で町会が結成され、戦後の一時期廃止されたものの、人口増加と並行して、多くの自治会が再結成された（立川市史編さん民俗・地誌部会編 二〇二〇）。一九六七年には、自治会連合会が組織され、加盟自治会と行政との間の連絡調整を行うほか、地域防災・防犯活動、自治会活性化に関わる活動等を行っている。二〇一七年現在、立川市内の自治会数は一八三、自治会への加入率は約四二％である。

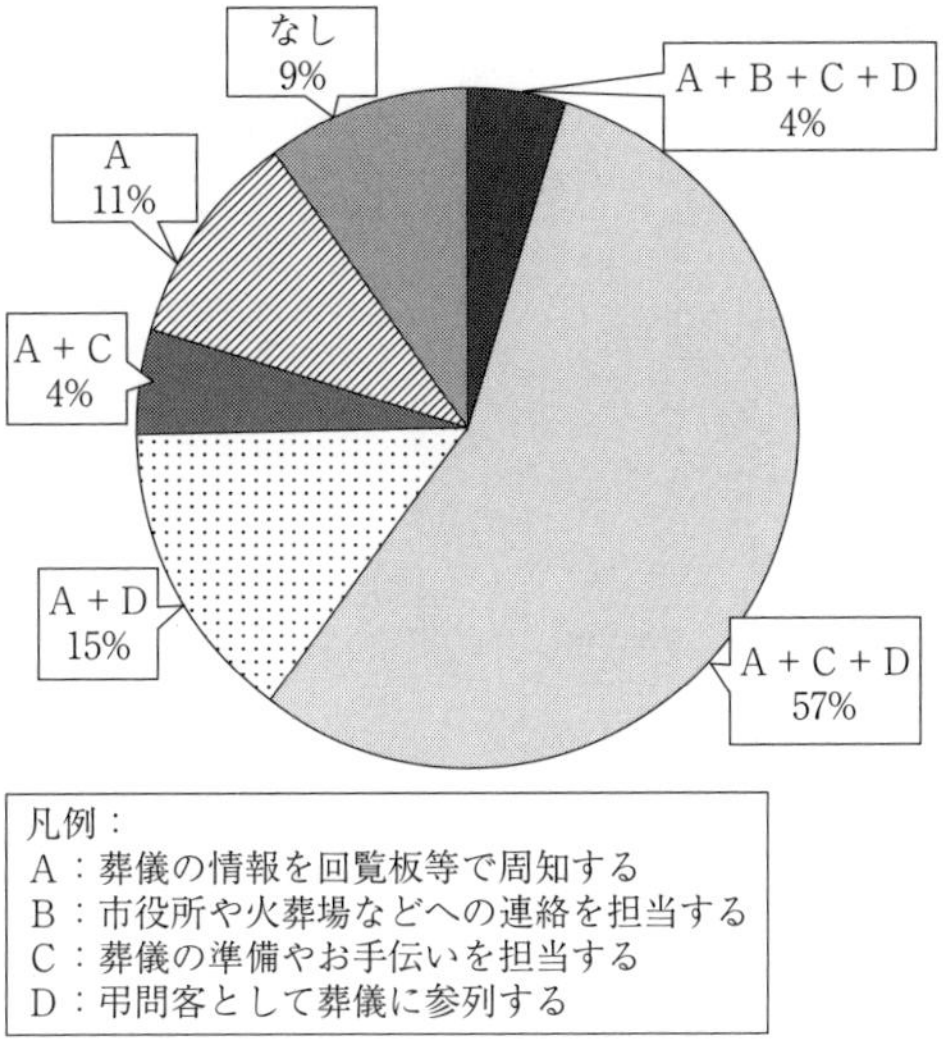

図9-3　自治会における葬儀協力の型（2018年調べ）

注：アンケートは自治会連合会に加入している132の自治会に対して実施した。95団体から回答を得た（72％）。このうち，柴崎地区に属するのは計47団体で，この数値は，柴崎地区の全自治会の6割以上となる。

出所：立川市史編さん民俗・地誌部会（2020）。

自治会の組織と活動

自治会は、構成員の生活の向上や環境の維持、互いの親睦をはかることを目的とし、集会所その他の財産を有し、規約に基づき運営されている組織である。

自治会の活動内容は多岐にわたる。立川市内の自治会に対するアンケート結果から、自治会の今日的様相を示す特徴として次の二点をあげることができる[4]。一点目は、自治会活動における祭礼行事の重要性である。自治会にとっての大きな出来事を尋ねた質問に対しては三四の自治会から複数回答形式で七五件の回答があり、その内容は、神輿・太鼓など神社の祭りに関わる道具等の購入や修繕についての事項が最も多く二七件、次に、集会所の新築、改築、敷地に関わるできごとが二三件であった。自治会の環境改善や設備に関するできごとについても八件とやや回答が多かったが、その内容は駅周辺の区画整理に派生するものと、集合住宅に関わる環境問題であった。

二点目は、末端の近隣組織における相互扶助の減少である。自治会内には、家々の地縁的なまとまりごとに組が組織されている[5]。組は、諸連絡を周知する最小の単位である外、葬儀の際の相互扶助の単位となる例が少なくない。柴崎地区のアンケートによれば、葬儀の準備や手伝いを組が担当すると回答した自治会が、有効回答数四七のうち六割を超えており、今でも近隣の相互扶助が無視できないものであることがわかる（図9-3）。しかし、「各組が隣組的性格を有し、おたがい様的関係を有していたが、昨今それも崩れてきた」という回答もあり、「家族葬」や「密葬」の増加、手伝いの減少についても一三件（二七%）の回答がある。葬儀の告知についても、葬儀が終わった後に、自治会長にその連絡が来たり、知らせ自体を出さなかったりする場合があり、近所付き合いが減少していることが窺える。

柴崎地区の各自治会の平均世帯数は二八七世帯で、組数は平均約二三組である（二〇一七年）。一九八一年の旧自治省による全国調査では、一つの自治会の世帯数は、一〇〜三〇世帯が七三%を占めており、この数値が、一九八一年頃には平均的なものだったことがわかる（東海自治体問題研究所編　一九九六）。自治会の構成世帯数は、その後、増える傾向にある。二〇〇八年の全国調査においては、一つの自治会の世帯数は、二〇〇世帯以下は七〇%に減って、人口五〇万人以上の大都市においては、二〇〇世帯以上が六三%に増えている（辻中／ペッカネン／山本　二〇〇九）。

柴崎地区内の二つの自治会

柴崎地区には現在六九の自治会が組織されているが、ここでは、対照的な性格を帯びたS会と、F自治会を取り上げる。持ち家地区である前者と、集合住宅である後者とでは、同じ自治会といっても大きく異なる。前者の歴史は近世村落にまで遡るのに対し、後者は昭和四〇年代に開発された住宅地である点でも対照的である。

S会は、低地部と台地部の境となる崖線をまたいで位置する。旧道が地域内を走り、寺院が位置する。自治会は一九五〇年に発足し、戸数の増加によって、一九五六年と一九七九年の二度にわたり、自治会を分割している。旧柴崎村の中心地の一つに位置し、戸数増加にもかかわらず、まとまりを維持してきた自治会といえる。

F自治会は、都の住宅供給公社により建てられた集合住宅から成る自治会である。水田が広がる崖線下の低地は、高度経済成長期にバイパス道路の開通とともに住宅地として開発され、入居開始二年後の一九六九年に自治会が発足した。賃貸と分譲の双方を含んで成立した自治会は、事務所を設け、専従職員を雇用し、広報誌を発行して暮らし環境の改善をはかる活動を積極的に展開してきた。F自治会は運動する自治会として知られている。

以上の二つの自治会は、現状では耕地等の共有財産を有しているわけではなく、それに伴う、管理や清掃といった共同労働もない。ともに都市の自治会としての性格を有している。ここでは、都市における地域の連帯や協働をとらえるために、地域で広く行われてきた講と祭礼も含めて取り上げる。講は、講員同士の相互扶助機能を有し、地縁組織とも歴史的に深く関わっている。祭礼は、戦後の政教分離政策によって、自治会の公的な活動からは切り離される傾向にあるが、現実には地域住民の親睦の機会として重視されている。二つの側面を通じて、地域生活における連帯を家族の関わり方にも目を向けて、考えてゆきたい[6]。

3　組と講

S会は、加入世帯数三二〇世帯、三六組から成る自治会である。世帯数としては柴崎地区の平均より多い。一組の平均世帯数は約九世帯である（表9－1）。組は各種回覧を回す単位であり、慶弔の際の相互扶助が行われている。

組の相互扶助

葬儀における組の相互扶助の中心は、通夜、葬儀の受付である。葬儀社に依頼するようになってからは、訃報を掲示板に掲示することを断る家もでてきており、今では相互扶助の関わりは減少している。弔慰金については、自治会会員の家族の死亡時に自治会から喪家へ贈ることになっている。いわゆる、村香典の慣習と類似のものであろう（千葉　一九七一）。村香典とは、葬家との血縁や付き合いの程度によらず、同じ地縁組織に属するすべての家が一律に定額を拠出する香典であり、金銭を香典として贈る以前は、実質的な葬儀の扶助が中心であった。

講の相互扶助

S会においては、この組とは別にO講が存在し、所属する家同士互いの葬儀を扶助している。O講は、自治会組織に公的に組み入れられてはいないが、近隣の家々は講員の家の慣習を尊重し、葬儀の扶助を棲み分けるようにしている。

O講の中で不幸が生じると、講員は揃って喪家へお悔やみに行き、葬儀日程が決まると、今でも昔からのやり方で葬儀を取り仕切る。枕飯の支度、料理、弔問に訪れた人や親戚に対する接待のほか、通夜の受付、駐車場係、お清めの案内をし、翌日、火葬場まで同行する。以後、講員は、四十九日、一周忌、三周忌までの供養、年忌に同席する。通夜においては、シンセキと同様、七日（なのか）の香典を喪家へ贈る。香典返しはない。葬儀だけでなく、長男の結婚式の祝いにも互いに呼び合う。また、オヒマチと称して、夫婦が出席して定期的に飲食を行っている。オヒマチは世間話をするのみで、祀る神仏はない。講は、このように、相互扶助と親睦という機能を担って今日も営まれている。

講の組織原理を考えてみると、第一に、地縁を挙げることができる。現在、O講を構成する九軒の家は、自治会の組でいえば、五つの組にまたがっている。しかし、いずれもOという地名の範囲におさまっており、かつては近隣同士の家々であったと推測される。第二に、同姓を挙げることができる。九軒の家は、現在、O姓七軒、B姓一軒、N姓一軒の計三つの姓から成り立っているが、近年まで、講はカミとシモに分かれていて、カミはO姓が、シモはB姓が中心であった。

ジシンルイ

伝承によれば、かつて、O講の家は「O（地名）八軒」と称していたといい、Oという地名にちなむ名前で呼ばれていたと伝えられる。八軒の姓は、カミのO姓三軒、H姓一軒（現在は転出）と、シモのB姓三軒、N姓一軒とされる。O姓にはAとBの二つの系統がある。A系統は、H姓の姓から一文字を分けてもらい、O姓を名乗るようになったという。B系統は、もともとM姓であったが、この地に定着する際に、まわりの家の姓であったO姓を名乗るようになったと伝わる。B系統本家のSさんによれば、この講は、ジシンルイといって、血のつながりはないけれども、土地で「つながっている」「シンルイ」、つまり「隣近所でつながっているシンルイ」であるという。

O姓の家々は、共通の民俗を有している。O姓の家では、戦後しばらくまで、女性の檀那寺は地元のF寺（臨済宗）、男性の檀那寺は近在の市のH寺（日蓮宗）と分かれていた。複檀家の慣行である。[7] 墓は、寺院境内ではなく、家の付近に作られた屋敷墓である。直近の墓地整理以前には、地蔵菩薩の石像を中心に、AB両系統の墓地は隣接していた。また、O姓では盆行事も、十三日から始める他の家々と異なり、一日遅れで始まる点が共通する。これらは、両系統のO姓が、歴史を遡るとなんらかの密接な関係性を有していたことを窺わせる。

S会内で確認できた講はこのO講の一例のみであるが、かつて、類例は各地にあったと考えられる。同じ柴崎地区の他の自治会では、町（現在の自治会）と講が同じ地域範囲の家々で成

表9-1　S会の構成と地縁組織

世帯数	320世帯
集会所	会館　1カ所
組　織	組・地区
地区長	5人
組　長	36人（36組）
配布物	常会→地区長→組長→各世帯

り立っていた。明治から戦前までの話であるが、この町は、道路維持の共同作業や、鎮守祭礼に参加する自治的な単位であり、同時に、葬儀、念仏等の相互扶助及び、榛名講(はるなこう)等の単位でもあった。共同作業や祭りに関わる会合をヒマチと称していた点は、O講の場合と共通している。文書資料による確認が必要ではあるが、かつて、O講もまた自治的な組織そのものであった可能性を推測させる。また、O講と同様のジシンルイは、同じ柴崎地区や南関東の民俗報告に少なからず確認できる（鈴木　二〇一五）。柴崎地区におけるジシンルイの例は本分家の関係、多摩の事例では一対一の家同士の対関係と報告されている（立川市編纂委員会　一九六九、福田　一九八六）。この点は、O講では不明瞭であるが、その背景には、都市化に伴う自治会組織の変化が関わっているとみられる。創立当初のS会は農業会集荷所と不可分の関係にあり、組の組織にも戦前の配給制度における隣保班の性格が残されていた。その後戸数増加に伴い、二度にわたって自治会を分轄し、この過程で組は再編成を繰り返した。また、区画整理によって移転する家もでてきたため、O姓の中でも出入りがあり、四軒の分家と、別系統の一軒が講に加わっている。二〇一二年頃に、シモの講が解散し、継続を希望する二軒がカミへ加わり、現在に至る。O講の家々のつながりは次第に変化しているものの、同族と地縁を組織原理としているといえる。

相互扶助のかたちを決めるもの

S会において組と講の二種類の相互扶助がみられる理由は、この集落が江戸時代以来の歴史を有することと関わる。たとえば、O講の講員であるO姓A系統の本家は、江戸時代初期に当時の柴崎村の名主をつとめたという由緒を伝えており、B系統の本家は八王子千人同心の役や鷹場陣屋の役を担っていたと伝えられる。O姓の寺檀関係が、なぜ、複檀家なのかについては、甲州の武田氏の残党であることから、出自が露見して江戸幕府の追っ手に殺される危険を避け、女の寺を安全な側に置いていたからだと伝えられている。この伝えは、もちろん史実であるとは言い切れないが、ここでは、このような伝承がなぜ伝えられているか、という点に注意を向けたい。というのも、こうした伝承からは、生活者の意識がよく窺えるからだ。それは、この慣習を家が絶えない工夫であったと解釈する点にあらわれている。すなわち、そこからは、家の歴史的由緒を重視し、家の継承を図ろうとする家意識が浮き彫りになる。ここでは、近世以来の家モデルを背景に、講という形で相互扶助と親睦を行い、家々の連帯を持続してきたのである。

一方、F自治会は、一八三六世帯が加入する自治会である。世帯数は、柴崎地区で最も多い。地縁組織は、集合住宅の棟を単位として四〇班に分かれ、一班は平均四六世帯から成る。さらに各棟（班）は階段を基準に数世帯をとりまとめて、階段委員を置いている。階段委員一人がとりまとめる世帯数は約一〇世帯である（表9-2）。集合住宅への入居資格は、核家族を主とする家族形態であることと、所得を基準にしている。つまりF自治会では、家の枠組みに則った本分家や姻族が、同じ集合住宅内に居住することは想定されていないため、血縁関係に基づく家々の連帯関係は初めから成り立たないのである。葬儀については、この集合住宅への入居開始当時、市内ではすでに葬儀社が営業を始めていた。集合住宅の住人は、職業も様々で、共働き世帯も少なくないため、葬儀の際には、専門業者へ任せる傾向が進み、相互扶助を近隣の家々が行うよりも、組織を代表する役員へ集約する形に変わっていった。F自治会の自治会規約で規定されている「弔慰金」は、お返しの必要はないが、申請手続きを必要とし、事務局を通じて支給するという形になっている。

表9-2　F自治会の構成と地縁組織

世帯数	1836世帯
集会所	2カ所
組　織	棟・階段
棟代表	40人（棟）
階段委員	176人
配布物	自治会事務所→棟代表→階段委員→各世帯

まず、S会とF自治会の相互扶助と家々との関係性の共通点を考えてみよう。鳥越皓之は、栃木県佐野市駒場における自治会内の重層的な地縁組織（町内会、部落、コーチ等）の機能を明らかにし、近代以前の村組と推定されるコーチについては、一方で、謡初等の機能を順次失って部落活動に取り込まれながら、他方で、道普請といったまったく別の側面で利用されていると指摘する[8]。鳥越は、行政によっていわば上から設定された官製の新しい組織でさえも、地域生活の維持に不可欠な組織に変えてしまうこの動きを、行政からの要望と当該地域の歴史的個性とを適合させていく「主体的営為」と位置づける。このように、自治会は「生活の歴史」をふまえて存在せざるを得ないものであるという（鳥越　一九九四）。この見方を参考にして立川の事例を考えてみよう。たとえば、S会で自治会が分裂した際、O講の構成員の一部は、S会とは別の自治会の領域に組み込まれてしまったため、O講の構成員は、周囲の理解を求め、境界線がいびつになることを承知の上で、まとまってS会へ所属したという。講員同士が納得した上で対応したという点でこれも、「主体的営為」として見ることができよう。つまり、鳥越の指摘を勘案すれば、今ある立川市内の家々の相互扶助のあり方も、生活する当事者の立場から納得し選択され、形成されてきたものであり、生活者の論理に沿っ

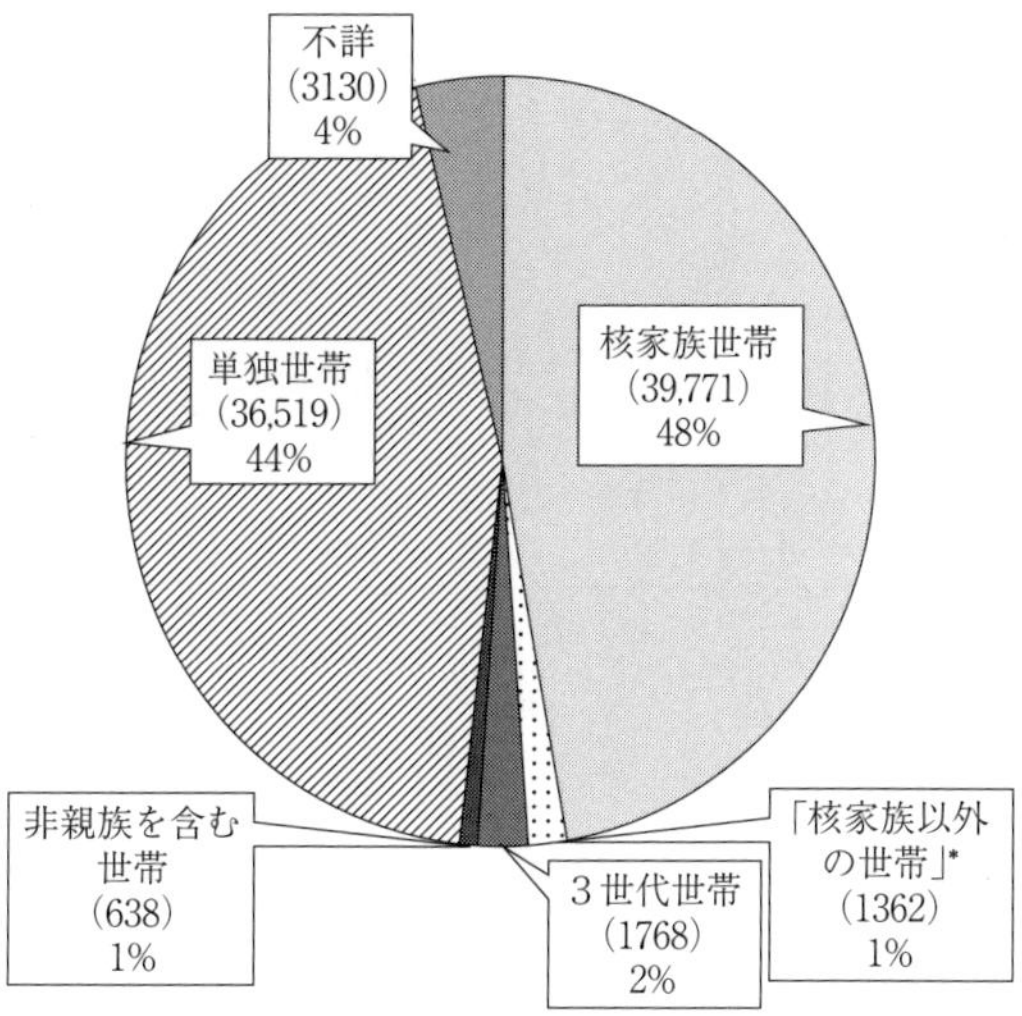

図9-4　立川市在住世帯（83,188世帯）の家族類型

注：＊「核家族以外の世帯」の数値は，核家族以外の世帯総数から３世代世帯の数を除いた数値である。

出所：2015年国勢調査（総務省総務局），2015年10月現在。

たものとして、歴史的に理解されるべきものだということである。

次に、S会とF自治会の間の違いを考えてみよう。S会とF自治会の相互扶助と家々の連帯の違いは、その背景にある前近代的な家制度と、核家族の枠組みを対置してみると理解しやすい。現在の立川市の家族類型別の割合をみてみると、家制度に近い家族形態と考えられる三世代同居世帯は二％にすぎず、核家族は四八％とかなり多い（図９－４）。両者の数値の背後には各々S会とF自治会が存在しているのだろう。加えて、そこには家族形態の変化も伴っているようだ。実際に、O講では、シモの解散をきっかけとして、付き合いをやめた家もあった。その背後には、家の継承に対する考え方の変化があったと思われる。S会では、二〇世紀末に自治会の規約変更を行った。「同一家屋」に居住する「世帯」を会員とするという旧来の規定が現状に合わなくなったため、内規として、「二世帯住宅」の世帯や、「親子別姓」である「世帯」については、上位世代に含まれる会員となるか、もしくは、別世帯の会員となるかのどちらかを選択できるという特例を設けた。自治会の会員規定は、家族の居住形態の変化に直面していたのであり、家という枠組みでの連帯に揺らぎが生じていると考えるべきであろう。

4　自治会活動としての夏祭り

自治会会員は、一方では近隣の家々と連帯関係をつくりあげ、他方では自治会自体の活動にも関わっていく。ここでは自治会の活動の一つとして夏祭りを取り上げる。これから述べるF自治会の事例では、自治会会員としての権利・義務という制度的枠組みからこぼれてしまう参与の仕方として、有志によるサークルに注目する。サークルではどのように連帯し、その活動は自治会にいかなる影響を与えているのだろうか。

「ふるさと」をつくる夏祭り

F自治会の夏祭りは、八月下旬の三日間（二〇一九年は八月二二日から二四日まで）、集合住宅の広場を会場に行われる。夏祭りを主管するのは自治会厚生部である。部長は、前年度の棟代表の中から互選によって選出される。地縁組織である各棟（班）の代表者が厚生部員となり、その中の経験者が部長をつとめる（表9－3）。特徴的な点は、アンケートを実施して会員の意向をくみ上げ、会議で協議を重ね、夏祭りを創り上げてきた点である。また、会員同士の親睦を図る効果をあげるため、広報誌では、「家族ぐるみ」や「みんな」で参加することを繰り返しうたっている。

四月の総会以降、新たな役員が始動し、五月にはその年度の事業計画を立て、検討が始まる。夏祭りについては、厚生部の主導のもと、夏祭り実行委員会を組織し、イベントの日程、内容を詰め、スタッフの持ち場の検討等の準備と運営を進める。八月中旬から子どもボランティアが集まり、太鼓の練習等を始め、八月中旬過ぎには練習が本格化する。二〇一九年の主なイベントは、表の通りである（表9－4）。

F自治会の夏祭りでは、夏祭りに「ふるさと」のイメージを托し、総員で創り上げるものと位置づけ、その過程で自治会内の親睦と交流がはかられている。夏祭りは、この集合住宅への入居が始まった翌年の一九六八年、つまり、一九六九年の自治会創立に先駆けて行われた「盆おどり大会」に由来する。以後、現在まで行われている自治会活動の中でも、最大の行事なのである。こうして、創り上げられた祭りの枠組みは、今日まで継承され、今日の祭りをも特徴づけている。夏祭りは、地方から移住してきた大人にとっては故郷を想起させる「郷愁の場」であり、また、子どもたちにとっては何よりも「楽しみの場」であることが重要であったため、両者の思いを加味し、「心に残る「ふるさと」」をコンセプトに企画されてきた。子ども向けには、スイカ割り、どじょうつかみなどのイベントが催された。どじょうつかみは、近くを流れる用水の水をくみ上げた人工の池へどじょうを放し、子どもたちが手摑みで捕まえる催しである。大人と子ども向けのイベントとしては、御輿が挙げられる。三年目の夏祭りの際にアンケートで夏祭りの出し物を募ったところ、神輿や山車の催しが候補に挙がっ

表9-3　F自治会の役職と組織概要

会議・機関名	役員の名称等	選出方法等	総　会	棟代表会	役員会
会議・機関の位置			本会の最高議決機関	総会に次ぐ議決機関	総会ならびに棟代表会の議決に従う執行機関
役　員	会　長	会員による直接選挙	○	○	○
	副会長		○	○	○
	事務局長		○	○	○
	財務局長		○	○	○
	事務局次長	過年度の役員の中から当該年度の役員会で選出	○	○	○
	専門部長	前年度の棟代表の中から互選により選出	○	○	○
	事務局専従職員		○	○	○
	会計監査委員		○	○	○
	棟代表	各棟(40)から1名を互選などにより選出		○	
	階段委員（代議員）	各階段会員の中から1名を互選により選出，代議員として総会の構成員になる	○		
	対策委員会委員長	本会全体の取り組みとなる重要な課題に対処するために，棟代表会の承認のもとに設置			○
	特別委員会委員長	特別な問題の解決のために，役員会が必要と認めたとき設置			○
部	5　部	広報部，住宅環境部，厚生部，福祉部，防災部			
夏祭り	厚生部	部長　1人，他　8人			

た。御輿は、同じ町内の御輿大工に依頼して製作してもらった。特定の宗教の性格を除きたいという自治会の意向で、御魂入れも行わず、「神輿」ではなく「御輿」と表記し、地域の鎮守である諏訪神社の例大祭とは切り離して行われている。そのため、近隣自治会が諏訪神社周辺で行っている神輿の巡行は行わず、集合住宅内で、建物と建物の間（四〇棟）を子ども、大人が担いで回る。つまり、ここでの夏祭りは、人工池のような擬似的な自然に囲まれ、宗教性を取り除き、象徴的な「ふるさと」を経験するコミュニティづくりの場であるといえる。

一方、S会の夏祭りは、鎮守である諏訪神社と、自治会内にある公園とで催される。S会においては、地縁組織を代表する組長は、夏祭りの会議には直接関わらず、会長、副会長が役員の選出と、会議運営を主導している所に特徴がある。夏祭りを担当する組織は文化部であるが、準備や当日の運営は、役員総出で行い、自治会会館における食事等の準備や賄いは、組長（の妻等）が担当している。自治会内の公園においては、模擬店を開き、演芸大会、納涼盆踊り、花火等が行われる。これらは、高齢者から、大人、子どもまで各世代向けのイベントとして、部組織とサークルなどによって営まれている。しかし、中心的な位置にあるのは諏訪神社の例大祭、つまり神事である。

表9-4　F自治会の夏祭りイベント（2019年）

月　日	時間帯	イベント名
8月22日（木）	夜（前夜祭）	盆おどり
8月23日（金）	昼	子どもおたのしみ会
	夜	夜店 児童館ダンスサークル 盆おどり・レクダンス 鏡開き 富士子連親子隊「よさこい」
8月24日（土）	夜	夜店 中学校 OB 吹奏楽 盆おどり・レクダンス

夏祭りの初日、自治会会館で神酒所開きと称して、諏訪神社の神職により神輿や山車の祓いの神事が行われる。町内においては、神輿、太鼓、山車の巡行が行われる。S会は、自治会内のみならず、自治会の範囲を超えて巡行を行い、囃子の会は、巡行の間、囃子の指導をしてもらった他団体や、同じ流派の団体と交流する。

F自治会の夏祭りをS会のそれと対比してみると、みこし（F自治会は御輿、S会は神輿）を巡行する形式面では両者は共通する。しかし、差異も少なくない。特に、後者が神社祭祀の枠組みの下で行われるのに対し、前者では、子どもにとっての「ふるさと」が強調されており、その点が際立っている。次に、この違いがどうして現れたのかについて、自治会組織と関連づけて、考えてみよう。

夏祭りの意味づけとその存続に向けた戦略

F自治会の夏祭りイベントのうち、お楽しみ会と夜店は夏祭りの草創期から続けられている。そして、その担い手はサークルである。たとえば、お楽しみ会は、現在、プロの劇団に依頼し、保育園の園児と大人たちが演劇を鑑賞しているが、年によっては、かつて幼児教室で劇を経験した人自身が出演する。その原型は、一九八〇年に始まったサークルにある。

一九七四年当時、託児施設の需要が高まっていたF自治会において、婦人部が全世帯を対象とするアンケートを実施したところ、「子どもを預けたり、又預かったりの相互扶助的な組織」を、という要望が強かった。これを受けて二つの相互扶助組織が誕生し、そのうちの一つが三歳児を対象とする自主サークル（幼児教室）であった。このサークルでは父母の中から運営委員を選び、運営委員を中心に、研修をうけた者が保育者（当初は指導員と称した）をつとめ、児童館の部屋を借りて教室を開設した。以後、四歳児（一九八〇年〜）、五歳児（一九八一年〜）も対象としたが、少子化により、二〇〇〇年に解散した。この教室は、「手作り保育」の指針に基づき、演劇の公演も行っていた。劇を披露する経験が、お楽しみ会という形で引き継がれ、夏祭りに親睦の場を提供しているのである。F自治会は毎年の活動指針を総会で掲げるが、一九九八年のそれは、自治会の存在意義を「地域生活での問題点を表現する組織」と位置づけている。この指針が体現されている所以と言えよう。

社会学者の越智昇は、横浜市の公団賃貸中層住宅団地の例では、自治会の文化部に集う女性たちが「地域のお年寄りに役立ちたい」という思いで始めた活動が、「くらしの一一〇番」というボランティアとなって自治会活動の中に定着し、自主的な活動とネットワークとして構築されていることを紹介している。越智は、自主的なサークルなどのボランタリー・アソシエーションに注目し、それが自治会組織に交差し、自治組織を持続させる上で新たな活性化の契機を提供すると論じている（越智　一九九〇）。そうした事例は少数ではあるが、自治会草創期に成立したサークルの形をとる点に特徴があるという。F自治会のサークルも、女性の社会進出という時代の変化に対応して草創期に生まれ、自治会全体を横断する生活組織としての機能を発揮したと言えるだろう。

F自治会におけるサークルは、婦人部等をきっかけに有志が立ち上げ、自治会内では予算を有し、半ば制度化された団体となっている。自治会内のサークルは、最盛期においては一四団体を数えたが、二〇一八年には九つにまで減少している。幼児教室のサークルが解散した背景には、少子化とともに、他の託児施設の増加がある。その一方で、このサークルと入れ替わるように、一九九九年に福祉系のサークルが新たに発足している。このサークルは、高齢者サポートとともに、夏祭りでは親睦の催しを行っている。自治会においては、幼児教室、福祉のサークルが入れ替わって登場し、その時々の生活の不足を補ってきた。なぜ、このような効果を生み出すことができたかといえば、アンケートによる生活上の問題をすくいあげる仕組みが特筆されるが、それとともに、サークル活動に親睦の催しを組み込み、生活の中にその場を得ているからだと言えるのではないだろうか。

自治会におけるサークルを、連帯と協働の仕組みとして考えてみると、サークルが自治会組織と交差することで自治会の活性化に寄与する点は、サークルと自治会とのつながりが形成される過程の一時点にあらわれた特徴と言えそうである。サークルの機能を自治会が補完するという、相互の役割分担が有機的になされた、ある特定の時点に活性化が認められるのであって、その機能は必ずしも持続的なものではない。両者の役割分担が崩れたり、外部から機能が補填されたりすると、サークルはその存在意義を失う。この点は、冒頭で触れた鳥越による「振り子の原理」を敷衍してとらえられると言えよう。

自治会の組織と活動は、今日大きな困難に直面している。F自治会の場合でいえば、高齢化に関わる問題として、階段委員の負担の重さがある。今日においては、役の負担を敬遠する人々を自治会へとつなぎ留める工夫が必要である。そこで、制度面においては、二〇一七年、会費は払うが議決権や共同作業の義務をもたず、防災に関する支援サービス等を受けることができる準会員制度を設けた。また活動面においては、実施が困難になってきた集合住宅の清掃活動を持続するため、二〇一五年、地元中学校に対して子どもたちの協力を依頼した。こうして、中学生のボランティアが、盆踊りの太鼓の担い手ともなった一方で、長く夏祭りの中心にあった御輿は二〇一六年を最後に行われなくなった。

現代の自治会は、高齢化等の大きな社会変化への対応を迫られている。S会においても同様に、夏祭りの担い手を確保することが、地域の高齢化の進展とともに困難になり、囃子を担う若者や子どもの減少が大きな問題となっている。こうした事態を予測して、S会では、二〇世紀末に規約変更を行い、「隣接地域」への転居、移動をした住民であっても、本人が希望すれば会員でありつづけることができ、活動に参加できるようになった。F自治会においては、祭りの担い手は学校へと広げられ、S会においては、隣接地区に居を構える会員の親族へと拡大されているという違いはあるが、どちらの自治会も従来の会員枠組みを変更し、自治会の存続を図っているのである。

5　都市における連帯の実像とその可能性

この章では、立川市内の二つの自治会の事例から都市における連帯と協働を、自治会とその周辺に形作られた組織にまで視野を広げ、住民の視点からとらえてみた。

F自治会における連帯と協働は、有志による自主的なサークルが会員向けの生活扶助を提供し、自治会がこの活動を経済面で支えている。ここでは世帯同士の相互扶助という形を取らず、会費の拠出という形式で負担の平等性が確保されていると言える。一方、家の枠組みを背景とするS会のO講においては、連帯と協働の単位は家に置かれ、互いに扶助しあうことで、平等性が確保されている。実際の活動は、世帯主夫婦が行っているが、長男の結婚を互いに祝っていることからも窺えるように、各家が次世代の継承者（跡取り）を確保していくことを前提としている。つまり、相互扶助は、家が続く限り、永続するという仕組みである。O講は家という形態に、また、自主的なサークルは、核家族という形態に対応しており、同時代の立川市域において、それぞれ異なる連帯と協働が営まれているのである。このように、生活全体を視野に入れ、相互扶助をとらえることで、自治会という組織を、その地域の生活全体の中で理解し、生活者の論理を内側からとらえていくことが必要である。それぞれの地区での連帯の営みは歴史変動のただ中にあり、担い手である各世帯の形態変化を背景に、ゆらいでいる。核家族世帯どころか、単独世帯も三世代同居世帯数を超えて増加している現在、世帯間の連帯をいかにして持続するかは、自治会の組織と機能を解明するだけではすまない問題になってきている。

この章で示したように、有志のサークル活動は、相互扶助の機能を果たしながら、親睦の機会をも提供していた。その営みは従来にない形で自治会を活性化させる契機にもなっていた。しかし、F自治会でみたように、サークルは、外的影響を受け、機能を失って解散したり、生まれたりする。自治会が存続するためには、このような外的影響を一律に排除するのではなく、サークルの目前の目的と関連づけながら、中長期的な視野をもって柔軟な形で対処する必要がある。

現在の祭りでは、自治会の枠を超えて、周囲の支援者や参与者が関わっている。自治会の外からの参与は、大規模災害等を契機とするものが知られている（中野 二〇一〇）が、今日においては、都市部の自治会においても認められる。このような試みは、直接的には不足する人手を確保することを目的としているが、間接的には、自治会が前提にしている地域という枠組み自体を問い直しているともいえる。

現代社会においては、地縁という関係性が弱まっているだけではなく、フェイス・トゥ・フェイスの近隣関係が、新たに生まれてきた様々な諸関係の一つにすぎなくなっている。その多面的な関係性を、自治会がいかにして選択して新たな連帯関係を創り上げていくのかが問われている。自治会には、その構成員の生活者としての考えをすくいあげ、彼らの考えを可視化し、目的をゆるやかに共有することを通じて、協働できる場を提供することが求められている。その行方は、構成員の関係性にかかっているのである。

注

（1）自治会の存在を支持する意見の内訳は、「必要」と「どちらかといえば必要」を、支持しない意見の内訳は、「不要」と「どちらかといえば不要」をそれぞれ含んでいる。

（2）自治会の存在を支持する意見の内訳は、「なくてはならない」と「あったほうがよい」を含んでいる。

（3）両地区が合併したのは一九六三年である。

（4）アンケート調査は、立川市史編さん事業の一環として二〇一八年六月～八月に実施した。対象は、立川市内の一八一の自治会のうち、自治会連合会に加入している一三二団体とし、九五団体（七二％）から回答を得た。ここでは、柴崎地区内の自治会の回答を参照している。

（5）組以外にも、班、部、区、地区などの表記もなされている。ここでは組と表記する。

（6）以下で用いるデータは、新編立川市史編纂の過程で得たものを含んでいる。自治会総会資料、広報誌、記念誌等の引用については、煩雑さを避け、省略する。

（7）複檀家とは、ある家の檀那寺が一つでなく、複数ある慣行をいう。男女別で寺が異なる例が良く知られ、半檀家とも言われる。この事例では、一方の檀那寺の宗派に因んで、カタボッケとも言われている。

（8）コーチは垣内とも表記され、近世村落内の一定地域にある家々で組織され、生活連関を有する単位である。学術用語でいう村組の一つである。

参考文献

朝日新聞デジタル「自治会・町内会は必要？不要？」、二〇一五年。https://www.asahi.com/opinion/forum/013/

越智昇「ボランタリー・アソシエーションと町内会の文化変容」倉沢進・秋元律郎編『町内会と地域集団』ミネルヴァ書房、一九九〇年。

岩崎信彦他編『町内会の研究』御茶の水書房、一九八九年。

鈴木通大「神奈川県域における葬送儀礼の変化と持続について――大和市深見の事例を中心に」『国立歴史民俗博物館研究報告』一九一、二〇一五年。

立川市史編纂委員会『立川市史』下巻　立川市、一九六九年。

立川市史編さん民俗・地誌部会『新編立川市史　資料編　柴崎の民俗』立川市、二〇二〇年。

辻中豊／ペッカネン、ロバート／山本英弘『現代日本の自治会・町内会――第一回全国調査にみる自治力・ネットワーク・ガバナンス』木鐸社、二〇〇九年。

千葉徳爾「都市内部の葬送習俗」『人類科学』二三、一九七一年（『都市の生活文化（日本歴史民俗論集：五）』吉川弘文館、一九九三年所収）。

東海自治体問題研究所編『町内会・自治会の新展開』自治体研究社、一九九六年。

鳥越皓之『地域自治会の研究――部落会・町内会・自治会の展開過程』ミネルヴァ書房、一九九四年。

中野泰「震災における村落社会の動態と重層的コミュニティーの顕現――山古志地域における「集落再生」事例の民俗学的研究」『日本学』三〇、東国大学校文化学術院日本学研究所、二〇一〇年。

中村八朗『都市コミュニティの社会学』有斐閣、一九七三年。

福田アジオ「近世前期南関東における家の成立と地親類――武蔵国多摩郡連光寺村」『国立歴史民俗博物館研究報告』一一、一九八六年。

読書案内

① 福田アジオ『時間の民俗学・空間の民俗学』木耳社、一九八九年。

＊都市の多くはその歴史的ルーツを村落に持つため、村落の組織や運営についての知識も、都市の自治会を理解する上で一助となる。たとえば、村落における近隣組、村組といった地縁組織には、ジシンルイ、ヂミョウ等の系譜的要素も複雑に絡まり生活が展開する。本書はその形成過程を実証し、村落における互助組織研究の展望を論じた「互助組織としての近隣と系譜」を収録する。

② 鳥越皓之『地域自治会の研究――部落会・町内会・自治会の展開過程』ミネルヴァ書房、一九九四年。

＊自治会は環境問題を解く上で有効な組織であるとの認識に立ち、行政と自治会の歴史的関係から「振り子の原理」を抽出し、両者の密接不分離な関係を分析しながら、自治会の正当性を支える仕組みを、所有、権力、主体の観点から説く。主として都市を背景とする自治会を取り上げた研究であるが、講や年中行事等へも目配りする視角も生活者の観点からアプローチする上で参考になる。

コラム4　見えないものが顕れる災厄

近年、日本では災害がたて続けに起きている。人のつながりをいかに作り、維持することができるか、被災後の暮らしの再建にあたって、つながりのありようが問われてきた。もちろん、都市部と都市部から離れた地域では、求められるつながり方は異なる。コミュニティの意識が薄い都市部では、声をかけあい、何かあれば協力しあえるようなそんな関係を目指し、一方、過疎の進む地域では、住民以外の外部の人々との強固なつながりを築き、地域が孤立しないような仕組みづくりが目指された。どちらの場合も、フェイス・トゥ・フェイスの互いの体温を感じるような親密な関係が望ましい、というのが暗黙の了解であった。このような人間関係が万人に当てはまるわけではなく、煩わしさ、葛藤や軋轢を生じる関係を避けたいと思う者がいることも否定できない。それでもなお、社会全体としてつながりを作り、保つことを是とする方向にあったことは確かであろう。

二〇二〇年春以降、この「望ましい」とされる人と人とのつながりのありようは反転した。新型コロナウイルスという目に見えない脅威から身を守るには、人との直接的な接触を断つしかないからだ。政府による緊急事態宣言は人の動きを止め、直接的な接触は同居の家族内にとどめられた。もともと個人化の進む都市部の生活はますます分断され、外部との交流を促進してきた地域では、来訪者を拒まざるを得ない状況になった。

本書第八章でも取り上げた長野県の栄村小滝は、長野県北部地震による被災後、一七世帯から一三世帯に減少し、いよいよ存続が危ぶまれる事態となった。小滝は四つのマキと称する親族集団で構成され、同じマキに属する家同士は相互に助け合う関係にある。被災後の人口減少、高齢化が急速に進む状況にあって、というよりそのような状況だからこそ、田の維持と活用のために、現代の地域社会のあり方に照らすと稀であるが、あたかも血縁と地縁からなる一つの「大きな家族」のように集落が結束することになった。被災前から集落営農に取り組んでいたのに加え、被災後は企業との提携によって米のブランド化に乗り出し、古民家を改装しゲストハウスを開き、外部に向けた積極的な発信を行ってきた。これまで「望ましい」とされた密な関係を構築、維持する方向性を実現してきたわけである。

しかしながら、二〇二〇年の三月中旬以降、小滝には外から誰も訪れてはいない。ゲストハウスを閉鎖しているからである。八月現在でも再開の目途はたっていない。高齢者が多いことに加え、周辺に医療機関がないこの地域にとっては、感染は命に関わるのだ。集落活性化の柱の一つとして外部との交流を掲げていた小滝であるが、住民を守るには、一時的であれ交流を絶たざるを得なくなった。学校に通う子どもや職場に通い、集落内外を行き来する者もおり、細心の注意を払っていることは言うまでもない。一方で、集落内の公民館での住民の寄り合いは続けられており、集落の内と外という明確な線引きがなされている。この線引きは別の場面にも表れる。

例年、六月に開催される山林を歩く「古道ウォーク」も中止となった。ところが、住民は「こんなときしかできないこと」を考え出した。このイベントでは、小滝の女性たちは山菜を使った郷土料理で外部から訪れる参加者をもてなす裏方を引き受ける。今年はその女性たちに古道ウォークを体験してもらう催しを企画したのであった。結果、小滝の住民全員が参加するイベントとなった。いわば家族内イベントである。

住民が楽しみにしている八月一六日の夏祭りも中止された。公民館に保管されている獅子頭だけは、舞い手が箱から出しておいたという。この静かでささやかな行為に、舞うことのできないやるせなさ、獅子舞への思いが溢れている。例年であれば、祭りにあわせて帰省してくる子どもたちに対しても、集落全体で申し合わせて帰省をとりやめてもらったという。盆の帰省とりやめの現象は全国各地で起きており、八月の盆の時期を中心とした九日間の「県外からの流入人口」は、昨年に比べ全国平均で二七・八％減少している（『朝日新聞』二〇二〇年八月三〇日）。小滝のこのとりきめも「大きな家族」を守る自衛策であった。

葬儀のありようにも影響は及んでいる。高齢の住民が施設で亡くなり、小滝の自宅で葬儀が営まれた。通常なら、通夜には全戸から弔問に訪れるのだが、今回は身内だけ（この場合は、同じマキに属する家の者だけ）にとどめられた。ここにはマキの内外という線引きが顔を出す。通夜の席での会食（オトキ）もなかった。それでも、葬儀当日の出棺に際しては、住民全員がその家の前に集まり、故人を見送ったという。

災害からの暮らしの再建には、内外の密なつながりが欠かせず、他方でウイルスという目に見えない脅威の中で暮らしを維持するには、密なつながりを絶たざるを得ない。この相反する要請に対して、住民たちは空間的、社会的線引きを繰り返して乗り越えようとする。そこに普段は意識しないこと、見えないものが浮上する。そしてこれは、小滝に限ったことではないのだろう。

（中野紀和）

第Ⅴ部　生と死の個人化と家族

第10章　出産という問い

鳶理恵子

1　出産の自明性の喪失

問いとして立ち現れる出産

産むことを自明視される社会では、産むか産まないかという選択の余地はない。自明性が次第に失われていく過程で、出産は個々人にとっての問いとして立ち現れてくる。現代社会に生きる女性たちにとって、産む・産まない・産めないは一つの重要な問いかけとなっている。出産の自明性の喪失は、戦後の憲法改正と民法改正、男女平等という考え方、家族計画の浸透、出生率の低下と少子化、国民の生活水準の向上、女性の高学歴化、雇用労働市場の変化（主婦のパート労働）、都市化、核家族化等の様々な社会的諸事象および諸問題と密接に関連している。もちろん、生殖医療をはじめとする科学技術の進展も大きい。

つまり、お産は動物としてのヒトの体に起こる生物学的現象であると同時に、社会的文化的側面も持っており、社会変動と密接に関連しているのである。

本章の目的は、お産をめぐる現代的な現象を出発点に、その現象の持つ意味を民俗学の研究成果に基づきわかりやすく解説するとともに、民俗学に何ができるか、その学問的役割についても考えることにある。とはいえ、お産に関して「〜すべき」という規範や道徳、信念を説くものではない。なお、本章では「出産」と「お産」を同義として、特に区別することなく使用している。

三冊の本から見えること

まずは、現代日本社会の出産をめぐる状況が窺えるものとして、最近話題となった書籍を紹介する。一冊目はルポルタージュ、二冊目は小説（フィクション）、三冊目は一般書である。

ジャーナリストの小林美希（二〇一一、二〇一三）は、正規・非正規を問わず働きながら妊娠・出産することの難しい日本社会の現状と今後の展望を描いた。医療機関自らが母性保護に努め、職場全体で出産・子育てと仕事が両立、継続できるようにしている事例からは、まさに私たち一人ひとりの肩に社会の変革がかかっていることがわかる。

次に韓国のフェミニスト女性作家チョ・ナムジュ（二〇一六＝二〇一八）は、韓国国内にとどまらず世界的なベストセラーとなった小説である。主人公キム・ジヨンの誕生から学生時代、受験、就職、結婚、育児という人生を振り返る中で、女性の人生に立ちはだかる性差別の数々に、多くの女性読者はこれは自分のことだと共感し、男性読者にも妻や娘、恋人、友人等の女性であるがゆえの苦しみへの理解や共感を広げた。

三冊目の西山千恵子・柘植あづみ（二〇一七）は、日本で二〇一五年に起きた「高校保健・副教材」事件の問題性を指摘している。二〇一五年八月、文部科学省が発行し全国配布された高校生向け保健体育の啓発教材（『健康な生活を送るために（平成二七年度版）』）では、女性の妊娠しやすい年齢のピークが二二歳に設定されているグラフの他、誤ったデータや偏った記述が散見される内容で、若いうちに妊娠・出産させる方向に誘導しようとする意図が透けて見えることから、この副教材は「高校生向け国策「妊活」教材の誕生」（同、vii）だと述べる。さらに、政治家と専門家の結託、少子化の危機が叫ばれる現在、少子化対策として次々に繰り出される施策の中で、結婚、出産は個人の選択という基本が形骸化してきていること、国の「産ませる」という政策的な意図と、学術・専門家団体の権力への欲望が結び合う時、「科学的知識」が歪められ、専門家たちによって権威づけられた「科学的知識」が社会に広がっていくと警告している。

お産の変化を示す三つの特徴

次に、一九五七年から始まる高度経済成長期以降、お産がどのように変化したのかを端的に表す三つの特徴を押さえておこう。

一つは、「お産の私事化（しじか）」である。かつての出産・育児は村事（むらごと）、家事（いえごと）であり、決して私事（わたくしごと）ではなかった。環境社会学者の

表10－1　出産場所別の出生割合の推移（%）

年	病院出産	診療所出産	助産院出産	自宅・他出産
1950	2.90	1.1	0.5	95.4
1960	24.1	17.5	8.5	49.9
1970	43.3	42.1	10.6	3.9
1980	51.7	44.0	3.8	0.5
1990	55.8	43.1	1.0	0.1
2000	53.7	45.2	1.0	0.2

出所：育児ログ　https://ikuji-log.net/entry/proportion-of-birth-place#st-toc-h-3

表10－2　2017年出産場所別の出生数および割合

	総　数 人（%）	病　院	診療所	助産所	自　宅	その他
全国	946065 （100）	514590 （54.4）	424728 （44.9）	5410 （0.6）	1062 （0.1）	275 （0.03）

出所：人口動態調査人口動態統計確定数出生（2017年）。
https://www.e-stat.go.jp/dbview?sid=0003214695

古川彰は、多くのむらでは農事（生業）組織、神事（信仰）組織、そして政事（政治）組織は一体のものとして運営されてきたが、明治以降、その農—神—政一体の弛みとともに、村事は徐々に家事に、さらには家事でさえもない個人的な事柄（私事）になってしまったと指摘し、例としてむらの様々な行事や組織運営はもとより、農事から個々人の生や死に至るまで、その大半が村事として行われてきたと述べている（古川　二〇〇七）。お産の私事化は、出産・育児文化の変容や喪失、孤立しがちな出産・育児環境と深く関連している。

二つ目は、「お産の医療化・施設化」である。出産の場所の変化（自宅出産から病院での出産へ）は、お産のありかたを大きく変えた。表10－1、10－2が示す通り、一九五〇～七〇年の二〇年間で、自宅・他での出産が九五・四%から三一・九%へ激減している。それと対照的に、病院と診療所での出産は、一九五〇年にはあわせて四・〇%であったが、七〇年に八五・四%と激増している。二〇一七年を見ると、病院と診療所で九九・三%、自宅・他は〇・一三%となっている。一九五〇年には自宅・他での出産が当たり前だったものが、わずか二〇年で病院・診療所、つまり医師のいる施設での出産が当たり前となったことがわかる。

この「お産の医療化・施設化」は、専門家への依存と他力本願化、妊産婦の主体性の喪失、赤ちゃんは「授かるもの」から「作るもの」へ、といった様々な変化をもたらした。フリーの家庭医学ジャーナリスト永山美千子は、「わたしたちは、戦後四、五〇年かかって、医療内容や医療制度の面から、そして出版文化や社会の面から、いつの間にか「妊娠、出産は病院で行われるもの……」という教育をされてきた。（中略）病院で出産すればまず安心、（中略）医師や助産婦、看護婦に産ませてもらうもののように錯覚し、妊娠、出産を生理的なこととして考えにくい状況におかれてしまっている」（永山　一九九九：五三）と指摘している。

三つ目は、「世界観および生命観の変容」である。かつて子どもは「授かるもの」で、別の世界からこの世へやってくるものと考えられていた。子授けや安産の神、子どもの成長を見守る神の存在を信じ、妊産婦の時期には様々な禁忌を意識して過ごした。胎児や乳児の命が失われた時の受け止め方は「（あの世に）戻った」「返した」、生まれ変わりも信じられていた。現代人の感覚からは「非科学的」「遅れた」と見えるかもしれない。今では科学の発達、医療技術の発達により、子どもの誕生はかなりの程度人為的にコントロールできるという認識が、多くの人々の間で共有されている。

2　お産をめぐる問題の諸相

問いと選択の自由

今述べた三つの特徴を持つお産の激変を前提に、お産をめぐる問いと選択の自由を現代人は手にした。私たちは今、そういう社会に生きている。具体的には、実に様々な問いがある。まず、産むかどうか。産むとしていつ頃、誰との間で、どこで、どのようにして産むか。仕事はどうするか、生涯に何人産むか。妊娠しにくい時はどうするか、不妊治療を受けるか、養子を考えるか。胎児に障害があるかどうか事前に調べるか、障害がある（その可能性がきわめて高い）とわかった時どうするか。他にも色々あるだろう。さらに、出産をめぐるこうした問いの先には、子育てをどうするかという問いが待っている。

お産に限らず、一般に強制から選択への変化は望ましいこととされる。確かに、産む自由／産まない自由が保障されているか否かは、女性の人生に決定的に大きな影響を及ぼす。ただ、選択の自由は自己決定権とセットであり、それは自己責任論と容易に結びつく。そもそも、選択の自由は当該個人の社会階層や経済状況、有する社会関係や所属する社会集団・組織、国籍、居住地域、年齢等、諸個人の属性と深く関わる。しかし本人の選択が強調されると、お産は個人的な問題にとどまらず社会的な問題であるということが見えにくくなってしまう。社会学者の本田由紀（二〇〇八）は、家庭の経済的資源、家庭における子育ての質的なあり方、特に母親の考え方や日常的な行動によって、子どもに対する家庭教育の内実に、かなりの差異があると指摘している。これら個々の家庭の置かれている初期条件の違いを無視して「家庭教育」を称揚することは、子どもの生育環境の相違・格差をいっそう拡大し、子どもの将来的な教育達成や職業達成の不平等をより大きなものにする可能性があると指摘する。しかも、そうした不平等・格差の構造内で、ある子どもが不利な位置づけを得た場合にも、それは個々の家庭の努力不足、「自己責任」として処理されてしまう。本田の警告および懸念は、出産をめぐる諸個人の選択においても、同様に当てはまる問題である。

自然なお産を求めて

病院での高度に管理化されたお産への疑問から、一九七〇年代に入ると自然なお産というオルタナティブな（もう一つの）お産方法とその思想が生まれ、現在までその流れは続いている。夫の立ち会い分娩、助産院や自宅での出産、ラマーズ法、アクティブ・バース等がある。これらは、自宅より病院、小さな病院より大きな病院が当然「安全・安心」と言われる中で、管理的・非人間的対応の中でのお産に疑問を感じた当事者や医療従事者たちが立ち上げた運動であり、実践である。不安な中で家族と切り離されて妊婦が一人で分娩台へ、ではなく家族に囲まれたお産、平日昼間の時間帯に行われる分娩ではなく自然な陣痛の中でのお産、仰臥位で固定された姿勢ではなく自分が産みやすい姿勢での自由なお産等、様々なものが生まれ、広がってきた。

お産が私事化する中、産院から自宅へ戻った途端に孤軍奮闘に近いかたちで子育てが始まる。そのことによる産後うつや虐待等を回避するために、助産院や助産師が再評価されている。[1]

生殖医療の高度化と優生思想・生命倫理

一方、お産の医療化は、生殖医療の高度化とともに進展し続けている。生殖技術の発達、出生前診断、遺伝子検査、ゲノム編集技術等は、子ども・母性に対する人々の意識、命や死生観、世界観、優生思想、パーフェクトベビーという欲望等、様々な難問を私たちに突きつけている。[2] 出生前診断は、妊娠中または妊娠前に、産まれる子どもの身体的・遺伝的状態を診断するものである。検査結果から何らかの異常がある可能性が高いとわかると、九割以上の妊婦が中絶を選択している。人はどこまで命をコントロールできるのか、優生思想や障害者差別と密接に関わる問題である。

生殖医療をめぐる技術の高度化は、不妊に悩むカップルをはじめ多くの人々への福音となったとされる。その一方で「子どもを産むのは女性の重要な役割」「産んで一人前の女性」「妊娠しにくいなら不妊治療を受けるのは当然」といった社会の側の規範や価値観は強まっており、女性自身もそれを内面化している。

さらに、第三者からの卵・精子・受精卵（胚）の提供等に基づく体外受精等の技術によって、これまでの生命倫理や家族規範が大きく揺らぐことになり、その変化に私たちの意識も法制度も追いついていない現状がある。たとえば、体外受精により、高齢の女性が出産する以下のような事例をどのように考えればよいのだろう。

【ニューデリー共同】インド南部アンドラプラデシュ州の七三歳の女性が五日に体外受精で双子の女児を出産したと、英ＢＢＣ放送などが七日までに報じた。七四歳との報道もあり、世界最高齢の出産となる可能性があるという。インドでは二〇一六年にも北部ハリヤナ州で七二歳と推定される女性が出産したと報じられたことがある。ＢＢＣなどによると、女性は八〇代の夫と五〇年以上前に結婚。子どもに恵まれず、地元で疎外されてきた。医師は提供を受けた卵子と夫の精子を受精させる手法を採り、帝王切開を行った。母子ともに健康という。（共同通信社デジタル版　二〇一九年九月七日付）

きわめて複雑で高度な知識や技術を有すると思われる専門家（医師等の医療技術者）を相手に、妊婦あるいは医療利用者または患者である自分の理解がどこまで進み、納得いく選択ができるかどうか、とても難しい状況もある。何か望ましくないことが起きても、多くの場合は自分が選んだことだからと思わされてしまう。

不妊治療を続けることの困難さは、経済的な問題だけでなく、主に当該女性が負う様々なダメージや不妊治療を止めると決断することの難しさも存在している。自身その経験者でもある二人の女性社会学者は、対談で出口の見えにくい不妊治療の問題や、その研究自体があまりなされていないこと等を率直に話している（永田・斎藤 二〇一九）。

子どもの迎え方の変遷

生殖医療が誕生・進展する以前から、子どものいない夫婦には、養子あるいは里子を迎えるという方法が存在した。養子は、現行民法では親子関係が定められており、普通養子と特別養子がある。普通養子は養親の「養子」に、特別養子は養親の「実子」となる。家の跡取りを確保するために養子を迎えることは、戦後しばらくまでごく普通のことであった。しかし、家意識の希薄化により一九七〇年代には珍しいこととされるようになり、近年では何か継ぐべきもの（家業や家名等）を残している場合にのみ限られるようになっている。子どもを育てたい、親になりたいという気持ちから養子を迎える例は、その中でもさらにたいへん少ない。

里子は、養子と同様、古くからの慣行であるが、民法上の親子関係の定めはない。里親制度は、児童福祉法第二七条第一項第三号の規定に基づき、児童相談所が要保護児童（「保護者のない児童又は保護者に監護させることが不適当であると認められる児童」）の養育を委託する制度で、養育里親、養子縁組里親、親族里親の三種がある[(3)]。

生殖医療の進展は、子どもとの血のつながりを求める血縁幻想を強化している。そのために、不妊治療がうまくいかず、出産に至らなかった人々でも、養子や里子によって子どもを迎えるという選択をすることはきわめて少ないのが現状である。

3　民俗学におけるお産の研究

初期の研究成果と限界

民俗学は、明治以降の近代化の過程で大きく変わる庶民の生活文化の記録および研究を通して社会の変化をとらえようとしてきた。「民俗学の父」とされる柳田国男は、眼前の問題に対する強い関心を持ち、一般的には固定的と理解されている「しきたり」の変動論、明治・大正・昭和前期という近代の変動論を構築しようとしていた。その「変動」とは、個別の民俗事象（要素）の変化ではなく民俗事象総体の「構造的変化」を指すものであったが、柳田没後の民俗学においては「変動」をとらえることが不十分であったことは否めない。

大正末から昭和初期、さらに一九七〇年前後頃までは、お産の領域だけでなく民俗学全般において、全国各地の多様な民俗事象の調査収集に力点が置かれた。一九三三年の『旅と伝説』（六巻七号「誕生と葬礼号」）、一九三五年の『産育習俗語彙』、一九四四年の『民間伝承』（一〇巻二号「誕生特集号」）、一九七五年の『日本産育習俗資料集成』はそうした研究成果の代表例である。それらの膨大な資料を通して、産育（お産から一人前になるまでの一連の過程）儀礼の持つ意味、産神（うぶがみ）や産の忌み、産婆の役割（子どもの命を司る）から生命観や他界観を明らかにしようとしてきた（井之口　一九五九、大藤　一九七三、鎌田　一九六六）。

産育研究の古典の一つに、大藤ゆき『児やらい』がある。初版は一九四四年、大藤三四歳、自身が子育て真っ最中の頃、戦時中に執筆された。柳田国男から序文も寄せられ、大藤は「まえがき」で「日本の母たち、祖母たちが、どんな心がまえで人間の誕生というものを受けとめ、これを育ててきたか。一家だけでなく、部落中の人びとが成長の段階ごとに、どんな関心と期待とをもっていたか。人生の通過儀礼としての出産、育児の風習を顧みることによって、その根底にひそむ日本の母たちのちえをつかみたいと思う」（大藤　一九六七：九〜一〇）と本のねらいを記している。そして、本文は、妊娠から始まる各地の儀礼の記述およびその解釈で構成されている。当時の産育の調査項目として挙がっていたものが網羅された内容である。

柳田が女性たちに期待した「女性ならではの視点」という研究上のレールに乗って、大藤をはじめとする多くの女性たちは研究を続けた。それは、身近な暮らしの中で感じる疑問を民俗学の研究対象としていくという、最も基本的な民俗学の姿勢を堅持するものであった。ただ同時に、柳田が生きた時代にはまだフェミニズムの学問への影響が見られなかったという時代的制約があり、七〇年代以降もその制約が根強く残り続けるというマイナスの効果も及ぼした。

一九八〇年代以降の新たな産育研究

八〇年代に入ると、民俗の古い形を調査すること自体に意義があるのではなく、現在の問題を考えるために以前はどうであったかを明らかにすることの重要性が再認識されるようになる。その背景にはすでに述べた通り、高度経済成長期以降のお産をめぐる状況の激変がある。人々が抱える諸問題、産む・産まないの選択、孤立した環境での出産・子育て、出生前診断等医療技術のリテラシー問題等に、従来の民俗学のアプローチではほとんど無力であることへの気づきがあった。ジェンダー論、文化人類学、社会学からの影響も大きい。

たとえば、文化人類学者の青柳まち子は、「普通」とは違う生き方（＝結婚できない、産めない＝母親になれない）となった女性たちを家との関係の中でとらえることを通して、「普通」の生き方が何であったかを逆照射した（青柳　一九八五）。吉村典子は、文化人類学のインテンシブな調査を通して、産む側からの出産研究という新たな地平を拓いた（吉村　一九八五、一九九二、一九九九）。

現在学としての民俗学を意識した研究も増えていく。中村ひろ子（一九九九）はその典型例である。中村ら五人の女性研究者たちは、女性の一生を従来の人生儀礼の研究成果をふまえつつ、九〇年代後半の社会における諸問題と結びつけて、どう読み解くかに挑戦している。中村はこの書物の「第三章　出産と誕生」で、産む場所の変化、産むこと産まないこと、異界と子ども、産むことの今後について記しており、現代のお産に関して着目すべきテーマのほとんどがここで指摘されている。様々な変化（産む場所、産むか否か、世界観、生殖医療等）が女性個人・家族・地域・社会全体にどのような影響をもたらすのかについての考察である。

佐々木美智子は、男性助産師問題をはじめ、お産をめぐる現代社会の諸問題に民俗学の立場からアプローチを続けてきた[4]。佐々木（二〇一六）はその集大成にあたるもので、「産む性」を「子というものを自身の身体を通して意識しつつ、お産環境に向きあう女性」と定義し、「自身の身体を通して子産みという意識を持つ女性を表現したものなので、妊産婦のみならず、産まないことを選択する女性、産めない女性はもちろんのこと、将来、子を産むかどうかと思案する女性も含まれる」とする（佐々木　二〇一六：五）。そして、「近代化によって、これまで民俗学が研究対象としてきたイエやムラが消失した。（中略）現代社会を研究環境とする民俗研究の指針は、地域に生きる生活者の視点を共有しながら、現代社会という生存環境をどのように感じ考えるかということになると考える。本書は、現代社会に存在する社会的課題の問題解決に、民俗学の立場から寄与する可能性を示す試みでもある」とする（佐々木　二〇一六：八）。

筆者も二〇〇〇年前後から、民俗学と社会学の観点からお産の民俗の変遷、孤立しがちな現代のお産・子育て環境について研究してきた。靍（二〇〇三）は、大藤の研究をふまえつつ民俗学における産育研究の展望を探ろうとしたものである。靍（二〇一一）は、岡山県奈義町での調査に基づいて、「私事化」や「医療化」以前から以後への変化を意識して、報告している。特に、家族計画の推進とその影響については、保健婦や助産婦の指導、愛育委員の協力などにより、人々の観念は確かに変化していったことを明らかにした[5]。

近年、最も精力的に研究を進めているのは、文化人類学と民俗学を専門とする安井眞奈美である。安井（二〇一三）は、近代から現代にかけて、出産に関わる環境（出産環境）の変化を明らかにすることを目的としている。ここでいう出産環境とは、「医療や母子保健に関する国家の政策や制度、病院や診療所などの医療施設、産科医、助産師、看護師などの医療従事者、妊産婦を取り巻く家族や親族、友人、地域社会の人々といった人間関係、妊娠から出産、産後の過ごし方に関する民俗、そして子どもを産み育てていく社会そのものなど、およそ妊娠・出産・産後に関わるすべてを指す」（安井　二〇一三：ii）。その上で、近代産婆が活躍した「第一次お産革命」、自宅出産から施設出産への移行が生じた「第二次お産革命」、現代を「第三次お産革命」と命名し、出産の施設化がほぼ達成されたにもかかわらず、地域によっては少子高齢化により産科医や産院が減少したため、近くに出産できる場所がないという危機的な事態が生じていること、つまり出産の施設化が行き詰まった時代だととらえ、よりよい出産環境を作るために何が求められているかを提示している[6]。具体的には、産婆から助産婦へと受け継がれた産後の訪問と沐浴を例に、産婦とその家族が育児をスムーズに始めることの後押しになったとして、産後のケアの一つであると積極的に評価し、同時に病院での出産においては、家族や近所の人々は出産の場から締め出されたことを指摘している。そして、現代では退院後、産婦と新生児に何か異常が生じない限りは、産後の健診を除けば、通常病院との関わりは切れてしまうため、産後のケアの対策はない。退院後、産婦と新生児がまったく二人きりで一日を過ごすことも多く、産後うつになることもあるとして、産後のケアやサポート体制を求めており、その中核に助産師を考えている[7]。

安井（二〇一四）は、安井が研究代表者として民俗学者、文化人類学者たちと共同研究を行い、その成果をまとめたものである。その中で鷗（二〇一四）は、離島（長崎県壱岐市）と地方都市（岡山県高梁市）における子育て環境の特徴を大都市と比較し、その優位性と問題点を整理した。二つの調査地には共通して生活を支える七つの社会的諸要因（強固な家意識、父親の存在の大きさ、性別役割分業意識の変容、高い定住性と仲間意識、良きモデルの大人たち、通勤距離の短さ、仕事を生きがいにしない）が存在し、その中に、親が孤立しない子育て環境が存在していた。これは離島や地方都市だから単に昔ながらの付き合いや慣行などが残っているのだ、ということではなく、高度経済成長期以降、進展してきている過疎化、少子高齢化の中、家族の形やそれをめぐる規範、関係性は変わってきているが、なお、そこで暮らし続ける様々な工夫が、私的・公的セクターそれぞれでなされた結果であるということもわかった。

4　望ましい出産環境を考える

「お産のアノミー状態」とその克服

すでに見たように、お産に関する自明性の揺らぎや喪失は、問いに対する答えを見つけようと悩む多くの人々を生み出してきた。簡単には答えは見つからず、答えを求める相手がわからないことも多い。民俗文化の消滅、継承の断絶により、拠るべき出産文化とその担い手が見つからないからである。人は社会規範や身近なモデルがない場合、自身の行為選択の際に判断の根拠となるものがないため、どうしたらよいかわからなくなる。こうした文化の喪失状態の中で、特にお産に関するものをここでは「お産のアノミー状態」と呼ぶことにする。「アノミー（anomie）」とは、社会学のキータームの一つで、社会規範の動揺・弛緩・崩壊などによって生じる欲求や行為の無規制状態を言う。

お産のことをどのように考えたらよいか、よくわからない。誰も教えてくれない、真似したり、相談したりする人がいない。大都市圏に限らず、地方都市や農山村においても、近くに頼れる親やきょうだい、親族等がいない場合は、こうした状況はごく一般的である。それを補うものとして、出産関係の雑誌や本、ホームページやブログ等のSNSがそうした情報源となったり、人とつながる場となったりしていることも多い。

しかし、氾濫するお産に関する情報の中で、一種の混乱状態にあることも否めない。たとえば、ある新聞記事の内容（「ママのためのニューススタンド『エムスタ』　妊娠中の不安　つい検索漬け……」『朝日新聞』二〇一九年六月一日掲載）は、そうした状況を端的にとらえている。以下は、記事のリード文である。「初めての妊娠、出産はわからないことの連続。薬は飲める？　妊娠中に刺身って食べてもいいの？　初産を海外で迎えた記者（三五）は、親も頼れず、医師に質問するのも一苦労。

表10-3　自助・共助・公助のバランスと理想の出産・子育て環境

自助：	精神的・経済的安定が保たれ，安定した生活の基盤がある。
共助：	隣近所に頼れる人・家があり，自治会や地域で，子どもを見守り・育てようという雰囲気や仕組みがある。NPO（特定非営利活動組織）による妊娠から出産，子育て全般の相談・支援がある。
公助：	役所や保健所等の専門機関が，相談・制度に対応。利用できる保育園，幼稚園，学校等，必要な施設・機関が近くにある。

出所：筆者作成。

スマホで検索すると、誰が書いたのかわからないような記事が上位にあがってきて、信頼できる情報が手軽に得られないモヤモヤを感じました」。

「お産のアノミー状態」を変えるには、新たなお産文化を構築することが不可欠ではないだろうか。

望ましい出産・子育て環境を目指して

文化は社会的諸条件の変化により、様々に変化するものである。したがって、出産・育児は文化であるという視点に立つと、その歴史的あるいは通文化的理解の重要性に気づく。すると、私（たち）にとって自明だった出産・育児を相対化して見ることができるようになる。今までは当たり前すぎて気づかなかった（見えなかった）ことに気づくようになる。

お産は、個人的な行為に止まらない、社会的なことでもある。社会の責任で、様々な支えを作ること＝出産のセーフティネット整備が求められている。出産・子育て環境の一つの理想型を描くとすれば、表10-3のようになる。自助・共助・公助とは、もともとは社会福祉、特に地域福祉の領域で以下のような意味で使用されてきた言葉である。自助とは自分で自分のことは何とかすること、共助は近所や地域、友人などに助けてもらう、あるいは助け合うこと、公助とは、公的な機関が責任を持って支援することである。

孤立しがちなお産・子育て環境の下、意識的につながりを作ろうと努力している人は多い。産院、幼稚園、保育園、小学校などでの親同士のネットワーク作り、職場などでのつながり作り。町内会、母親クラブ、子ども会、子育て支援団体、スポーツ少年団、塾などへの参加等、子どもや自分自身から見える範囲、関われる範囲での精一杯の努力である。それができる人は救われるが、何らかの事情でできない人は苦しさからなかなか抜け出せない。

子育ては自分の思い通りにはいかないこと、子どもは一人ひとり違っていること。生まれてから死ぬまでの間、生きていくことの喜びや幸せはどこにあるのかを考えてみること。それらについて身近な人の意見を聞く、自分のことを話して「大丈夫だよ」と言ってもらう。妊婦教室、不妊治療等様々な当事者のグループ、ママ友のネットワークやNPO、町内会、こども食堂等、色々な「場」で、どのような人と人とのつながりが生まれているのか。それらをそれぞれの学問が得意の切り口からとらえることにより、表10－3に示した自助・共助・公助のベストミックスやその具現化の方法を提示することができる。

また、お産・育児に関わる諸価値の相対化も、重要な研究テーマの一つとなるだろう。現代日本社会において支配的な諸価値は、何だろうか。それは、出産・育児が前提としている考え方にも大きな影響を及ぼしている。たとえば、機能的（何かの役に立つ）、目的合理的（目的を掲げ、その達成のために何をすべきか考える）、計画的（生まれる前から計画を立てていく）、効率的（無駄なく、効率良く、失敗なく）など……。

これらの価値が理想とされて、産み・育てる側も産まれ・育てられる側も、逃げ場やアソビ、ゆとりがなくて息が詰まりそうである。失敗が許されない、無目的であることができない、ぼんやりしていることができない。そうした価値観からいったん距離を取り、改めて子産み・子育ての楽しみ、喜び、大変さ等を暮らしの中に埋め戻すことで、違うものが見えてくる。

ジェンダー視点に立つ民俗学

ジェンダー視点の導入は、あらゆる民俗学的知の組み換えを可能にするとともに、根源的問い直しを迫るものであり、その意味において、ジェンダー視点による民俗学の脱構築（＝組み直し）が求められている。それはつまり、妊娠・出産・授乳（母乳を直接飲ませる）は確かに女性にしかできない行為であるが、産むか産まないか、産むとしてどのようなお産を、どこで、誰と共に迎えるか、生まれてくる子ども、生まれてきた子どもを、誰がどのように育てていくか、それは女性だけの問題ではなくまさしく社会的・文化的な諸条件によって規定されていくものであるということを、民俗学の問いとして再認識することである。出産・育児における母親の役割は、女性のジェンダー（社会的・文化的性差）と深く関わって存在してきた。育児だけでなく、家事全般がそうであり、そして父親の役割もまた同様に社会的・文化的諸条件の下で常に変化してきた。

ジェンダーの視点に立つ民俗学は、お産をめぐる人々の考え方や実際の行為、死生観、人間観と社会観、楽しみや展望の変遷をとらえることを通して、今を生きる人々のお産をめぐる問いに対する答えを提供することができる。子育ての民俗の消失・断絶と新たな子育て文化の創造、子ども組や若者組などの年齢集団の消滅およびムラの変化とそれに替わる子育ての担い手や子育て観の創出、農家の若嫁の婚家での地位や役割の確立、子育てグループの成立・運営と母子保健行政との関連、戦後の新たな子ども観をベースとする母子保健行政の始まり、地域の祭りを核とする地域社会の再編・創造とジェンダー構造の変化等の研究課題がある。

「生活知」の復権と「科学知」を使いこなす

産育の分野では、人々の生活経験の中から生まれてくる「生活知」の復権や再評価とともに、生殖医療技術のような「科学知」をどう使いこなすかも問われている。医療技術リテラシーを育てていくことが求められている。選択肢の増加は、選ぶ自由／不自由とつながっている。情報をめぐる格差は個々人の選択肢の幅を規定する。社会的に下位（あるいは底辺）に置かれた者にとって情報は限定的であり、それは選択肢を狭くし、深刻な選択ミスへとつながることになる。出生前診断が以前よりずっと手軽に受けられるようになりつつある一方で、障害のある子のいる暮らしの実際を知る人は、まだまだ少ない。したがって、何らかの障害を持って産まれる可能性が高いという結果が出ると、その結果が持つ意味やどのような受け止め方の選択肢があるかを十分理解できるような体制がないために、九割以上が中絶という選択をしている現状は悲惨である。

そのためには妊娠・出産に悩む人はここに行けば何とかなる、という場所を用意することが求められている。日本版ネウボラへの期待は、その具体的な例である。ネウボラとは、フィンランド語で「相談できる場所」という意味の言葉である。フィンランドでは一九二〇年頃に、妊娠から出産、子育てまでを支援する場として民間の中から始まった。第二次世界大戦後は国の制度として小学校区に一つくらいのきめ細かな配置がなされている。フィンランドでは、妊娠したら誰もが行く場所と認識されている。専門家のネウボラナースが配置され、切れ目のないワンストップの相談窓口がある。妊産婦だけでなく、その家族（夫や子どもなど）も一緒に行くことができる。近年、日本でもネウボラをモデルとする日本版ネウボラが区、市町村レベルで導入され始めた(8)。

「生活知」の学とも言える民俗学にできることは、学際的研究を進めるとともに、ジェンダー論の民俗学の観点から、お産文化の再構築の動きをきちんととらえることではないだろうか。また、「科学知」を使いこなすための医療技術リテラシーを磨ける場についての調査研究を通して、日本版ネウボラも含む理想のお産・育児環境についても、何らかの政策提言を行っていくことが求められている。

注

（1）産後うつとは、産後数週間から数カ月以内に症状（気分の落ち込み、不眠や不安、緊張、周囲への興味を失う、自分を必要以上に責める等）が現れるうつ病の一種である。出産前後の生理的要因によるマタニティブルーとは異なる。

（2）優生思想とは、人間の命を価値があるか否かで序列化する考え方である。素朴に五体満足な子どもを望むこと、出生前診断で胎児に障害があるとわかった妊婦の九割以上が中絶を選択する現実は、その典型例である。

（3）養育里親は、自治体からの委託で、家庭で子どもを養育する。期限は実親のもとへ家庭復帰できるまで、あるいは一八歳になるまでである。養育里親の中でも専門里親は、虐待経験のある子どもや障害をもつ子どもを養育する。養子縁組里親は、夫婦が子どもを引き取り、戸籍上の実の子どもとするものである。親族里親は、親族が引き取り親代わりに育てるものである。

（4）「男性助産師問題」とは、一九八〇年代から現在まで続く、男性にも助産師の道を開くか否かに関する議論をさす。妊婦やその家族の側からの男性助産師によるケアへの抵抗感を主な理由に反対する意見が強く、議論は決着していない。

（5）愛育委員とは、自分たちの市町村を乳幼児から高齢者まですべての住民にとって健康で明るく住み良い地域にするため、行政と協力しながら活動している健康づくりボランティアである。

（6）近代産婆とは、トリアゲバアサン等と呼ばれたムラの産婆に代わって、一八九九年の産婆規則に基づく全国的な統一試験に合格し、西洋医学を身につけた産婆を指す。

（7）板橋（二〇一三）もお産における産婆の役割が、心身ともに妊産婦を支える役割から医療の専門家として安全・安心なお産に従事する役割へと変遷してきたことを指摘している。

（8）ＮＰＯ北海道ネウボラ代表の五嶋絵里奈氏の Facebook には、「連載　人生が一六〇度変わった！　主婦の社会活動という選択 2018.01.05 Fri　#2【ネウボラ】」にネウボラの概要と五嶋氏自身の出産・子育て経験とその時々の思いが綴られている。五嶋氏は自らの妊娠・出産・育児の経験を通して、子どもを産み育てていく時に、些細なことから重大・深刻な問題までわからないことがあまりにも多かったことと、そうした迷いの中で安心して相談できる場があることでどれだけ救われるかと述べており、そのために日本版ネウボラを立ち上げ運営してきたということがよくわかる内容になっている。

参考文献

青柳まちこ「忌避された性」網野善彦ほか編『日本民俗文化大系』（第一〇巻　家と女性）小学館、一九八五年。

板橋春夫「いのちの近代――トリアゲバアサンから近代産婆へ」山田慎也・国立歴史民俗博物館編『近代化のなかの誕生と死』（歴博フォーラム　民俗展示の新構築）岩田書院、二〇一三年。

井之口章次「誕生と育児」『日本民俗学大系』四、平凡社、一九五九年。

大藤時彦「産の忌」『日本常民文化紀要』一、成城大学大学院文学研究科、一九七三年。

大藤ゆき『兒やらひ』三國書房、一九六七年（『児やらい』民俗民芸叢書、岩崎美術社、一九九四年）。

大藤ゆき『子育ての民俗――柳田国男の伝えたもの』（大藤ゆき米寿記念出版一）岩田書院、一九九九年。

恩賜財団母子愛育会編『日本産育習俗資料集成』第一法規出版、一九七五年。

鎌田久子「産婆――その巫女的性格について」『成城文芸』四二、一九六六年。

小林美希『ルポ　職場流産――雇用崩壊後の妊婦・出産・育児』岩波書店、二〇一一年。

小林美希『ルポ　産ませない社会』河出書房新社、二〇一三年。

佐々木美智子『「産む性」と現代社会』岩田書院、二〇一六年。

三元社「誕生と葬礼号」『旅と伝説』六巻七号、三元社、一九三三年。

関沢まゆみ『現代「女の一生」――人生儀礼から読み解く』日本放送出版協会、二〇〇八年。

チョ・ナムジュ（斎藤真理子訳）『八二年生まれ、キム・ジヨン』（韓国では二〇一六年出版、日本語訳は二〇一八年、筑摩書房）。

靍理恵子「民俗学における産育研究の展望――大藤ゆきの研究をふまえて」女性民俗学研究会編『子産み・子育て・児やらい――大藤ゆき追悼号』オリオン出版、二〇〇三年。

靍理恵子「第六章　産育」岡山民俗学会編『奈義町滝本の民俗――岡山県奈義町滝本民俗調査報告書』、二〇一一年。

靍理恵子「離島および地域都市における子育て環境の特徴――その優位性と問題点」安井眞奈美編『出産の民俗学・文化人類学』勉誠

出版、二〇一四年。

永田夏来・斎藤直子「対談　社会学、あなたはどこから？――『社会学はどこから来てどこへ行くのか』スピンオフ」『書斎の窓』六六五、二〇一九年。

中村ひろ子「第三章　出産と誕生」中村ひろ子・倉石あつ子ほか共著『女の眼でみる民俗学』高文研、一九九九年。

永山美千子「第二章　からだはどのように整えられ、どのように変わるか」吉村典子編『講座　人間と環境　第五巻　出産前後の環境――からだ・文化・近代医療』昭和堂、一九九九年。

西山千恵子・柘植あづみ編著『文科省／高校「妊活」教材の嘘』論創社、二〇一七年。

古川彰「一章　村落空間とむらの文化2　むらの民俗・伝統文化」日本村落研究学会編、鳥越晧之責任編集『むらの社会を研究する――フィールドからの発想』農山漁村文化協会、二〇〇七年。

本田由紀『「家庭教育」の隘路――子育てに強迫される母親たち』勁草書房、二〇〇八年。

民間伝承の会「誕生特集号」『民間伝承』一〇巻二号、一九四四年。

安井眞奈美『出産環境の民俗学〈第三次お産革命〉にむけて』昭和堂、二〇一三年。

安井眞奈美編『産む・育てる・伝える――昔のお産・異文化のお産に学ぶ』風響社（あじあブックス①）、二〇〇九年。

安井眞奈美編『出産の民俗学・文化人類学』勉誠出版、二〇一四年。

柳田国男『産育習俗語彙』恩賜財団愛育会、一九三五年。

吉村典子『お産と出会う』勁草書房、一九八五年。

吉村典子『子どもを産む』岩波書店、一九九二年。

吉村典子編著『講座　人間と環境五　出産前後の環境　からだ・文化・近代医療』昭和堂、一九九九年。

育児ログ https://ikuji-log.net/entry/proportion-of-birth-place#st-toc-h-3
人口動態調査人口動態統計確定数出生（二〇一七年）

https://www.e-stat.go.jp/dbview?sid = 0003214695

読書案内

①　小林美希『ルポ　産ませない社会』河出書房新社、二〇一三年。

＊正規・非正規を問わず、働きながら妊娠・出産をすることの難しい日本社会の現状を明らかにしている。産むことと働くことの両立はいかにして可能かを具体的な事例を通して私たちに教えてくれる。

②　チョ・ナムジュ（斎藤真理子訳）『八二年生まれ、キム・ジヨン』（韓国では二〇一六年出版、日本語訳は二〇一八年、筑摩書房）。

＊韓国のフェミニスト女性作家チョ・ナムジュの小説である。主人公キム・ジヨンの誕生から学生時代、受験、就職、結婚、育児という人生を振り返る中で、女性の人生に立ちはだかる性差別を描く。日本も含め世界各国で、多くの女性読者は自分のことだと共感した。

第11章 変わりゆく葬送

蒲池勢至

1 葬儀会館の登場

葬場の変化

葬送儀礼は大きく変化した。民俗学では一九五六年から一九七三年にかけての高度経済成長の時期に、多くの民俗が変化したととらえてきた。しかし、葬儀に限ってみれば、平成時代の三〇年がより激しく決定的に変化したとみられる。これまで伝承されてきた伝統的な葬送儀礼は、社会変動と生活様式の急変の中で消滅したのか、あるいは形を変えて継続されているのか。一人の人間の「死」に対する観念は、個人的にも社会的にも変わったのであろうか。

葬儀が変化した大きな要因は、葬祭業者による葬儀専用会館の成立であった。表11－1と11－2は、愛知県を中心に営業している葬祭業者二社の葬儀会館設立の様子をまとめたものである。これをみると、平成に入ってから次々と葬儀会館をオープンさせていることが一目瞭然であろう。表11－1の三輪本店は、一九七九年に雁道斎場（名古屋市瑞穂区船原町）を設立した。名古屋で最初の葬儀会館であったという。社長が北九州や広島へ行って葬儀会館をみてきたことから、「これからは斎場の時代だ」と考え、倉庫にしていた場所に作ったものであった。しかし、当時は自宅葬や寺院を会場とする寺院葬が主流であったので、会館での葬儀は一カ月に一件か二件しかなかったという。ところが、平成に入って名古屋市内や近郊に次々と葬儀会館をオープンさせている。表11－2の株式会社レクストは、会社（愛知冠婚葬祭互助会・愛昇殿）を一九五六年に設立して昭和三〇年代から五〇年代にかけて結婚式場を中心に展開していたが、平成になって毎年驚異的なスピードで葬儀会館をオープンさせた。結婚式場を葬儀会館に変更したところもある（蒲池　二〇一五）。

二〇一四年一月発行の『第一〇回「葬儀についてのアンケート調査」』（一般財団法人　日本消費者協会）によれば、全国的に葬儀の場所は自宅が六・三％、葬儀専門式場八一・八％、寺・教会七・六％、町内会・自治会一・六％、ホテル〇・二％、その他二・一％、無回答〇・五％（有効回答数一六一八名）となっている。現在、全人口の五〇％以上が東京・名古屋・大阪という三大都市圏に集中しているが、都市部においては八〇％以上が葬儀会館を葬儀会場として使用しているものと推定できる。こうした背景には、高度経済成長による人口の都市集中、生活様式の変化、地域共同体の崩壊、高齢化、家族の崩壊、親と子の断絶、介護、親族の疎遠化などといった現代の問題がある。

表11-1　「三輪本店」の葬儀会館設立

設立年次	会館名称	所在地
大正13年	創業	名古屋市瑞穂区船原町
昭和54年	紫雲殿雁道斎場 （現，堀田斎場）	名古屋市瑞穂区船原町
平成6年	紫雲殿道徳斎場	名古屋市南区豊田
8年	紫雲殿小田井斎場	名古屋市西区中小田井
10年	紫雲殿新瑞斎場	名古屋市瑞穂区妙音通
13年	紫雲殿堀田斎場	名古屋市瑞穂区船原町
14年	紫雲殿滝ノ水斎場	名古屋市緑区相原郷
	紫雲殿東郷斎場	愛知郡東郷町春木
	紫雲殿岩塚斎場	名古屋市中村区岩塚本通
15年	紫雲殿川名斎場	名古屋市昭和区檀渓通
	紫雲殿徳川斎場	名古屋市東区徳川
17年	紫雲殿くすのき斎場	名古屋市北区丸新町
20年	紫雲殿北名古屋斎場	北名古屋市熊之庄
22年	紫雲殿豊明斎場	豊明市大久伝町

出所：蒲池（2015）。

葬儀の「場の変化」について、明治以降から現代までの期間で考えてみると、①昭和三〇年代までの葬場中心の葬儀、②昭和四〇年代から六〇年代までの自宅葬儀、③平成以後（一九八九～）の葬儀会館での葬儀、という三つの形態に分けてとらえることができる。①葬場中心の葬儀というのは、村の中にムショ（墓所）とかサンマイ（三昧）などと呼ばれていた埋葬墓地や火葬場があった時期である。出棺勤行[1]後に葬列を組んで葬場に行き、葬儀の中心である葬場勤行[2]がここで行われていた。ノヅトメ（野勤め）とも呼び、葬場勤行後に火葬や埋葬が行われていた。②自宅葬儀は、各家の仏壇前で出棺勤行をしたあと、転座して納戸などに設えられた祭壇前で葬場勤行を行ったものであった。公共の火葬場が成立して、それまで村の中にあった火葬場

表11－2　レクスト（愛昇殿）の葬儀会館設立

設立年次	会館名称	所在地
昭和31年	愛知冠婚葬祭互助会設立	
昭和61年	平和愛昇殿	名古屋市中区平和
62年	春日井愛昇殿	春日井市瑞穂通
平成２年	那古野愛昇殿	名古屋市西区那古野
３年	名和愛昇殿	東海市名和町
４年	藤が丘愛昇殿	名古屋市名東区朝日が丘
	若葉通愛昇殿	名古屋市北区若葉通
５年	太閤通愛昇殿	名古屋市中村区竹橋町
６年	野並愛昇殿	名古屋市天白区野並
	岡崎愛昇殿	岡崎市洞町
７年	六番町愛昇殿	名古屋市熱田区四番
８年	犬山愛昇殿	犬山市大字犬山
９年	津島愛昇殿	津島市藤里町
	甚目寺愛昇殿	あま市中萱津
	師勝愛昇殿	北名古屋市高田寺
	豊田愛昇殿	豊田市大林町
10年	豊明愛昇殿	豊明市栄町
	吹上愛昇殿	名古屋市千種区千種通
11年	一宮朝日愛昇殿	一宮市富士
	一宮松降愛昇殿	一宮市松降
	江南愛昇殿	江南市古知野町
13年	尾西愛昇殿	一宮市小信中島
	半田愛昇殿	半田市南本町
14年	安城愛昇殿	安城市三河安城南町
17年	堀田愛昇殿	名古屋市瑞穂区堀田通
19年	小牧愛昇殿	小牧市西島町
20年	港愛昇殿	名古屋市港区砂美町

注：平成20年（2008年）以後，2019年までに県内に15会館を設立。
出所：蒲池（2015）。

や埋葬墓地で遺体を処理していたことを止めたことによる。またこの頃、土葬から火葬へと移行したという理由もあった。そして、③葬儀会館での葬儀というのは、「葬儀会館が葬場」になったということである。このことを象徴的に示す葬具が、会館内の会場入り口に立てられる樒塔である。竹を芯にした巻藁に樒（しきみ）を挿したものを樒塔と呼んで、自宅葬のときは家の門に提灯と一緒に飾っていた。葬儀会館ができた当初は、必ず会場入口に飾られていたが、近年では祭壇の左右に飾られる白菊の背後や横隅に置かれたりするようにもなっている。樒塔とはなにか。近世における葬送史料の「葬場図」(3)をみると、葬場の入り口に「青門」とある。これが樒塔であり、臨時の葬場を表示する門であった。樒塔は死者霊の依代という意味も持っていた。死亡直後に用意される枕机の一本花も樒である。家の門口に樒塔が飾られていたときは、意味はわからなくなっても、近世以来の葬具の役割を果たしていた。ところが葬儀会館の祭壇脇に置かれるようになると、意味がまったく不明になって、単なる供花としての装飾になってしまったのである。しかし、樒塔が葬儀会館での葬儀にあるということは、葬儀会館がかつての火葬場や埋葬墓地で行われた「葬場勤行を執行する場」であることを示している。葬儀としての「場」は、火葬場（埋葬墓地）→（寺院の庭〈境内〉）→自宅→葬儀会館と変化してきた。

図11－1　葬列・リヤカーで棺を運ぶ（愛知県愛西市，1991年撮影）

図11－2　埋葬墓地近くの寺院境内で行われた葬場勤行（愛知県南知多町日間賀島，1978年撮影）

葬列の消滅と霊柩車の登場

村の中に火葬場や埋葬墓地があった頃は、家から出棺すると葬場まで葬列を組んで、棺を乗せた輿を中心に葬場勤行に必要な葬具を運んでいた（図11－1）。平成の初期まで行われていた愛知県愛西市上東川の葬列は、①オナゴ衆、②寺院僧侶、③位牌、④野団子・花（菓子）、⑤提灯・六道、⑥輿、⑦送り（親戚・一般会葬者）という順序であった。喪主が白木の位牌を持ち、花・団子・菓子持ちと続いた。輿の前後には孫や近親者が持つロクドウ（六道）[4]と提灯一対が並んでいた。

コシ（輿）と呼んでいたものは、棺を梯子のようなものの上に乗せて運ぶものであったが、棺をリヤカーで運ぶムラもあった。リヤカーの上に板を乗せ、その上に棺を置き、さらに棺の上には寺から借りてきた七條袈裟[5]を掛けていた（蒲池 二〇一一）。現在では祖父江（愛知県稲沢市）の公共火葬場を使用するようになり、こうした葬列や輿も消滅してしまった。図11－2は日間賀島での葬儀で、座棺を運ぶ輿である。

霊柩車が登場して葬列がなくなったのではない。愛知県における霊柩車の登場は古い。名古屋の「一柳葬具総本店」（以下、一柳葬具店と略称する）が米国からビム号を購入して、一九二一年九月四日の新聞『新愛知』の紙面に宣伝広告を出している。この霊柩車が最初に使われたのは、一九二二年二月二五日に行われた実業家・神野金之助の葬儀のようで、東本願寺名古屋別院で行われた神野家の葬儀の写真に写っている。黒塗、箱型の車体側面に大きな花輪を付けた格好であった。一柳葬具店は、一九三一年頃には米国車リンカーン号を購入し、改造した霊柩車を使っている。葬列のとき棺を納めた輿と同じ型のものを後部に飾った、いわゆる「宮型霊柩車」であった（一柳葬具総本店　一九七七、井上　一九九〇）。このように愛知県内で葬儀に霊柩車が使われるようになったのは、一九二二年からと早かったが、急速に広まったかというと必ずしもそうではない。名古屋市瑞穂区を中心にしていた葬祭業者では、戦後までリヤカーの人力霊柩車であったという。

2　葬送儀礼の過去と現在

葬儀の流れ

かつての葬送の儀礼は、死の直後に行う遺体を北枕に寝かせることから始まり、枕飾り・末期の水・神棚除け・忌中札・湯灌・死装束・納棺・死の通知・役割分担・葬具作り・葬式の食事準備・通夜・出棺・葬列・火葬場や墓地での葬儀式・野帰り・葬後の中陰儀礼などから構成されていた[6]。従来の民俗調査における葬送儀礼の項目である。地域の中に火葬場や埋葬墓地があった頃はもちろん、霊柩車が登場しても自宅葬であった段階まで、こうした儀礼はある程度行われていた。しかし、葬儀会館を葬場とするようになった平成以後は、まったく変わってしまった。儀礼は消滅したり、一部に残っていても儀礼の流れと意味が変わってしまったのである。

現在、葬儀会館で葬祭業者中心に行われている葬儀の流れは次の通りである。病院で死去すると葬祭業者に連絡して遺体を葬儀会館へ搬送してもらう。一九九八年頃までは、ほとんど自宅へ搬送していたが、いまでは葬儀会館直送が多くなっている。その後、喪主と葬祭業者との間で葬儀の規模とやり方を相談し、檀那寺の枕経も行われる。亡くなった時間によっても異なるが、普通は翌日が通夜、翌々日が葬儀となる。通夜は午後六～七時頃、葬儀は午前一〇時から午後二時頃までの間である。特に葬儀の時間は火葬場の空いている時間から逆算して決定される。通夜は、昭和四〇年代頃まで親族や地域の組内、同行など[7]が中心となって行われ、檀那寺の住職による読経もなかったところが多かった。いまは本葬儀よりも会葬者の人数が多くなり、葬儀と通夜との区別が曖昧になって喪主の挨拶まで行うところもある。葬儀は無宗教でなく、従来通り仏式など喪家の宗教によって執行される場合が多い。葬場勤行が終了すると棺を囲んで親族による最後のお別れとなり、棺の蓋が閉じられ出棺となる。火葬場では灰葬（火屋）勤行[8]などが行われたりもするが、ない場合もある。拾骨後に再び葬儀会館に戻って初七日法要、精進落としとなって終了する（浦池　二〇一七）。

祭壇の成立

葬儀に葬祭業者が関与することは、葬儀会館の設立以前から行われていた。都市部においては、すでに近世から葬儀に葬具を提供する業者があって商売として成立していた。明治から大正にかけては、各地域にガンヤ（棺屋）・コシヤ（輿屋）と呼ばれた個人的な業者があって、主に葬儀に必要な座棺・位牌・シカバナ・天蓋・藁草履といった葬具の一部を提供していた。いまでは毎月掛け金をする互助会組織の葬祭業者が会社として葬儀を執り行っているが、元は「葬具店」が始まりであったといってよい。同行や組・同族が中心となって地域社会の中で行われていた葬儀に、葬具店が関わるようになって、次第に葬儀が変化していった。その変化の中でも、まず祭壇の成立があげられる。

一九五六年に亡くなった愛知県春日井市宗法のYの葬儀では、祭壇はなく故人の写真も飾らなかったという。一九七七年に亡くなったFのときには、写真が飾られ祭壇も設けられた。Yの葬儀では、遺体は湯灌されると座棺に納められてナンド（納戸）に安置され、この座棺が自宅における葬儀式の中心であった。棺の前には枕飾りとして小さな机に樒と燭台、香炉、枕飯などが置かれていたにすぎない。

今日みるような祭壇は、いつから普及するようになったのか。白木の彫刻祭壇（彫刻幕板祭壇）といわれるものが、一般的に普及するようになったのは昭和三〇年代からである。それ以前には、昭和初期から昭和三〇年代まで木製の三段、四段、五段に白布を敷いた「白布祭壇」が主流であった。そして白布に代わって金襴が掛けられ、高度経済成長期になると白布や金襴を掛けずに、彫刻が施された板で段を組む彫刻幕板祭壇が誕生したのである。祭壇ができることによって、葬儀の中心

図11－3　「飾り輿」と棺の位置（名古屋市，2010年撮影）

が遺体を納めた棺（柩）から祭壇中心に変化した。昭和初期以降、白布祭壇が成立したときには壇の最上段に棺を安置していたが、棺が見えてしまうというので覆い隠すために、かつて使用されていた棺を入れる輿をイメージして「コシ（輿）」「飾り輿」「半輿」と呼ぶ聖殿風の建物が東京辺りで考案された（山田　二〇〇七）。現在、棺は祭壇下の一番手前に安置するようになっている（図11－3）。葬儀に参列する会葬者は、聖殿化したコシ（飾り輿）、遺影写真や位牌、装飾化した灯籠といった葬具の並ぶ祭壇に対して拝礼し、手前に置かれた遺体の納められた棺はほとんど視野に入ってこない。棺中心から祭壇中心に変化したのであった。祭壇はさらに変化している。二〇〇八年頃から「花祭壇」が登場した。カラフルな洋花ばかりで祭壇を設け、遺影写真が大きくなっている。昔は「葬儀の花」といえば樒とシカバナ（死花華）[9]であり、白菊・白喪服、白木祭壇・白木位牌のように葬儀の色は「白」中心であった。今、「飾り輿」もなくなりつつあり、「葬儀の色」は一変している。

儀礼の変化と消滅

儀礼や葬具の変化についていくつかみてみよう。まず死の直後である遺体安置の仕方であるが、自宅の場合は北枕を意識して安置している。これは家族よりも葬祭業者が旧来の「死者は北枕に安置するもの」ということを意識しているからである。逆さ着物の儀礼は忘れられて消滅した。枕飾りは白木の机の上に樒と香炉・燭台を置くが、一本線香を立てることはなくなりつつある。かわって、蚊取り線香のような渦巻き型の線香になってきている。枕飾りの机にはカミソリなどの刃物を置いているが、これも置かない場合もあったりする。家内に神棚があれば、白紙を貼って隠しているが、「忌中」と書かれた紙を自宅玄関に貼ることは、葬儀が会館へ完全に移行した段階でほぼなくなった。死が確認されるとすぐに死者の枕元に供えていた枕飯や枕団子もなくなったが、それでも一九九八年頃までは行われていた。以前は葬儀会館の祭壇に必ず枕飯と団子が置かれていたが、現在では姿を消した。これは家族や親戚などで「枕飯をすぐに供えるものだ」と言う人がなくなっても、葬祭業者が旧来の儀礼をある程度踏襲しようとしていたからであった。しかし、いまでは葬祭業者にその意識はなくなり、新しい現代的な葬儀を創り出しているのである。

絶縁儀礼

細かな葬送儀礼の中でも、特に生者と死者を分かつ絶縁儀礼がなくなったといってよいだろう。たとえば出棺儀礼である。自宅から棺を出す前、デダチ（出立ち）の膳といって親族や手伝いの人が必ず食事をとっていた。これはヒジ（非時）[10]であって、時間に関係なく食べるものであり、死者との食い別れという意味をもっていた。愛知県尾張西部、とくに木曽川流域では、唐辛子汁あるいは胡椒汁といって、醤油をうすめたものや汁の中に「涙を誘うから」と唐辛子や胡椒を入れた汁を出棺前のヒルオトキ（昼お斎）に出していた。棺が家を出るとき、酒を飲んだりもしていた。これをハバキ酒・デダチ酒などといって湯飲みで飲んだ（愛西市東赤目・上納）。ハバキは「脛巾」で、外出や遠出するとき脛に巻き付けたもののことである。「脚絆」にあたる。死者が旅立つに際して、別れの杯を交わす意味であった。酒を飲んで棺が家の門口をでると、すぐに手伝いの女性などが筵（むしろ）を持ち出してオナゴ竹（女竹）でバタバタと打った（図11-4）。「帰ってこないように叩き出す」のだと説明していた（愛西市鵜多須）。こうした筵叩きは尾張東部の禅宗地域でも行われていた。キタハンジョウ（北半畳）といって、棺の下に敷いた筵を出棺のときに持ち出し、竹と木で叩いて死者を送り出していた。傍らでは筵をあぶるように藁を一把燃やしていたという。

図11-4　出棺儀礼の筵叩き（愛知県愛西市，1991年撮影）

現在、葬儀会館での葬儀になって、死者との最後の別れは棺の蓋を閉じるときである。かつては石でもって釘を蓋に打ち付けるのが習わしであった。名古屋市内でも葬祭業者の人が最初は専用の金槌で釘をある程度打ち、残りの長さを石で遺族に打ってもらっていたという。しかし、火葬場からの依頼もあって、一九七八年頃に棺蓋の釘打ちはしなくなった。また、名古屋市内でもカリモン（仮門）といって、竹を四角にして上部を紐で縛った門を葬祭業者が道具として作っていた。出棺して棺が道路に出る前、霊柩車の前でカリモンをしていたという。やはり昭和五〇年代初期までのことである。禅宗の家では、出棺のときに死者が使っていた茶碗を割ったりしていたが、現在は会館での初七日法要が終わり「自宅に帰ったとき家の前で割ってください」などと言っている。こうした死者との絶縁儀礼は、自宅葬のときまで地域の人によって行われていたが、葬儀会館になってほとんど姿を消してしまった。

このように葬儀が変化した理由は、前に述べたように「葬儀の場」が火葬場（埋葬墓地）→自宅→葬儀会館と変わり、家族や地域がもはや葬儀を行う主体ではなくなってしまったことによる。しかし、これは「外の変化」であって、実は大きな「内なる変化」も同時に起こっていた。遺体観念や「死」に対する観念の変化である。「死者」をどう取り扱うか、特に死亡した直後の「遺体」にどんな儀礼をするのか。死の直後から通夜までの間、親族が行う儀礼の中で重要なものに湯灌と納棺があった。昭和三〇年代の愛知県西尾市南中根における様子をみてみよう。湯灌は近親者・兄弟で死亡したその日の夜に行われた。遺骸をナンド（納戸）に北枕で寝かせ、納戸は部屋を閉め切ったという。荒筵の上に盥（たらい）と棺桶を置き、盥には水を入れてから湯を入れた。逆さ水である。盥の中に座らせた遺骸を一人が支え、もう一人が布で体中を拭いた。湯灌が済むと棺に入れ、湯灌した水は火葬場に掘ってあった穴に捨てたものだという。

湯灌と納棺

葬祭業者が関わるようになっても、湯灌は盛んに行われている。一九七七年頃の名古屋市内では、葬祭業者の社員が行っていた。枕経が終わってから、洗面器や盥に逆さ水を用意し、手足など衣服から出ている部分をガーゼや手拭いで拭いていた。家族の者に拭いてもらうようにしていたという。死化粧も葬祭業者がしていた。しかし、最近では葬祭業者とは別の納棺師が行っている。自宅でする場合は、介護用の浴槽を持ち込み、やはり逆さ水を足元から胸元までかけたあと洗顔・顔そり・洗髪などをしている。葬儀会館で行うときも同様である。その後に納棺となるが、経帷子[11]を着せ旅姿にさせたものであった。現在でも葬祭業者は経帷子を着せているが、カッターシャツやネクタイ、スーツ姿にする人もある。女性では着物の人、洋服の人、ダンスをしていたのでドレスの人もあるという。また宗派によって異なるが、手甲と脚絆、紙に印刷した六文銭も入れ、頭陀袋も首から掛けたりしている。草鞋はなくなったが、足袋ははかせているとのことであった。

遺体の納棺は、近年さらに変化しつつある。葬祭業者による遺体のエンバーミングである。エンバーミングは遺体を保存する方法として西洋で発達した技術であるが、ある葬祭業者はアメリカの「大学葬祭学科」[12]で習得した方法を導入して、エンバーミング「サービス」を広めようとしている。その内容は、腐敗防止・消毒といった目的もあるが、遺体に薬液を注入して「生前元気だった頃の表情を取り戻し」、「亡くなられた方とご遺族がより良いお別れをするために」というものである。遺族には、表情や髪型を整えるために参考とする故人の写真提出が求められる。生前着ていたお気に入りのスーツ、作業着、着物、洋服、肌着などの用意、あるいは愛用していた口紅、ファンデーション、マニキュアなども求められている。

3　家族葬と直葬

家族葬

「家族葬」という言葉が流行っているが、家族葬そのものの厳密な定義はない。葬祭業者が考案した言葉である。一般的には家族だけで行う葬儀で、家族・親族以外の会葬者を呼ばない葬儀という形式のことであろう。問題は「家族」という実態である。老夫婦や老人一人だけの単身者世帯が多くなり、息子・娘の家族は同居しない家族形態が多くなっている。親が亡くなったとしても、喪主は生活実態が異なっており、地域的なつながりもなかったりする。親族関係も希薄になって、付き合い関係がある親族だけに知らせるということで、「家族葬でします」ということになる。一方、死にゆく人も「迷惑をかけたくない」ということで、生前に家族葬を希望するようになった。近年、ある程度葬儀費用も明確に表示されるようになった。比較的費用が抑えられる家族葬が人気という理由の一端もここにある。しかし、経済的な理由だけではなく、一般会葬者が加われば香典を受け取ったり返礼をしなければならなくなり、こうした贈答慣行が面倒になることを忌避する傾向にある。経済的に余裕のある喪家でも、家族葬を選択するようになった。

都市部、特に東京では、故郷の檀那寺との関係が希薄になっている。そこで寺院教団側も故郷の檀那寺に代わって「首都圏仏事代行」を行うようになっている。真宗大谷派の東京[13]「真宗会館」で執行している葬儀の状況は、通夜葬儀八〇%、一日葬（通夜を行わない）一六%、直葬四%であり、枕勤めは九四%が行っていないという。この実態は、表11-3と対応している。

表11－3　「お葬式に関する全国調査」結果報告（％）

	直葬・火葬式	一日葬	家族葬	一般葬
北海道・東北地方	5.0	5.6	37.8	57.6
関東地方	8.1	9.0	33.2	49.7
中部地方	3.4	2.2	31.6	62.8
近畿地方	6.0	3.7	58.3	32.0
中国・四国地方	4.5	3.5	40.9	51.1
九州・沖縄地方	2.7	2.7	33.1	61.4
全　国	4.9	4.4	37.9	52.8

出所：『エンディング産業データブック2018』株式会社鎌倉新書より筆者作成。

図11－5　東京の葬儀・花祭壇（2011年撮影）

東京の葬儀の一例

実見した東京の葬儀について触れておきたい。二〇一一年一〇月二六日、男性Aが享年七九歳で死去した。通夜は一〇月三一日、葬儀は一週間後の一一月一日であった。葬儀会場は自宅近くの臨海斎場（東京都大田区東海）であった。東京では火葬場がいっぱいで死亡してもすぐに葬儀は行えず、一週間から一〇日待ちの状態であるという。臨海斎場は大田区・港区・世田谷区の三区共同の公共施設で火葬場と葬儀場が併設されている。火炉は四つ、付属の葬儀会場は四部屋であった。故人は病院で亡くなったが、遺体は高層マンションである自宅に戻され、それから葬祭業者によって血を抜き防腐剤を入れるエンバーミングの処置が施され、さらに臨海斎場内の冷凍庫で通夜当日まで保管された。祭壇の様子をみると、遺影を中心にした花祭壇の型式であった（図11－5）。位牌と遺影の上に小さな阿弥陀絵像の本尊が安置されていたが、このほかにはまったく宗教色がない。シカバナや六道をあらわす六灯はなく、花も樒はなく色花ばかりであった。棺の上に置かれる七條袈裟や金襴の覆い（棺覆い）もなく、棺は丸裸であった。卓台の花瓶・香炉・燭台もごく普通のものである。葬儀は社葬という一面もあったので、会葬者が多かった。葬儀が終了すると、すぐに隣接する火葬場へ移動、そして拾骨となった。ステンレス製の箱に移された遺骨は、マスクをした係の者が小さな刷毛を使って、骨片どころか塵一つも残さぬように全骨が骨壺に入れられた。周りの親族は、息を呑むように注視していたが、それは儀式といってもよい光景であった。拾骨が済むと、愛知県では通常初七日法要となるが、東京では初七日法要をこのときしないという。葬儀会場となった部屋はすでに他家の葬儀会場となり、控え室などでは一切焼香や蝋燭に点灯することが禁止されているからであった。

この葬儀は家族葬ではなかったが、東京の葬儀は現在こうした状況にあり、直葬も二〇％から三〇％ともいわれている。直葬は、基本的に棺だけ一日安置して通夜・葬儀といった儀礼をほとんど行わずに火葬する形態である。宗教者も関与しない。「お別れ式」が直葬の実態であろう。なお、東京圏では葬儀のことを「告別式」と呼ぶようになっているが、葬送儀礼の歴史からみると「葬儀」と「告別式」は別なものである。

関西の家族葬と直葬

二〇一二年に京都の公益社という大きな葬儀社を調査した。年間六〇〇〇件の葬儀を行っているが、八〇％が会館葬、二〇％が自宅葬等で直葬はないとのことであった。ところが、伊丹市で個人経営している博益社では三〇％が直葬、二〇％が家族葬、五〇％が一般葬であった。この葬儀社では家族葬というのは人数が二〇名未満で、さらに家族葬の半数が僧侶による儀式がないとのことであった。一般葬は五〇人までの人数ということであったから、小規模経営の葬儀社である。尼崎市の花金という葬儀社では、一カ月に四〇件ほどの葬儀を行っており、一年間で直葬一一％（参列者五人ほど）、家族葬二四％（参列者三〇人ほど、僧侶一名）、一般葬六二％（三〇から一〇〇人未満）、その他・市営葬など三％ということであった。葬儀社間にも階層があって、直葬は小規模のところが多く請け負っているようである。それは依頼する遺族の社会階層と連動している。大企業のイオンによる葬儀は、費用の低価格情報をインターネットで流し、インターネットなどで受注すると契約している地域の葬儀社に委託している。低価格であるため、委託された葬儀社は儀礼的なことを行うことができない（蒲池　二〇一七）。

葬儀社の実態はよくわからず、正確な調査がなされていない。情報だけはインターネットに溢れている。かつての葬儀は、地域共同体による相互扶助制度によって、経済的に余裕のない人も、それなりに葬儀を行うことができた。葬儀費用も香典によって相殺できたのである。葬儀の平等性が担保され、葬送の儀礼を誰でも行うことができた。現代の葬儀では、こうした伝統的な葬儀システムがすべて崩壊して混乱している。地域共同体という地縁関係は希薄になり、家族・親族の血縁も疎遠になった。その中で、葬儀は「商品」になって葬祭業者に委託されるようになり、近しい家族だけで行う葬儀の小規模化が進行した。孤立した「死にゆく者」は、生前に自らの葬儀をどうするか「終活」までしなければならない。「死」の社会性が失われて「私化」(個人化)したのである。

コロナ禍と葬儀

二〇二〇年一月三〇日、世界保健機関(WHO)は中華人民共和国湖北省武漢市における新型コロナウイルス感染症に関して緊急事態を発表した。日本においても感染が広がり、四月に緊急事態宣言が出された。国内感染者は一〇月五日現在、感染者は八万五七三九例、死亡者は一五九九名となっている。この中、感染防止のため「新しい生活様式」が求められ、葬儀もさらに変化しつつある。感染死者がでると、葬儀社の担当者は、感染防御の服装で棺を持って病院へ行く。病院では遺体を納体袋に入れて棺に納める。そして、遺体は火葬場に直行して火葬される。もちろん濃厚接触者、つまり一番身近な家族は立ち合うことができない。遺体は骨になってから遺族の元に届けられる。その後、葬儀社は「骨葬」やお別れ会をするというが、実際はそれすらできないのが現状であろう。感染死者の遺体は二四時間経過しなくても火葬ができるという厚生労働省からの通達も出ているので、これは疫病時の非常措置である。通常の葬儀は、感染防止で密集を避けるために会葬者が極端に少なくなった。身近な家族と親戚程度で、一〇人ほどが多い。接触防止のためオンライン葬儀も行われるようになったが、どれほど実際に行われているのか不明である。葬儀後の「精進落し」という飲食はなくなり、パック詰めの料理を持ち帰りにしているところもある。

こうしたコロナ禍の中での葬儀と愛する者の「死」を、どう受け止めたらよいのか。しかし、考えてみると「葬儀の簡略化」はコロナ禍で初めて出てきた現象ではない。これまで述べた「家族葬」の流れにある。今後、どのように変化していくのであろうか。

4　葬送の現代的意味

生者は死者をどのように見ているのか。現代葬儀の中に表出されている死者観について探ってみよう。

ホトケですらない死者

葬儀は生と死の境界で行う儀礼行為である。遺体はその境界性を象徴的に示す。生者にとって遺体は、極度の緊張状態の中で、愛惜の念を表出させる対象である。しかし、また遺体は生者にとって恐怖の対象でもある。目の前に横たわっている人は、「生きているのか、死んでいるのか」、「どうして動かないのか」と思う。死はどこまでも不可思議で理解しがたい。生者にとって死は受け入れがたく、自らの生を脅かすものである。共同体の中で行われていた一九八〇年代後半の葬儀には、食い別れを意味する出立ちの膳、釘を棺の蓋に打ち付ける、出棺時の仮門、茶碗割り、藁火焚き、などといった儀礼がまだ残っていた。現代葬儀では、こうした死者と絶縁する絶縁儀礼がなくなった。死者はこの世から追い出す存在ではなく、いつまでも生者の世界に残っていて欲しいと願う存在となった。遺影の写真が大きくなったり、死者の顔に白布を掛けなくなっていることなども同じであろう。

かつて死者はホトケ（仏）であった。死者をホトケと呼んでいた。仏教でいう「仏」は悟りを開いた覚者の意味で、必ずしも死者＝仏ではない。しかし、日本人が死者をホトケと呼んで葬儀を行ってきたことの中には意味があった。真宗門徒の葬儀でも、昭和一〇年代までコウゾリ（頭剃り）といって、湯灌の際に毛髪を実際に剃って死者を法体（出家者の姿）にする儀礼が行われていた。禅宗などでも棺の蓋や下底に偈文や梵字・光明真言[14]などを記していた。遺体に対する呪術的な意味や成仏儀礼としての作法である。こうした仏教と結び付いた葬儀の歴史をみると、カンオオイ（棺覆い）の金襴布は、棺に七条袈裟を掛けていたことからの変容であり名残である。現代葬儀ではこのことの意味が失われて金襴布さえ掛けられなくなり、遺体を見せるために棺の形そのものも変化させてしまったのである。死者・遺体は、もはや仏ではなく、ホトケですらなくなったということであろう。遺族も「戒名はどうして付けるのか」、「普通の名前の方が、その人らしくていいのではないか」と言う。現代葬儀は、宗教性と意味を喪失させて世俗化した姿になっている。

世俗化した葬儀

「世俗化」とは、一般社会の中で宗教性が失われていき変容していく現象のことである。家族や近隣などの地域共同体が葬送を執行していた頃の儀礼は、民俗信仰であれ仏教信仰であれ、まちがいなく宗教儀礼であった。「死」は不可解な畏怖すべき現象であり、遺体を葬り、遺体と分離した霊魂観念に支えられて死者を「あの世」「浄土」などの他界へ送ることが必要であった。ところが、現代の葬儀では、死者は遺体と死霊ではなく死体になってしまった（関沢　二〇〇二）。もはや死後の世界へ旅立たせることなく、個人として記憶される親愛なる存在になっている。

二〇一五年から東京ビッグサイト（東京都江東区）を会場として開催されている「エンディング産業展」をみると、二三〇社あまりのブースに「現代葬儀が展示」されている。家族葬の葬儀壇（祭壇）・棺・遺影写真・遺言映像・死装束・骨壺・紙製の送り鳩・遺体保管庫・霊柩車・納骨堂・海洋散骨・墓石・樹木葬等々。キャッチコピー（宣伝文句）を見てみよう。「RAY FLOWER　光と花のエンディングセレモニー　祭壇革命」、棺「故人にとって最後に入るお部屋だからこそ、「想い」の溢れる場所にしたい。その人らしさを大切に包み込み、葬儀が終わっても、いつまでも人々の記憶に残るものであってほしい」、「遺品整理クリーンサービス」、「過去と心の整理のお手伝い」、骨壺「Beautiful SOUL is here――大切な想いは、ここに」、「Soul Petit Pot　大切な人との絆が、さりげなく普段の暮らしに溶け込む。ソウル　プチポット」、「いつもいっしょだから、輝ける。大切な人を想う心を、ここに込めて」。これらが現代の葬儀観であり、現代人の死生観なのであろう。

葬儀が世俗化したということは、日常性の中で死や死者をとらえるようになっている現象である。日常と非日常、ハレとケ、現世と来世、生霊と死霊などの観念も変容した。「死」への穢れ観・不浄観も希薄になって恐怖の念は隠され、「愛着の感情」が強調されるようになったのである。しかし、死とは何か、死者はどこへゆくのか、という問いは残されている。これに答えて解説していくのが民俗学の役割である。葬儀の現代的あり方も再考されていかねばならないだろう。

注

（1）自宅から棺を出す前、仏壇の前で読経する儀礼。出棺すると葬列を組んで葬場に向かった。現在では遺体を自宅に安置しないことが多くなったので、消滅しつつある。

（2）火葬場（埋葬墓地）で行われた勤行のこと。葬儀とは、死亡直後から拾骨までの一連の儀礼（広義では満中陰まで）であるが、葬場勤行は中心となる儀礼である。現在では葬儀会館で行われることが多くなった。

（3）葬場勤行が行われる荼毘所の図。真宗佛光寺蔵。蒲池（二〇一一）。

（4）六本の蝋燭を点す葬具。竹杖などの先端に点して、葬場へ行く葬列の途中の辻に立てたりした。葬列が消滅すると、祭壇の正面左右に立てたりした。六道（地獄・餓鬼・畜生・修羅・人・天）を超えていくことを意味していた。

（5）導師が着ける袈裟のこと。御遠忌や葬儀式など重要な法要・儀式のときに身につける。死者をホトケ（仏）とみて、棺覆いとしても使われた。

（6）かつて行われていた葬儀の流れについては、井之口（一九六五）を参照。この書物は、一九六〇年代まで行われていた葬送の流れと葬送儀礼の意味について、全国の事例をもとに詳しく解き明かしている。一九九〇年代に大きく変化する以前の伝統的葬儀の姿を知ることができる。

（7）真宗門徒の講組。毎月の「お講」で集まって勤行したり、葬式組としても機能した。

（8）葬場勤行が終わって火葬場で荼毘直前に行われる勤行。火葬後の拾骨のときの勤行を「灰葬」といっているところもあり、混乱している。

（9）仏教式の葬儀に使われる「花」のこと。釈迦入滅のとき、傍らにあった四本の沙羅双樹の葉が一斉に白くなり散ったという故事に由来する。四本の竹串などに細かい銀紙をつけたものである。

（10）非時食のこと。仏教では正午以後に食事しないことになっており、正しくない時に食事することをいう。葬儀で出棺するまえにする食事のことをヒジとも言うようになった。

（11）死者に着せる死装束のこと。白色の木綿などで縫い目の糸止めをせずに作られた単衣の着物。

（12）アメリカのオハイオ州にあるシンシナティ葬儀科学大学などでは、葬祭ディレクターとエンバーマー養成の講座が設けられている（https://isiya.ti-da.net/e2973693.html）。

（13）死の直後に行われる勤行のこと。枕経・臨終勤行ともいう。

（14）偈文は経典で仏・菩薩を讃える韻文形式の文。梵字は悉曇（しったん）文字ともいい、梵語（サンスクリット）を表記するための文字。光明真言は真実を表す聖なる言葉で、天台宗や真言宗で唱えられる。棺にこうした言葉を書いたのは、死者の罪を消滅させる意味があった。

参考文献

一柳葬具総本店『一柳葬具総本店　創業百年史』一九七七年。

井上章一『霊柩車の誕生』朝日選書、一九九〇年。

井之口章次『日本の葬式』早川書房、一九六五年。

蒲池勢至「葬儀の今昔」『愛知県史別編　総説　民俗一』二〇一一年。

蒲池勢至「佛光寺門主の葬送儀礼」『佛光寺の歴史と文化』法藏館、二〇一一年。

蒲池勢至「葬送儀礼の変化――愛知県の事例を中心に」『国立歴史民俗博物館研究報告』第一九一集、二〇一五年。

蒲池勢至「真宗民俗から現代葬儀を問う」『日本民俗学』二九〇号、二〇一七年。

鎌倉新書『エンディング産業データブック二〇一八』鎌倉新書、二〇一八年。

関沢まゆみ「葬送儀礼の変化――その意味するもの」国立歴史民俗博物館編『葬儀と墓の現在　民俗の変容』吉川弘文館、二〇〇二年。

日本消費者協会編『「葬儀についてのアンケート調査」報告書』第一〇回日本消費者協会、二〇一四年。

山田慎也『現代日本の死と葬儀』東京大学出版会、二〇〇七年。

読書案内

①　五来重『葬と供養』東方出版、一九九二年。

＊日本における葬送儀礼と墓制は、仏教と深く結びついて歴史的に展開してきた。本書では仏教民俗学の立場から葬送儀礼が体系化されている。一つひとつの葬具を具体的に論じて宗教的意味と歴史を明らかにした葬具論に特徴がある。変容したり崩壊してしまった現代葬儀の儀礼をとらえようとするとき、今でも不可欠な研究成果である。

②　『国立歴史民俗博物館調査報告書九　死・葬送・墓制資料集成』東日本編一・二（一九九九年）、西日本編一・二（二〇〇〇年）。

＊全国レベルで「一九六〇年代（昭和三〇～四〇年代も射程に）の死・葬・墓の民俗の実態の確認と一九九〇年代（平成一～一〇年）

のそれの確認作業を通して、その間の変化の実際を具体的な事例に則して確認し位置づけておく」ことを目的に調査された史料集成である。報告書であるが、葬送儀礼の変化を考えるのに重要なものである。

第12章

「先祖」の喪失と混迷する葬送秩序

森　謙二

1　混迷する葬送の秩序

一九九〇年以降、墓地埋葬をめぐる環境は大きく変化した。一つは、少子化に基づいて跡継ぎ＝祭祀承継者の確保が困難になったことである。このことにより、跡継ぎのいない墳墓が増加し、無縁墳墓の増加がみられた。そのため、一九九九年、厚生省（現 厚生労働省）は無縁墳墓の改葬の手続きを簡素化して、墓地経営の合理化をはかった。他方では、跡継ぎ＝祭祀承継者を必要としない、新しい葬法が展開するようになった。合葬式共同墓[1]・散骨[2]、樹木葬[3]がそれである（図12－1～12－4）。これらは法の空白領域に登場した葬法であったにもかかわらず、国や地方公共団体はその葬法についての明確な規準を示さなかった。そのために、それぞれの葬法について、当事者の「自由」でかつ恣意的な様式と方法によってそれらが拡散していった。その結果として、墓地埋葬法の墳墓や墓地の定義の空洞化が進み、葬送領域に混乱が生じる大きな要因になった。

このような状況の中で、国民の葬送についての意識も大きく変化していった。もともと日本の葬送秩序は〈家〉制度によって支えられ、祖先崇拝の思想こそが死者の尊厳性を担保する装置であった（筆者はこれを「葬送の〈家〉レジーム」と呼ぶ）が、〈家〉の解体・祖先崇拝の意識の散逸により、墓地埋葬法を支える理念そのものも消失していくことになる。

日本の伝統的な葬送の形態は、遺骨の「保存」と「承継」であり、その「保存」と「承継」を担ってきたのが〈家〉であった。このような葬送の構造は一二世紀頃にはその萌芽が形成され（森 二〇一四（A）：二四四）、庶民階層でも小農の自立とともに〈家〉が形成された。近代になってもそのシステムは明治民法によって補強され、「国民道徳としての祖先祭祀」を倫理的な基盤とした法的制度として墓地埋葬秩序（以下「葬送秩序」という）が確立した（森 二〇〇一：三九三〜三九八）。もっとも、この葬送秩序ももともと矛盾を内在するものであった。祖先崇拝は子孫が先祖を敬愛すること（＝子孫の先祖への恭順）によって成り立っている。この限りにおいては、死者の尊厳性はこの祖先崇拝の観念を通じて維持されてきた。ただ、他方では、死者を「先祖」の枠組みの中に包摂するために、死者を〈家〉の枠組みに閉じ込めることになった。市民社会の中では、人々は社会の中で生き、これまで社会に貢献をし、社会の一翼を担ってきたのであるから、死後もまた社会

図12-1 安穏廟（新潟・妙光寺）

図12-2 もやいの碑（東京・功徳院）

図12-3 志縁廟（京都・常寂光寺）

図12－4　北海道長沼・散骨場

図12－5　真田山陸軍墓地（大阪・天王寺区）

の中に位置づけられるべきであるにもかかわらず、日本では「近代」という時代においても、死者は「祖先祭祀」という枠組みから解放されず、〈家〉の中に閉じ込められたままであった[4]。

近代になってこの矛盾が最初に表面化したのは、「戦死者祭祀」の時である。国家のために貢献した死者＝戦死者たちは靖国神社という国が創設した慰霊装置に組み込まれた。この装置の中に位置づけられるのは霊魂だけであり、当初は遺体や遺骨は「陸軍墓地」等の国営の施設に「埋葬」されたが、次第に〈家〉に戻されるようになった（図12－5）。この霊魂と遺体・遺骨の分裂がこの矛盾の端緒であったが、国は自らを〈家〉の拡大した装置であるとして、国と〈家〉の間の対立関係を解消しようとした。しかし、〈家〉に組み込まれた死者たち＝戦死者たちの遺体は、〈家〉の断絶とともに、たとえ国家に貢献した戦死者であっても「無縁仏」として彷徨うことになる。

この章で取り上げるのは、葬送の〈家〉レジームである。〈家〉なき時代においては、このレジームから脱却しなければならない。そうしなければ、死者の保護、言い換えればその尊厳性を維持する装置がなくなり、文化的・社会的危険に私たちがさらされることになるからである。現代では、〈家〉の中に閉じ込められてきた死者たちが、〈家〉の解体とともに居場所を喪失したのである。この一つの姿が「墓じまい[5]」に表現されている。この章ではなぜ日本では「彷徨える死者」が生まれてきたのか、つまり現代日本の葬送秩序の中でいま何が起こっているのかということを中心に考えていきたい。

2　葬送の〈家〉レジームと祖先崇拝

日本の墓地埋葬制度は、これまで〈家〉によって制度化され、〈家〉によって死者（祖先たち）が保護されてきた。筆者は、この枠組みを「葬送の〈家〉レジーム」と呼んでいるが、〈家〉によって制度化されるというのは、墳墓が〈家〉（その跡継ぎ）によって承継されることであり、死者が〈家〉によって保護されるというのは、先祖（死者）の尊厳性が〈家〉の観念的な支柱としての祖先崇拝の思想によって維持されてきたことを意味している。

現行墓地埋葬法のシステムもこの〈家〉レジームの上に成り立ち、〈家〉の崩壊によってその枠組みが壊れてきたということができる。「墓じまい」や無縁墳墓改葬制度[6]は〈家〉制度をその生みの親としているが、〈家〉制度の黄昏時に、ミネルヴァの梟のように、〈家〉レジームの矛盾が表出してきた。

もっとも、葬送を支えるイデオロギーとしての祖先崇拝も、黄昏時になるとそこに本質的に内在する矛盾を顕在化させることになる。祖先崇拝は、もともと先祖（親）と子孫（子）の恭順（Pietät）関係を前提として成り立つ関係であり、この恭順関係なしには子孫が先祖を崇拝するなどあり得ない。ただ、この恭順関係だけではなく、エディプス・コンプレックス（Oedipus complex）の問題などを媒介に祖先崇拝について議論したのがマイヤー・フォーテス『祖先崇拝の論理』である。

祖先崇拝の矛盾

祖先崇拝のあり方はそれぞれの地域によって様々であり、日本では「家」を基礎にした祖先崇拝が組織化され[7]、跡継ぎに求められたものは父に対する忠誠（Pietät）より、まずは〈家〉に対する忠誠が求められた。したがって、〈家〉の存続を危うくするような当主＝家長であれば、強制的に隠居に追い込むいわゆる「押込め隠居」が容認された。つまり、〈家〉の存続こそが当主＝家長の家父長的支配の権限の淵源であった。

その意味では、日本では親子関係ではなく、跡継ぎの〈家〉への恭順関係が強調される。そこでは、父と子という親子の対立・緊張関係よりも、〈家〉への恭順という父子関係の共通の利害を基礎にして、父子間における家父長的な支配・服従関係が成り立っているからである。しかし、父子関係の対立・緊張関係が解消されているわけではない。

祖先崇拝の枠組みは、子孫（子）が先祖（父）を敬うことを前提に、先祖（父）の死によってはじめて祭祀が成立するものであり、この祭祀の循環の中に自ら（子孫）がはいるためには先祖（父）の死を待たなければならないということである。また、その父への恭順は、父の死により新たに学習したものではなく、生前の親子間の家父長制的な支配・服従関係による恭順であり、生前から基礎づけられていたものである。したがって、生前に親子間の支配・服従関係が解消されていると、先祖を崇拝するという意識や社会的基盤が失われることにもなる。

日本では、親子間の支配・服従関係の解消過程が戦後の民主化の中で徐々に進みはするものの、現実には一九九〇年代以降の少子化の中で家存続が事実上不可能になり、そして多くの人々が家の存続を諦めたときに、〈家〉レジームの解体が始まることになる。〈家〉の存続を諦めると、親子関係の家父長的な支配・服従関係の基盤が失われ、子孫（子）が先祖（父）に功徳を捧げるよりも、子孫（生者）自身の安泰・幸福を求めて、先祖（父）に対して逆に犠牲を求めるようになってくる。死者への功徳・供養よりも、子孫（生者）の事情・都合が優先されるようになると、祭祀の永続＝祖先崇拝の枠組みが成り立たないばかりではなく、目の前で起こっている「埋葬」（葬ること）からも死者を保護するという枠組みが失われることになる。

なぜならば、祖先崇拝を前提として、あるいは〈家〉レジームを前提として構築された墓地埋葬法のシステムは戦前からずっと現行法にまで受け継がれており、先祖の保護を跡継ぎに委ねるという仕組みは、まだ法制度として生き続けているからである。(8)

フォーテスは、祖先崇拝が厳然と生きている社会では、家父長はいかなる時でも一人しか存在しないと言う。そして、次のように続ける。「父親は息子たちを養い、教育して、自分の後継者を仕立て上げなければならない」としながらも、後継者が家長の地位を継ぐのは「現保持者の死を待たなければいけない」のであり、それまでは「長男は独自の個性をもった個人として、父親と同等であるように振る舞うことができない（父親の衣類を着用することを禁ずるタブー）。これらの禁忌は、父と息子の関係にとって不可欠な要素である個人的な暖かさや信頼を損なうことなしに、守られなければならないとされ、また、事実そのように守られていると、私は確信できる」と（フォーテス　一九八〇：九一〜九二）。

しかし、現代の親子は成人すると別の世帯を構成し、職場も異なり、同じような価値観を共有する世界で生きているわけではない。親子で〈家〉を承継していくという共通の利害はほとんど解消され、フォーテスが述べた親子の緊張・対立関係は裸のままぶつかり合うこともある。親子の間での〈家〉をめぐる共通の利害は当初は親の「片思い」というかたちで残っていた時代もあったかもしれないが、一九九〇年以降の社会ではそれももはや残照でしかない。このような時代になると、それぞれが〈家〉から逃れてそれぞれが個人として自由奔放に行動するようになる。

かつては、われわれ（先祖）の墓が無縁墳墓になるかもしれないという不安に苛まれ、人々は墳墓の継続に努力した。しかし、その継続が不可能だと考えると、そこから逃れるために、その対象である家墓＝先祖の墓を解体し、それが流行するようになった。そして、「私」は「先祖の墓」を「墓じまい」をするが、「私」の遺骨については、自分では処理できないので、散骨でも合葬式共同墓でも樹木葬でも何でも好きにして欲しい、と考えるようになる。これまで「祖先」の遺骨を保存・承継することに苦労を重ねてきたが、その苦労から解放されたとき、その贖罪のためか、今度は息子たちに「子どもたちには迷惑をかけたくない」という。ここにはなお、遺骨は家族によって管理されるべきという〈家〉レジームに依存しながら、自己正当化をはかる「落とし穴」がある。

〈家〉に閉じ込められた「祖先」

> 私たち日本人は、死者をずっと〈家〉に閉じ込めてきた。祖先崇拝がなお生き続けている社会では、死者＝祖先を保護する責任は〈家〉にあるのであるから、むしろそれは当然であったと考えることができる。

ただ、すべての死者が〈家〉に属していたわけではなかった。そのために、国は行き倒れ（行旅死亡人）について「行旅病人及行旅死亡人取扱法」（明治三二年・法律第九三号）[9]を制定し、〈家〉の承継ができなかった無縁墳墓の改葬規定を策定した。まさに、葬送を〈家〉レジームの中で処理しようとしたが、そこからはみ出るものが当初から予想されたので、この二つの制度を用意したのである。

また実際、庶民階層の葬送においても、もともと葬送は死者とその家族・地域共同体（Gemeinde）の人々・葬送に職業的に携わる人々の協働作業で行われてきた（森　二〇一四（B）：一〇三）。しかし、高度経済成長の過程でこの協働作業は急速に失われていくようになり、死者を〈家〉に閉じ込めるようになってくる。少なくとも高度成長以前の段階では、死者の生活の場としての地域共同体はそれなりの存在意義を持っていたし、地域共同体が死者の親族とともに協働して葬儀を実行してきた。しかし、地域共同体の互助組織の崩壊とともに、この互助的な組織が市場＝葬儀業者に取って代わられるようになり、家族が市場＝葬儀業者に依存しながら死者を排他的に独占するようになるのは、一九七〇年代以降のことである。私は、これを「葬送の個人化」の過程としてとらえていたが、「葬送の個人化」はなお深化していくことになる（森　二〇〇六：一七一～一七五）。

「葬送の個人化」の時代には、死者が〈家〉のために貢献することが求められるのでもなく、地域社会から貢献を求められるのでもなく、あえていえば自分のためあるいは市民社会に貢献することが求められた。少なくとも個人は〈家〉の名声のために働くのではない。そして、家族は先祖（死者たち）の属していた社会から分離され、かつ個々人それぞれが自己の世界をもつようになる。先祖の属した世界について、家族の誰も知らないことになる。

死者を、現代ではすでに「先祖」と位置づけることができない。小熊英二は、日本人の生き方を「大企業型」「地元型」「残余型」に分類して、大企業というシステムで生きている「大企業型」（二六％）、自営業や農林業など地元から離れない生き方である「地元型」（三六％）、どちらにも属さない「残余型」（三八％）としている（小熊　二〇一九）。先ほど「地域社会から貢献を求められるのではなく」と述べたが、それは「大企業型」での話であり、「地元型」では地域との密着が求められ、途中で一時的に故郷（地元）を離れることがあったとしても、故郷で生まれ、故郷で死んでいくという生き方をする類型である。

伝統的な社会では、多くの人々は地元（故郷）で一生を過ごし、〈家〉のために働き、〈家〉の継続に多くの努力を重ねてきた。高度成長期には、〈家〉のために働くというより、家族のために働くという意識が強く、職場を求めて地域社会から離れる人々も多くなった。それでも、まだ定年になると地元（故郷）に帰るという人々も多かった。しかし、〈家〉のある故郷で生まれなかった子どもたち＝子孫は、時間の経過とともに、地元（故郷）とのつながりも希薄化している。

小熊は、昔の（高度成長期の）「地元型」の占める割合はわからないとしながら、一九六六年当時の県内結婚の割合は男性九二・九％、女性九〇・九％とし、一九七二年には五九・八％に低下していると指摘している（小熊 二〇一九：三七）。また、「地元型」の類型の数値を必ずしも表現するものではないが、三世代同居家族は一九八一年では五〇・一％であったものが、二〇一六年には一一・〇％まで減少している。「先祖」の住む故郷（地元）から離れ、また故郷の両親（家）から離れて暮らすようになると、「先祖」との関係も希薄化し、「私」が故郷や先祖とつながりを維持する必要性を感じなくなる。ここに「墓じまい」が流行する背景がある。

葬送の〈家〉レジームを支える社会基盤は崩壊しているか、あるいは崩壊寸前の状況にある。しかし、葬送をめぐる〈家〉レジームを支える法制度と人々の意識は旧態依然のままであり、古い意識のまま先祖の遺骨に対処しようとする。つまり、先祖の遺骨は〈家〉レジームの中で自己（子孫）の権限で処理し、自らは〈家〉から解放されたいと願う、この矛盾した表現形態が「墓じまい」である。

墳墓は家族＝跡継ぎによって承継され、承継者がいなくなるとその墳墓は無縁墳墓として改葬されるということ、または無縁墳墓として処分される前に、子孫が先祖の遺骨に権利をもつので遺骨を処分する＝「墓じまい」するということ、これらはすべて〈家〉レジームの枠組みを前提として生まれた現象である。ただし「先祖」の遺骨を処分することにより、自らの「先祖」を失い、自らも「先祖」の地位を獲得できなくなる。筆者には、このような行為は先祖の意思を忖度もせずに、先祖を〈家〉に閉じ込めたまま、自らは〈家〉から解放されようとするきわめて身勝手な行為のように思われる。それゆえにこそ、私たちは、葬送についても〈家〉レジームから解放され、死者の尊厳性を守るような新葬送のシステムを構築しなければならないのである。

3　近代の墓地埋葬法の仕組み

一九世紀の墓地埋葬法

日本における葬送をめぐる法規制は、神葬祭をめぐる問題から開始された。ところが、墓地は幕藩体制の下でも無税であったために、上知処分や地租改正をめぐる作業の中で「墓地」の定義が必要となり、墓地の無制限な拡大を防ぐために墓地の許可制が採用されることになった。このことを踏まえて、本格的な墓地行政が始まることになる。

一八八四年「墓地及埋葬取締規則」が制定されるが、一八七七年からコレラ等の伝染病の流行に見舞われ、公衆衛生が墓地行政の大きな柱となり、また東京などの大都市では市区計画＝都市計画も墓地行政に大きな影響を与えるようになる。日本は西洋諸国とは異なり、墓地を宗教団体が独占していたわけではない。江戸時代においては寺院の管理におかれていた墓地を、地租改正事業の中では寺院の所有地としてではなく、「寺院と檀家の共有地」として民有地第三種に編入した。[10]この土地は共有地として地券をその地域の市区町村に与えた。ところが、一九〇三年以降東京市は市区改正計画のため小規模な墓地移転（つまり事実上寺院の管理に属した境内墓地の移転）を計画し、移転と引換えに墓地跡地を寺院に下げ戻した。これにより、寺院の私有地としての墓地が明確になり、公共施設としての墓地の性格が失われることになった。この市区計画としての墓地の移転を通じて、無縁墳墓が大量に発見され、その処理の必要性ゆえに移転のための「改葬」制度と同時に、[11]一九三二年に無縁改葬制度も整備されるようになった。

これに対してヨーロッパのキリスト教社会では、墓地政策の公共性は近代とともに明瞭になっていった。墓地政策の公共性とは、ペストをはじめとする伝染病に対する公衆衛生政策としての墓地政策、もう一つは公的施設としての墓地政策である。公衆衛生としての墓地政策は日本でも同じである。だが後者について、日本の政策はヨーロッパと反対のベクトルをもって展開した。ヨーロッパでは、教会の支配下に置かれていた墓地は法律を通じてその公共性を強化し、まず異教徒の埋葬拒否を禁止すると同時に、一八〇四年にフランスでは教会墓地の上知令を実施して、墓地の管理権を教会から奪った。大石眞は次のように述べる。「一七九一年五月の法律は、それまで教会にあった墓地管理権を剥奪し、埋葬地の所有権を市町村に移管することによって、墓地制度を刷新した。言ってみれば教会墓地に対する上知令であった」と（大石 二〇一七：一七二～一七五）。つまり、国民に対して、墓地の設置義務を国家が担うようになるのである。

日本が、寺院に墓地所有権を与え、墓地の私有化を進めていくのは、墳墓を〈家〉の祭祀財産＝私有財産（明治民法第九八七条）として位置づけていくことと関連しているのかもしれない。これ以降、日本では、墓地を私的な財産として、公法的な視点よりも、民法上の問題として位置づけ、公共工事による改葬や無縁墳墓改葬制度の問題以外では、国は葬送に大きな関心を示さなくなった。しかし、そのツケを後になって支払うことになる。

二〇世紀の墓地埋葬法

一九世紀末から二〇世紀初頭にかけてヨーロッパでは墓地法＝墓地行政に大きな転換が起こる。そのきっかけになるのは火葬をめぐってである。これまでカトリック教会は火葬を禁止してきたので、キリスト教に抵抗する自由主義運動と火葬がむすびついた。フランスでは一八八四年に「葬儀自由法」で事実上火葬が容認されるようになり、ドイツでは一九三四年にワイマール期の議論を受け継いだナチス・ドイツが火葬法案を成立させた。この火葬を容認するのは、政教分離を前提として[12]カトリック教会の直接的な影響を避けることであり、これまで教会の影響のもとで葬儀や埋葬を行ってきたものを、「死者の意思」を強調することによって、死者の意思に従った葬法の選択を許容したものであった。ドイツ火葬法第二条第一項には「埋葬の方法は死者の意思に従う」とあり、土葬か火葬かという選択は「死者の意思」によることを規定する。

葬法の選択に関して「死者の意思」が規定されたことは画期的な意義をもつ。一つは、これまで宗教上の要請に基づいて葬法が規定されていたが、その伝統から解除されたことである。そして、火葬という新しい葬法の導入――つまり選択肢の多様化――を容認して、その選択方法については「死者の意思」を採用したことである。また、「死者の意思」の証明方法として第四条がおかれ、遺言証書・公的な書類・日付が入った自筆の文書など、そして死者が葬法について意思を残さなかった場合は第二条第二項で「埋葬の方法について、死者の意思が示されていない場合、行為能力のある親族がこれを決定する。この決定において親族とみなされるのは、配偶者、血族および姻族である直系卑属と直系尊属、兄弟姉妹およびその子、並びに婚約者である」と規定した。

また、火葬がヨーロッパで制度化される中で「埋葬義務」「墓地強制[13]」の考え方もより精緻になっていく。「埋葬義務」の考え方はギリシア神話にも出てくる話であり、キリスト教的な伝統というよりも、死者の尊厳性を保つというヨーロッパの伝統文化に根ざすものであった。その意味では、これまでもこの考え方は規範として生き続けてきたものと思われるが、火葬という新しい選択肢が生まれてきたとき、「埋葬」を規律する大きな枠組みを制度化する必要が出てきたのであろう。第

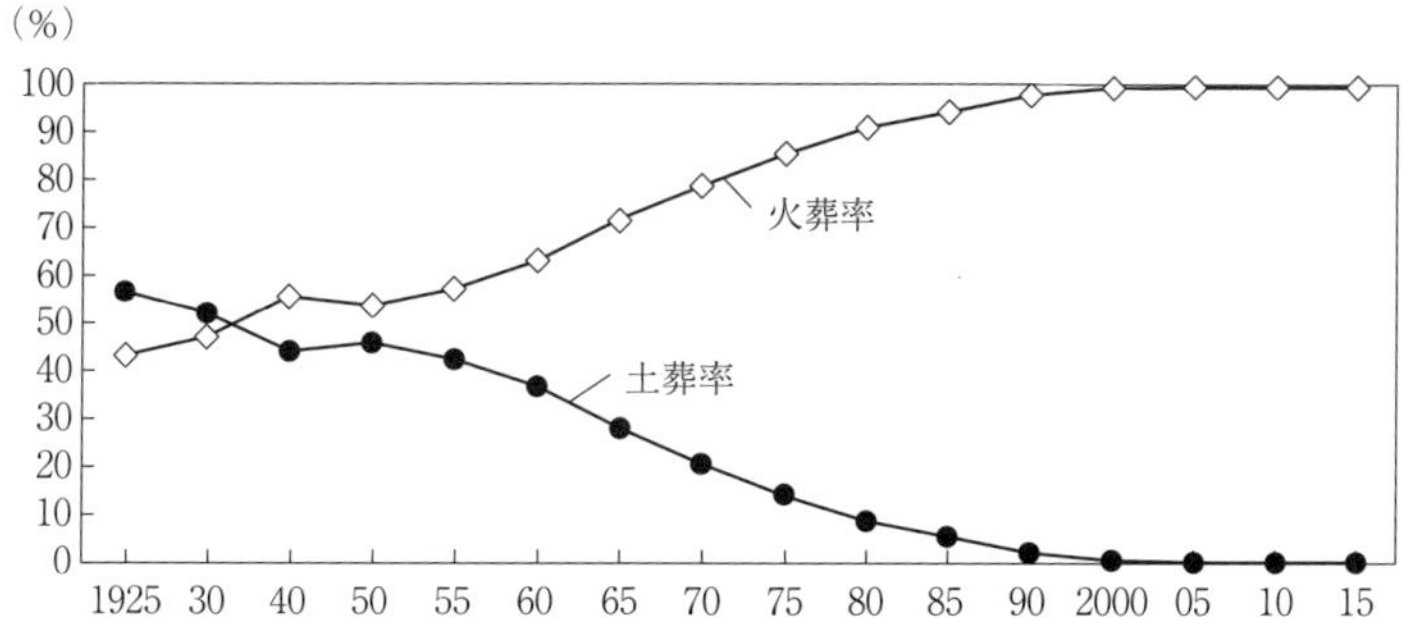

図12-6　日本の土葬率と火葬率の推移

出所：『衛生行政報告例』（厚生労働省）より作成。

一に、死者は人間らしく「埋葬」されることであり、第二に「埋葬」は墓地の中に行われることであり（墓地強制）、第三に「埋葬義務」は社会全体で責任をもつことである。言い換えれば、死者は墓地に「埋葬」される権利をもつこと、火葬後の焼骨も「埋葬義務」の適用を受けること、「埋葬義務」は埋葬義務者の権利ではなく、義務として位置づけられることである。

二〇世紀の初頭、日本では「市区改正計画」＝都市計画の中での墓地の移動や無縁墳墓の改葬が問題となっていたが、国民の権利を守るという観点から墓地行政を展開するというより、一つは公共事業優先の墓地政策であり、同時に墓地経営者＝寺院優先の墓地政策の展開であった。また、墓地は祭祀財産であり、私的所有の対象であるとすれば、国家は私的財産に深く関与しないというのが方針であったのかもしれないが、他方では墓地の許可制を維持しながら、墓地の公共性・墓地の永続性を主張しており、必ずしも国の政策に一貫性があるわけではない。

また、この頃は日本でも火葬が拡大する時期であり、一九二〇年には大都市では火葬率は五〇％を超えていた（図12-6）。現行の墓地埋葬法は土葬を前提にした法律であったにもかかわらず、東京市は寺院への便宜をはかるために当時の墓地埋葬法の枠組みを超えた納骨堂の建設を容認した。また、火葬の普及を通じて〈家墓〉が普及するようになった。かつて墳墓は埋葬した場所の標識として認識されていたが、墳墓は先祖の遺骨を埋蔵する施設として認識されるようになる。土葬時代は〈家〉の移動と墳墓の移動は必ずしも連動していなかったが、火葬の普及とともに「改葬」が〈家〉の移動と結びついて、〈家〉による墳墓の管理が明確になった。この変化の中に現代の「墓じまい」を生み出す前兆があったが、この時代にはまだ〈家〉による先祖の遺骨の保存・承継を疑う人々はいなかった。したがって、ヨーロッパで定着しつつあった「埋葬義務」の観念について考える余地も必要性もなかった。

二〇世紀後半からの展開

ヨーロッパでは、火葬の導入とともに焼骨処理の多様性が焦点となった。最初は、戦後しばらくしてドイツではアノニューム（無名の）墓地が話題になった（図12－7）。ドイツ北部やヨーロッパの北側で流行する葬法であり、遺骨＝焼骨を芝生に墓標を立てずに「埋葬」するもので、その合法性が問題になった。この頃には、ドイツでも「埋葬義務」の概念は定着しており、死者の「尊厳性」を前提として、葬法については「死者の意思」を尊重し、墓地の中に埋葬することという枠組みは定着していた。その意味では、アノニューム墓地が問われたのは死者の個別性であった。墓標が建立されず、死者の個別性が確保されていないことについて、ドイツでは遺骨は骨壺に入れて埋葬されること、墓地管理者が「埋葬」場所を特定し墓籍台帳に書き込むことによってこの形式が認められた。

図12－7　アノニューム墓地（デンマーク）

図12－8　ミンネスランド（散骨の丘，スウェーデン）

一九七〇年前後になると、今度は散骨が問題になった（図12－8）。散骨は「埋葬義務」の〈墓地内に「埋葬」する〉という枠組みに違反しているからである。しかし、同時に「埋葬義務」の正当性の根拠が問われることになった。なぜなら、墓地・埋葬への国家の干渉の根拠は公衆衛生上の問題であり、焼骨の処理は公衆衛生に関わることがほとんどないからである。墓地・埋葬＝焼骨の処理方法について国家の規制の正当性の根拠と、権利としての葬法の自由の対立が憲法問題として展開した。この対立は、墓地の外での「埋葬」を容認しながら、それを容認するためにはそれぞれの州の「法律」の制定を求めることとなった。「死者の尊厳性の確保」と「死者の意思」の法的利益の対立を、新しい法律の制定という手段を通じて、つまり「埋葬義務」「墓地強制」の例外を設けることによって、いくつかの州では散骨を容認したのである。焼骨処理の多様性はより拡大していったのである。

一方、戦後の日本では、GHQによって宗教法人の墓地の新設が認められ[14]、「第二次国有地処分法」によって寺院墓地の払い下げが進み、墓地の私有化がますます進んだ。相変わらず墓地埋葬は〈家〉的伝統の中で行われ、葬送の〈家〉レジームは変わることがなかった。高度成長期には大都市部では墓地不足となり、名義貸しによる墓地建設が進み、墓地建設・墓地経営が利潤追求の手段として用いられるようになってきたが、一九九〇年代以降本格的な少子化の到来とともに、葬送をめぐる〈家〉レジームに多くの軋みが生じるようになってきた。

このように軋みが生じたとしても、国家法としての墓地埋葬法は変更されることはなく、土葬を踏まえた〈家〉レジームを維持している墓地埋葬法を存続させている。ただ、これまで〈家墓〉しか想定していない墓地の中に、最初に述べた跡継ぎを必要としない新しい葬法（＝合葬式共同墓・散骨・樹木葬という様式）が登場しても、墓地埋葬法を所管する厚生労働省はこの現状に向き合うことはなかった。極端に言えば、一八八四年以降日本の墓地埋葬法制は一〇〇年以上変更されることなく法と現実の距離を拡大し、多量の「彷徨う死者」を生み出して、法の空白領域を拡大してきた。

これからの私たちには、〈家〉なき時代において、墓地埋葬をめぐる〈家〉レジームを超える新しい墓地埋葬秩序を構築する必要性が生まれてきた[15]。

4　葬送の〈家〉レジームからの脱却

彷徨う死者

近年の「墓じまい」の流行は、いわば〈家〉制度の解体の中で生まれてきたあだ花である。もちろん「墓じまい」と言っても、その内容は多様であり、①祭祀承継者がいないために墳墓を移動する場合（改葬）、②家の移転＝挙家離村のため、地元（故郷）にある墳墓を移動する場合、③改宗のための墓地移転、④少数派であるが跡継ぎの意思による積極的な墳墓の移動・廃止などがある。そして移動＝改葬の対象となる遺骨の扱いは(a)散骨あるいは遺棄するか、(b)納骨堂あるいは合葬式共同墓や樹木葬墓地に改葬＝移動するか、(c)新たな墓地へ移動＝改葬するか、のいずれかである。「墓じまい」の件数については、厚生労働省の衛生統計に改葬数の増加に現れると引用されているが、それがどのような改葬の件数を表現したものか、またどのような動機づけの改葬であるか、そして遺骨をどのように処理したのか、その実態を衛生統計では明らかにできない。

ただ、どのような動機づけであったにしても、先祖の遺骨は子孫のもの（所有物）という〈家〉レジームを前提にしたものであり、現行の墓地埋葬法には死者の尊厳性を保護するという規定はなく、また「死者の自己決定」といってもそれを担保する制度もない。現行法を前提にする限り、跡継ぎ（祭祀承継者）の意思が先祖の遺骨処分の決定権をもつのである。

もちろん、現行法でも改葬には市町村の許可が必要であり（墓地埋葬法第五条）、墳墓から墳墓へ、墳墓から納骨堂への遺骨の移転は届け出・許可を必要とする。改葬する遺骨の処理方法が妥当でないとすれば、「墳墓発掘罪」や「遺骨遺棄罪」に該当することも考えられる。ただ、法律は改葬に許可が必要であるとしながらも、何が許可基準であるかは明確にしていない[16]。

〈家〉なき時代においては、どのようなときに改葬が認められるのであろうか。焼骨の移転は公衆衛生とは関わりなく、公衆衛生の論理だけではこれを規律することはできない。この問題は、〈家〉による承継が事実上困難になり、火葬率がほとんど一〇〇％に近い日本の現状において、墓地埋葬法の存在根拠が問われる問題である。なぜなら、公衆衛生の観点だけであるならば、墓地を許可制とし、焼骨を納める墳墓や納骨堂を法規制する根拠がなくなるし、「改葬」制度の正統性の根拠も問われることになる。

〈家〉レジームが支配する墓地埋葬秩序の中では、祖先崇拝を通じて〈家〉が先祖＝死者を保護する役割を果たしてきたことはすでに述べた。祖先崇拝の規範の中で、遺骨を保存・承継する伝統に従うことにより、結果的に先祖と子孫の関係性の中で死者が守られた。死者を〈家〉の中に閉じ込めてきたとしても、先祖の尊厳性はずっと守られてきた。

しかし、「私」が先祖を保護しなくなると、死者は無縁になり、また「私」が先祖にならなければ「私」もまた誰からも守られない。人々はこの矛盾の連鎖におかれることになる。つまり、死者は誰からも守られないことになる[17]。

納骨堂や合葬式の共同墓に先祖の遺骨を移したとしても、「無縁」になる。寺院は、寺壇関係にあった檀家の墓でさえ無縁墳墓として改葬するのであるから、寺院のいう永代供養など絵に描いた餅に等しい。合葬式共同墓も、無縁塔と同じように「骨捨場」となる。

「墓じまい」が登場することによって、死者にとって墓地が「終の棲家」ではなくなってしまった。死者にとっては「埋葬」された墓地が自分の「終の棲家」であると考えられていたが、子孫の都合によってその「終の棲家」から移動させられる危険をはらむことになった。無縁改葬制度も跡継ぎがいなくなると「終の棲家」から移動させられ「無縁」として改葬される仕組みである。これと同じことが「墓じまい」でも起こっている。こうなると、理論上はすべての死者が「無縁」として彷徨うことになる（森　二〇一四（B））。

〈家〉レジームからの脱却

二〇一九年、筆者は〈家〉レジームから解放された墓地埋葬のシステムに出会った。それは合葬式共同墓を作りたいという相談であったので、この自治体（一部事務組合：印西地区環境整備事業組合）が平岡自然公園において経営する墓地について話を聞くことにした。大きな敷地に通常の一般墓地（有期限・更新あり）があり、さらに住民の希望が多いので合葬式共同墓を作ろうと計画していた。その運用について尋ねたところ、一般墓地の期限が終了すると、遺骨は「永代供養墓」と呼ばれる「合葬墓」に移されるが、この段階では遺骨は個別的に管理される。墓地の開設からそれほどの時間を経過していないので、この「永代供養墓」にはまだ余裕がある。この「永代供養墓」は行旅死亡人のために設けられた「無縁塔」とは区別されていた。

合葬式共同墓（納骨堂）はこの墓地の一画に設けられ、これも有期限（一〇年・更新三回まで）である。合葬式共同墓が有期限というのは、施設の中にオープン形式の納骨棚を設けており、そこでの保管を有期限とし、それ以降は別の「合祀墓」と称する施設に合葬されることになる。

このシステムにおいて、無縁墳墓改葬制度は必要だろうか、また「墓じまい」と呼ばれるような一般の改葬制度も必要だろうか。家族が移動しても、あるいは承継者がいなくなっても、この墓地の中で遺骨はずっと保管・管理されることになる。その意味では、〈家〉がなくなると遺骨のゆくえもわからなくなるという現代の〈家〉レジームから解放されていることになる。つまり、墓地が「終の棲家」であることを保障するのは、家族ではなく、市町村あるいは墓地経営者なのである。

しかし、ただ問題が解決されているわけではない。このシステムを法制度（条例）としてどのように書き込むかということである。幸いにして、多くの墓園では、墓籍管理についてコンピュータシステムが完成しており、このシステムの中で、この墓地に「埋葬」された遺骨のゆくえも管理することができる。死者の「遺骨のゆくえ」が明白であれば、多くの死者は安心をする。

「合祀墓」という名称が良いかどうかは別として、この墓地が印西地域の人々の最終的な眠り場になる。この施設は、小高い丘の上で、春になると桜が咲き、墓地全体を見下ろす風光明媚な場所に建立されるという。おそらくは、ここが地域のシンボルとなり、多くの人々が春になると桜を見るためにこの地を訪れるであろう。ここに、地域＝公共の施設としての墓地の意義がある。

このように、まだ建設途上であるとは言え、葬送の〈家〉レジームから解放されることは現状の制度変更で可能な部分はある。しかし、実際にはこのような制度設計を支える法律および条例が必要となる。葬送の〈家〉レジームから解放されることとは次のようなことである。

(1)子ども・跡継ぎがいなくても誰もが安心して死ねる装置を作ることである。言い換えれば、すべての人に「埋葬」される権利が保障されることであり、そのために「近親の親族（人々）」「地域社会（＝地方自治体）」「国家」がそれぞれ立場に応じて責任・義務を負担することである。この義務を筆者は「埋葬義務」と呼ぶ（森　二〇一七、一五五）。この義務は跡継ぎ一人に負わせるのではなく、[18]第一次的には「近親の親族」にあるにせよ、社会全体がその責任を分担する必要がある。

(2)死者の遺骨のゆくえは、明確にすべきであり、最終的には遺骨は墓地と自然との循環におかれることになる。死者の個別性はその尊厳性から見て尊重されるべきであるが、いずれ死者は忘れられ、抽象的な存在になっていく。それは、伝統的には「弔い上げ」という考え方にも通じるものであり、このように循環する責任を墓地経営者が負うということである。

(3)墓地の公共性・公益性である。墓地は家族によって排他的に独占されるのではなく、死者は社会で生きた人間として家族から解放されなくてはならない。と同時に、墓地経営の公益性・公共性が確保されなければならない。新しい葬法の展開の際にも、墓地や埋葬が無税であることから、これを隠れ蓑に営利事業を展開するものがいる。つまり、寺院が寺院経営の財政的基盤として利用してきたことは以前から見受けられたが、最近ではＮＰＯ法人等が墓地・埋葬業務に関与し、膨大な利益をあげるという新しい型の「名義貸し」が行われるようになっている。墓地の経営主体のあり方や墓地経営のあり方について税制を含めて再検討する時期にきている。

注

（1）合葬式共同墓は、次の三形態がほぼ同時に提唱された。「安穏廟」：一九八九年一一月、新潟の妙光寺で合葬式共同墓を建立。地方都市で檀家が減少し、大都市では少子化の中で跡継ぎの確保が困難になる中で、住職は大都市の住民に新しい形態の墓を提唱した。「もやいの碑」：同年、東京巣鴨の功徳院に「もやいの碑」が誕生した。伝統的な地縁、血縁ではなく、人々のつながりの〈縁〉を墓や寺に求める都市型ネットワークをつなごうとする。「志縁廟」：一九九〇年に「志縁廟」が建立された。戦後独身を余儀なくされた女性たちが自分の〈終の棲家〉を求めて「女の碑の会」を結成し、新しい墓の形態に辿り着いた。

（2）散骨は、一九九一年一〇月に相模湾で行われたのが最初である。前年一九九〇年に散骨に共感をした法務省の一検察官僚が散骨は「節度を持って行えば違法ではない」との見解を示し、一気に世間で「散骨合法説」が広がった。しかし、法務省はこれを公式見解ではないとしている。

（3）樹木葬は一九九九年七月に宗教法人祥雲寺（現在は知勝院で運営）が里山型樹木葬墓地を設定したのが最初である。散骨を「自然葬」と称したことに対し、樹木葬の形態こそが「自然葬」であるとした。その後樹木葬という言葉は拡散し、里山型とはまったく異なったコンセプトをもつ合葬式樹木葬が増加した。

（4）〈家〉に規定された祖先祭祀というのは、伝統的に民俗社会で生き続けた祖先祭祀と同じレベルではなく、明治国家の「家」制度に規定されたものであり、明治国家の中で「国民道徳」に高められた祖先祭祀のことを示している（森　二〇〇一）。

（5）「墓じまい」は法的には「改葬」の一種であり、石材業者によって自分たちの営業のために作り出された造語であり、マスコミによって広められた。したがって、筆者は、習俗・民俗として定着しているとは考えていない。

（6）承継者のいなくなった墳墓は「無縁墳墓」として改葬されるという制度。一九三二年に警視庁令で制度化され、現代では法律の施行規則で規定されている。ただ導入のきっかけになったのは、無縁になった死者の保護規定としてではなく、墓地経営者のために無縁墳墓の撤去を容認したものであり、当時の寺院墓地で増加していた無縁墳墓の増加に対応する制度であった。現代では、永代として墓地使用権を販売しても、すべての墓地経営者が無縁墳墓の改葬を行うようになった。

(7) ここにいう「家」とは法制度としての家の強調、〈家〉とは実態としての家の強調を意味する。法制度がなくなっても、実態としての〈家〉は存続するし、法制度としての「家」と実態としての〈家〉が一致するわけではない。

(8) 祭祀条項とは「系譜・祭具及び墳墓の所有権は……慣習に従って祖先の祭祀を主宰すべき者がこれを承継する」とする現行民法第八九七条である。民法では「埋葬」と「祭祀」は区別されず、「埋葬」についてもこの条項が適用される。

(9) この法律は、事実上〈家〉に属していない人々を埋葬するためのものである。この法律の成立は古いが、現代でも有効な法律で、現在の身元不明人等もこの法律によって埋葬される。

(10) 当時の大蔵省の寺院墓地についての認識は「墓地は第三者が使用する土地であり、且つその施設は衛生上の必要に基づくものであって、当該寺院の宗教活動に必要なものではない」というものであり、寺院による私有＝所有権を認めなかった（大蔵省　一九五四：二五六～二五七）。

(11) 市区（都市）計画としての墓地移転を実現するために設けられた市布告第一六一号「東京市元寺院境内墓地墳墓改葬規則」（一九一一）年であり、東京市の改葬の本格的な展開はこれ以降に始まる。

(12) ヨーロッパでは政教分離の問題が墓地政策を大きく規定していた。一八世紀末にはプロテスタントの墓地やユダヤ教の墓地等との共存の問題があったし、二一世紀になっても移民等のムスリムの墓地との共存の問題がある。そして現代では政教分離問題の延長線上に「世界観を共同で保護育成する（die gemeinschaftliche Pflege einer Weltanschauung）」人々が独自に墓を共有することが容認され（ワイマール憲法第一三七条）、その一つがドイツの森林葬墓地等（日本での「里山型樹木葬墓」）として現象している。

(13) 「埋葬義務」とは死者を埋葬しなければならないということ、「墓地強制」は埋葬を墓地において行わなければならないという原則である。この原則はキリスト教時代からの伝統と言われるが、筆者はギリシアに起源を持つ伝統であると考えている。この時期には墓地に葬らないことが刑罰の一つと考えられたこともあった。この義務や強制の背後には、死者を保護する観点も含まれていた。

(14) GHQが墓地の新設を宗教法人に認めたのは、「政教分離」の立場からキリスト教会にも墓地の新設を可能にするための措置を日本政府に求めたからだったが、結果的にはこの通達（一九五六年九月三日・内務省警保局長・厚生省公衆衛生局）によって、仏教寺院の方が恩恵に浴することになった。

(15) この問題について、平成二八―三〇年度日本学術振興会科学研究補助金の成果「墓地埋葬法の再構築」(研究代表者　森謙二)において検討し、その研究成果をHPで公開した。アドレスは http://kmori.org

(16) ヨーロッパ諸国では、一般的に改葬（Umbettung＝墓の移転）は原則として認めていない。死者として永遠の眠りの静寂性が侵されること、また死者の尊厳は不可侵であると考えられているからである。この原則に則れば遺体だけではなく、骨壺にも適用される。したがって、ヨーロッパでは「無縁改葬」という制度はない。

(17) 現代の孤独死の問題もこの系列に属する問題である（森　二〇一四（B）：三九～四八）。

(18) 葬送＝「埋葬」をめぐる法的な関係は、「埋葬義務者」とは誰かということだけではなく、誰が埋葬方法を決定するか（ここで死者の意思が問題となる）、誰が埋葬費用を負担するか（筆者は原則として相続財産から支出すべきと考える）があわせて議論されなければならない。

参考文献

大蔵省財務局『社寺境内地処分誌』大蔵財務協会、一九五四年。

大石眞「宗教法規としての墓地埋葬法――フランスの葬儀・墓地埋葬法を手がかりに」『法学論叢』一七〇巻四・五・六号、二〇一二年。

大石眞「フランスの墓地埋葬法制――公法的観点から」『宗教法』第三六号、二〇一七年。

小熊英二『日本社会の仕組み――雇用・教育・福祉の歴史社会学』講談社現代新書、二〇一九年。

小谷みどり『だれが墓を守るのか――多死・人口減少社会』岩波書店、二〇一五年。

鈴木岩弓・森謙二編『現代日本の葬送と墓制――イエ亡き時代の死者のゆくえ』吉川弘文館、二〇一八年。

問芝志保「祖先祭祀の「文明化」――穂積陳重を事例として」『宗教研究』三七九、二〇一四年。

フォーテス、マイヤー（田中真砂子訳）『祖先崇拝の論理』ぺりかん社、一九八〇年。

槇村久子『お墓の社会学――社会が変わるとお墓も変わる』晃洋書房、二〇一三年。

森謙二『墓と葬送の社会史』講談社、一九九三年（吉川弘文館、二〇一四（A）年）。

森謙二「家（家族）と村の法秩序」水林彪等編『新大系日本史二　法社会史』山川出版社、二〇〇一年。

森謙二「葬送の個人化――葬送の自由とそのリスク」高木侃編『老いの相生』専修大学出版局、二〇〇六年。

森謙二『墓と葬送のゆくえ』吉川弘文館、二〇一四（B）年。

森謙二「墓地埋葬法の再構築――〈家〉なき時代の墓地埋葬秩序と「埋葬義務」」『宗教法』三六号、二〇一七年。

矢野敬一「祖先と記憶をめぐる政治と知の編成――国民道徳論と柳田国男」矢野敬一他『浮遊する「記憶」』青弓社ライブラリー、二〇〇五年。

矢野敬一『慰霊・追悼・顕彰の近代』吉川弘文館、二〇〇六年。

読書案内

① フォーテス、マイヤー（田中真砂子訳）『祖先崇拝の論理』ぺりかん社、一九八〇年。
② 柳田国男『先祖の話』筑摩書房、一九四六年。
③ 穂積陳重『祖先祭祀ト日本法律』有斐閣、一九一七年。

＊祖先崇拝論は、論者においてそれぞれの枠組みがあるが、ここで紹介する三研究はそれぞれ異なった背景の中で祖先崇拝論を展開している。フォーテスは西アフリカの部族を中心に精神分析学の力を借りながら祖先崇拝の最も始源的（プリミティブ）な側面を扱っている。柳田国男は祖霊信仰論を土台にした祖先崇拝論であり、『先祖の話』は柳田のその到達点でもある。柳田の学生時代、彼の先生格であったのが穂積陳重である。穂積は社会統合の原理としての祖先祭祀論を展開し、明治天皇制国家の祖先崇拝の役割を問うている。これを国民道徳論としての「先祖」（矢野　二〇〇五、二〇〇六）、文明化した祖先祭祀（間芝　二〇一四）、「国民道徳としての祖先祭祀」（森　二〇〇一）で議論している。本章で引用したのはフォーテスであるが、いずれも日本の祖先祭祀（崇拝）論を理解する上で不可欠な先行研究だと思う。

④ 鈴木岩弓・森謙二編『現代日本の葬送と墓制――イエ亡き時代の死者のゆくえ』吉川弘文館、二〇一八年。

＊本書は、現代の変貌している葬送と墓制について歴史学・民俗学・宗教学・社会学の分野から学際的にアプローチしたものである。編者の一人である鈴木は、柳田国男の「家の寿命」への言及を手がかりに、イエに代わる新しい〈群れ〉とは何かを、現代の死者のゆくえを変貌する「個人・イエ（群れ）・社会」の関連性の中で模索する。

コラム5　高齢者の居場所

「高齢者」というかたい表現が、「年寄」とか「老人」とかというそれまでごく普通に使われていた言葉にとって代わったのは、それほど古いことではない。今では、どのような状態にある人であっても、六五歳とか七〇歳とかという一定の年齢以上の者を「高齢者」として区別する言い方の方が普通になってしまった。

都市化以前の日本人の多くは、農耕民として一定地域に定住して生活していた。ごく身近な地域社会であったムラは、世代を超えて住み続けてきたイエをその構成単位としていた。イエは、家族として祖父母などを含む多世代が同居する親族の集団だったが、労働集団でもあった。家族はそれぞれの世代ごとに、決まった役割を分担し、その中心だった家長と主婦は、社会的・経済的責任を果たし終えると、その地位を次の世代に譲った。

イエを維持する責任から解放されて隠居した舅・姑は「老人」として、豊富な経験に基づいた生活の知恵や行事の仕方を子や孫に伝えながら、家事や子守り、あるいは草取りなどの補助的な役割を果たしていた。それとともに地域社会においては、寺や神社の役員や、老人仲間とともにムラの活動などにも携わっていた。社会の一線から退いた「老人」であっても、家族内やムラ社会において、なお果たさなければならない役割があった。そして人生の最後は、家族に看取られながら、畳の上で生涯を閉じた。

しかし現在では、子どもは結婚とともに戸籍を新たにし、その大多数はムラを離れて独立・別居するようになった。その夫婦と子どもたちだけの家族には「老人」の姿はなく、その代わり老人夫婦の世帯が増加した。二〇一五年における高齢者夫婦世帯と高齢者単身世帯は、それぞれ一一%を超えている（『統計でみる日本　二〇一七』日本統計協会、二〇一六年）。ムラに残された「老人」たちの中には、都市で生活する子どもたちのもとに呼び寄せられる者もいるが、住み慣れたムラから離れがたい「老人」も少なくない。

「老人」だけの家庭・世帯は、ムラだけではなく、都市にも増えた。都市の老人世帯は、生涯にわたって様々な職場で働いてきた人々の、定年後の生活の場である。定年は多くの企業が定めている、退職しなければならない年齢である。一九五〇年代における定年は五〇歳から五五歳であり、当時の平均寿命は六〇歳代であった。その後、定年を六〇歳から六五歳とする企業が多くなったが、平均寿命が八〇歳を超え、九〇歳近くになった現在、定年後の生活は長くなり、多くは悠々自適な暮らしを愉しむ経済的・精神的な余裕もないまま、二〇年以上も過ごさなくてはならなくなった。

現代の都市社会では、家族それぞれが異なった職場などで一日の大半を過ごし、家族そろって過ごす時間は短くなっている。そして、職場に生きがいを見出していることが多く、近所付き合いなども少ない。しかし、定年によって職場を離れると、生活の場は近所付き合いも希薄な老人世帯の内部に限定されてしまうが、そこには子どもも孫もいない「老人」夫婦か、単身の「老人」かだけである。したがって、多世代の親族が同居していた家族集団において、「老人」が行っていたような役割はすでに期待されていない。

こうして定年退職後の「老人」は、社会的に孤立し、果たすべき役割を持たない「高齢者」という特異な存在になる。「高齢者」が子ども家族と同居する三世代家族は、二〇一五年には五・七％に減少し（前掲書）、以前のように、家族に見守られてその生涯を閉じることのできる人は少なくなった。単身世帯の「高齢者」にとって、孤独死は他人事ではない。

戦後の新民法制定によって、家父長制に基づく家族制度は解体した。しかし、その後の生活の仕方や対応などについて十分に検討する余裕もないままに、急激に日本の都市化社会がやってきた。一九七〇年代には「モーレツ社員」とか「企業戦士」とかと呼ばれ、家族との生活を犠牲にしてまで働いて経済的発展を支えた人々がいたが、そうした人々が「高齢者」としてどのように過ごしたらよいのか、その対応は未だ見出されてはいない。

ムラ社会において「老人」が担っていたような役割を「高齢者」には期待されない以上、「高齢者」それぞれが、自分でできる役割を見つけださなければならない。「高齢者」は、自分の居場所を自分の責任において見つけたり、作り出したりしなければならなくなっている。現代日本の都市社会に生きる大多数の「高齢者」は、孤独死を見据えながら、「終活」という言葉にせかされるかのように、手探りで生涯の最後の居場所を創造しようとしている。

（倉石忠彦）

第Ⅵ部　家族のあり方を規定する観念の世界

第13章 血縁という考え方

岩本通弥

1 多様化する家族の中での血縁

二〇一三年一二月、性同一性障害で女性から性別を変更した男性が、第三者の精子提供による人工授精（ＡＩＤ、表13－1参照）で授かった妻の産んだ子の、戸籍上の父と認めるように求めた家事審判で、最高裁判所は一審、二審の判断を覆し、夫を法律上の父と認める決定を下した。二〇〇四年に性同一性障害特例法が施行され、性別変更後の性で結婚が可能となったものの、ＡＩＤでもうけた子どもに関しては、〝血縁〟関係が存在しないのが明らかだとして、法的に〈嫡出子〉とはせず、戸籍の父の欄を空欄にしておく運用が続いていた。分娩主義を採用する日本の民法では「妻が婚姻中に懐胎した子は、夫の子と推定する」と定められ、もともと父子関係の要件に生物学的な〝血縁〟が求められてはいなかった。生まれながらの男女の場合なら、ＡＩＤで出産した子どもは父子関係を認め、〈実親子〉とされていたから、その差異（差別）が問題となっていた。

ステップファミリー（子連れの再婚者家族）やひとり親家庭が増加するだけでなく、生殖技術の劇的なる進展によって、ＬＧＢＴＱ（性的マイノリティ）のカップルにも、生殖医療で誕生した子の法的地位を与える世界的趨勢が、いずれ日本にも到来しようから、家族のあり方は今後ますます「多様化」するのは疑いない。産みの親、育ての親（頼みの親）、法的な親、遺伝子上の親が分離してゆく中で（表13－1）、単身世帯や高齢者のみの世帯、高齢者と未婚の子女のみの世帯が占める割合が増え、家族の「個人化」も確実に進行しており、血縁は一見、重要視されなくなってゆくようにも見える。

一方、このような時代にあって、たとえば養子や人工授精児が自らのルーツやアイデンティティを知ろうとすること、すなわち「出自を知る権利」が当然視され、「子どものために」と称して、かえって〝血縁〟を重んじる傾向も強まっている。顕微授精や出生前診断などの普及で、夫婦の遺伝子を持つ子が欲しいという欲求も高まり、「家族」とは何かと問われると、「父と母、その間に生まれた子ども」といった血縁家族が「当たり前」で「普通」のものと認識されやすくなっている。家族の証に「血縁」を求める人々も多く、家族イメージの中に子どもの存在が組み込まれ、結婚すれば子を産み、子を産めば自ら育てるべきだとする暗黙の了解が潜んでいる。「血のつながり」が、ある意味で、現代の日本社会においては、絶対的なものとして屹立しているかのようにも見えている。

表13－1　日本における不妊治療等と法的関係の諸類型

精子	卵子	子宮	〈実子〉	不妊治療の類型
○	○	○	○	配偶者間人工授精/体外受精（AIH）
×	○	○	○	非配偶者間人工授精/体外受精（AID）
×	×	○	○	胚提供による体外受精
○	×	○	○	卵子提供による体外受精
○	○	×	×	代理出産（借り腹・ホストマザー）
○	×	×	×	代理母（サロゲートマザー）
×	×	×	養親子	養子（普通養子縁組）
×	×	×	○	養子（特別養子縁組）
×	×	×	×	里子

上杉編（2005：5）の表を参考に作成。生殖補助医療の構成要素を，精子・卵子・子宮に区分し，法的な〈実子〉との関係性を表化したが，すでに世界には第三者の子宮を移植して誕生した「子宮移植」による子どもも大勢いる。AIH は Artificial Insemination by Husband の略，AID は Artificial Insemination by Donor の略。

このような家族観が、いつの時代にもどこの社会でも「当たり前」な存在ではなかったことは、民俗学や文化人類学の先行研究によって多くの事例が提供されてきた。歴史的にもそう古いものでなく、近代化という歴史の中で形成されてきた、いわゆる近代家族の属性に適っている。にもかかわらず、現代の日本社会においては、ある側面を見れば、たとえばステップファミリーの増加のように、血縁は薄まっているようにも見えるし、別な角度からすれば、不妊治療の一部のように、血縁は強化されているようにも見える。どのような仕組みとプロセスで、こうした相反する見方が生じているのか。本章では、家族を想起する際に、その前提とされる人々の血縁というとらえ方に関し、その意味するものの複雑性と、歴史性を紐解いていこう。

なお、本章では血縁を表記によって使い分ける。人々の観念や意識のレベル（民俗概念）を扱う場合は「血縁」を、生物学的な遺伝的連続性には〝血縁〟を、法的関係を意味する場合は〈血縁〉とし、そのすべてや特に区別する必要のない文脈では、血縁と表記する。また本章では、これらをいずれも実体概念でなく、実体を分析操作するための分析概念に位置づけている（民俗概念もまた規範的な概念であって例外もある理念的なものにすぎない）。

2　血縁観念の日韓比較——民法規定と生殖医療

日常語／法律用語としての血縁

私たちは日常会話の中で、しばしば「血縁」をはじめ、「血のつながり」とか「血筋」「血統」、あるいは「血は争えない」といったように、親子や親族関係を「血」という隠喩を用いて表現している。親子関係を血液という身体的要素（サブスタンス）で表す文化は多く、血液の量を測るかのように、ハーフ、クォーターと呼び習わす文化も存在する。日本でも父親から半分、母親からも半分の「血」を引いていると漠然と考えている者が多いが（図13-1）、では、冒頭にあげた判決は、私たちの日常語＝「常識」とはズレているのか。

現行民法において親族とは、①六親等内の血族、②配偶者、③三親等内の姻族と規定され、①の血族には養子縁組によって結ばれた養親子も含まれる。法学や判例では生物学的な〝血縁〟関係にある者同士を〈自然血族〉と呼ぶが、養親子もまた〈法定血族〉と称される。逆に遺伝子的な〝血縁〟関係にあっても、父親から認知されていない子どもは、法的な〈血縁〉が認められず、〈血族〉には該当しない。

ただし、〈自然血族〉だからといって、直ちに遺伝子的な〝血縁〟があるとは限らない。夫以外の男性、いわゆる不倫の子の場合もあるからである。DNA鑑定で父子関係が容易に判明するに至った現在でも、鑑定結果にかかわらず、条件によっては一度認知した父子関係は覆せないと、最高裁では判例を示している。その条件とは、民法に〈嫡出否認〉の条文のある夫からの訴えだけが有効で（ただし一年以内）、妻や子の側からの請求は棄却される。そのため、夫と離婚し、遺伝的つながりのある相手と再婚したとしても、その父子関係は認定されない。

では、母子関係の場合はどうか、冒頭の事例と対照的な例を引いておこう。卵巣を残して子宮全摘手術をしたあるタレント夫妻が、人工授精した胚（受精卵）を米国人代理母に移植して誕生させた子どもを、〈実子〉として提出した出生届が、不受理になるという一件があった。夫婦はネバダ州の裁判所から親子関係を確定するとした証明書を、証拠として提訴した。東京高等裁判所はこれを有効と判断したものの、最高裁では一転、公の秩序に反するとして、効力を有しないと退けた。現行民法の解釈としては「出生した子を懐胎し出産した女性をその子の母と解せざるを得ず」、女性が卵子を提供したとしても「母子関係の成立を認めることはできない」と結論づけた。

敗訴した夫婦は、最終的には後述する特別養子制度によって親子関係を設定したが、注意したいのは、夫婦が著名人だったため、行政も事前にマス・メディアを介して、代理出産の事実を知っていたことから不受理にできた点である。日本産婦人科学会や厚生労働省、日本学術会議や日本弁護士連合会は、いずれも代理懐胎の原則禁止を提言するが、国外の代理母までは言及しておらず、海外に渡航し代理母を介して子を得る者は数多い。有名人でなければ訴訟に至らなかった可能性が高く、仲介した斡旋業者の推定では、最高裁判決の出た二〇〇七年以前に誕生した百数十名は「渡航中に産んだ実子」として受理されたという（読売新聞　二〇〇七）。国内の法的整備が進まないまま、生殖医療の国際ツーリズムは加速化している。

図13-1　へその緒と母との血縁

母子手帳とともに，胎児と母親とをつなぐ血縁のシンボル。日本では近代的病院が介在しても，産毛とともに桐の小箱に収めて保管する風習が続く。箪笥や仏壇に保管し，大病を患ったときに煎じて飲ませるとか，地方によってさまざまな俗信を伴うが，母親あるいは自身が死んだとき，棺桶に収めるという地方が多い。

〈血族〉規定の文化的違い

日本の法的〈血族〉が六親等内の血縁関係のある者を双系的に指示する

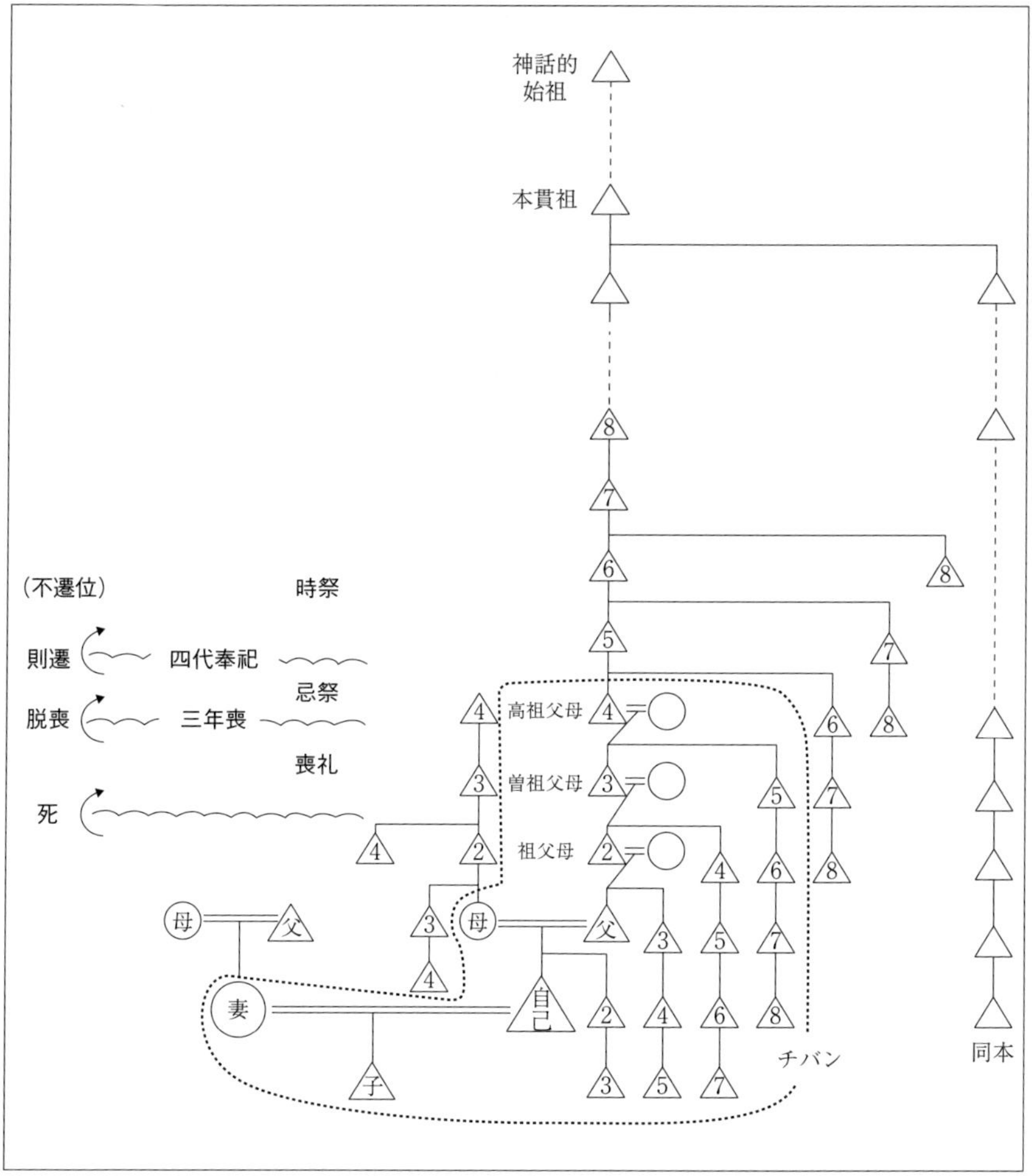

図13-2　韓国旧民法における〈血族〉の範囲と祖先祭祀

自己が男子の場合の〈血族〉の図。青木（2016：14）の図および山田・青木・青木（1986：9）の図を参考に，8代祖先以上は筆者が付加して作成。また直系子孫と傍系子孫は1代までで省略した。孝子烈女などを国家が顕彰した場合は，不遷位と称し，その後も祭祀が許されたが，大きな門中の場合，不遷位が多く，祭祀が年に10回を超す場合もある。本貫祖の上位に，卵生神話で誕生した朴氏の赫居世のような同姓の神話的始祖を有する同姓集団もあり，同姓同本をリネージ＝lineage，同姓をクラン＝clanとみなすこともできる。

のに対し、韓国の一九九〇年改正前の民法の〈血族〉規定は、図13－2のように、父系的始祖（本貫祖）を同じくする者は親等の遠近にかかわらずそのすべてを含んでいた。韓国では二〇〇八年の戸籍法の全廃（二〇〇五年国会成立）で家族法も大きく変わったが、まずは以前の父系親族中心のあり方から紹介し、変更点は追って論じる。

韓国の旧民法で〈血族〉は、「自己の直系尊属及び直系卑属を直系血族とし、自己の兄弟姉妹及び兄弟の直系卑属並びに直系尊属の兄弟姉妹及びその兄弟の直系卑属を傍系血族とする」と定義された。兄弟と姉妹ではその卑属の扱いが異なり、図13－2でみるように明らかに男系に偏している。日本の女性天皇や女系天皇の議論にも登場する、父系の男系血縁者のみに限定された、父系出自の原理に基づいている。

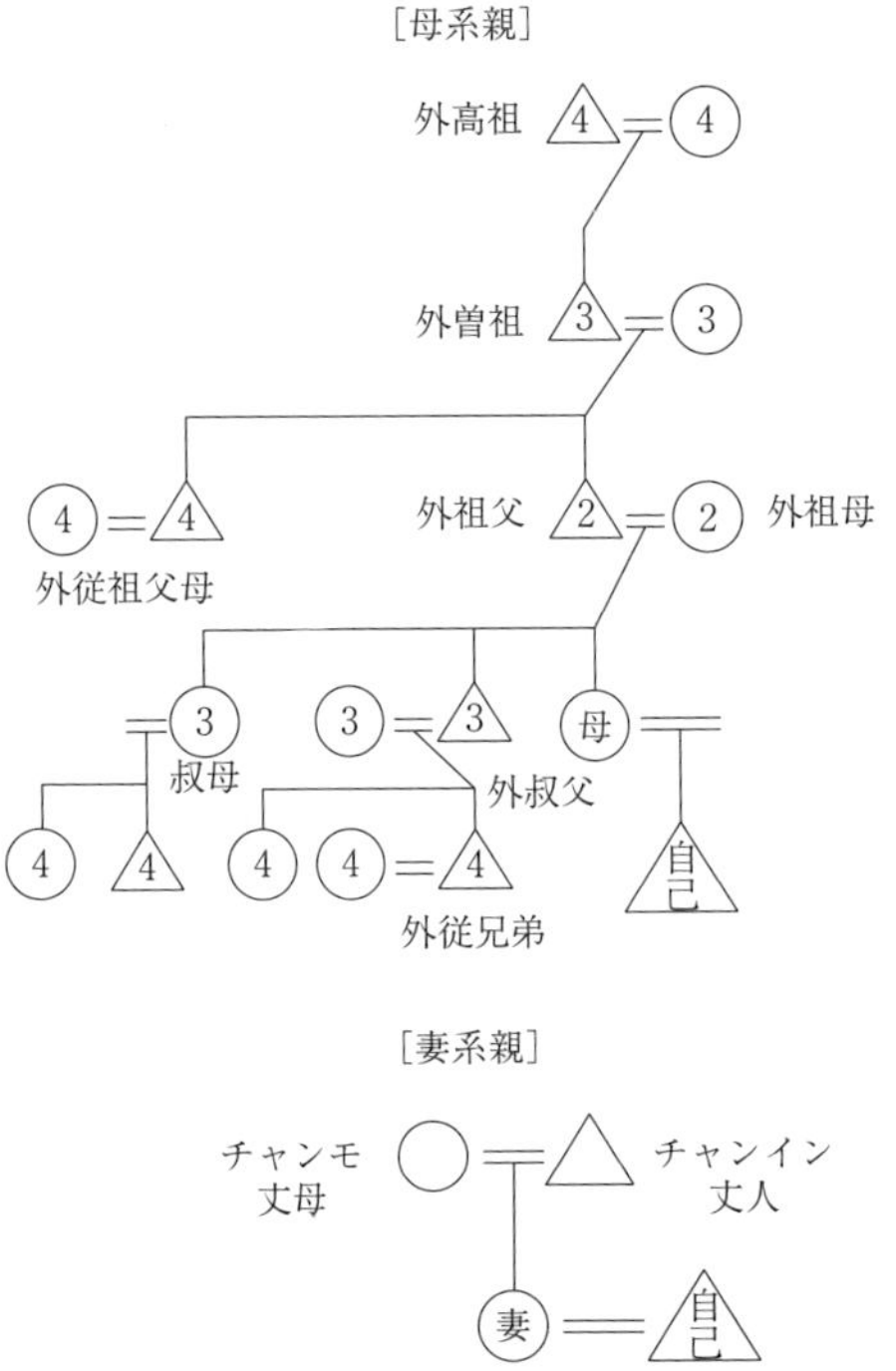

図13－3　韓国旧民法における〈母系親〉と〈妻系親〉の範囲

1990年改正以前の民法が，第777条で規定する「〈親族〉の範囲」は「四親等以内の母系血族」「妻の父母」とあり，山田・青木・青木（1986：10）の図を参考に，筆者が親族名称等を補足して作図。韓国の旧民法では，第767条で大きく「配偶者，血族及び姻戚を親族とする」とし，第768条と第769条で〈血族〉と〈姻戚〉を定義した上で，第777条で「〈親族〉の範囲」を，自己中心的に再定義していた。

出自（descent）とは、文化的に形成された生殖や世代継承についての知識や社会通念に基づき、出生とともに獲得される、特定祖先を共有する系統や集団への所属を決定する原理を指す分析概念である。文化人類学では親子関係の世代的連鎖に基づき、父系や母系などを通じて、財産や祭祀権などが、いかに継承されるかに関心を持ってきたが、「出自を知る権利」では「自分がどのように生まれたのか」「遺伝的ルーツはどこにあるのか」という点に焦点化される。

日本ではたとえば母の父母は〈血族〉となるが[1]、韓国の定義ではそうならないため、立法上の欠陥があるとし、学説的に図13－3のような〈母系親〉と〈妻系親〉も〈血族〉に含めるとされる（山田・青木・青木　一九八六：七）。韓国の旧民法では〈姻戚〉を「血族の配偶者、血族の配偶者の血族、配偶者の血族及び配偶者の血族の配偶者」と規定した上で、〈血族〉および〈姻戚〉の八親等内の近親婚を禁ずるほか、「同姓同本である血族の間においては婚姻することはできない」と、中国に倣って同姓（同本）不婚を原則とした。

旧中国や台湾では同姓不婚である。四七〇〇余あるとされる中国に比べて圧倒的に少ない韓国の姓は二八六種に限られ、金・李・朴・崔・鄭の五大姓で人口の過半数を超える。(2) 同本とは同姓の中でも本貫を同じくする者を指し、系譜的始祖に所縁のある地名（発祥地や所領）を、姓の前に冠して、たとえば金海金氏・慶州金氏・光州金氏などと表現する。本貫が違えば氏族が異なるとして結婚できるが、同本（同じ門中・宗中・宗族）ならば、(3) たとえ一〇親等、一〇〇親等離れていようが婚姻を無効にすると、(4) 民法が規定していたのだ。

四代前の高祖父を同じくする男系子孫、すなわち「同高祖八寸」（寸＝親等の意味）は、一般に家内（チバン）あるいは堂内（タンネ）と呼ばれるが、『朱子家礼』をもとに朝鮮時代に編纂された『四礼便覧』(5) の規定で、庶民にも四代奉祀と称し、父母から高祖父母までの忌日（命日）に、その祭祀（チェサ）（法要）を行うことが勧め説かれた。高祖父母の忌日には父系八親等までの男系子孫が、少なくとも年に二回は一堂に会することになる。五代以上前の祖先になると、忌日の祭祀を停止し、(6) 春か秋の定められた日にまとめてなされる時祭（シヂェ）と呼ばれる墓祭に移行する（図13－2）。

今日、現実には二〜三代で祭祀をやめる者が増えつつあるが、韓国やその手本となった中国、さらには沖縄の門中などの父系出自集団は、こうした祖先祭祀を基盤に発達したものであり、「血食思想」と称し、血のつながった男系子孫が代々続いて（「伝宗接代」して）、祭祀の絶えないことが重んじられた。血とは皿に牲（いけにえの意）の毛血（動物の血）を載せた象形文字であるが、それは日本の家族・親族にも「家永続の願い」として深く影響を与えている。

3　養子縁組と血縁観――東アジアの養子の特徴とその変容

祀る子孫がいなければ、祖霊が怨霊化（無祀孤魂）するため、それを惧れて養子を迎える。その場合、韓国では旧中国を範に、異姓不養と称し、養子は同姓同本の支子（嫡長子でない男子）から取るのを大原則とし、かつ昭穆相当[7]（系譜的に子どもが始祖から同世代に当たること）という要件があった。

異姓不養と婿養子

姓不変の原則も中国に倣った韓国では、姓は一生涯変更せず、父系出自の帰属やアイデンティティを表象する。異なる姓の者は祭祀ができず、日本のように跡継ぎに、婿養子を迎えたり、両養子（夫婦養子）であったり、順養子（実弟養子）や、さらには財産分与のために孫を迎える孫養子などは、血縁原則も世代原則も曖昧な野蛮な行いであると見なされた。植民地時代の後期、創氏改名[8]の導入された一九三九年以降、婿養子や異姓養子を認め、内地式の家制度への同化が企図されたが、異姓の場合、養子にはなれても祭祀者にはなれなかった。

このような父系主義ゆえに、古くは離縁すると、妻たちは子を残して去る以外なかった。一九九九年には親権者を母親とする比率がソウル家庭法院の処理した離婚事案の六六％を占めるまでになったが（岡 二〇一七：一二二）、再婚しても子には実父の姓と本（本貫）とが堅持されるため、いじめやからかいの標的とされた。加えて朝鮮戦争やその後の米軍の駐留で、戦争孤児やアメラジアン[9]が多数生まれたが、未婚母や父なし児への差別や偏見は日本以上であり、彼らの多くはキリスト教団体の施設養護か、国際養子に頼らざるを得なかった。一九六一年に「孤児入養特例法」（入養とは養子縁組のこと）を制定し、海外養子を国家的にも奨励したが、「孤児輸出国」という汚名を濯ぐため、七六年には国内養子を活性化させるべく「入養特例法」に変更した。ただ、その効果はほとんどなく、二〇〇六年まで海外養子者数は国内のそれを上回った。

国連の子どもの権利条約に批准した一九九〇年以降、国内養子を優先させる方策が次々と本格化し、九五年の「入養の促進及び手続に関する特例法」への変更をはじめ、要保護児童（家庭に恵まれない子）を家庭で育てる政策として、斡旋にかかる手数料や一三歳になるまでの養育費を補助するほか、戸籍法が撤廃される二〇〇八年には日本の特別養子制度にほぼ相当する「親養子制度[10]」が施行されるなど、養子を取り巻く社会環境は大きく変わった。

以前の韓国では、異姓不養という徹底した父系血統主義によって、慣習および法レベルにおいては、絶対的な父系〝血縁〟で論理が貫徹していた。ただし、父子関係の場合、遺伝的な〝血縁〟の絶対はありえない。子のない親が実子を装い、虚偽の出生届を提出することも多かった。いわゆる隠れ養子（秘密入養）である。日本では「藁の上からの養子」とも呼ばれていたが、一九五三年から出生届に出生証明書の添付を義務づけ、最高裁判決でも虚偽の届出を無効とした日本に対し、韓国ではその効力を認定し、現在も判例法理として維持されている（田中　二〇一三：七）。

これに対し、日本では血縁を重んじるとは言っても、制度や家族構成においては、韓国に比べると、その重視はあくまで相対的なものに留まっている。戦前の家制度[11]の下では、血統の連続性より、婿養子や両養子でみるように、何よりも家の連続性が重視された。歴史的にみても明治前半期までは、識者の間でも日本は血統を軽んじているという理解が普通であった。たとえば森有礼は血統を正すは欧米諸国に通習で倫理の因って立つ所であるのに比べ、日本の婿養子は血統を軽んじる最も甚しきものだと断じた（森　一八七四＝一九六八：一一〇）。歴史学者の重野安繹（やすつぐ）も、そもそも養子は他姓より迎えるので血統を重んじてはおらず、よって親殺しも養子に多いというのは決まりきっていると論じ、異姓養子の廃絶を主張した（重野　一八八六：二八）。このような血縁認識[12]がいかにして、またどのように変わっていったのか。

普通養子・特別養子・他児養子

日本も韓国もその養子制度は、家系継承者を得るのを目的とした「家のため」の縁組から、子育ての喜びや老後の面倒を期待する「親のため」のものへ、さらには「子のため」のシステムへと発展したとされる。日本には普通養子縁組と一九八七年から導入された特別養子縁組があるが、後者は実親子関係を断絶させ、養親とのみ法的な親子関係を創設するもので、要保護児童に家庭を提供するという「子の福祉のための制度」だとされる。

韓国でも民法上の普通養子に、二〇〇八年から日本の特別養子縁組に相当する「親養子制度」が加わるが、一九七六年以来の「入養特例法」も有効であったので、韓国では実質、三種類の養子制度があることになる。「親養子制度」は実態としてそのほとんどが再婚家庭で利用され（田中　二〇一三：三）、要保護児童はもっぱら「入養特例法」で対処される。日本で

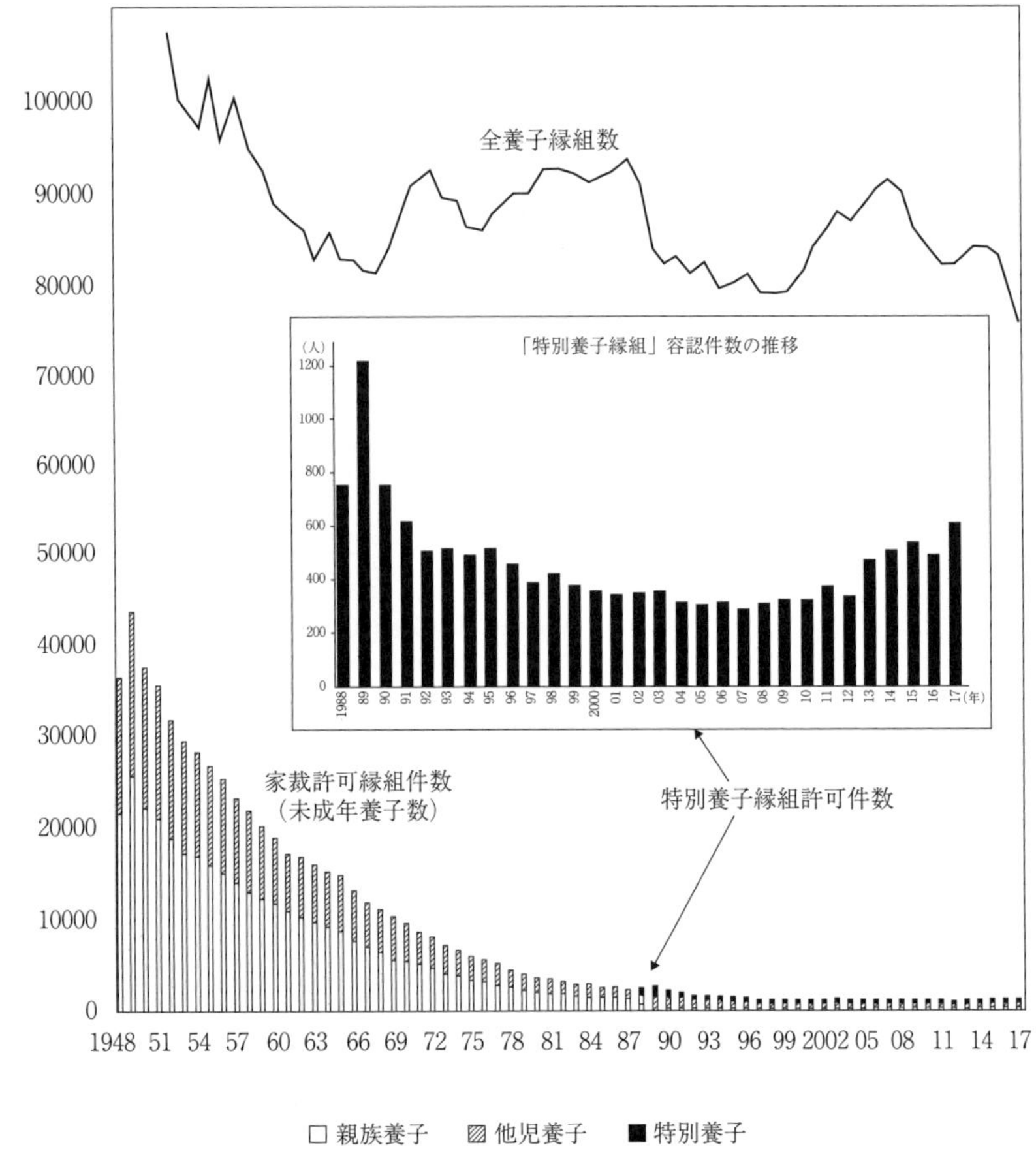

図13-4　日本における養子縁組数の推移

湯沢雍彦『図説家族問題の現在』（日本放送出版協会，1995年）の原図をもとに，1994年以降のデータを補足して作成。全縁組件数（養子縁組数）は法務省編『法務年鑑』，未成年養子数・特別養子件数は最高裁判所事務総局編『司法統計年報・家事篇』の各年度版から。他児養子数は姜・森口（2016：31）から。

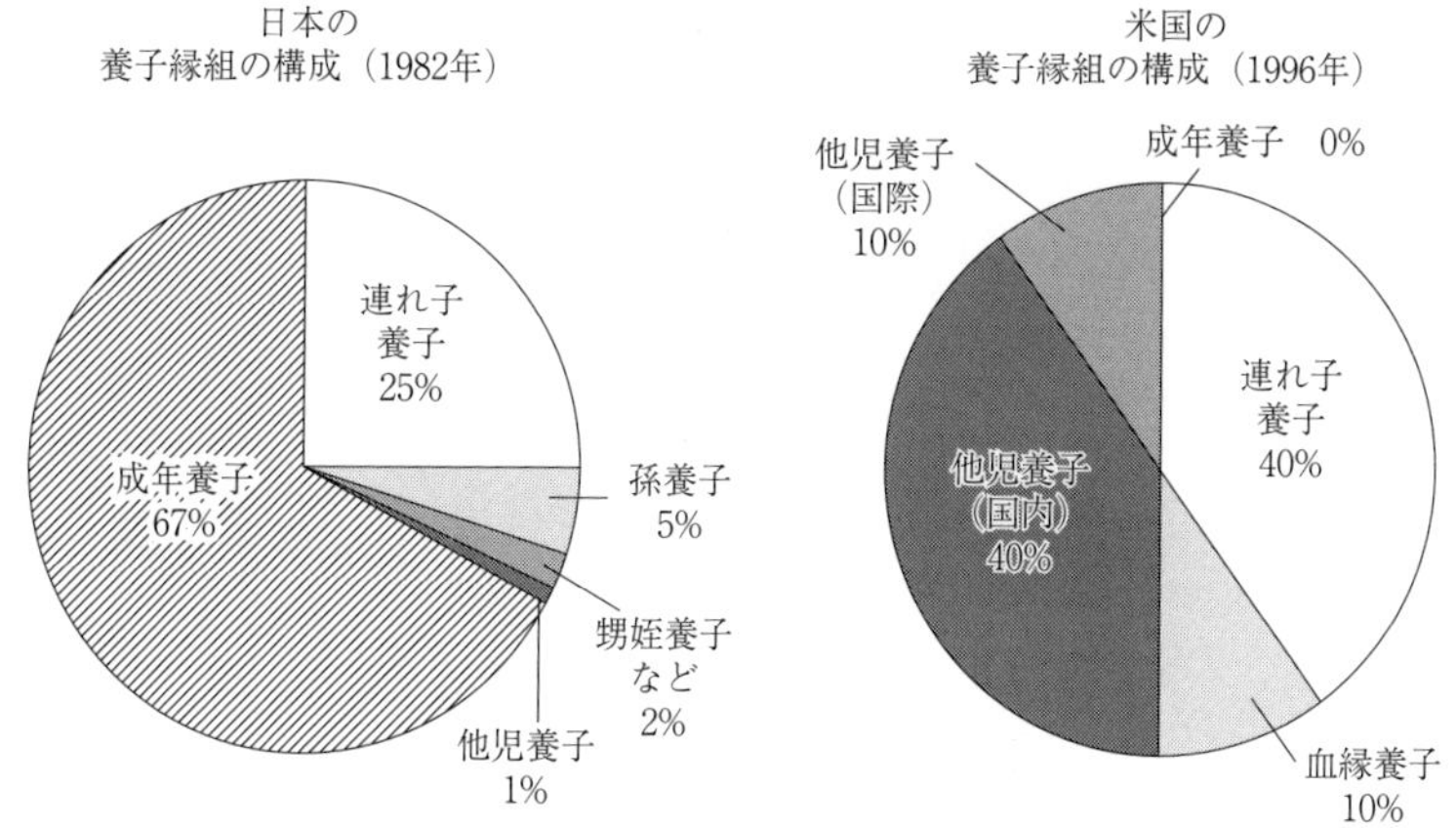

図13－5　養子縁組構成の日米比較

図は森口（2012：56）からの引用。年間に成立する養子縁組の件数は，米国が森口によれば1996年に約11万件，日本の1982年は，最高裁判所『司法統計年報・家事編』によれば，92,104件であった。

は児童福祉法で定める要保護児童の規定に、養子縁組は含まれないが、韓国では「親養子制度」の導入以前にも、この「入養特例法」によって、児童福祉政策として養子制度が運用されてきたという違いがあった。

図13－4でみるように、戦後の日本では家制度が廃されると、未成年の子どもを幼いうちから迎えて育てる養子（やしないご）の慣行は廃れ、その数を激減させる。実利的動機で跡継ぎを求めるなら、必ずしも幼いうちから養子にするのが好ましいとは限らない。成人後でもよく、日本の全養子縁組数は、毎年八万件前後という高い水準を持続するが、その約七割を成年後の養子縁組が占めると推測されている。養子縁組の内訳は一九八二年の調査を除き公表されていないが、図13－5のように、その構成比を日米で比較すると、日本では成年養子と連れ子養子が大半であり、その差は歴然である。実数でいうと、連れ子養子を除いた子ども養子は、年間九万人いる米国に対して日本は約六〇〇〇人で、中でも非親族から迎える他児養子は、養子縁組全体のほぼ半数を占める五万四〇〇〇人の米国に対し、日本は六〇〇人にも満たない。人口差を考慮した一〇万人当たりの数値にしても、七八人の米国に対して日本はわずか二人しかいない。

図13－4には未成年養子の内数として棒線内に他児養子を図示したが[13]、一九五〇年までは日本でも実数で毎年一万五〇〇〇人を超える子どもが、血縁関係のない家庭に養子として迎えられていた。四九年の

一万七八八八人を頂点に、年を追うごとにその数値は激減し、現在はピーク時の三％規模にまで縮小している。それを転換すべく導入された特別養子制度でも、その趨勢を変えることはできなかった。

近年、深刻化する一方とされる児童虐待への対応として、要保護児童に積極的に新たな家庭を与えるという方針転換により、実数を微増させている特別養子縁組は、二〇一九年には適用の対象児童を六歳未満から一五歳未満に拡張した。虐待や遺棄など児童の利益を著しく害する場合、従来の実親の合意の必要から、実親の親権を停止するなどの新方針も示され、五年以内に倍増の一〇〇〇人の数値目標が掲げられた。その趨勢に歯止めがかかるか、未だ不明であるものの、目標値はいかにも低いと言わざるを得ない。

開かれる韓国の家族

一方、韓国における養子縁組は、成年を含む普通養子が最高の年でも四〇〇〇人台の規模で、全養子縁組の総数もピーク時の一九八五年で一万四七六六人にすぎない[14]。日本に比べれば圧倒的な養子小国である。人口差を加味しても、日本に比して養子縁組の規模がかなり小さいのは、父系血縁主義であるのに加え、家内（チバン）という父系八親等までの親族が、社会を構成する基礎単位として機能していたからである。親を亡くした子は家内で扶養するのが当然とされ、かつ日本のように家レベルで子孫の絶えることにはあまり頓着しなかった。

このような父系偏重の親族制度に対して、一九九〇年代後半、両性平等の観点から違憲判決が相次ぐ中で、二〇〇五年成立の改正民法は〇八年より施行された。フェミニズム運動の高まりに加え、一九八〇年代からの外国人労働者の増加によって、九七年に国籍法を父母両系血統主義に変更するなど、グローバル化の影響も大だった。戸籍制度・戸主制度の廃止は、それに伴い、同姓同本不婚を撤廃させたのをはじめ、〈血族〉規定も双系的に八親等までに変更したほか、姓不変の原則も「親養子制度」によって、再婚家族は養父の姓を用いることも可能にするなど、家族・親族を取り巻く環境を激変させていった。

そのような大転換の過渡期において、韓国の養子縁組は二〇一七年の数値では、全養子数が五二三七人で、その内訳は海外養子三九八人、入養特例法による国内養子四六五人、普通養子二一五九人、親養子二二一五人となっている。普通養子と親養子をすべて親族養子だと仮定したとしても、他児養子の実数は日本より二〇〇〇年代には五倍程度も多かった。出生一

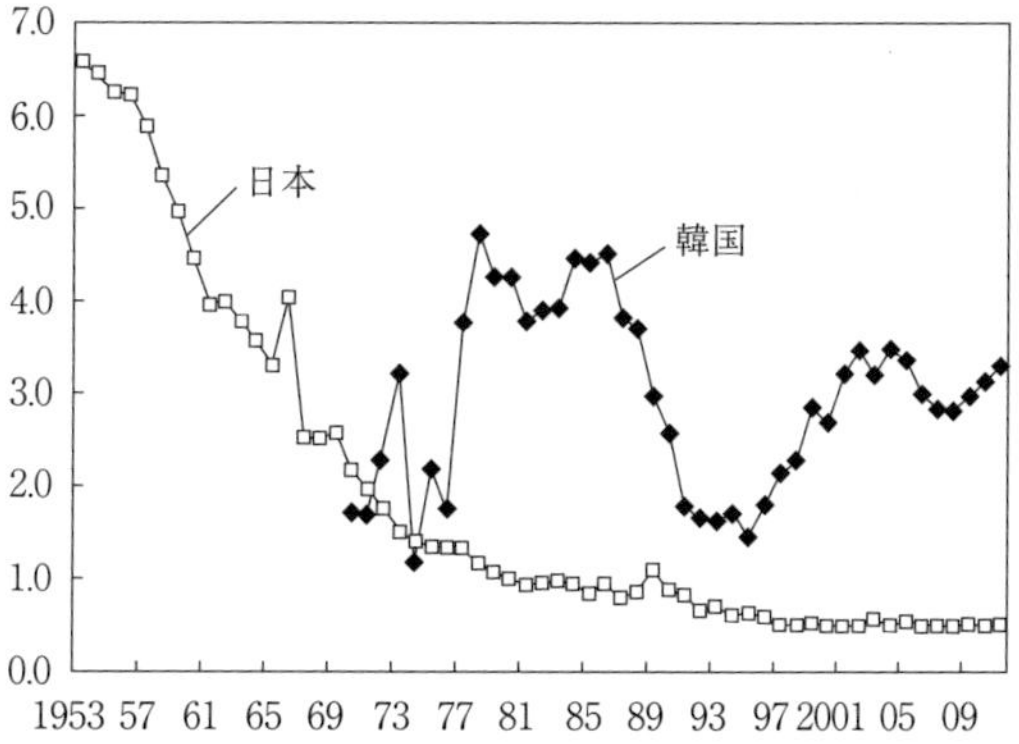

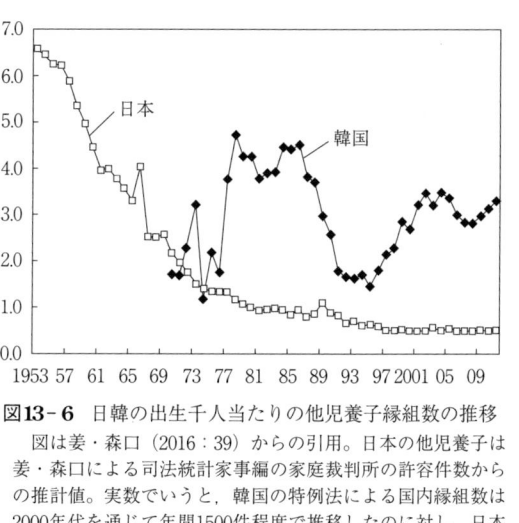

図13‐6　日韓の出生千人当たりの他児養子縁組数の推移

図は姜・森口（2016：39）からの引用。日本の他児養子は姜・森口による司法統計家事編の家庭裁判所の許容件数からの推計値。実数でいうと，韓国の特例法による国内縁組数は2000年代を通じて年間1500件程度で推移したのに対し，日本の特別養子縁組数は300件前後で推移している。

〇〇〇人当たりの他児養子率の推移を、日韓で比べたものが図13‐6であるが、一九六〇年代には韓国よりも日本の方が他児養子率は高かった。七〇年代半ばに逆転し、八〇年代には韓国が日本の四倍、二〇〇〇年代には六倍を超える高水準で推移するようになっている（姜・森口　二〇一六）。理念として父系血縁に閉じられていた韓国の養子制度は開放的に、他児に開かれていたはずの日本では非親族を排除する方向に向かっている。

閉じられる日本の家族

養子縁組とは違い、法的な親子関係を結ばず、実親子関係を残したまま、子どもを養育するのが里親委託である。児童福祉法に基づき親権を伴わずに児童を養育する里親は、乳児院と児童養護施設の施設入所や、定員五～六名のファミリーホームとともに、社会的養護の一つの公的機関と見なされている。

日本でも戦後直後は里親委託が盛んであった。図13‐7でみるように、一九五八年の一万人近くを頂点に、以後減少に転じ、低減の一途を辿った。二〇〇〇年代に入って再び増加を始めたものの、産みの親の下で暮らせず社会的養護を要する子どもは四万人を超えるとされ、うち八割が乳児院や児童養護施設で生活を送っている。制度が異なるので単純な比較はできないが、施設養護の割合が他の先進諸国と比べて圧倒的に高く、二〇一〇年前後の里親等委託率でいえば、オーストラリアの九四％、米国の七七％、フランスの五五％、韓国の四四％に対し、日本は一二％と低かった（開原編　二〇一二：二〇）。それ以降上昇しつつあるといっても、ファミリーホームを含め一九年現在、その比率は二〇・五％に留まっている。

国連や世界的人権団体から名指しで改善を勧告された日本でも、二〇一六年児童福祉法を改正し、産みの親が養育できない子どもは、家庭と同様の環境で継続的に養育する家庭的養護が原則となった。この改正を受け厚生労働省が翌年公表した「新しい社会的養育ビジョン」では、里親委託率を七年以内に未就学児で七五％以上、学童期以降は一〇年以内に五〇％以上とする数値目標が掲げられる。同じ年、ボランティアだった民間の養子斡旋団体に公的支援を行う特別養子斡旋法も施行されるなど、養子縁組や里親・ファミリーホームなどを促進・強化するための整備を急いでいるのは、こうした事情に拠っている。

図13－7において一九五〇年代まで施設養護児童も里親委託児童もその数を伸張したのは、戦争孤児も多く、当然だとしても、その後、里親委託だけが激減し、施設の在所児童数はさほど減らずに安定的に推移するのは、一度設立された施設が高い割合で存続することを含意する。韓国では施設数も在所児童数も減少していったが、その分を海外養子の激増が補ったのは図13－6からも窺える。さらに二〇〇〇年代に入って海外養子が減った分、国内養子と里親委託が増加するが、こうした歴史的経験の蓄積が、非血縁の他児養子や里子を家庭に受け入れる意識を日々醸成していったことだろう。

反対に、日本では社会福祉法人となった施設には、事業費や施設保護への公的支援が比較的潤沢だったのに比べ、里親制度には長期間財政措置が少なかったことが（姜・森口 二〇一六：三二～三三）、血縁を重んじる風潮への転換を促し、助長してゆく一因になったといえる。それに伴い、日本では少子化なども手伝って、子どもを産めば、自らの手で育てるべきだといった規範を、より強めていったことも疑いえない。

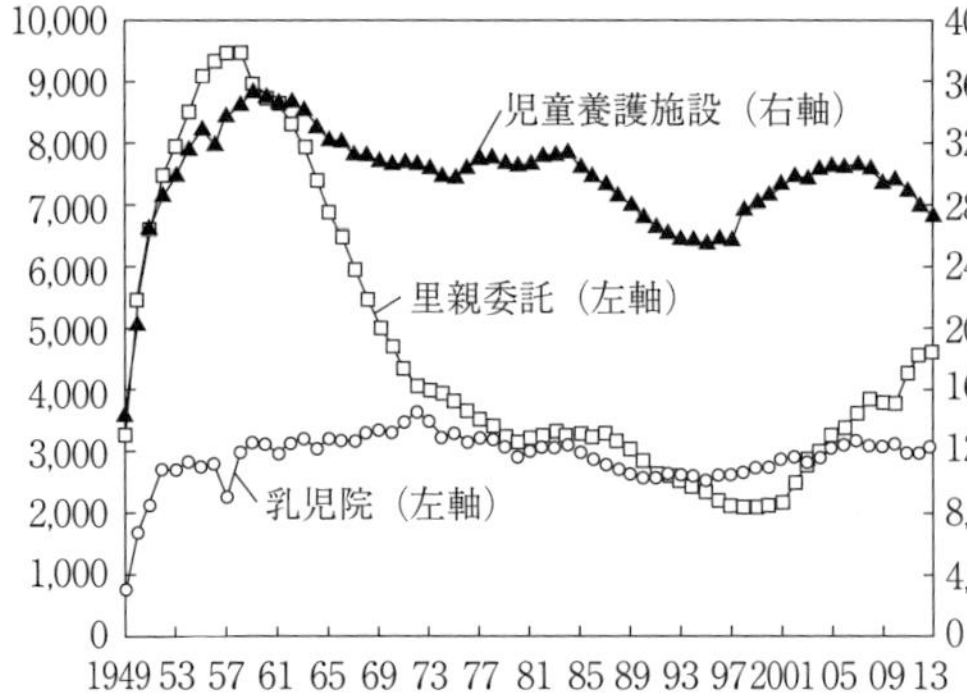

図13－7　日本の里親委託数と施設在所児童数の推移

図は姜・森口（2016：29）からの引用。原資料は厚生省『児童福祉十年の歩み』日本児童問題調査会，1959年，厚生省『社会福祉統計年報』1951～59年，厚生省/厚生労働省『社会福祉施設等調査報告』1960～2013年。施設所在児童とは要養護児童のうち，乳児院と児童養護施設に入所する児童のこと。後者が原則として１歳以上18歳未満の要保護児童を養育するのに対し，乳児院は１歳未満の乳児を主に，満２歳未満の幼児を養育する。

4　血縁をめぐる諸問題の現在地

里親・養子と不妊治療との接続

「新しい社会的養育ビジョン」の名目は、虐待等の被害児童の家庭的救済とされるが、晩婚化・晩産化によって不妊治療の技術的進歩は「患者」を増やし、治療を諦めたカップルの、その延長線上の代替案として、それらが選択されるようにもなっている。今や五・五組に一組の夫婦が不妊治療に取り組む時代となり、養子や里子を望む人もおよそ一万人に上るとされる。にもかかわらず、養子や里子として家庭で暮らせるようになる人数は年間一六〇〇人ほどに滞っていることから、両者を結びつける政策として立案された側面があるのも拭い切れない。

日本では特別養子縁組をする親の大半は子のない夫婦である。養子希望者の九割が不妊治療の経験ありとするデータもあるが、不妊カップルが養子縁組を決意する前には、不妊治療というステップが存在し、養子縁組の前には半年以上の試験的な里子期間も準備されているから、不妊→不妊治療→里子→養子縁組という経路が人生設計の有力な選択肢の一つになっている（安田　二〇一二）。不妊が直ちに養子へとは進まず、生殖技術の発展は血縁願望を叶える装置として機能するが、韓国の場合、あるキリスト教団体のデータによると、二〇〇八年の養子の約六割が実子のいる家庭に迎えられており（中村　二〇一〇：二二二）、日本と違い、不妊と養子がさほど接続していない。二〇〇〇年に約一八〇〇人だった里子も、二〇〇九年には一万七〇〇〇人台に急増したが、その九割が親族里親で、血縁重視の風土をいわば逆手に取っている。

既存の文化的土壌は活用される。文化の規定する、いかに生殖し、いかに子どもが誕生するのかという受胎と生殖に関する民俗知識や観念の体系を、民俗生殖理論という。あるいは何が身体を構成する物質と見なすのか、身体内部の血や骨肉だけでなく、食物や家畜や土地などの物質も含め、生まれに限らず、育ちや生涯にわたって、その伝達や交換・共有を問う議論を、サブスタンス論という。伝統的な韓国や中国のそれは、「血（または気や精）」は一〇〇％父系を通じて始祖から受け継ぐものとされ、許容される生殖医療においても、その影響がみてとれる。

中韓では、精神と気質の根本を伝達するのは「骨」を与える父からで、外形的な「肉」を伝える母は「種」に対する

「畑」にすぎない。朝鮮時代にはシバジ[15]という代理母もいた。両班（ヤンバン）の「種」受けを行い、男児を産むと高額の報酬が得られたが、現代の韓国や台湾で、卵子提供や代理出産を、条件付きで認めているのも、こうした民俗観念の映出とみることもできる。前述した親子関係不存在の審判において、韓国の大法院が日本の最高裁判決とは反対に、ＤＮＡ鑑定で判明した「真実」の〝血縁〟に軍配を上げたのも、その民俗的サブスタンス理論が影響している。

不妊治療における血縁の混乱

二〇〇〇年一二月、旧厚生省の審議会の下に設置された生殖補助医療に関する専門委員会が最終報告書案を公表した。翌日の新聞各紙の一面トップに躍った大見出しは、「不妊治療の精子・卵子提供／兄弟姉妹も容認」というものだった（朝日新聞　二〇〇〇）。「三年で法的準備」との予定も示され、法務省の審議会の部会でも、民法上の親子の規定の見直しを開始したが、二〇〇三年の要綱中間試案の公表以降、議論は中断し、未だ法案化されていない（二〇〇三年段階では容認・非容認の両論併記の形をとっている）。

争点の一つは、法的な夫婦の不妊治療に限り、精子・卵子・胚を無償提供とする一方で、見出しにもある通り、兄弟姉妹等からの提供も容認するとした点である。報告書では理由を二点あげる。提供者がリスクを負う卵子提供は、提供者が姉妹等以外にいない事態が起こりうること、および「我が国においては、血の繋がりを重視する考え方が根強く存在すること」から、提供者も受ける側の双方とも、それを「希望することも考えられる」からだと説明される。「兄弟姉妹等」の併記に関し、専門委員会の委員で体外受精や顕微授精に積極的に取り組む産科医が、その著書の中で、父親の精子提供を勧め、子が本当の父親を知りたがった際、「おじいちゃんの精子をもらって生まれたんだ」から「お父さんと同じ血が流れている」という答えが、子どもにとっては最も受け止めやすいと書き止めている（田中　二〇〇〇：三九）。この見解が報告案には反映した模様だが、他方、それは驚きをもって迎えられた。

なぜなら、他の東アジアではそれは昭穆を侵す乱倫の極みであり（張　二〇〇三）、孫養子と同じ論理にすぎないからである。他の東アジアでは精子提供も当初、輩分（始祖からの世代数）が同じ兄弟から受け、ＡＩＤはＡＩＢ（ＢはBrother の略）と呼ばれるほど盛んだったが、家族秩序やアイデンティティを混乱させるとして排斥されていった。卵子も姉妹や親族からの無償提供がタブーもなく盛んだったが、精神的圧力を加えるとして第三者からの有償へと転換されていった（渕上　二〇一四：三〜九）。

この産科医が使った血縁の文脈は、たぶん遺伝的な〝血縁〟だったろうが、たとえば「出自を知る権利」は、子どもが〝血縁〟にこだわる行為ともいえるし、「実子」偽装を放棄することになる親からすれば、〈血縁〉主義の固執から離れることを意味する。同じ行為も立場によって意味は異なってくるので、文脈を押さえて把握する必要があろう。サブスタンス論では当事者がどのように血縁を運用するのかが問いとなる。

仮象的血縁観

明治前半期、識者の多くが〝血統〟を軽んじたと評する中で、その後の議論の帰趨を決めたのは、「民法出テヽ忠孝亡フ」で著名な穂積八束の法解釈だった。穂積は人類には〝血縁〟を重んずる念があり、祖先を崇拝する精神となるが、翻って「祖先を一つにするという精神」の下〝血縁〟のない養子や配偶者が同一家長権者に服することも、「精神」さえあれば〈家〉への統合は可能だと論じた。

古来の伝統として守るべきは「血族は親族だという観念」だとし、〈家〉全体が同一の〈血〉を共有すると説いた（穂積一八九二）。血統や血族を実体ではなく〈観念〉ととらえ、〈血〉を〈家〉の統合力の表象として使用することで、「日本の伝統は血統を重んじる」という命題とも調整する語法を編み出した（與那覇　一九九四：一〇四）。

このような語法は、「出自を知る権利」が問題になる中で動揺しつつあった特別養子法の制定でも駆使された。戸籍の記載において、養子を実子と表記することをめぐって、それが「血縁にこだわっている」という批判を浴びたのとは反対に、養子を養子と表記することも、〝血縁〟の有無で子を区別することから、「血縁にこだわりすぎる」との批判がなされた。どちらを選んでも「血縁にこだわりすぎる」という批判を受けることに対し、法務省が示したのは、〈実子〉とは〝血縁〟の有無による語ではなく、単なる法律用語だと説明し、実子の意味を実体や社会通念からずらすことで、そのジレンマから脱することに成功する（野辺　二〇一六：九七）。

従来の普通養子では、戸籍の続柄には養子や義父・義母と記したが、特別養子の場合、実子と同様に戸籍に、長男・二女という続柄を表記するのみで、戸籍を虚偽せずとも技術的に解決できる。住民票などにはその事実は現れず、養親との親子のリアリティや愛着（心理的安定）を作り出せた。[16] この記載法は真実告知を前提にするとされたが、告知を法律で義務づけることなく、各家庭の問題として転嫁された。実子を日常語の「実子」ではなく、法律用語の〈実子〉とすることで、虚偽記載という難問も克服された。こうした語法を仮象的血縁観と呼んでおこう。

血縁をめぐる家族内殺人

血縁が問題になるのは、何も乳幼児期だけではない。育ちや一生の中で、人々が血縁をどのように運用し、いかなる効果を得るのかが常に問われるが、紙幅もないので一つだけ例を挙げておく。日本に起こる殺人事件摘発件数（未遂含む）のうち、ほぼ半数が家族内殺人であることが、報道されるようになって久しい。二〇一九年に発生した殺人事件でも、続柄の判明した五四・三％が「親族間殺人」だった。毎年夏に公表される警察庁の前年度『犯罪情勢』によって、決まってメディアがそれを報じるようになった。のみならず、無差別殺人などの凶悪事件を伝える際にも、統計的には家族内殺人の方が多いといったコメントが付加されるようになったので、その数値を知る人も多くなった。[17]

そのような中で、二〇一九年六月に事務方官僚のトップを務めた元農林水産事務次官が起こした長男殺害事件は、社会を震撼させた。直前に発生した引き籠り中年による川崎スクールバス襲撃事件に触発され、同種の事件を四四歳になる長男も引き起こすのではないかと懼れた父親は、「周囲に迷惑を掛けてはならない」と決意し、犯行に及んだとされる。遺体には数十カ所の刺し傷があり、強い殺意を窺わせるとも伝えられた。親を責められないとする同情や、失敗した子育ての責任を取ったという賛美の意見もみられる一方、批判の声も続出し、賛否両論渦巻いた。事件直後の報道や裁判では、長男の長年にわたる母親への家庭内暴力も報じられ、父親への激しい暴力も明らかになった。

凶行が元エリート官僚によってなされたことに眼を奪われがちだが、きわめて日本的な「血縁」の一端を窺わしめる事件であった。まずは「家庭内暴力」である。海外では家庭内の暴力で問題になるのは、主として親の子どもに対する暴力＝虐待（child abuse）や夫婦間暴力（domestic violence）であるのに対し、日本では一九七〇年代後半から「子どもによる親への暴力」に限ってこの語を用い、夫婦間暴力はDVと呼ばれ、区別される（稲村　一九八〇：二、川畑　二〇一〇：九五）。暴力が家庭内に留まることから、「甘えの構造」などとの関連も指摘されている（清水　一九八三：一八三）。

二〇〇〇年代に入って老老介護の末の老老殺人や老老心中が、二週間に一度の頻度で発生するようになってきた。我が家（血縁）で起こった問題は我が家の責任で、世間に迷惑を掛けずに処理するといった、自己責任論の非寛容な深まりも見え、血縁への日本的なこだわりが生み出した病だといえる。一九八〇年には年間四〇〇件を超えていた、幼い我が子を道連れにする若年型の親子心中は二〇〇〇年代に入って三〇〜五〇件程度に激減した（長尾・川﨑　二〇一三）。今、問題なのは後期親子関係の病理であり、それまでに「血縁」がいかに運用されるのかを、探るべき課題だと提起するに留めておく。

周縁性と文脈依存性

血縁を重視するか否かは、これまでみてきたように、文化や時代によって、また同じ行為であっても立場によってその見え方は相違する。日常語的用法、法律用語、文化的（慣習的）用法が併存し、一つの社会でも、さらには一人の個人においても、それらは成層的に存在するので、どの文脈で使われているのか、それを見極めてゆく必要がある。意味は運用によって異なる位相に移行するが、日韓の文化レベルでの血縁をめぐる意識は、先にみたように、正反対の動きを示している。

多様な要因が絡まり、一言では語れないが、歴史文化的条件を一つ加えるなら、韓国では『朱子家礼』という儒教規範が底辺の人々の意識や行為までも強固に拘束したこと、その束縛された状況から、開放される方向でベクトルが伸展していったことである。これに対し、日本には庶民まで支配する絶対的規範が存在せず、中央の普遍的規範や大伝統が人々やその民俗観念に作用するのは、近代国家になってからだといってよく、地域的にも多様だった意識を一元化する形で方向づけた。

法的用語や遺伝に関する生物学的知識に加え、父系出自に貫かれた天皇制の系譜原理や優生学（ロバートソン　二〇〇七）など、血統という血の絶対性を重視する思想が、家制度を介して人々の民俗知識の中にも沈降した。「万世一系」という血の権威性を顕現する「創られた伝統」は、民衆意識に深く浸透し、新たな血縁観を埋め込んだ。家よりも血縁を重んじる傾向はこれらの法制などによって加速され（與那覇　一九九四：九三）、歴史的趨勢として血縁意識は明らかに強まる方向性を示している。婿養子や両養子を許容したのは、血縁ではなく、家としての連続性を重視したからだったが、戦後、家制度が消滅すると、その強まった血縁意識は、本来、親族のように人間関係を拡張させるための隠喩だったにもかかわらず、親子関係のみを指示する歪な表徴へと化してゆく。一系的な連続性（ライン）（血スジ）が絶対視され、それは世襲議員[18]の簇生などにも顕われている。

韓国で長年、現地調査をしてきた文化人類学者・伊藤亜人は、韓国と日本の民俗文化の総体的な相違を、文明と周縁に区分し、論理体系性が希薄で、現場におけるやりくりや感性が重んじられる実践志向の日本社会の特徴を、周縁性として位置づける（伊藤　二〇一九）。一般民衆まで「理」によって物事を判断する韓国においては、父系血縁原理は「理」によって否定されていった。それに対し、日本社会では民俗知識が実践的にやりくりされるが、その場の状況に応じて使い分ける日本的やり方は、血縁の用法やその意味を、文脈依存的に複雑化させている。すなわち、血縁という言葉の使い方や意味内容を、時と場合によって変えてしまい、結果として複雑なものにしていると、結びに代えて述べておこう。

注

（1）日本では、配偶者の血族と血族の配偶者は〈姻族〉となる。そのうち三親等内が法的な〈親族〉であるが、日韓の法律用語の〈親族〉〈血族〉〈姻族（姻戚）〉は、同じ漢語由来の用語を使うものの、その定義の仕方が根本的に異なっている。

（2）統計庁が公表した二〇〇〇年の国民登録上確認される内国人の姓の数で、帰化する外国人が増加し、同年四四二だった外国姓は二〇一五年四〇七五に増加した（岡　二〇一七：一四三）。

（3）同姓同本は、人類学の概念でいえば、父系出自集団＝patrilineal descent group に相当し、その外婚制に適っている。

（4）ただし、同姓同本の事実婚当事者とその間の子どもたちは、一九七八年、八八年、九五年の「婚姻に関する特例法」で、時限立法として、八親等以内でなければ、同姓同本でも一年以内に限り、婚姻届を受理する措置がとられた。

（5）『四礼便覧』は、朱熹による『朱子家礼』を、李縡（イジェ）（一六八〇～一七四六）が朝鮮の風に改め直した、冠婚喪（葬）祭の儀式次第を解説した書。今日でも韓国では、その簡略版である『家庭儀礼準則』が、儀式の挙行に際して参照されている。

（6）国家が忠臣・孝子・烈女などを顕彰した場合、「不遷位」と称し、四代を超えて祭祀することが許された。

（7）昭穆とは、宗廟や家廟などでの霊位の席次を指すが、それに基づく始祖からの世代秩序もいう。始祖を中央とし、向かって右に二世・四世・六世などを並べて昭と呼び、左に三世・五世・七世などを並べて穆と呼ぶ。

（8）創氏改名とは、朝鮮総督府が制令で、本籍地を朝鮮に有する者に対し、新たに「氏」を創設させ、また「名」を日本風に改めることを指示した植民地政策をいう。

（9）アジア各地に広がる米軍基地の軍人・軍属の父と、現地のアジア女性との間に生まれた子どもやその子孫をいう。

（10）嫡出子を韓国語では親生子と呼ぶことから、親養子制度と造語されたが、戸籍法廃止後の家族登録簿には親生子と記載される。

(11) 家制度とは、一八九八年に制定された明治民法において規定された日本の家族制度を指すが、戸主と同居する親族関係者という狭い範囲の者を家族と呼び、一つの家に属させ、戸主に家の統率権を与えていた。

(12) そもそも「血」に穢れの観念を強く認めた日本では、血筋や血統という思考法は馴染まなかった（岩本　二〇〇一）。

(13) 未成年縁組は孫・連れ子を除き、家庭裁判所の許可が必要であるので、その数値は把握できるが、他児養子に関しては姜・森口（二〇一六）の推計値による。

(14) その内訳は、海外養子が八八三七人、入養特例法による国内養子が二八八五人、普通養子が三〇四四人であった。

(15) シは種を意味し、バジは受けるの名詞形であるが、女児を産んだならば、無報酬のまま連れ帰ったという。

(16) ただし、戸籍には「民法八一七条の二による裁判確定」という一文と従前戸籍の本籍が掲載されるので、自身の除籍となった単独戸籍から、産みの親を辿れる仕組みを設けて、「出自を知る権利」も担保している。

(17) ただし、親族割合の高まりは、全体的な殺人事件の激減に起因する数字的マジックにすぎない。

(18) 世襲議員は朴正煕・朴槿恵のような例外もあるが、中韓では構造的に発生しない。宗族や門中は政治単位としても機能するが、その場合、世代的上位者（長老）に権力が集約される（室井　二〇〇七）。

＊ 脱稿後、野辺陽子「〈血縁〉の比較社会学・試論――日韓の〈子どものため〉の養子制度の展開からみる〈血縁〉」『比較家族史研究』三四号、二〇二〇年に触れたが、時間的に本章には反映できなかった。

参考文献

青木清『韓国家族法――伝統と近代の相剋』信山社、二〇一六年。

朝日新聞「不妊治療の精子・卵子提供／兄弟姉妹も容認」二〇〇〇年一二月一三日付朝刊。

伊藤亜人『日本社会の周縁性』青灯社、二〇一九年。

稲村博『家庭内暴力――日本型親子関係の病理』新曜社、一九八〇年。

岩本通弥「日和見から血スジへ――宮田王権論、もう一つの可能性」筑波大学民俗学研究室編『都市と境界の民俗』吉川弘文館、二〇〇一年。

岩本通弥「民俗学からみた新生殖技術とオヤコ――『家』族と血縁重視という言説をめぐって」太田素子・森謙二編『〈いのち〉と家族――生殖技術と家族Ⅰ』早稲田大学出版部、二〇〇六年。

上杉富之編『現代生殖医療――社会科学からのアプローチ』世界思想社、二〇〇五年。

岡克彦『「家族」という韓国の装置――血縁社会の法的なメカニズムとその変化』三省堂、二〇一七年。

開原久代編『社会的養護における児童の特性別標準的ケアパッケージ――被虐待児を養育する里親家庭の民間の治療支援機関の研究』厚生科学研究成果データベース、二〇一二年。

川畑友二「家庭内暴力」『小児科診療』七三巻一号、二〇一〇年。

姜恩和・森口千晶「日本と韓国における養子制度の発展と児童福祉――社会的養護としての養子縁組」『経済研究』六七巻一号、二〇一六年。

重野安繹「隠居家督並養子ノ弊害」『東京学士会院雑誌』八篇四、一八八六年。

清水將之「家庭内暴力――青年期の攻撃性と家族の病理」笠原嘉ほか編『岩波講座　精神の科学七　家族』岩波書店、一九八三年。

田中康久・三浦正晴「我が国における養子縁組及び離縁の実態」法務省民事局『民事月報』三八巻六号、一九八三年。

田中佑季「韓国における養子法と家族観――入養特例法を中心に」『法学政治学論究』九九号、二〇一三年。

田中温『顕微授精』最新情報――男性不妊の救世主』小学館、二〇〇〇年。

張瓊方「生殖医療に意識のずれ――台湾における「優生」の意味」『朝日新聞』二〇〇三年一〇月二〇日付夕刊。

長尾真理子・川﨑二三彦「「親子心中」の実態について――二〇〇〇年代に新聞報道された事例の分析」『子どもの虐待とネグレクト』一五巻二号、二〇一三年。

中村八重「韓国における養子縁組にみる儒教言説の批判的考察」上田崇仁・崔錫栄・上水流久彦・中村八重編『交渉する東アジア――近代から現代まで』風響社、二〇一〇年。

野辺陽子「特別養子制度の立法過程からみる親子観――「実親子」と「血縁」をめぐるポリティクス」野辺陽子・松木洋人・日比野由利・和泉広恵・土屋敦『〈ハイブリッドな親子〉の社会学――血縁・家族へのこだわりを解きほぐす』青弓社、二〇一六年。

渕上恭子「韓国における生殖補助医療と法・倫理――「生命倫理法」の卵子売買防止策を中心に」日比野由利編『アジアの生殖補助医療と法・倫理』法律文化社、二〇一四年。

穂積八束「家制及国体」『法学新報』一二号、一八九二年四月二五日（穂積重威編『増補改版　穂積八束博士論文集』有斐閣、一九四三年、所収）。

室井康成「文化表象としての政治リーダー論――韓国・金海、そして日本・山口」大内晶子編『日本における文化表象に関する研究』

総合研究大学院大学、二〇〇七年。

森有礼「妻妾論ノ二」『明六社雑誌』一一号、一八七四年（明治文化研究会編『明治文化全集五雑誌篇』日本評論社、一九六八＝一九二八年）。

森口千晶「日本はなぜ「子ども養子小国」なのか――日米比較にみる養子制度の機能と役割」井堀利宏・金子能宏・野口晴子編『新たなリスクと社会保障――生涯を通じた支援策の構築』東京大学出版会、二〇一二年。

安田裕子『不妊治療者の人生選択――ライフストーリーを捉えるナラティヴ・アプローチ』新曜社、二〇一二年。

山田鐐一・青木勢津・青木清『韓国家族法入門』有斐閣、一九八六年。

湯沢雍彦『図説家族問題の現在』日本放送出版協会、一九九五年。

與那覇潤「穂積八束と消えた「家属」――「誤った」日本社会の自画像をめぐって」『比較日本文化研究』一〇号、一九九四年。

読売新聞「[生命を問う]不妊治療(二)――代理出産の子「国内百数十人」」二〇〇七年四月二九日付朝刊。

ロバートソン、ジェニファー（堀千恵子訳）「優生学的植民地主義――日本における血のイデオロギー」『思想』九九五号、二〇〇七年。

読書案内

① 岡克彦『「家族」という韓国の装置――血縁社会の法的なメカニズムとその変化』三省堂、二〇一七年。
＊変化の激しい揺れ動く韓国社会を、法学者の立場から、家族という装置に着目し、植民地期日本から移入された家制度の影響の下で、成立してきた近代戸主制度の展開と終焉を、戸主制度の廃止の前後に分けて詳述する、一般向けの概論書。

② 野辺陽子『養子縁組の社会学――〈日本人〉にとっての〈血縁〉とはなにか』新曜社、二〇一八年。
＊特別養子縁組を中核に、里親制度や不妊治療、あるいは子のいない人生の選択について、隣接領域との関係性を視野に収めつつ、親世代と子世代の行為と意識を区分して、親子関係やアイデンティティがいかに構築されるかを分析する。

③ 安田裕子『不妊治療者の人生選択――ライフストーリーを捉えるナラティヴ・アプローチ』新曜社、二〇一二年。
＊不妊治療をしても受胎しなかった人たちや、様々な葛藤を経ながらも治療を止め、養子縁組など、別な人生選択を選んだ人たちの、ナラティヴを分析し、紆余曲折した人生経路を複線的に読み解いてゆく、「生涯発達」を把捉する新たな試み。

第14章 家の歴史認識

矢野敬一

1 家の歴史をかたち作る仕掛け

お盆の墓参りと家の歴史認識

八月のお盆ともなると、毎年のように帰省ラッシュが話題となる。都会から故郷に戻った孫がおじいちゃん、おばあちゃんに喜んでむかえられ、一家そろって墓参りをする、というのがお盆の平均的イメージだろうか。

「○○家先祖代々之墓」「△△家之墓」と家の名前を刻み込み、代々の故人の俗名と戒名を記した墓にお参りすると、自らの家の歴史におのずと思いをはせることになる。祀られている故人は自分が知っている人だけではなく、さらにその前の代の人にまで及んでいて多様だろう。見ず知らずのそうした故人も含めて、過去から現在に至るその家の人々とのつながりを実感する。墓は家の歴史認識を呼び起こすための仕掛けなのだ。

こうした墓の存在は、しばしば家の成立、展開と結びついていると説かれてきた。大雑把にいえば、武士や貴族ではない一般の人々の墓は一六世紀以降から一八世紀半ばまでは一つの墓石に一つの戒名を刻む個人墓が主流で、それは一九世紀後半まで続いてゆく。他方一八世紀に入ると夫婦や複数の戒名を刻む墓石が増え始める。並行して一八世紀後半から「先祖代々」「先祖累代」といった「先祖」という言葉を入れる墓石があらわれる。その後一九世紀には「○○家之墓」と刻んだ

図14-1　古くからの寺の墓地に立ち並ぶ真新しい墓（静岡市，2020年）

図14-2　自然石の墓（新潟県内，1994年）

墓石が登場し、それは一九七〇年代以降急増する。意外かもしれないが、家の名前を全面に出した墓はむしろ戦後、しかも高度成長期以降に一般化したのだ（図14-1）。その一方、平成に入ってからも地方によってはたんに自然石を置いて墓のしるしとしていた場合も、珍しくはなかった（図14-2）。墓のありようは近年まで多様だったというのが実情だ。

こうした状況から読み取れるのは、幅広い層への家意識の広がりが一六世紀から二〇世紀にかけて墓石にゆるやかに反映していった軌跡だ。むろん、個人墓は大きな功績を残した人のものを中心に近代に入っても根強く存続しているので、木下光生がいうように、ことはそう単純化してはならないだろう（木下　二〇一二）。とはいえ、墓の歴史の大きな流れとして、以上の図式はまずは妥当なのではないか。

だがその一方で現在、故郷にある墓の扱いに苦慮している人たちの存在がクローズアップされている。都市部に移って生活の本拠がそちらとなり、遠方の故郷にはめったに帰ることができない。そういった人たちが、やむなく墓を撤去する。最近よく耳にする墓じまいだ。さらに近年、墓を設けずに樹木の下に遺骨を埋めてもらう、あるいは海に散骨してもらうといったことも増えてきている。墓の存在が家の歴史認識の反映であるならば、ここから浮かび上がるのはそうした歴史認識自体が失われつつある、ということなのではないか。以下、家の歴史認識について家訓や家憲について手始めに論じ、近世初期以降、展開した家のあり方がすでに終焉した現代社会の状況にふれて締めくくりとしよう。

家代々で受け継ぐべきいましめとして位置づけられるのが、一般に家訓あるいは家憲と呼ばれる文書であろう。こうした文書がその家の歴史を意識化させ、家としてのアイデンティティを強める役割を果たしてきた。

家訓・家憲・家例と家

米村千代の整理によれば、家訓の登場は歴史的に見て武家の場合、中世までさかのぼる。一方、商家の家訓は一七世紀半ばから多くなっていく。内容は財産配分や家長の地位を定めたもの、店の経営方針を説くもの、家業専一・質素倹約・火の用心といった生活一般に対する精神的訓戒など多岐に及ぶ。住友や三井といった明治以降、財閥となった家々、また後に百貨店として展開していった伊藤家（松坂屋）、大丸の家訓などは、いずれもが一七世紀半ば以降のものだ（米村　一九九九）。近世に入って幅広い層で一般化した家意識が、特に商家を中心に家訓という形で具体化していく様相がここからはうかがえる。そうした家訓の作成は、明治期以降にも受け継がれてゆく。

家訓のような文字を通した家の歴史認識は、他にもたとえば系図作成といった形でより広くみられるようになる。今でも自家の先祖代々の系図を仏壇などに大事にしまっている家は、少なくないのではないか。

他方、家訓と似たような意味でも、「家憲」となるとその言葉が使われるようになるのは明治期以降のことだ。大日本帝国憲法を念頭に置いた「家の憲法」たる家憲という名称は、明治国家による法制度の整備とも関わる。法制度の整備とは、具体的にはどのようなことか。家憲制定の最盛期は明治後期から大正初期とされるが、その時代的背景にあったのは皇室典範（こうしつてんぱん）の制定と華族（かぞく）令改正だと、森岡清美は述べている。皇室典範は一八八九年に発布され、皇位継承のあり方など、天皇家の家憲にあたる内容を持つ。一方、華族とは江戸時代までの公卿や各大名に対して、明治に入って新たに与えられた身分である。そこに公爵以下、五つの爵位を定め、華族制度の整備を図る目的で制定されたのが華族令だ。皇室典範制定を受けて一八九四年には「家範」を定めることができる旨、条項が追加される。その結果、皇室典範をモデルとした家憲が、多くの家で作られるようになっていった（森岡　一九九二）。家憲を作るような家は、主に華族や財閥に限られてはいた。しかし家の歴史認識が近代を迎えてどのように展開したのか、法整備面での影響が及んだ具体例となるのが家憲の制定なのだ。

家訓、家憲ともに文字を通した家の歴史認識の発現と見ることができる。しかし日常的な慣習を通した家の歴史認識の表出も、かつては様々な形でなされてきた。家例も、その一つだ。家例とは聞きなれない言葉だが、かつての農村社会である特定の家、あるいは一族だけが行っていた行事や禁忌のことを指す。たとえば家代々のしきたりだとして、正月にあえて餅を食べたりお供えをしたりしないという「餅なし正月」は、その代表例となる。餅をついて鏡餅を供え、雑煮にして食べるというのがありふれた正月風景なだけに、他家との違いが意識化されやすい。正月という一年の特別な行事で餅を意識的に避けるという慣習を通して、改めて自らの家の独自な来歴に目が向けられる（安室　一九九九）。文字に頼らずに視覚や味覚といった五感を通じて、その家独自の歴史認識を生みだすのが家例である。現在ほど識字率が高くなかった時代には、こうした慣習による歴史認識の喚起が必要だったのだ。

2　家の連続性

家という制度の持続性

ここまで家の歴史認識について述べてきたが、改めて家とはなんだろうか。『精選日本民俗辞典』を紐解いてみよう。かいつまんで言えば家とは、まず家屋敷、家の財産である家産、家業、家名、墓といった有形無形の価値を持つものである。次いでそうした全体を統括する家長を中心として構成員それぞれに地位と役割が割り当てられており、そのすべてを世代間で継承しつつアイデンティティを維持し続ける家族の存在形態が家ということになる。最後の点は言葉をかえれば世代を超えて家の連続を希求するということで、これを柳田国男は「家永続の願い」と表現している（福田他　二〇〇六）。家の連続性を保証する一端を担っているのが、家に対する歴史認識であることはいうまでもない。無縁社会、生涯未婚率の上昇、空き家急増などが話題となる現代社会とかなり様相は異なるが、家というシステムが機能していた時代は日本社会では長く続いてきたのだ。

柳田がいう「家永続の願い」を昭和戦前期に別の観点から論じたのが、農村社会学者・鈴木栄太郎である。主著『日本農村社会学原理』で、鈴木は家とは縦に超世代的につながるものだ、という。さらに家は生命のようにその存続を求めるというあたりは、柳田の「家永続の願い」とほぼ重なってこよう。こうした家を、世代を超えてつなげているのが「家の精神」

である。家の精神があるがゆえに、家の成員は互いにつながることができると鈴木は説く。

アイデンティティとしての家の精神は、どのように構成されるのだろうか。家の精神の根源はまずその家に生まれ育つという点にあり、同じ生活の場に所属することが重要な意味を持つ。そうした場が共有される一方で、他との違いを意識化させるのが「われらの標識」であり、具体的には姓や屋号、家紋、家屋敷、山林耕地、墓地などが該当すると鈴木はいう。かつて苗字が許されなかった時代は、家々を識別するために世代を超えてその家の通称を用いていた。それが屋号で、今でも歌舞伎の世界では「成田屋」「成駒屋」といったように健在だ。また家々には独自の印すなわち家紋があり、その紋がついた羽織はかま姿は礼装とされた。先祖代々墓にも、家紋が彫られていることが多い。

そうした家同士を識別する役割だけではなく、たとえば家屋敷は居住のための施設であるのに加えて、その家の歴史を宿す資料、あるいは記念碑としての性格も併せ持つ。柱に残る傷跡一つとっても、そこには父祖の尊い面影が宿っているという点で、特別の価値を持つのだと鈴木は述べる。お盆の時期に先祖の肖像を飾るという慣習も、仏壇を通して先祖をしのぶ仏間という記念の場があるからこそ、可能となる（図14-3）。

図14-3　お盆で仏間に掲げられた先祖の肖像（新潟県内，1998年）

だからこそ、家の精神は家屋や器物、作業や家の祭祀・儀式、田畑に付着しているというように、具体性を帯びたものでもある。その継承の過程は、たとえば幼い時から父とともに田畑や山林に行き、父の幼少時代と同じような少年時代をすごし、成長してからは父と同じような生活を営むという、日常の生活の場にあると鈴木はいう。そうした過程を経て自らの父母、さらにはそれ以前の祖先との関係性や一体感、つまり家の精神を身につけていくことができる（鈴木　一九四〇）。

農民層を中心とした一般の人たちにまで広く家意識が波及していくのは、論者によってずれはあるものの、江戸時代初期であるという見方が有力だ。農業などを営む小経営体としての家が形成され、祖先祭祀を担いながら子々孫々に家を受け継ぐことを願う家意識が次第に共有されていく。こうして江戸時代初期からその後、時代を超えて戦後に至るまで何世紀にも及ぶ期間、家というシステムは継続することになる。

私たちは近世と近代あるいは明治維新の前と後、また第二次世界大戦前と後とで、とかく時代の断絶を見出しやすい。明治維新や第二次世界大戦での敗戦は、歴史上の大きな画期であり、政治体制もこれを機に大きく変動したことは否定しがたい。だがその一方でこうした動向にある程度影響を受けながらも、家は時代を超えて存続したこともたしかなのである。

明治民法は上級武士層の規範をモデルにしたものであり、家を統率する主が持つ戸主権と、その身分と家の財産である家督の相続を柱とする家父長的な家制度をもたらしたとされる。また家の延長線上に日本の国家があるとし、天皇を家長として国民をその家族の一員とみなす家族国家観が強く押し出されることになる。それまでの家のあり方にこうした時代状況が及ぼした大きな影響は、いうまでもない。ただしその一方で祖先祭祀や家名および家産の維持という目的で、系譜・祭具・墳墓を「家督相続の特権」としたことは、近世までの祖先祭祀のあり方を形を変えながらも継続させていくための一助となった。先にあげた家憲の存在も皇室典範の影響下に成立したものである一方で、それ以前からの家訓の延長線上に位置づけられるのと、事情は同じである。

戦後制定された現行民法は戦前までの家を封建的だとして否定し、夫婦中心の家族をモデルとした。その意味で戦前と戦後の家をめぐる状況には、大きな断絶がある。だが欧米の近代家族に関する社会学や歴史学の論議を踏まえると、実は明治期の家制度は近代化が再編成した家族であり、そのスタイルは戦後にまで及んだという見方が近年、広く受け入れられている（井上他　一九九六）。そう見ると、家は形を変えつつも戦前から戦後にかけて連続した側面もあることは否定できない。また現行民法の条文には、「系譜、祭具及び墳墓の所有権は」「慣習に従って祖先の祭祀を主宰すべき者が承継する」とあり、祖先祭祀とその継承が慣習として位置づけられている。ここでもやはり戦前同様、家というシステムの継続が祖先祭祀を通して前提とされているのだ。

冒頭で一般の人々の墓の成立が近世初期に端を発し、時代によって形式を変えながらも、戦後になって「〇〇家之墓」スタイルが主流となっていく流れを述べた。こうしたことからも、家は時代に応じて変化しながら何世紀にもわたって持続したシステムだということがわかる。そうした持続性と、家の歴史認識はどのように関係しているのだろうか。

継承財としての水田と稲作儀礼

すでに記したように鈴木栄太郎が「われらの標識」としてあげたのは、姓や屋号、家紋、家屋敷、山林耕地、墓地などであった。こうした存在は家の存続のために必要な財というだけではなく、家の連続性そのものの象徴でもある。近世から近代へ、あるいは戦前から戦後へと時代や状況が変化しつつも、家としてのアイデンティティが保障されてきたのは、こうした財があるからこそだ。家の存続や一体性の基盤となり、世代を超えた維持が求められる財を、米村千代は継承財と呼ぶ（米村　一九九九）。そこにはとかく「先祖伝来の」「祖先からの」といった世代の連続性を示す形容語句が付くことからも、家の歴史認識と不可分のものだということがわかろう。

日本文化のキーワードともいうべき稲作文化と深く関わる水田を、ここで例にとろう。農耕を基盤としていたかつての農村社会にあって、水田は継承財の中でも特に重要な意義を担っていく。

一七世紀に入ると全国的に新田開発が進み、江戸時代初期から中期にかけて耕地面積はほぼ倍増して日本列島史上、一面の水田光景が初めて出現する。人口もそれに伴って増加していくこの時代は、家の成立時期とほぼ重なる。だが一八世紀に入ると新たに開墾できる余地が狭まり新田開発は冷え込んで、一転して停滞期に陥っていく。稲作には地力を高める肥料としての草が欠かせない。そのまま水田に踏み込む、あるいは腐らせて堆肥にする、家畜舎に敷いて厩肥にするといったようにその用途は広く、稲作を営む上で草山も必要不可欠だ。だが新田開発の進展は、それに見合うだけの広さの草山の確保を次第に困難にしていく。結果的に、不足となった草の代用となる干鰯・油粕といった金肥の需要が高まる。だが金肥は自給肥料ではないだけに、それを手に入れられるか否かによって収穫量に差が広がり、家々の経済的格差をもたらす（武井　二〇一五）。

稲作が日本社会全体を覆っていった過程は、同時に稲作の持続可能性自体に矛盾が突きつけられる状況をも、帰結するものだった。だからこそ、というべきか。稲作には他の作物以上に、その生育から収穫に至るまで数々の儀礼が伴ってきた。

年が明けたばかりで田植え時期にはまだまだという時点で、まずその豊作を祈願する儀礼がある。実際に稲作が始まると種もみを蒔く折の祭、続けて田植え開始と終了時それぞれの儀礼、さらに稲が生育すると害虫に対する虫送りや台風除け祈願の風祭がなされ、秋に入ってからは収穫の儀礼へとつながる。一連の儀礼がなされるのは、稲の豊饒をつかさどる田の神への饗応という意味合いからである。田の神は春先に山から下りてきて、稲の収穫後、ふたたび山に戻るとする地方はかつて多かったが、この神は元来、祖先の霊であったと日本民俗学では唱えてきた。稲以外の農作物に、祖先の霊が関連づけられることはない。稲作はその意味で多くの人々にとって、家の歴史と結びつく大きな重みを持ってきたのである。

そうした論を踏まえると、水田稲作はたんなる労働にとどまるものではなく、様々な儀礼を通して田の神である祖先の霊と交流し、自らの家の歴史認識を親から子へと受け継いでいく機会でもあったのだ。儀礼を行うには、ことさら文字に対する知識を必要としない。家例同様、五感を通した歴史認識の喚起が儀礼によって可能となる。農村部に大半の人が住まい、農業に従事していた時代に水田が継承財として重要だったのは、様々な稲作儀礼の執行という裏づけがあったからこそなのだ。

家の歴史記録の多様化と短歌

日々なされる家々の年中行事や儀礼は、祖先を通して家としての連続性を体感する機会となる。だが近代以降の識字率の向上は、家訓・家憲とは違ったより私的な形で自らの家について書き記す機会を人々に与えていく。そこでの多様な表現形式は、近現代の教育が可能とした家の歴史認識の表出にもつながっていく。

戦前、謄写版印刷が普及すると、各地の青年団や社会団体が独自の機関誌をガリ版刷りで印刷し、定期的に発行するようになる。各種機関誌にある文芸欄は、戦後の民衆運動の過程で復興し、労働者文学や農民文学をうみだす（大門　二〇〇〇）。また一九五〇年代の生活記録運動から一九八〇年代以降の自分史ブームに至るまで、様々な表現形式が多くの人たちによって選び取られていった。そこで記された対象は多岐にわたるが、自らの家の生活を振り返ったものも少なくない。

俳句や短歌は今でも新聞や各種同人誌、文芸誌の投稿欄に欠かせない、なじみ深い表現形式だろう。新潟県の山村で生まれ育って一生を農林業に従事したある女性が詠んだ、自らの生活に根差した短歌について、かつて論じたことがある（矢野二〇〇三）。そこから家の歴史認識が読み取れる歌を、その背景とともにあらためて紹介したい。

ここでの歌の詠み手のＩさんは一九一六年、新潟県のとある山村の山林地主の家に生まれた。その後、一九三六年に、峠一つ越えた集落に嫁ぐ。嫁ぎ先でも農作業に加え、林業の仕事に従事する（図14‐4）。そして還暦を機に県内の短歌結社に入ってから、数多くの歌を詠んできた。そこでは山林で作業を共にした父との思い出、また嫁ぎ先でともに林業に従事した夫への思いなどが詠まれ、おのずと家の歴史にまつわる記録の集積となっている。たとえばこんな歌がある。

亡き父の遺してくれたる杉苗の要領いくつわが身にぞ生く

実家の父は山林地主だった。女学校を卒業したIさんは、地主でありながら率先して自ら山仕事にあたった父と山に行き、一通りのことを学んだ。杉苗を植えるときには棒を二本用いて間隔を測り、傾斜地でも等間隔に植樹できる三角植えを父は取り入れていた。そこでのやり方は、今度は嫁ぎ先での植林の機会に生かされる。自分が苦労して植え付け、現在では大きく成長した杉林から想起されるのは、そうした父と共に働いた山林での若き日々だ。

図14‐4　Iさんの山林（1998年）

亡き父の座右の銘ぞ古りし「治山愛林」長押（なげし）に残る

Iさんの実家の茶の間には、年月を経てくすんだ「治山愛林」と墨守された額が掲げられている。造林一筋に打ち込んだ父が自らの座右の銘を、家訓としての意味合いも込めて額に遺したのだ。その思いはかつての山仕事の記憶と共に、Iさん自身にも確実に伝えられている。

植林の機会が亡き人の追悼に結び付けられ、杉の木立にその人への思いが投影されていく。たとえば以下の歌からは、墓とはまた違った形で家を担った人々の面影が山林の風景に刻み込まれているのが読み取れるだろう。

わが姑のみまかりし年植ゑにける杉の林を命日に訪ねむ

夫逝きてまもなく求めし杉林われの宝と折々に尋ねむ

故人となった姑や夫への追悼の思いが、山林の風景と結び付けられて家としての歴史認識を作り上げてゆく。林業がたんに家業というだけではなく、ここでは家の連続性への意識をも支える役割を果たしているのだ。

一九六八年に五七歳の若さで亡くなった夫は、他に仕事を持ちながらも、土日となると山の手入れに出かけていた。夫との思い出をめぐる歌は、これだけではない。「若き日に夫と植えたる杉林遠き日偲び命日を尋ねむ」という歌からは、夫婦ともに若かった日から今に及ぶ時の移ろいが杉林の成長に託されていることが浮かぶ。

Iさんの歌では、人生の節目を折にふれて山林に投影した歌が少なからず見出せる。たとえば「杉伐りて軍刀購ひし日は遠く後に植ゑしも林となれり」は、夫の弟が出征する際、軍刀を購入した思い出の一こまを歌ったもの。また「加茂農林卒業記念に父と子が植ゑし熊杉角材に近く」は、Iさんの長男の卒業に絡む歌。杉林は継承財であるばかりではなく、人生の様々な機会に結び付けられて、目に見える形で家の歴史を伝えていく役割を果たす。

結婚や出征、卒業、死去といった家族の動向が、自らの家の山林の風景に託され、そこから今度は家の人一人ひとりの記憶がつむぎだされる。この地で林業が本格化したのは明治以降のことだ。だが山林という存在が家々にとってその存続や一体性の基盤となり、世代を超えて受け継がれてきたことは間違いない。稲作のような儀礼が伴っていなくとも、山林が家の歴史を伝える継承財となったことをIさんの短歌は示す。近代以降、多くの人々がなじんだ多様な表現形式が、ここでは短歌を通して家の歴史認識を作り上げる役割をも果たしていったことが浮かび上がってこよう。

3 家とその歴史認識の終焉

山林の継承財としての意義喪失

鈴木栄太郎が『日本農村社会学原理』を公刊したのは一九四〇年。それは日中戦争下にあったとはいえアメリカとの開戦前で、一時的にではあれ国民が紀元二六〇〇年記念行事にわきたっていた年である。「ぜいたくは敵だ」というスローガンが連呼されてはいても、東京や大阪といった大都市ではまだまだ都市のモダニズム文化の残り香は漂っていた。

そうした時代であったがゆえに、鈴木は急激に進む都市化の進展と家の変貌をも、その著作の視野に収めざるをえなかった。都市では親から子への職業の世襲が困難となる。仕事の場を父と共にし、父が過ごしたような少年時代を経て、成長してからも父と同じような生活を営む場合にのみ、家の精神は継承される。そうした生活様式が途切れ、たんに経済的な価値の権利の継承にとどまるならば、それは家の末路だと鈴木は言い切る（鈴木　一九四〇）。その後の歴史の推移を振り返ると、家というシステムの終焉を先取りした見方だったことは間違いない。

鈴木は都市への社会的移動が家業の継承を困難にする点に、着目する。だが、ことはそれだけにとどまるまい。家の歴史認識と不可分な「われらの標識」として鈴木が挙げた標識のいずれもが、現在ではその意義を失っているのだ。たとえば屋号といっても、都市部に住む多くの人にとってはすでに縁遠いものでしかあるまい。紋付き袴を身にまとう機会がほとんどない現在、家紋を意識することも、まずない。

山林耕地の意義にしても、同様だ。先に触れたIさんの山林に話を戻そう。昭和二〇年代以降、戦後復興ということで日本全体で木材需要が急増し、木材価格は上昇する。政府も木材不足に対応するために拡大造林政策に邁進し、それに歩調を合わせて全国各地で新たな造林が推し進められ、林業で多くの家々の暮らしは潤う。Iさんの家での相つぐ植林も、そうした流れの一環として位置づけられよう。

だが、国内の需給不足分をまかなうための木材輸入が、昭和三〇年代を通じて段階的に自由化されることになる。輸入材は価格が安価で安定した供給が可能なため、次第に国産材は輸入材に押されていくことになった。国産材の価格は下落に転じ、ついに輸入材と形勢が逆転してかつての国内林業の盛況は今や見る影もない。林野庁のウェブサイトにある「森林・林業・木材産業の現状と課題」を見ると、一九八〇年が国産材の価格のピークで、それから四〇年近くを経た二〇一八年現在で見ると、杉中丸太の価格はピーク時の三分の一にまで下落した。国産木材価格の長期的下落傾向の反面、人件費は上昇といったように林業の衰退は決定的だ（「森林・林業・木材産業の現状と課題」）。

先のIさんの歌は、そうした状況も詠み込んでいる。

間伐の切り捨て御免の杉丸太明るき春の林に目立つ

杉の間伐材は、かつては販売ルートに乗せることができた。建築現場の足場などの需要があったからだ。だがいまや成木でさえ低い価格に抑えられているのに、間伐材が取引対象になるはずもなく、捨て置かれるがままというのが実情だ。とはいえ間伐できるだけまだましで、やせ細った杉が密集した林、蔦が幹に絡まったまま何年も放置された杉の木などは、今や全国各地でごく当たり前の光景だ。荒れはてた山々の姿は、林業経営が立ちゆかなくなったことを示して余りある。

Iさんには「息を供に夫(つま)が遺せる杉林心はればれ眺めて廻る」という歌がある。自家の山林には亡き夫が得たものもあるだけに、跡継ぎの長男と共に眺める思いには格別なものがある。だが長男は自分の息子には山仕事の手伝いはさせなかった。Iさんの孫は高校進学とともに家を離れ、現在首都圏で一般企業に勤務している。長男とはいえ、実家に戻る考えは今のところないようだ。Iさんの家の山林は、跡を継いで育成する者もなく行き場を失うことになりかねない。こうした事態は、何もIさんの家に限ったことではない。山林を所有する家の多くで、現在広く見られることだろう。継承財としての山林は継承という意味でも、財という意味でもその意義の多くを失ってしまったのだ。

家の基盤崩壊

それは山林だけの問題ではない。農地でも同様だ。端的にいえば耕作放棄地の増加、という問題である。今や春先であっても雑草が生えたままで、田植えがされることのない田んぼは全国至るところで目に付く

（図14－5）。

二〇二〇年の農林水産省のウェブサイト「荒廃農地の現状と対策について」によれば、農地面積は最大であった一九六一年の六〇九万ヘクタールから、二〇一九年には四三九・七万ヘクタールとピーク時の四分の三以下にまで落ち込んでいる（図14－6）。さらに耕作放棄地は二〇一五年には四二万ヘクタールを超えて全農地面積の一割近い数字にまで増加した。こうした背景には「高齢化・労働力不足」「土地持ち非農家の増加」「農作物価格の低迷」などが指摘されている（「荒廃農地の現状と対策について」）。端的にいえば家に跡継ぎがいても収入が限られた農業を受け継がず、農業を担っている親世代が作業できなくなれば、後は耕作放棄をせざるをえない、ということになろうか。

図14－5　田植え後の水田と隣り合う耕作放棄田（茨城県内，2020年）

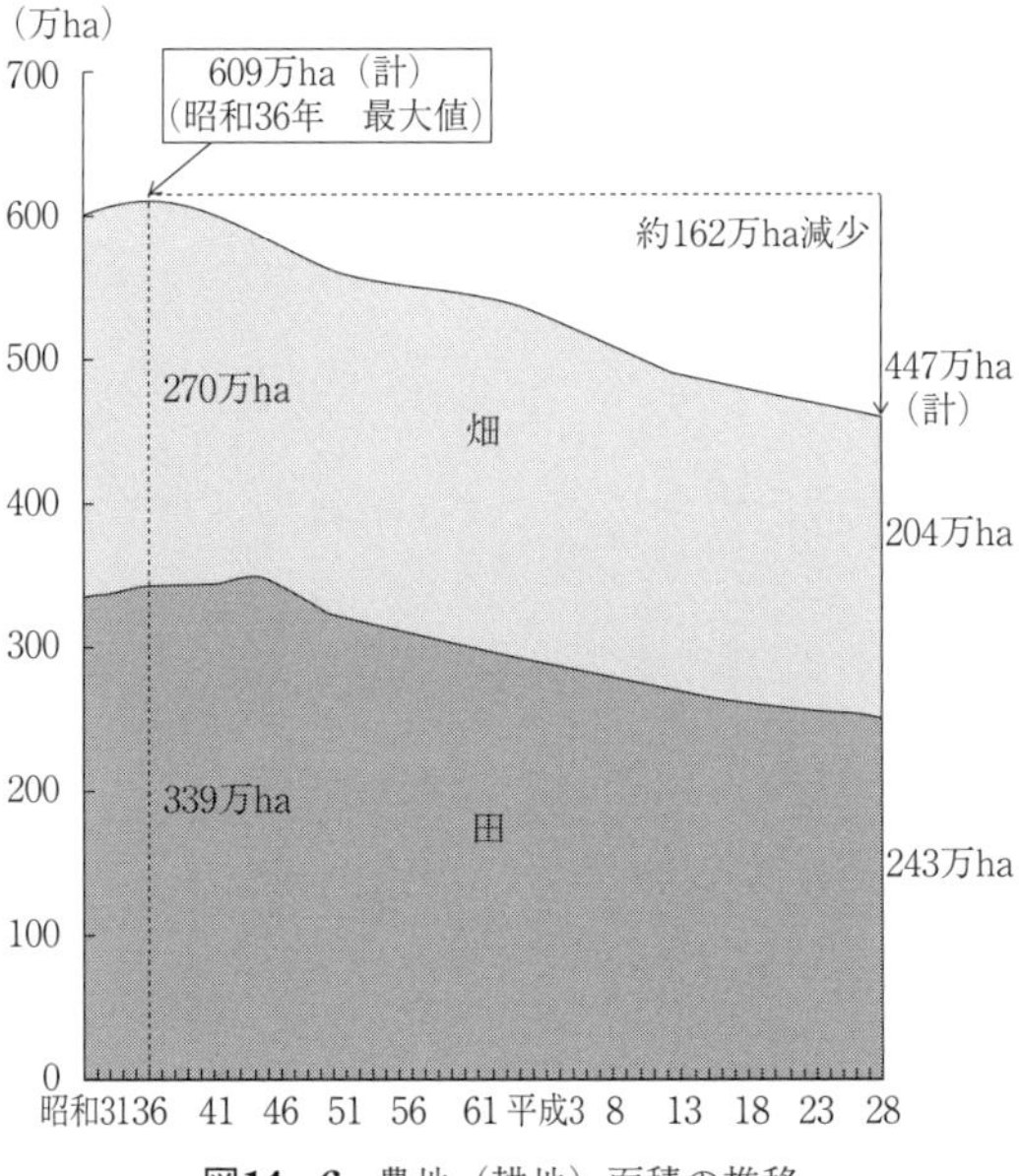

図14－6　農地（耕地）面積の推移

出所：「荒廃農地の現状と対策について」（農林水産省，2020年4月）。

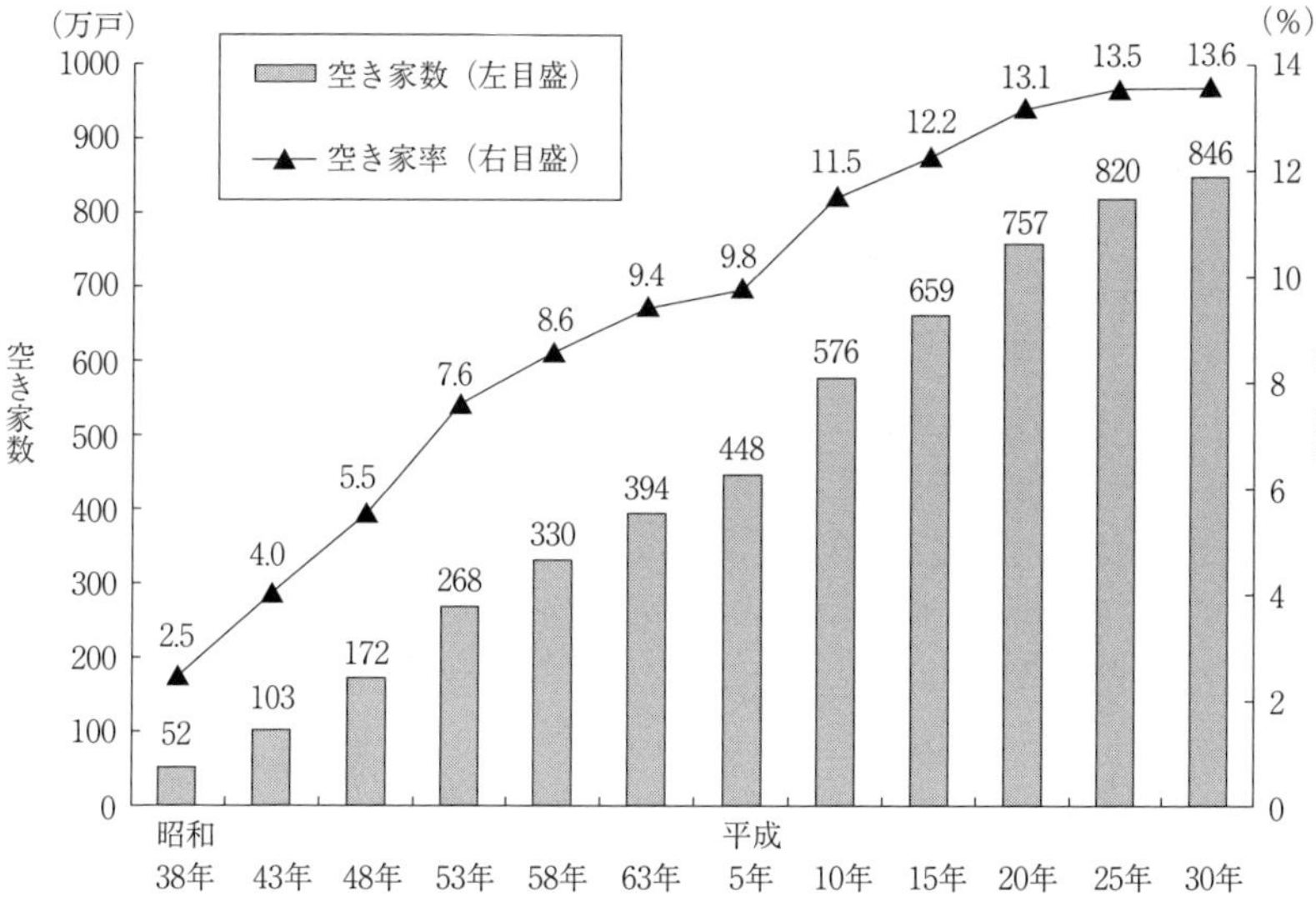

図14－7　空き家数及び空き家率の推移（全国）（昭和38年～平成30年）

出典：「平成30年住宅・土地統計調査　住宅数概数集計結果の概要」総務省統計局，2018年。

鈴木栄太郎が家存続の基盤とみなした家屋敷にしても、問題は深刻だ。総務省統計局の「平成三〇年住宅・土地統計調査住宅数概数集計結果の概要」によれば、二〇一八年には空き家総数が八四六万戸、総住宅数に占める割合は一三・六％に達し、過去最高となった（図14－7）。過去三〇年間で空き家の数は四五〇万戸も増えているのである。大都市の一部では新築マンションが続々と竣工する一方で、住む人がいなくなった家がかつてない勢いで増え続けている。

そうした事情と相まって、近年、住む予定がない故郷の実家家屋の相続放棄をするケースが急増しているという。家庭裁判所での相続放棄の受理件数は二〇一四年には二〇万件近くに達し、過去二〇年間で三倍強にまで増えた。その背景には実家の維持管理ができない、固定資産税の負担を避けたい、売れない「負動産」を引き継ぎたくないといった事情がある（野澤　二〇一六）。墓にしても状況は似たようなものだ。故郷の墓を撤去する墓じまいをするのはまだよい方で、放置された挙句に無縁墓と化す墓の存在は大きな社会問題となっている。さらに墓石の不法投棄のニュースも、跡を絶たない。

家の連続性を象徴し、家存続のための継承財であるはずの家屋敷、山林耕地、墓が今やすっかり財としての意義を失い、かえって負担としか意識されないことはもはや珍しくはない。不動産ならぬ「負動産」という呼び方は、すっかりなじみのものとなった。

土地や家屋の所有者が死亡した場合、相続にあたっては相続登記をして不動産登記簿の名義を書き換える必要がある。ただし相続登記は義務ではないため、それをせずに放置状態のままという場合も少なからずあるのが現状だ。その割合は中小都市や中山間地域では二六・六％にも達するという（吉原　二〇一七）。誰が所有しているかさえわからない家屋、土地、山林がじわじわと増え、確実にこの国を蝕みつつある。

こうした状況を振り返ると、柳田国男が言う「家永続の願い」はすでにはるかに遠いものになったといわざるを得ない。近世初期から戦後にかけて、形を変えながらも続いてきた家というシステムは、ここに来て大きな転換期を迎えてついに終焉したといっていい。何世紀にもわたって家の歴史認識を成立させてきた大前提は、今や失われたのだ。

世代間断絶の仕組みとしての就職活動

現代の日本社会には、かつてのような家としての連続性ではなく、むしろ親と子の世代間の連続性を断ち切るような力が多面的に働いているように見えてならない。昭和戦前期、鈴木栄太郎は都市化によって親から子への職業世襲が困難になる事態に、家衰退の予兆を見て取った。それから八〇年の年月を経た今、親子が違う職業に就くことはむしろ当然となっている。そうした世代間の断絶はそれまでの家の継承財を不要とさせ、さらに家業継承を前提として成立する家の歴史認識それ自体をも失わせていく。

こうした方向を二つの局面から押さえていこう。一つは大学進学率の上昇、いま一つは社会人になるための就職活動という局面である。

政府統計ポータルサイト「統計で見る日本」にある「学校基本調査　年次統計」には四年制大学進学率も掲載されている。それによれば、戦後一〇年を経た一九五五年時点では七・九％にすぎず、高度成長期を終えた一九七五年でも二七・二％と四人に一人程度の大学進学率であった。しかし今世紀に入って二〇一〇年には五〇・九％と過半数に達して現在に及んでいる。日本人のライフコースをみると、今や同世代の半分が大学進学をするまでに至ったのだ。

こうした進学は、多かれ少なかれ地理的移動を伴うものとなる。首都圏への移動だけではない。地方の大学であっても、かならずしも地元出身者の受け皿として機能しているわけではないのだ。たとえば筆者が勤務する静岡大学の二〇一九年度入学者の場合、学部別の県内高校卒業者の比率は、低い方から順に理学部で二〇・八%、情報学部二一・五%、工学部二一・七%、農学部で二五・九%となる。全六学部の内、四学部までが二〇%台にとどまるのだ。地元の教員養成を目的とする教育学部入学者の六五・七%という数字はむしろ例外的で、地方国立大だからといって県内高校出身者の比率が高いわけではない（静岡大学総務部広報室　二〇一九）。大学進学率の向上は、多くの若者を自ら生まれ育った地域社会から引き離すのと同時に、親子間の日常的な接触を限られたものにさせていく。大学進学によって世代間の継承の機会を持つこと自体、物理的に困難となるのだ。

さらに大学生活を経て向き合う就職活動は、学生にとってそれまでの家での暮らしや学生生活とはまったく異なった世界との出会いの場となる。就職することが「社会人になる」と現在、一般的に言われるように、就職活動は「社会」に新たに参入するための、あたかも通過儀礼的要素を帯びている（矢野　二〇一九）。就職活動の時期になると学生たちはいっせいに着慣れないリクルートスーツに身を包んで合同企業説明会に参加し（図14-8）、エントリーシートには普段使い慣れない言葉遣いで志望動機を書き込む。面接では多くの質問に戸惑いながらも、社会人との受け答えに慣れていく。こうした過程を経て学生たちは、「社会人」として身体性も含めた「社会」でのスタイルを身につけていくのだ。

図14-8　合同企業説明会（静岡市，2014年）

親の家業を継ぐのならば、その仕事についてはおおよそ見当がつくだろう。だが農林業、あるいは自営業といった「家業」といえるような仕事に卒業後、従事する大学生は現在、少数派だ。学生たちは家業の世界とはまったく異なる「社会」、より具体的には「会社」という新たな世界に大学卒業後、参入する。家業といえるような仕事を継ぐわけでない以上、親から子への世代間の継承という意味合いは就職活動にはない。現代の生活から家の歴史認識を共有する術を見出すことは、家業継承の問題一つとっても、もはや困難といわざるを得ない。

家の歴史認識を呼び起こす場として、冒頭で墓参りの場面をあげた。墓だけではなく、より日常的に祖先を意識する機会があるとすれば、家の仏壇での参拝もその一つとなる。仏壇で手を合わせ、亡き人を偲ぶ。思いはおのずと自らの家の歴史に至るだろう。

長期的持続の終焉

だが仏壇にふれる機会は、今や思いのほかに少ない。第一生命経済研究所が二〇一二年に調査した調査結果を見よう。それによれば「仏壇がある」と回答した比率は、回答者の年齢が上の順から見ていくと、七〇～八四歳で七一・五%、五五～六九歳で五二・六%、四〇～五四歳で三〇・六%、二〇～三九歳で二九・九%となっている（小谷　二〇一四）。五五歳以上となると仏壇の保有率は過半数を超えるが、しかし逆に言えば、この年齢に達していても半数近くが仏壇を所持していない、ということになる。仏壇という目に見える形で祖先を祀り次の代に受け継いでもらうものがなければ、家としての歴史認識も希薄にならざるを得ない。

世代間の継承意識の後退は、これだけではない。自らが亡くなった後、墓を設けずに散骨を希望する人が近年増加傾向にある。その理由として多いのが、子どもや周りの人に「迷惑をかけたくない」から、というものだ。たとえば子どもが親元から離れて暮らしている場合、墓を維持する負担をかけたくないという思いがここにはある（NHK取材班　二〇一九）。親子の間でも「迷惑」を避けたいというのは、今やごく当たり前の心情だ。

かつて日本人論の名著とされた一冊に、土居健郎の『「甘え」の構造』がある。日本人の関係性を「甘え」をキーワードに読み解いたこの書で、親子だけは無条件に他人ではなく、それだけに親子の間に甘えが存するのは至極当然のことだと土居は説く（土居　一九七一）。一九七〇年代当時、親子だからこそ「迷惑をかけたくない」という気持ちはありえない、甘えあうのが自然だという心情が支配的だったことが読み取れる。そうした心情が祖先祭祀を維持していく一つの原動力だったことは、疑い得ない。だが今や親子だからこそ「迷惑をかけたくない」と、価値観は一八〇度、変わった。墓の継承は、そうした「迷惑」の一つになってしまったのだ。世代を越えた継承よりは、切断していく力関係が今の親子間には作用しているのだ。

家が存続するには、子孫の存在は欠かせない。だが生涯未婚率は、今世紀に入ってから増加の一途をたどる。戦後長らく五％を切っていたその数字は、二〇一五年には男性で二三・四％、女性で一四・一％にまで達している。日本では現在でも出産は多くの場合、婚姻を前提としており、婚姻関係自体がなければ子どもを持つことはままならない。子孫が存在しない人が増えることもまた、世代の継承ではなく切断を促す力として作用していく。かつては養子を迎えて家の継承を図る慣行があったが、今ではレアケースだろう。

近世初期を起点として地域や階層を問わず、広く共有されていった家というシステムは、形を変えながらも明治維新、第二次世界大戦といった大きな社会変動を超えて維持されてきた。祖先伝来の家屋敷、田畑、墓、家業を受け継ぎ、次の代に委ねていく家というシステムが、何世紀にもわたって日本の社会の根底を支えてきた。こうした変化しにくく、歴史の深層部に横たわるあり方を、フランス・アナール学派のフェルナン・ブローデルは歴史の長期的持続として位置づけた。家の存続はまさにこうした長期的持続の一環として、とらえられる出来事だ。だが時代を超えて何世紀にもわたって続いた家という長期的持続は、ここにきて終焉の時を迎えた。家の歴史認識のあり方を通して見えてくるのは、そうした局面の一端である。新型コロナウイルスの感染が全世界を襲い、日本では「新しい生活様式」という言葉が広まった。あたかもそれまでの生活が一転したかのような印象を与える。しかし長期的持続という観点からすれば、こうした事態は表面上にあらわれた、ごく一時的なさざ波のひとつにすぎない。

ＮＨＫに「ファミリーヒストリー」という番組がある。各界の著名人をゲストに迎え、その家の歴史を紐解いていくという内容だ。番組のホームページに「本人も知らない家族の秘話を紹介」とあるように、毎回思いもかけないエピソードにゲストが思わず涙ぐむ場面が山場となる。逆に言えば、こうした機会でもなければ本人は自らの家の歴史に触れることもない、ということになろう。この番組が浮かび上がらせるのは、逆説的ではあるが家の歴史認識がほぼ私たちの生活から消え失せてしまった、ということなのだ。そして、私たちはもう後戻りできないところまで来てしまっている。祖先祭祀に日本文化の根幹を見出してきた民俗学という知のあり方も、また同じ道をたどらざるを得ない。

参考文献

井上俊他編『〈家族〉の社会学』（岩波講座　現代社会学一九）岩波書店、一九九六年。

ＮＨＫ取材班『さまよう遺骨　日本の「弔い」が消えていく』ＮＨＫ出版、二〇一九年。

大門正克『民衆の教育経験　農村と都市の子ども』青木書店、二〇〇〇年。

木下光生「近世の葬送と墓制」勝田至編『日本葬制史』吉川弘文館、二〇一二年。

静岡大学総務部広報室『二〇一九国立大学法人静岡大学概要』静岡大学総務部広報室、二〇一九年。

鈴木栄太郎『日本農村社会学原理』時潮社、一九四〇年（『鈴木榮太郎著作集Ⅰ　日本農村社会学原理　上』未来社、一九六八年）。

武井弘一『江戸日本の転換点――水田の激増は何をもたらしたか』ＮＨＫ出版、二〇一五年。

土居健郎『「甘え」の構造』弘文堂、一九七一年。

野澤千絵『老いる家崩れる街――住宅過剰社会の末路』講談社、二〇一六年。

福田アジオ他編『精選日本民俗辞典』吉川弘文館、二〇〇六年。

森岡清美「家憲と先祖祭祀」『国立歴史民俗博物館研究報告』第四一集、一九九二年。

安室知『餅と日本人』雄山閣出版、一九九九年。

矢野敬一「風景に刻み込まれた記憶と短歌――山村と林業の近現代」岩本通弥編『現代民俗誌の地平三　記憶』朝倉書店、二〇〇三年。

矢野敬一「通過儀礼としての大学生の就職活動」『静岡大学教育学部研究報告（人文・社会・自然科学篇）』第七〇号、二〇一九年。
http://hdl.handle.net/10297/00026975

吉原祥子『人口減少時代の土地問題』中央公論新社、二〇一七年。

米村千代『「家」の存続戦略――歴史社会学的考察』勁草書房、一九九九年。

ＮＨＫ「ファミリーヒストリー」https://www4.nhk.or.jp/famihis/26/

小谷みどり「宗教的心情としきたりの関連」『Life Design Report』（Winter 2014.1）
http://group.dai-ichi-life.co.jp/dlri/ldi/note/notes1401.pdf

総務省統計局「平成三〇年住宅・土地統計調査　住宅数概数集計結果の概要」
https://www.stat.go.jp/data/jyutaku/2018/pdf/g_gaiyou.pdf

総務省統計局「学校基本調査　年次統計　進学率」

https://www.e-stat.go.jp/dbview?sid=0003147040
農林水産省「荒廃農地の現状と対策について」
https://www.maff.go.jp/j/nousin/tikei/houkiti/Genzyo/PDF/Genzyo_0204.pdf
林野庁「森林・林業・木材産業の現状と課題」
http://www.rinya.maff.go.jp/j/kikaku/genjo_kadai/

読書案内

① 柳田国男『先祖の話』角川ソフィア文庫、二〇一三年（初版は筑摩書房、一九四六年）。

＊日本の民俗学の祖、柳田国男の代表的著作。日本人の暮らしの根幹をなすのは、家を単位とする祖先祭祀であることを多面的に論じる。家の歴史認識が失われた現在だからこそ、あらためて柳田の置かれていた時代状況を踏まえて根本から読み直す必要がある。

② 矢野敬一『慰霊・追悼・顕彰の近代』吉川弘文館、二〇〇六年。

＊近代に入って祖先祭祀を通じた家の歴史認識が多様な形で自覚化されていく。しかし同時代的にみれば戦死者の公的祭祀や旧藩主の顕彰など、地域や国家としての歴史認識への関心も慰霊や追悼行為を通して高まっていた。そうした重層する歴史性を扱った一冊。

第15章 現代日本の家族・これまでとこれから

中込睦子

1 いまどきの家族事情

ニュースや新聞報道などで、「家族の危機」が取りざたされるようになってすでに久しい。二〇一八年一月、国立社会保障・人口問題研究所が発表した向こう二〇年間の世帯数将来推計によれば、二〇四〇年には全世帯の四割が一人暮らしになり、その半数が高齢者世帯になる見通しであるという（国立社会保障・人口問題研究所編 二〇一八）（図15-1）。晩婚化[1]に加え生涯未婚率[2]の上昇や離婚の増加がその背景にあるとみられ、高齢で独居の人々を支える社会保障制度や地域社会の取り組みが求められると指摘されている。もちろんこれは一つの推計にすぎないが、晩婚化、非婚化、離婚や高齢単身者の増加などの現象は現に進行しつつあり、人々の不安や危機意識を今もかき立てているのである。

「家族の危機」といわれるものの正体についてはいろいろ考えられるが、その根本にあるのは家族の機能不全に対する危機意識であろう。少子化に象徴される子どもの養育機能の低下をはじめとして、子どもや高齢者に対する虐待やネグレクト、家庭内の不和や暴力、離婚、一人親家庭の貧困や生活苦、冒頭にふれた単身者とりわけ高齢単身者の増加と孤独死など、家庭生活に関わる社会問題は日常的といって良いほどに報じられている（図15-2）。そのたびに、これまで家族が果たしてきた様々な機能を現代の家族は果たせなくなっているのではないか、しかもこの事態に対処する有効な手段を今の私たちは

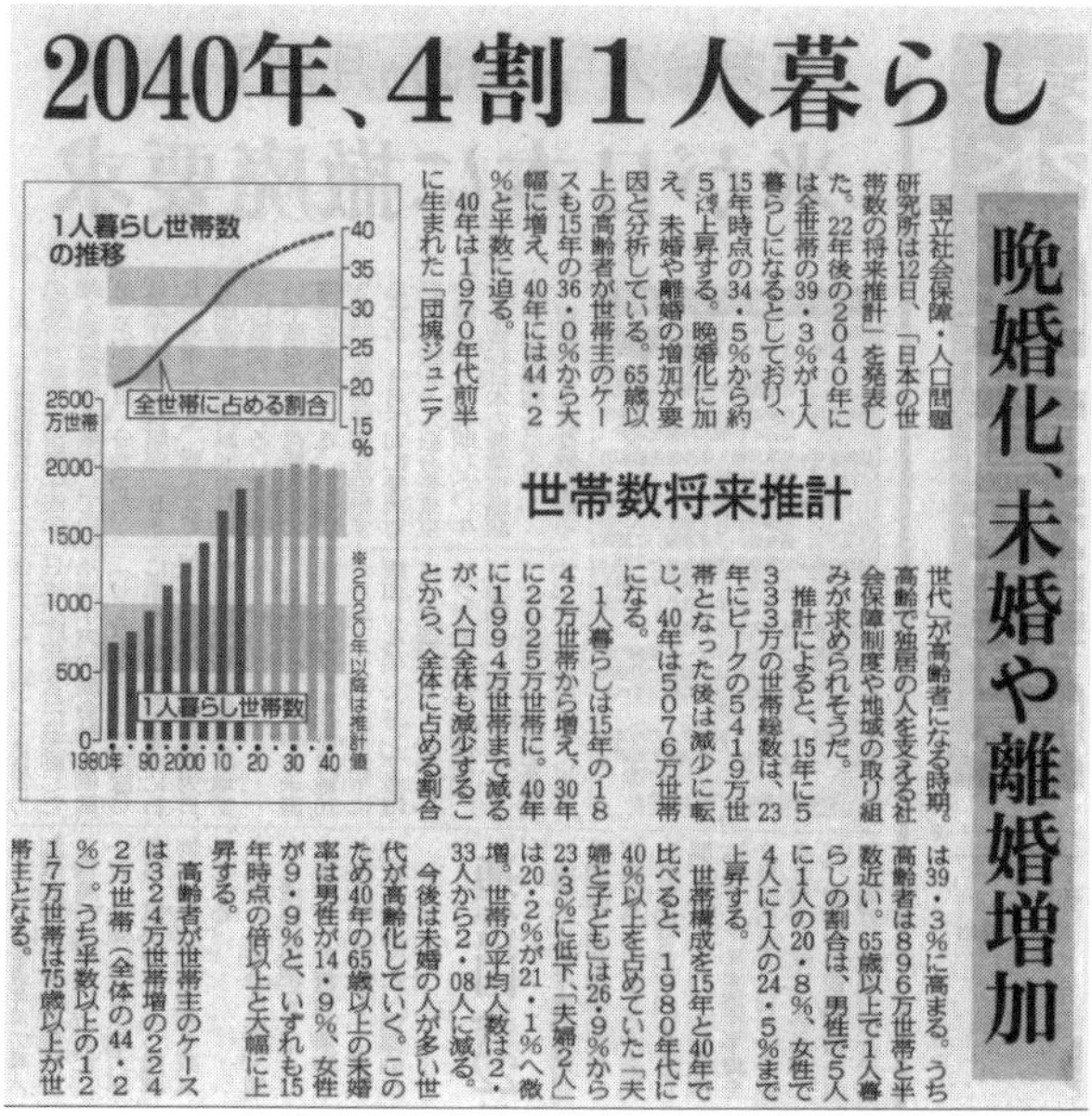
2040年、4割1人暮らし

晩婚化、未婚や離婚増加

世帯数将来推計

国立社会保障・人口問題研究所は12日、「日本の世帯数の将来推計」を発表した。22年後の2040年には全世帯の39・3%が1人暮らしになるとしており、15年時点の34・5%から約5ポイント上昇する。晩婚化に加え、未婚や離婚の増加が要因と分析している。65歳以上の高齢者が世帯主のケースも15年の36・0%から大幅に増え、40年には44・2%と半数に迫る。

40年は1970年代前半に生まれた「団塊ジュニア世代」が高齢者になる時期。高齢で独居の人を支える社会保障制度や地域の取り組みが求められそうだ。

推計によると、15年に5333万の世帯総数は、23年にピークの5419万世帯となった後は減少に転じ、40年は5076万世帯になる。

1人暮らしは15年の1842万世帯から増え、30年に2025万世帯に。40年に1994万世帯まで減るが、人口全体も減少することから、全体に占める割合は39・3%に高まる。うち高齢者は896万世帯と半数近い。65歳以上で1人暮らしの割合は、男性で5人に1人の20・8%、女性で4人に1人の24・5%まで上昇する。

世帯構成を15年と40年で比べると、1980年代に40%以上を占めていた「夫婦と子ども」は26・9%から23・3%に低下、「夫婦2人」は20・2%が21・1%へ微増。世帯の平均人数は2・33人から2・08人に減る。

今後は未婚の人が多い世代が高齢化していく。このため40年の65歳以上の未婚率は男性が14・9%、女性が9・9%と、いずれも15年時点の倍以上と大幅に上昇する。

高齢者が世帯主のケースは324万世帯増の2242万世帯（全体の44・2%）。うち半数以上の1217万世帯は75歳以上が世帯主となる。

図15-1　日本の世帯数の将来推計（一人暮らし世帯の増加の予測）を伝える新聞記事「2040年，4割1人暮らし」
出所：『岐阜新聞』2018年1月13日付記事。

持っていないのではないかという不安をかき立てられる。これが「家族の危機」という人々の意識を生んでいるように思われる。さらに家族の機能不全以前に、晩婚化・非婚化など家族そのものを作れない（またはあえて作らない）人々が増えている現状を危機ととらえる意識も見受けられる。年頃になれば結婚して家族を作るのは当たり前、そのような無数の家族によってこの社会は成り立っているというこれまでの「常識」がもはや通用しなくなっていることへの人々の不安が、「家族の危機」という時代の空気を生んでいるように思う。

たしかにいまどきの家族事情は必ずしも明るいものとはいえないが、だからといって危機感を煽るだけの議論は生産的とは言えない。近現代の日本の家族はどのような経過をたどって今日に至っているのか、その道筋はどのような社会的条件によって決まってきたのか、家族はこの先どこに行こうとしているのか。今必要なのは、家族のこれまでとこれからを事実に即して冷静に、かつ、リアルにとらえようとする姿勢なのではないだろうか。

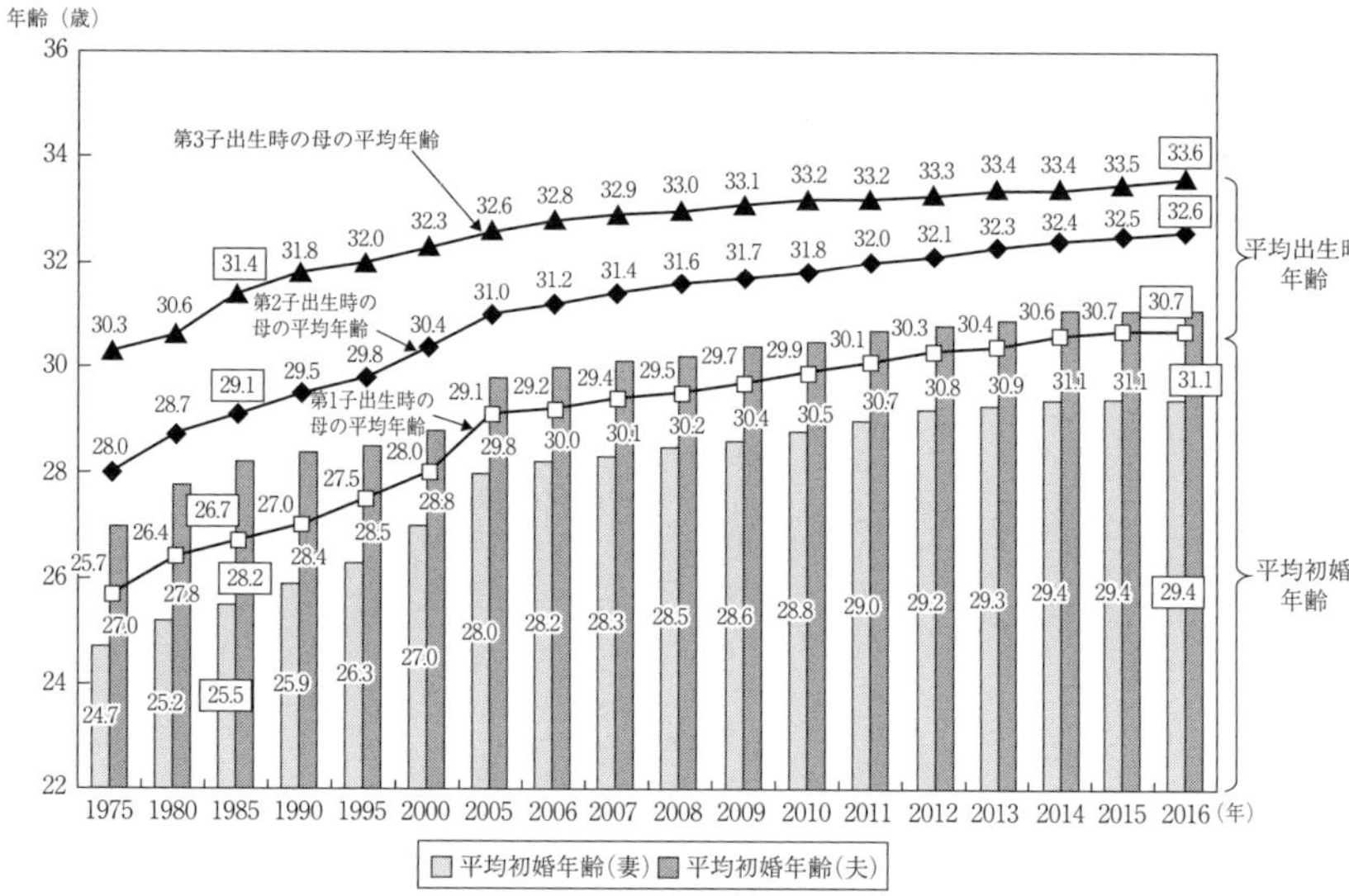

図15－2　平均初婚年齢と出生順位別母の平均年齢の年次推移
出所：『平成30年版　少子化社会対策白書』内閣府。

2　家族をとらえる視点――「家」と「近代家族」

家族研究の視点

研究者が様々な現象の中から何を研究対象に選び、どのような視点でそれをとらえるのか。こうした研究上の立ち位置は、その人をとりまく環境の影響を受けやすい。特に身近な家庭生活や生き方に関するテーマの場合、研究者自身の生きてきた時代背景に強く規定される。たとえば、一九九〇年代の家族研究の動向を評した森謙二は、戦前世代の研究者と戦後世代の研究者のスタンスの違いを次のように指摘している。

「家」制度からの解放を身をもって体験した戦前世代の研究者にとって、「家」制度の廃止・解体こそが戦後家族の出発点であり、彼らは戦後民主化の過程で形作られた新民法の理念を肯定する立場から現代家族をとらえようとする。これに対してそのような体験を持たない戦後世代の研究者の場合、近代の到来とともに成立した「近代家族」という理論上の概念が議論の出発点であり、明治期以降の「家」と「近代家族」概念との関係が問題とされている。後者の考え方では、戦前と戦後の家族は断絶しているというよりもどちらも「近代家族」であるという意味で連続してとらえられ、一貫して女性や家族員に対する抑圧装置でありつづけたその仕組みそのものが問題視されていると森はいう（森　一九九四：六一）。

筆者自身、そして本書の執筆者の多くは戦後世代であるが、「家」意識が長く保たれてきた農山村を主たるフィールドとしてきたという事情もあり、「家」制度を議論の出発点とすることにあまり違和感はない。ここでは近現代の家族にとって「家」制度とは何だったのか、その後提唱された「近代家族」の概念と「家」はどのように関わるのか、また戦後の家族変容によって「家」と「近代家族」はどのような経過をたどったのか検証してみたい。

「家」とは何か

まず初めに、「家」という言葉が何を意味するのかということから考えてみよう。日常会話で「家」といえば、普通は建造物としての家屋（house）を指している。しかし「柔道は日本のお家芸」「老舗企業のお家騒動」などという時の「家」は、もちろん建物という意味ではない。何らかの価値あるものを代々継承してきた組織、構成員同士の関係は一つの家族のように親密であるが、親密であるがゆえにその主導権をめぐって争いが生まれるような集団。「家」の用例からは、そのような「家」の姿が読みとれる。

「家」を厳密に定義するのは難しいがあえて辞書的に定義するならば、家とは家屋敷、家産、家業、家名、墓といったそれ自身に属する有形無形の価値をもち、これらを運用する家長を中心とする地位・役割体系をもち、親子関係を通してそれらすべてを世代間で継承しつつ、世代を越えてアイデンティティを保ち続けるような組織体ということになろうか。以下この章では、このような性質を帯びた社会制度としての家を示す際には「家」と表記することとする。さて右に述べた定義に含まれる「家」の基本的特徴を整理するならば、次のようにまとめられる。

①　超世代的連続への指向性

「家」は、世代を超えて（つまり個々の構成員の生死を超えて）過去から未来へ、理想としては永久に存続すべきものと考えられている。従って「家」に属する価値（家屋敷や耕地などの家産、家業、家柄や家名など）は、現在の構成員個人に属するものではなく、始祖以来代々にわたって各世代構成員に寄託されているものであり、現在の構成員の立場に立っていえば、過去の先祖と未来の子孫の双方からの預かり物ととらえられる。

② 直系的家族構成

「家」の超世代的連続性は、現実にはその担い手である家族の直系的な構造によって実現される。家の現実の構成員は親夫婦と跡取り夫婦が同居する直系家族であり、親から子へ（通常は父から息子へ）世代間継承を繰り返すことで超世代的な連続性が実現される。

③ 経営体としての性格

「家」は、その連続性を保証する物質的基礎として「家」に属する財産（家産）を持ち、家業・家職という形でそれらを運営する主体となる。家は経営体であり労働組織でもある。

④ 家長中心の地位役割体系

「家」の担い手である家族員は、互いに親族としての地位（父・母・夫・妻・兄・弟・姉・妹など）を持っているが、同時に家産・家業経営上の地位・役割をもあわせ持っている。「家」の構成員は、代表者である家長とその妻を中心に、世代別・年齢別・性別に役割分担しており、親から子へと世代交代（代替わり）するたびに役割関係を更新していく。

⑤ 社会の構成単位

「家」は、村落社会や近隣組織、同族や親類などを構成する基礎的単位であり、地域社会も親族も家々の集合体として組織される。また、歴史的にみれば、領主や公権力にとって「家」は人身支配と貢租賦課の単位であり、個人は「家」を通して掌握されてきた。

これらの「家」の特徴の内、各時代を通じて最も基本的なものをあげるとすれば、①の超世代的連続への指向性（つまり家を絶やしてはならないという規範）があげられるだろう（鈴木　一九四〇）。他の特徴は、この家の連続性を実現するための仕組みと位置づけることができる。もっとも、「家」のあり方は時代や階層によって様々なので、これらの中でどれを基礎的要素とみなすかということは、時代によっても階層によっても異なる。

近世の「家」から近代の「家」へ

「家」の歴史的成立をどの時点に求めるかについては諸説あるが、少なくとも近世段階には、庶民階層を含むあらゆる階層に「家」は成立していたと考えられる。当時人口の大半を占めていた農民家族の場合、その実態は家族経営で農業を営む比較的零細な経営体であり、各地域ごとの作物の種類や農家経営のあり方を反映して様々な形態をとっていた。[3] とはいえ、どのような形態をとるにせよ、領主の側から見れば彼らは貢租の担い手であり、村落社会にとっては村落の共同性の担い手であった。近世の村落社会は、このような一軒前の「家」の集合体として組織されていたといえる。

農民家族に比べれば数の上でははるかに少ないが、この時代の武家家族も俸禄・家禄（扶持）によって生計を維持する一つの経営体であった。ただし、家族総出で農業を営む農民家族に比べ、武家の場合主家に出仕する家長を頂点とする家父長的な秩序に貫かれていた点、また長幼の序や男性優位といった儒教道徳を重視していた点で、農民家族とは異なっており、むしろ後に明治民法に規定される「家」に近い性格のものであった。

明治維新後、政府によって行われた数々の施策と明治民法の施行は、それまで各地各様の姿を示していた日本の家族を一変させた。明治政府は維新後すぐに戸籍法をはじめとする法整備をすすめ、あわせて学校教育や社会教育を通じて国家の求める家族理念である「家」制度の国民への浸透を図った。一八九八年明治民法（家族法）が施行されたことで「家」制度に法的基礎が与えられ、「家」は国家公認の家族モデルとなった。

「家」制度に関する明治民法の規定は、戸主による家族身分の統制を規定した「戸主権」と戸主身分の長男相続を定めた「家督相続」を基本としていた。つまり、「家」は父系血統による超世代的連続を指向する家父長的な家族モデルとして国民の前に示されたということができる。何事も家長に支配され結婚相手さえ自分では決められなかったとか、「家」の存続のためには個人の意志など二の次だったというような戦前の家族イメージは、この明治民法の「家」規定が生み出したものである。それは、生産単位であり労働組織であることを第一としていた近世の農民家族の姿とは異なっており、むしろその当時数の上では少数派だった武家家族に近い性格のものだったといえよう。しかし、明治政府は後者の家族モデルをすべての国民に浸透させようと、様々な手段を講じている。

森はこのことについて、明治民法に規定された「家」は天皇制国家を末端で支える存在と位置づけられ、明治政府が「家」に固執したのはそれが近代天皇制を支える基礎だったからだと述べている。明治民法の起草者である穂積陳重は「家」の永続性を重視したが、それは「家」の永続を支える観念としての祖先祭祀が近代天皇制を基礎づけるイデオロギーでもあったからである。この意味で祖先祭祀は単なる民俗的慣行ではなく、「国民道徳」でなければならないと穂積が繰り返し述べていることに森は注目する（森　一九九四：六三～六四）。

「家」制度の近代性と前近代性

「家」制度を「明治政府の発明品」であり「近代の産物」であると述べたのは社会学者の上野千鶴子であったが、これ以降、近代の「家」制度のとらえ方をめぐって様々な議論が交わされてきた。上野は、「家」という存在は普通いわれるような伝統的な「封建遺制」などではなく、明治政府によって採用された「近代家族」の日本版バージョンであり、「夫婦家族制の姿をとった近代家父長制家族」であると主張する（上野　一九九四：九四）。たしかに、明治民法の規定する「家」が家父長的な性格を強くもっていたことはすでにみたとおりであるが、落合恵美子や森も指摘しているように「家」の超世代的連続性（理想をいえば永続性）という属性を「近代家族」の概念に包含するのはやはり無理がある。

近代法のモデルからみれば、明治民法に規定された「家」制度の前近代性は明らかである。特に「家」の超世代的連続性は、個人を行為主体とする近代社会のあり様とは明らかに異質であり、むしろ近世の家族慣行との連続性を窺わせる。戦前の日本の重要な経済基盤が近世以来の家族経営の農業であったことを思えば、経営体である「家」が家業を守りつつ存続（世代間継承）を図ろうとするのは当然ともいえる。もっとも明治政府が「家」の永続性に固執したのは、先に見たとおり祖先祭祀を介して「家」を近代天皇制を支える基礎に位置づけようとする意図があったからであり、近世の「家」と明治の「家」とでは永続性を求める社会的意味合いがまったく異なっていたというのは、森の指摘にある通りである。

「近代家族」とは何か

それでは、「家」と対比される「近代家族」とは、どのようなものなのだろうか。落合恵美子、上野千鶴子、山田昌弘ら家族社会学者によって近代家族論が提唱されたのは一九九〇年代であるが（落合　一九九四・二〇〇四、上野　一九九四、山田　一九九四）、「近代家族」という概念自体はフランスの社会史研究の流れの中で提唱された概念で、近代化に伴って新たに出現した家族スタイルを意味している。その特徴は、家族愛の絆で結ばれ、夫が稼ぎ手、妻が主婦と性別役割分業し、子どもに対して強い愛情と教育関心を注ぐような家族であるとされている。つまり現代の私たちにとっては当たり前の家族の姿であるが、それをあえて「近代家族」と名づけて概念化したところに、それが当たり前の家族などではなく近代という時代の生み出した歴史的な（ある意味特殊な）家族形態であるという提唱者らの主張が込められている（落合　二〇〇四：一〇七）。

提唱者の一人である落合は、「近代家族」の特徴として、①家内領域と公共領域との分離、②家族構成員相互の強い情緒的関係、③子ども中心主義、④男は公共領域・女は家内領域という性別分業、⑤家族の集団性の強化、⑥社交の衰退とプライバシーの成立、⑦非親族の排除、⑧核家族の八点をあげる（落合　一九八九：一八、二〇〇四：一〇三）。その多くは、現代の、つまり私たちの家族にも相当程度当てはまるが、だからといってどの時代、どの社会の家族にもそれらが無条件に当てはまるというわけではないと落合はいう。ここに挙げた特徴は、近代という時代のあり様を示す歴史的なものと考えるべきである。

「近代家族」のこのような特徴を考えれば、日本の「家」制度を「近代家族」とイコールで結ぶのはやはり無理がある。日本においても、明治末から大正年間にかけて出現した都市中間層の家族は、生産機能の担い手というよりも消費生活の担い手、森の表現を借りれば「生産領域から分離された生活圏としての家族」であり、「近代家族」の性格を帯びたものであった。しかしこの時代においても、祖先祭祀によって「家」の永続性は支えられていたのであり、家族は、祖先祭祀という宗教的な役割を引き受けたために、「家」的な性格を払拭することができなかったと森は述べている（森　一九九四：六四）。このような「家」の性格は、次に述べるように戦後の民法にも部分的に引き継がれていくことになる。

3　家族の戦後そして今後

一九四七年、新たに施行された日本国憲法の理念に基づいて改正民法（現在の民法）が公布され、翌年施行された。これによって、戦前の国家体制を根底で支えてきた「家」制度は法的に廃止され、かわって夫婦家族主義に基づく新たな家族モデルが国民向けに示されることになった。とはいえ、人々が夫婦主体の新たな家族理念を直ちに受け入れたかというとそうではなく、核家族化という現実が進行する一方で、「家」意識は戦後の家族の中にも依然として生き続けていたと考えられる。

戦後家族と「家」意識

戦後家族に残る「家」意識を象徴的に示す例として、森は現行民法の「祭祀条項」をあげている。祭祀条項（第八九七条祭祀の承継）とは、明治民法が規定した家督相続を廃止する旨の条文に続いて、それにもかかわらず「系譜、祭具および墳墓の所有権は、（中略）慣習に従って祖先の祭祀を主宰すべき者がこれを承継する」と規定する現行民法の条文である。この規定では、家の継承者が祖先祭祀を主宰・継承する慣習を容認する形になっており、家制度の廃止という現行民法の趣旨は不徹底なままであった。たとえば森が取り上げた東京都の霊園条例では、この祭祀条項を根拠として墓地を取得・継承する資格を祭祀の主宰者（具体的には長子と配偶者）に限定しており、この祭祀条項が家の継承と祖先祭祀とを結びつけるものとして現実に機能していることがわかる。これらの点から、森は戦後の家族を「祭祀条項を組み込んだ核家族」と表現している（森　一九九三：二二七）。

一方、戦後の核家族化現象を統計的に分析した落合は、確かに戦後、特に高度経済成長の時代に核家族世帯数は急増しているが、にもかかわらず拡大家族世帯の実数は減っていないという事実に注目する（図15－3）。これは、この時代に親と同居して直系家族を形成する跡取りと都会に出て核家族を形成する弟や妹という、異なるタイプの家族形成が並行して行われていたことを示しており、都会に出て核家族を形成した次三男は親と同居してくれる田舎の兄がいることを前提に（つまり「家」制度と意識的に決別することなく）核家族を形成したと落合は指摘する。そして、このような経過で成立した「家」と両

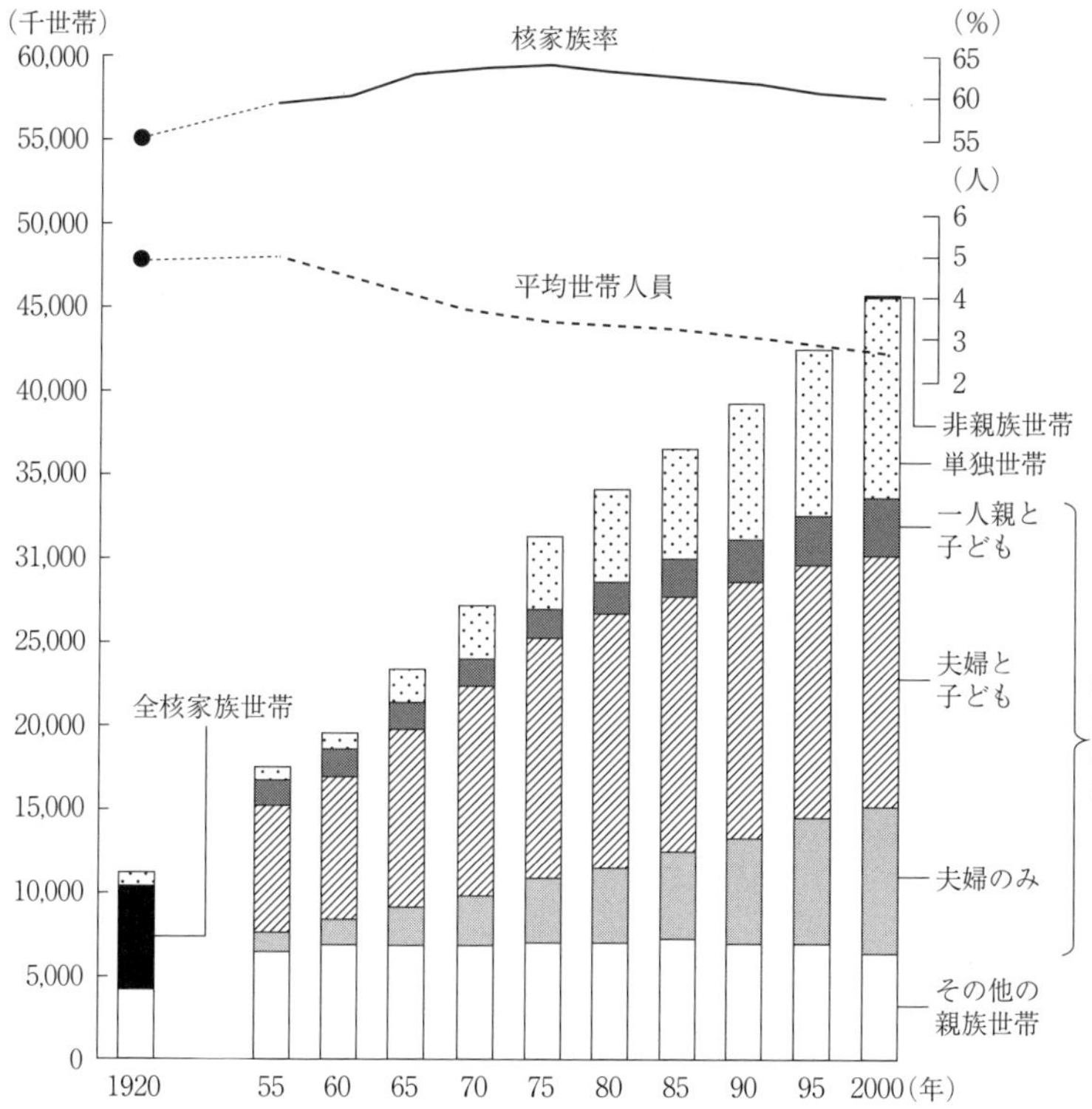

図15-3　核家族率と世帯類型別世帯数および平均世帯規模の推移
出所：落合恵美子『21世紀家族へ』，2004年，81頁。

立する核家族のことを「大家族を夢みる核家族」と表現している（落合　二〇〇四：八二～八五）。

家族の「戦後体制」の成立と崩壊　戦後日本の家族は、今述べたように「家」意識を払拭しないまま核家族化していったと考えられるが、それではこの時代に新たに登場した家族モデルとはどのようなものだったのだろうか。山田は、戦後になると「夫は仕事、妻は家事・子育てを行い、豊かな家族生活を目指す」という新しい標準家族モデルが成立したと述べ、このモデルを「戦後家族モデル」とよんでいる（山田　二〇〇五：九〇～九二）。落合もこの時代を専業主婦に子どもが二、三人という「これこそが家族」という標準的な家族の時代であったと述べ、この時代の急激な核家族化と新たな家族モデルの普及をさして「家族の戦後体制」とよぶ（落合　二〇〇四：七九）。

家族の戦後体制を経済面で支えたのが、

終身雇用制と年功序列の賃金体系という高度成長期の雇用関係であったと考えられる。この時代には経済成長に伴う家族収入の増加という好条件に支えられ、性別役割分業を基本とする戦後家族モデルは「大変うまく機能した」と山田はいう。しかし、一九七〇年代以降、日本経済が低成長の時代に入ると、戦後家族モデルを支えてきた「経済の持続的成長」は行き詰まり、家族モデルを実現することは困難になった。男性の収入が伸び悩む一方で性別役割分業という戦後家族モデルの基本は維持されたため主婦のパート労働者化が進み、一方非正規雇用の増加など雇用が不安定化したことから経済的理由による結婚の先送り（未婚率の上昇）が進行した。こうして九〇年代に入ると戦後家族モデルの抱えていた問題が一気に顕在化することになったと山田はいう（山田 二〇〇五：二一一～二一二）。さらに九〇年代後半にはグローバリゼーションに伴う社会全体の構造変化によって、戦後家族モデルの基盤は崩壊してゆくことになる。

現代家族はどこに向かうのか

ここまで、近現代の日本の家族のたどった道筋を追ってきたが、二一世紀を迎えた今、家族はどこに向かおうとしているのだろうか。この章の初めにふれた、少子化・晩婚化・非婚化・離婚の増加・単身者とりわけ高齢単身者の増加などはまさに現在進行形で進んでおり、これまで標準的とされてきたサラリーマンの夫と専業主婦の妻、その子どもたちという戦後家族モデルを急速に過去のものとしつつある。落合は、二〇世紀の終わりから今世紀初頭にかけて起こった、結婚から同棲（事実婚）へ、子どもが主役の時代からペアが主役の時代へ、画一家族から多元的家族へという変化について、近代家族の終焉（もっと言えば家族の時代の終焉）と個人の時代の始まりを告げるものと表現している。婚姻の公的意味づけの喪失にしても、子どもや配偶者を持たないライフコースの一般化にしても、つまるところ家族を持つことが当たり前ではない社会の到来を示しており、社会の基礎単位になり得るのは個人しかないという時代が到来しつつあることを表すものであると、落合はいう（落合 二〇〇四：二四一～二四四）。

家族の時代の終焉がいわれる今、家族がこれからも集団としてある程度のまとまりを保ち何らかの役割を果たしていくことができるのか。また戦後家族にも残されていた「家」意識は今後どうなってゆくのか。それを考えるヒントとなりそうな事項を次にあげておく。

「家族の個人化」と家族機能の外部化

まず、落合の指摘している「家族の個人化」について考えてみたい。「家族の個人化」を可能にする社会的条件としては、家族がこれまで担ってきた様々な機能を家族の外部にゆだねること、すなわち家族機能の外部化（家族の側からみれば機能の解除）があげられる。たとえばこれまで家族員の誰かが担当してきた家事や育児、介護などの機能を、サービスの購入という形で市場原理にゆだねたり、あるいは介護保険や公的年金などの社会保障制度にゆだねることで代替させるという意味である。

この結果、個々の家族員の家族への依存度は低下し、逆に個人の自由度は増加する。個人個人が社会的な役割を果たす行為主体となり、家族外で行動する自由を獲得することになった。しかしその一方で、家族の機能を代替する市場や国家＝政治システムに対する依存度は逆に高まると森は指摘する（森　二〇〇四：八〇～八一、九二）。たとえば、公的年金制度の動揺が引き起こした最近の社会不安などは、個人化がもたらすリスクをよく表している。また、個人化した家族は、個人に対して多様な選択肢を提供する一方で、選択肢の多さが逆に個人のライフサイクルの不安定化をもたらす危険性があるとも指摘されている。選択の余地のなさは個人にとって桎梏ではあるが、選択の余地のないモデルを示されることで大方の人にとって安心できる生き方の目安が与えられ、生きていく上での不確実性やリスクを回避できた面は否めない。個人化による選択肢を享受したいのであれば、生きていく上での様々なリスクにも、個として対峙していく覚悟とスキルが求められる。

家族に代わる親密圏

二つ目として、森の注目する家族に代わる親密圏について考えてみたい。森は、資本主義の高度化によって私的親密圏としての家族の枠組みは崩されてきたという。家産や家業など、それまで家族の生活を支えてきた家族財産は意味を失い、代わりに個々の家族員の個人所得が家族の生活を支えるようになる。消費面だけでなく生産（職業）面でも個人化が進行しているということであるが、そうなると不慮の事故や勤務先の倒産、失業といったリスクに個人で対処することは難しくなる。このため年金や社会保障制度などの公的制度が、それまで家族が果たしてきた生活保障機能を代替するようになる。他にも住宅の供給や教育相談など、多くの生活領域に公的機関が関与するようになる。その結果、家族はますます自律性を失っていくと森は指摘する（森　一九九四：六七～六八）。

今後いっそう進むであろう個人化と家族機能の空洞化に対しては、家族が個人の生活拠点となれるよう、家族外の社会環境を整備する必要があると森はいう。つまり、家族外に展開する親密圏や新たな共同組織の形成が必要になるということで、すでに地域社会が福祉活動の基地として機能している例や育児援助のネットワークの担い手として機能している例、地域の子ども会などが子どもの育成に機能している例など、新たな親密圏として動き始めている事例があるという。上野の言う「選択縁」「女縁」も、同様に生活領域における新たなネットワークととらえられる。[4] 家族の個人化とは、家族に代わる新たな共同組織の形成を不可欠の要素としながら進行する現象、またはそうあるべき現象ということができよう。

「家」制度のゆくえ

三つ目にあげたいのは、現代までともかくも生き残ってきた「家」制度の今後という問題である。前にも述べたように社会制度としての「家」は、祖先祭祀を担う祭祀組織でもあれば家産・家業を運営する経営体かつ労働組織でもあった。また、地域社会の基礎的構成単位でもあれば近世には貢租賦課の単位でもあり、さらに戦前の「家」がそうであったように、イデオロギーの媒体でもあった。このように、「家」は多くの機能と意義を担う多義的な存在だったといえる。もちろんどの機能を中核的要素とみるかは時代によっても「家」のおかれた環境によっても異なり、たとえば「家」制度の重要な属性である超世代的連続性にしても、近世の「家」のそれと近代の「家」のそれとでは、社会的意味合いが異なる。このことは森の指摘にあるとおりである。現代の、そして今後の「家」はどのような機能の担い手としてあり続けるのか、あるいは一切の機能を失って消滅に至るのか。「家」をとりまく社会環境を考慮しつつ、そのゆくえを注視する必要があるだろう。

今想定できる「家」のゆくえについて一つの見通しを述べるならば、次のようにいえるのではなかろうか。少子化の進行する現在の日本では、従来通りの方法ですべての「家」の継承者を確保することは難しいし、たとえ継承者を確保できたとしても家産・家業・家系の包括的な継承者というこれまでの「跡取り」の役割を保つことは難しいだろう。第二次、第三次産業中心の産業構造では家産・家業の継承など意味はないし、広域移動を繰り返す現代の都市生活者にとって「家」が社会の構成単位であるとはとうてい言えない。

そうなると現代の「家」に残されている機能とは何なのか。森は、祖先祭祀という宗教的な役割を引き受けたために家族は「家」という性格を払拭できなかったと述べているが、この見方をふまえれば今後「家」の機能は、葬送や死者祭祀、祖先祖祀といった死生観に関わる役割、または自己とは何者かを問うアイデンティティの準拠点としての役割に限定されていくのではなかろうか。とはいえ、近年増加している夫方・妻方双方の遺骨を納める墓への改葬や、夫方妻方双方の位牌を祀る祭祀形態、また、墓を作らない散骨や継承してきた先祖墓の処分などを考えれば、葬送や祭祀の担い手としての「家」の役割も急激に変化しつつある。日本社会の構造変化や日本人の死生観の変容といった社会環境の変化の中で「家」制度がどのような変化を遂げるのか、結論を得るにはいま少し時間が必要である。

4　本書がとらえた現代日本の家族

第一章からここまで、様々な現象を手がかりに日本の家族の現状と今後について考えてきた。目次からもわかるように、本書は家族の集団構成や社会的機能、役割配分といった家族の実態にとどまらず、日常生活の様々な場面に姿を現す家族のあり様や生涯にわたる人と家族の関わりなど幅広いテーマを取り上げている。以下、各章のポイントを紹介する。

結婚から始まる家族とそのライフスタイル

家族をテーマとする本書が、結婚から記述を始めるのには理由がある。近現代の家族は、生まれながらにそこに帰属するといった存在ではなく、結婚（事実婚も含む）によって自らの意志で作りあげるものだからである。現代の結婚式にはそのことがよく現れている。蓼沼康子は「婚礼」「祝言」などとよばれていた伝統的な婚姻儀礼と、それとはまったく様変わりした現代の結婚式を比較し、何がどのように変化したのか、その背景に何があるのかを考察する。驚くほど多彩な展開をとげている現代の結婚式は、新郎新婦の意向を直接反映するものであり、結婚式は自分らしさを表現する機会になっていると蓼沼はいう。結婚式が新たなカップルの社会的承認を得るための儀式であることに変わりはないが、誰の承認をどのように得るのか、さらに結婚するかどうかさえも個人の選択に任される時代が到来しつつあると蓼沼は指摘する。

結婚するかどうかも個人の選択という現実は、現在進みつつある晩婚化、非婚化に直結している。八木透は、社会学や歴史人口学の成果を援用しつつ晩婚化・非婚化の背景を解説する。高度経済成長期に広まった都市サラリーマン家族の結婚観・家庭像は、低成長の時代を迎えて実現困難となり若者たちの結婚への意欲を失わせ、非婚化を招いていると考えられる。一方、村内婚が多数をしめた戦前の泉南農村では恋愛結婚が主流であり、夫婦間の情緒的結びつきと社会的自立が結婚への動機づけとなっていた。しかしここでも経済的自立が結婚の前提であり、自立困難な現代の若者たちにとって結婚へのハードルが高いことは都市のサラリーマンと変わらないと八木はいう。非婚化は、若者たちの選択の結果というよりも、ほかに選択肢のない若者たちの現実を表しているのかもしれない。

現代の若者たちにとって高嶺の花となりつつある家庭生活について、宮内貴久は住まいの側面から記述分析する。高度経済成長期に全国に建設されたｎＤＫ間取りは、その当時、急増する都市のサラリーマン家族向けに作られたものだった。夫婦と子ども二人からなる核家族を想定した最小限の間取りで、狭い空間に子ども部屋を何とか確保しようとするなど当時の家族の子ども中心主義が窺える。一方で、その努力にもかかわらず子どもの成長・独立後子ども部屋は他の用途に転用され、ライフステージに応じた住み替えや増改築を必要とする住宅様式でもあった。この意味で、ｎＤＫ間取りは世代間継承を前提とする伝統的な民家とは明らかに異なっており、まさに「近代家族」の居住様式だったといえる。

福田アジオは、家族写真と家族アルバムを手掛かりに家族のライフスタイルの変化を読み解いていく。明治以降肖像写真は徐々に一般に普及していったと考えられるが、当初は被写体の社会的地位や関係性を示す記念写真や集合写真が中心だった。戦後になるとカメラの普及とともに家族写真を収めた家族アルバムが作られるようになり、結婚から子どもの誕生と成長の記録、つまり幸せな家族を演出し確認するための写真がそこに収められた。このような家族アルバムは、この時代に一般化した「近代家族」が必要とするものだったと福田はいう。さらにデジタルカメラの普及によって写真撮影もその保存も個人の指向を反映するようになる。写真という記録と記憶の方法は家族のあり様を如実に示している。

家族のかたちと家事分担

現代の家族は誰によって構成され、どのような存在といえるのか。この問いに対して林研三は、まず核家族化と単独世帯化（単身者の増加）という家族の動向を指摘し、その行きつく先は高齢単身者の増加と孤独死（無縁死）であると述べる。家族の重要な機能として相互扶助をとらえるならば、単独世帯や孤独死は「家族の境界」の外側の出来事、相互扶助から逸脱した人々の現実ということになるが、単独世帯となる事情やその後の近親者との交流次第で家族の境界は拡張したり縮小したりすると林はいう。また、縮小する家族の究極の姿ともいえる孤独死は、近年になって生じた特異な現象ではなく、誰の身にも起こりうる出来事と認めた上でその対処を考えるべきであると提言する。

家族内の役割分担というテーマは、これまで家事分担の仕方、とりわけ主婦役割の問題に読み替えられてきた。倉石あつ子は「家」制度下における伝統的な主婦役割に注目してきた研究者であるが、本書では現代家族の家事分担の多様性を具体的な事例で描き出している。家事分担の仕方は、男女役割分業から夫婦共稼ぎへという変化や核家族化に伴って変化を遂げてきたが、いつの時代も子どもがいるかいないかという点は家事分担の仕方を決める主な要因となってきた。ところが今や、育児に代わって高齢者介護が重要な家事とみなされるようになってきており、家屋敷や墓などの処理も他の者では代替できない家族の責務、つまり新たな家事と認識されるようになってきていると倉石は指摘する。

社会とつながる家族

家族にしか果たせない役割がある一方で、危機に直面した家族は周囲の支援を必要とし、また期待もする。谷口陽子は、現代社会において親族はセーフティネット（不測の事態に備える安全網）といえるのかと問い、親族よりも社会保障制度に期待する考え方がある一方で、最終的には親族の援助を期待する考え方が根強いという現状を指摘する。これまでは民法の規定によって親族の役割が強調されてきたが、今や親族はその期待に応えられなくなっており、親族主義ともいえる民法の考え方自体を疑問視する意見もある。谷口はこれをふまえ、親族には実際の生活扶助を行うセーフティネットの役割と、困ったときに頼れる相手がいるという心理的安心感を与えるアメニティの役割があり、親族がいずれの役割も果たせない場合は、親族以外の関係網がそれを代替すべきであるとする。

家族が生計を維持し、暮らしを守っていくためには地域社会との連携も欠かせない。この主題に対してムラとマチという対照的なフィールドから迫ろうとしたのが、中野紀和と中野泰である。中野紀和は、高齢化と人口減少が急速に進む長野県内の中山間地域を事例として、ムラを存続させイエを維持していく取り組みを紹介している。この地域は東日本大震災の翌日に震災に見舞われた被災地でもあるが、住民たちは震災以前からイエとムラの歴史を学び、歴史認識を通じて日常的に故郷への帰属意識を高めてきた。このような意識を基礎として、ムラ全体で集落営農を進める一方で公民館などを活用して新たな協同の形を作り上げている。新たな共有財に対する共同とその財を運用する協同の形を作り上げることで、中山間地の暮らしの場を再生し維持しようとする地域の実情を中野紀和は詳述する。一方、中野泰は、都市化が進む東京都立川市を事例として、自治会と近隣組織に加え伝統的な講組織や生活の必要に応じて新たに結成された自主サークルなど、様々な組織が互いに関連をもちつつ連帯と協働の関係を作り上げていく様子を報告している。それぞれの地域の歴史的事情が、この連帯と協働の形を規定しているという中野泰の指摘は重要である。

生と死の個人化と家族

あらゆる場面で個人化が進行しつつある現在、人の生・死といえどもその例外ではない。鷹理恵子は、現代のお産事情を一言で言えば出産の自明性の喪失であると述べる。子どもを産むか産まないか、どのように産むかについて個人の選択が認められるようになる一方で、当事者の自己責任が問われるようになっている。こうした出産の私事化、医療化と出産方法の多様化、生殖医療の発展が同時進行する現状は、当事者にとってみれば「お産のアノミー状態（規範・準拠枠の崩壊）」であると鷹はいう。この状況を克服するためには新たなお産文化を構築する必要があり、産育について個人の選択を尊重しつつ、自助・共助・公助のバランスをとることが必要であると鷹は提言する。

比較的変化しにくいと思われてきた葬送儀礼も、今世紀に入って劇的に変化したことはよく知られている。蒲池勢至はその最大の要因として葬儀会館の登場と葬場の変化をあげ、葬儀社の手を借りて行う現代の葬儀と地域の人々の手で行われてきた伝統的な葬儀との違いを指摘する。さらに家族葬や直葬など、葬儀の個人化（社会性の喪失）が急激に進行していると述べる。現代社会において死者はこの世からあの世へ送り出される存在ではなくなり、葬儀は他界や霊魂といった宗教的観念から切り離されて世俗化した。葬儀の世俗化によって死や死者は日常性の中でとらえられるようになり、死の穢れよりも死者への愛着が強調されるようになった。とはいえ死とは何か、死者はどこに行くのかという宗教的な問いは残されており、これに応える葬儀の現代的なあり様が問われていると蒲池は述べる。

森謙二は、伝統的な日本の葬送を「家」レジームという枠組みでとらえようとする。日本では、葬送・墓制は「家」によって担われ、死者は子孫によって先祖として祀られることでその尊厳が守られてきた。しかし「家」の崩壊によりこのシステムは機能しなくなり、「家」に閉じ込められてきた死者は居場所を失って彷徨える死者となった。合葬式共同墓や散骨、樹木葬など、近年登場してきた葬墓制はこれに対応するものであり、いわゆる墓じまい（先祖墓や無縁墓の改葬・廃棄）も同様である。しかしこれらは死者の意志と尊厳を脅かすものであり、また墓地の公共性を無視するものであると森は主張する。新たな葬送・墓制を構築するためには、近代ヨーロッパで提唱された「埋葬義務」の考え方を参考にすべきであり、日本の葬送も「家」レジームからの脱却を図るべきであるとする。

家族のあり方を規定する観念の世界

次に、家族のあり様を観念のレベルで規定してきた血縁観と歴史認識についてみておきたい。岩本通弥は、人工授精などの生殖医療の進歩によって産みの親、育ての親、法的な親、遺伝子上の親が分離する事態さえ生まれている現代日本で、「血縁」とは何なのかと問いかける。岩本が注目するのは「血縁」のとらえ方の歴史的・文化的多様性であり、徹底した父系血統主義に貫かれている韓国に比べ、婿養子や親族以外の養子を容認する日本の血縁主義は相対的であるとする。ところが戦後の日本では血縁意識はむしろ強化されており、韓国で増えている親族以外の養子や里子も日本では少数にとどまるという。さらに、一口に血縁重視といっても立場によって意味が異なることを、特別養子制度の養親と養子それぞれの立場を例にとって解説する。

家の歴史に対する意識を取り上げた矢野敬一は、先祖の墓をはじめとする様々な継承財が家の歴史認識を呼び起こしてきたと述べる。家の構成員は、姓や屋号といった家の標識、家屋敷や耕地といった先祖伝来の継承財と日々接し、それらを維持・活用していく過程で家の歴史に対する意識を培ってきたと矢野はいう。しかし、都市への移住はこうした歴史認識に変化をもたらした。都市に移住した家族にとって先祖伝来の継承財など意味はなく、継承財に付着していた家の歴史認識も失われた。また、子どもの進学や就職をきっかけに親子の生活世界は切り離され、いまや世代間の連続よりも断絶を促す力が強まっていると矢野は指摘する。家の歴史認識をみることで、家制度の盛衰とその背景がみえてくるのである。

現代家族のゆくえを考える

最後に日本の家族の今後について一言述べておきたい。本書がとらえた家族の現状を一言で表せば、家族モデルの喪失、つまり単一の家族モデルが通用しなくなっているという現実だろう。これまで私たちは「家」制度であれ「近代家族」であれ、その時代時代に支配的な家族理念を見出し、その枠組みの中で家族の構造や機能、個人のライフスタイルを理解しようとしてきた。しかし、時代は家族から個人へと確実に動いており、あらゆる場面で個人化・私事化が進行している。倉石あつ子の示した家事分担の仕方や林の示した高齢単身者の境遇などは、条件次第で異なる選択が行われる現状を如実に示している。家族の実態をとらえるには、各個人が何を選択し結果としてどのような家族が姿を現すのか、あるいは家族に代わる何らかの関係にその地位を譲ることになるのか、理想的な家族モデルの側からではなく個人の意志と選択の側から家族をとらえ、時にはこれまでの家族モデルに代わるものを見出していく必要があるということなのではなかろうか。谷口のいう親族に代わるセーフティネットの模索や中野紀和の指摘した中山間地域の協同の試み、靍のいう新たな出産文化の模索や森の指摘した新たな葬送墓制システムの構築などは、これまでの「家」や「近代家族」とは違う形で個人を組み込み支えていく関係網の模索を示している。確固たる存在にみえる「家」制度にせよ「近代家族」にせよ、これまで積み重ねられてきた試行錯誤の結果であることを思えば、危機に瀕しているかにみえる現代の家族は変化に適応しようと今まさに試行錯誤しているのかもしれない。私たちも悲観論に陥ることなく、これまでのモデルをいったん離れて変化の方向性を注視したい。

注

（1）平均初婚年齢は夫、妻ともに上昇を続けており、晩婚化が進行している。二〇一六年時点で夫は三一・一歳、妻は二九・四歳であり、一九八五年と比較すると夫は二・九歳、妻は三・九歳上昇している（内閣府　二〇一八）。

（2）生涯未婚率（五〇歳時の未婚率）の推移を見ると、一九七〇年には男性一・七％、女性は三・三％だったが、その後男性・女性ともに上昇を続けており、二〇一五年には男性二三・四％、女性一四・一％となっている。今後もこの傾向が続けば、五〇歳時未婚率は上昇し続けると予測されている（内閣府　二〇一八）。

（3）一八八〇年刊行の『全国民事慣例類集』には、明治民法で長男相続が規定される以前、末子相続や初生子相続など地域ごとに多様な相続形態がみられたと記載されている。

（4）上野千鶴子は「血縁」「地縁」「社縁」といった既存の人間関係にあてはまらない女性同士のつながりを「女縁」と表現し、それが選べる縁であることから「選択縁」と表現している（上野　一九八八）。

参考文献

上野千鶴子『「女縁」が世の中を変える——脱専業主婦のネットワーキング』日本経済新聞社、一九八八年（『「女縁」を生きた女たち』と改題して増補新版刊行、岩波書店、二〇〇八年）。

上野千鶴子『近代家族の成立と終焉』岩波書店、一九九四年。

落合恵美子『近代家族とフェミニズム』勁草書房、一九八九年。

落合恵美子『二一世紀家族へ——家族の戦後体制の見かた・超えかた』有斐閣選書、一九九四年、同『二一世紀家族へ——家族の戦後体制の見かた・超えかた［第3版］』有斐閣選書、二〇〇四年。

岐阜新聞社「二〇四〇年、四割一人暮らし」『岐阜新聞』二〇一八年一月一三日付。

国立社会保障・人口問題研究所編『日本の世帯数の将来推計　全国推計　二〇一八（平成三〇）推計』国立社会保障・人口問題研究所、二〇一八年。

司法省『全国民事慣例類集』一八八〇年（一九九〇年に商事法務研究会より復刻）。

鈴木栄太郎『日本農村社会学原理』時潮社、一九四〇年（『鈴木栄太郎著作集』第一巻、未来社、一九六八年）。

竹田旦『「家」をめぐる民俗研究』弘文堂、一九七〇年。

内閣府『平成三〇年版　少子化社会対策白書』（電子版）二〇一八年。

https://www8.cao.go.jp/shoushi/shoushika/whitepaper/measures/w-2018/30pdfhonpen/30honpen.html
森謙二『墓と葬送の社会史』講談社現代新書、一九九三年。

森謙二「最近の家族論の展開」『比較家族史研究』九号、一九九四年。

森謙二「家族研究の動向——森岡清美『華族社会の「家」戦略』（2002）と山田昌弘『希望格差社会』（2004）の書評を通じて」『比較家族史研究』一九号、二〇〇四年。

山田昌弘『近代家族のゆくえ——家族と愛情のパラドックス』新曜社、一九九四年。

山田昌弘『迷走する家族——戦後家族モデルの形成と解体』有斐閣、二〇〇五年。

読書案内

①　川島武宜『イデオロギーとしての家族制度』岩波書店、一九六三年。

＊法社会学の立場から日本の家族制度イデオロギーの構造と機能を論じた論文を含む論集で、第一部では法律に示された政府公認のイデオロギーとしての家族制度とその政治的・道徳的意義を論じ、第二部ではそれとは逆の価値体系に基づく家族制度について記述分析する。

② 森岡清美『家の変貌と先祖の祭』日本基督教団出版局、一九八四年。

＊近現代日本における先祖祭祀の変容を家の変化との関連で解明しようとした論集で、壬申戸籍の社寺記載、浦上キリシタンの先祖祭祀、家族国家観における先祖、新宗教の先祖祭祀等、多彩な切り口から日本人の先祖観・先祖祭祀の実態にせまっている。

あとがき

本書は、中込睦子さんが筑波大学を退職されるにあたり、中込さんの専門領域である家族・親族を中心に、現代の日本社会を考える論考をとりまとめようと企画されました。

二〇一八年三月、当時の中込研究室でたたき台となる構成案を相談したのが発端で、以後企画会議を重ね、初学者向けの入門書・一般書でありつつも、家族とそれをとりまく日本社会のいまをリアルにとらえるという方向性が決まりました。そして、中込さんとゆかりのある研究者——共同で調査研究を行ったり、様々な形で研究上の交流のある方々——に執筆をお願いし、皆さまのご配慮で、異例の早さで原稿をとりまとめることができました。

その後新型コロナウイルスの感染拡大によって多くの困難が生じましたが、そのようななか、執筆者の皆さまには編者からの無理難題を聞いていただき、さらに現在進行形の社会現象であるコロナ禍についても触れていただきました。このコロナ禍の社会的影響についてはまだ定説とよべるものはありませんし、本書におけるこの現象への言及も各執筆者の立場からのものです。とはいえ、家族のいまを語る上でこの問題は重要なトピックであると考えています。編者からの要望に逐一こたえてくださった執筆者の皆さまに感謝いたします。

最後になりましたが、ミネルヴァ書房編集部の岡崎麻優子さんには、編集の要所要所で的確なアドバイスをいただきました。心より御礼申しあげます。

二〇二一年一月

編者一同

ラ・ワ行

A to Z

マ　行

ヤ　行

タ　行

ナ　行

ハ　行

サ　行

索　引

（＊印は人名）

【執筆者紹介】（執筆順，執筆担当，所属）

中込睦子（なかごみ むつこ）（元 筑波大学人文社会系准教授，はしがき，コラム３，第15章，あとがき）

中野紀和（なかの きわ）（大東文化大学社会学部教授，はしがき，第８章，コラム４，あとがき）

中野　泰（なかの やすし）（筑波大学人文社会系准教授，はしがき，コラム１，第９章，あとがき）

蓼沼康子（たでぬま やすこ）（城西短期大学教授，第１章）

八木　透（やぎ とおる）（佛教大学歴史学部教授，第２章，コラム２）

宮内貴久（みやうち たかひさ）（お茶の水女子大学人文科学系教授，第３章）

福田アジオ（ふくた あじお）（国立歴史民俗博物館名誉教授，第４章）

林　研三（はやし けんぞう）（札幌大学地域共創学群（法・政治学系）教授，第５章）

倉石あつ子（くらいし あつこ）（元 跡見学園女子大学文学部教授，安曇野市豊科郷土博物館職員，第６章）

谷口陽子（たにぐち ようこ）（武蔵野美術大学・明治学院大学非常勤講師，第７章）

靍　理恵子（つる りえこ）（専修大学人間科学部教授，第10章）

蒲池勢至（がまいけ せいし）（同朋大学特任教授，第11章）

森　謙二（もり けんじ）（茨城キリスト教大学名誉教授，第12章）

倉石忠彦（くらいし ただひこ）（國學院大學名誉教授，コラム５）

岩本通弥（いわもと みちや）（東京大学大学院総合文化研究科教授，第13章）

矢野敬一（やの けいいち）（静岡大学教育学部教授，第14章）

《編著者紹介》

中込睦子（なかごみ・むつこ）

1953年　生まれ。
1985年　明治大学大学院政治経済学研究科政治学専攻博士後期課程単位取得退学。
2005年　博士（文学）（筑波大学）。
　元　筑波大学人文社会系准教授。
現　在　日本民俗学会会員。
主　著　『位牌祭祀と祖先観』吉川弘文館，2005年。
「山梨県のジルイ――文字資料と伝承を素材として」『歴史人類』第37号，2009年。
『知って役立つ民俗学――現代社会への40の扉』（共著）ミネルヴァ書房，2015年。

中野紀和（なかの・きわ）

1967年　生まれ。
1999年　成城大学大学院文学研究科日本常民文化専攻博士課程後期単位取得満期退学。
2004年　博士（社会学）（慶應義塾大学）。
現　在　大東文化大学社会学部教授。
主　著　『小倉祇園太鼓の都市人類学――記憶・場所・身体』古今書院，2007年。
『はじめて学ぶ民俗学』（共編著）ミネルヴァ書房，2015年。
『響きあうフィールド　躍動する世界』（共著）刀水書房，2020年。

中野　泰（なかの・やすし）

1968年　生まれ。
2000年　新潟大学大学院現代社会文化研究科国際社会文化論専攻博士課程修了。
博士（文学）（新潟大学）。
現　在　筑波大学人文社会系准教授。
主　著　『近代日本の青年宿』吉川弘文館，2005年。
『破壊と再生の歴史・人類学』（共著）筑波大学出版会，2016年。
Small-scale Fisheries in Japan : Environmental and Socio-cultural Perspectives（共編著）Edizioni Ca' Foscari, 2018.

現代家族のリアル
――モデルなき時代の選択肢――

2021年３月10日　初版第１刷発行　〈検印省略〉

定価はカバーに
表示しています

編著者　中込睦子
　　　　中野紀和
　　　　中野泰
発行者　杉田啓三
印刷者　藤森英夫

発行所　株式会社　ミネルヴァ書房
607-8494　京都市山科区日ノ岡堤谷町１
電話代表　(075)581－5191
振替口座　01020－0－8076

亜細亜印刷・清水製本

ISBN978-4-623-09085-3
Printed in Japan